Bernhard Rammerstorfer

Im Zeugenstand: Was wir noch sagen sollten

Ich widme dieses Buch den neun interviewten Überlebenden und ihren Familienangehörigen, die ebenfalls Opfer des NS-Regimes wurden.

Bernhard Rammerstorfer

Im Zeugenstand
Was wir noch sagen sollten

100 Fragen – 900 Antworten
Interviews mit Holocaust-Überlebenden und NS-Opfern

Dieses Buch wurde mit Unterstützung
folgender Institutionen gedruckt:

Österreichisches Bundesministerium für Wissenschaft und Forschung

BM.W_F[a]

Österreichisches Bundesministerium für Unterricht, Kunst und Kultur

bm:uk

Land Salzburg

Land Salzburg
Für unser Land!

Land Oberösterreich

LAND OBERÖSTERREICH

Land Kärnten

KÄRNTEN

Arnold-Liebster-Stiftung, Deutschland

ARNOLD LIEBSTER STIFTUNG

Medieninhaber und Herausgeber:
Bernhard Rammerstorfer
Schickerstraße 3, 4175 Herzogsdorf, Österreich
E-Mail: office@rammerstorfer.cc
Website: www.rammerstorfer.cc

1. Auflage

Layout, Satz und Druck:
Druckerei Rohrbach, druckerei-rohrbach@aon.at

ISBN 978-3-9502462-3-0

Inhaltsverzeichnis

Vorwort

von Walter Manoschek

Die Zeitzeugen[1] der NS-Zeit sterben aus. Seit Jahren wird fieberhaft versucht, Konzepte zu entwickeln, wie nach dem Tod der letzten Zeitzeugen die Erinnerung an das massenmörderische NS-Regime bewahrt werden kann. Insbesondere durch Videointerviews mit NS-Opfern versuchen diverse Holocaustmuseen und Gedenkstätten Wege zu finden, um die Erinnerung lebendig zu halten.

Dieses Buch lässt sich in den Kontext der „Sicherung der Erinnerung" einbetten. Doch wählt Bernhard Rammerstorfer einen anderen und neuartigen Ansatz. Die von ihm an die Interviewten gestellten 100 Fragen sind eine Auswahl aus einer Sammlung von insgesamt 1.400 Fragen, die Schüler und Studierende aus der ganzen Welt gestellt haben. Sie wurden von Rammerstorfer gesammelt und ausgesucht. Allein die weltweite Fragenrecherche, die von renommierten Holocaust-Institutionen, wie etwa dem *US Holocaust Memorial Museum* in Washington DC oder der *Yad Vashem*[2] in Jerusalem, unterstützt worden ist, hat mehrere Jahre in Anspruch genommen.

Ebenso wie die Fragen sind auch die neun Interviewpartner – sie kommen aus Deutschland, Frankreich, Österreich, der Tschechischen Republik und den USA – verschiedenster Herkunft. Ihnen gemeinsam ist, dass sie zur Zeit des Nationalsozialismus entweder aus rassistischen, aus politisch-ideologischen oder aus religiösen Gründen verfolgt worden waren. Durch diese breite Streuung werden die unterschiedlichen

---

[1] Auf die Hinzufügung der jeweiligen weiblichen Formulierungen wurde bei geschlechtsspezifischen Hinweisen im Sinne der flüssigen Lesbarkeit verzichtet. Alle personalen Begriffe sind sinngemäß geschlechtsneutral, also weiblich und männlich, zu lesen.

[2] Gedenkstätte der Märtyrer und Helden des Staates Israel im Holocaust.

Verfolgungsgeschichten deutlich, während der „genormte“ Fragenkatalog wiederum eine Vergleichbarkeit der verschiedenen Schicksale ermöglicht.
Der aus Fragen von Schülern und Studierenden aus über 60 Schulen und Universitäten aus 30 Ländern erstellte Fragenkatalog ist repräsentativ für die Wissensbedürfnisse Jugendlicher zum Thema nationalsozialistischer Terror weltweit. Jugendliche stellen hier Fragen, die sie vermutlich noch nie gestellt haben bzw. auf die sie noch keine authentischen Antworten erhalten haben und aus biologischen Gründen in ein paar Jahren keine Antworten mehr bekommen werden können.
Das Buch ist weit davon entfernt, bloß ein oberflächlicher Reader zu sein. Bernhard Rammerstorfer hat die Aussagen der Interviewten akribisch auf ihre historische Genauigkeit geprüft, sie mit ihnen mehrmals besprochen und ergänzt. Insofern ist dieses Buch auch von wissenschaftlichem Wert. Doch ist es keineswegs eine trockene Lektüre – im Gegenteil: Sie liest sich nicht nur wegen der einzelnen Fallgeschichten spannend, sondern darüber hinaus ist einem bei der Lektüre ständig im Hinterkopf bewusst, dass diese Fragen von Jugendlichen aus der ganzen Welt stammen. Insofern ist es Bernhard Rammerstorfer mit diesem innovativen Konzept gelungen, einen wichtigen Beitrag zur Dokumentation der NS-Zeit auch für die Zeit nach dem Tod dieser Erlebnisgeneration zu leisten.

Univ.-Prof. Dr. Walter Manoschek ist Politikwissenschaftler am Institut für Staatswissenschaft der Universität Wien und Filmemacher. Zahlreiche Veröffentlichungen über den Nationalsozialismus und den Holocaust. Mitorganisator der Ausstellung „Vernichtungskrieg. Verbrechen der Wehrmacht 1941 – 1944“; einschlägige Veröffentlichungen: Opfer der NS-Militärjustiz: Urteilspraxis – Strafvollzug – Entschädigungspraxis in Österreich (Hg.), Wien 2003; Der Fall Rechnitz: Das Massaker an Juden im März 1945 (Hg.), Wien 2009; „... dann bin ich ja ein Mörder!“ Das Massaker an Juden in Deutsch Schützen im März 1945 (Filmdokumentation, Wien 2012)

Einführung

von Bernhard Rammerstorfer

Seit 1999 habe ich an mehr als 160 Schulen, Universitäten, KZ-Gedenkstätten und Holocaust-Museen mit dem mittlerweile weltweit ältesten aktiven Zeitzeugen Leopold Engleitner aus Österreich über dessen Verfolgungsgeschichte und die Zeit des Nationalsozialismus referiert. Wir hielten Vorträge in Europa und in den USA, unter anderem im *US Holocaust Memorial Museum* in Washington DC sowie an der *Columbia*, der *Harvard* und der *Stanford University*.

Die begeisterten Reaktionen der Jugendlichen haben mir gezeigt, wie wertvoll die direkte Begegnung und der Diskurs zwischen den Verfolgten der Nazi-Zeit und der jungen Generation sind, und zwar für beide Seiten. Die Jugendlichen haben die einmalige Gelegenheit, Erlebnisse dieser Zeitzeugen aus erster Hand zu erfahren und authentische Antworten auf ihre Fragen zu erhalten. Sie können aus dem Leid der Überlebenden – deren Leben von unvorstellbaren Härten geprägt war –, und deren enormem Erfahrungsschatz wertvolle Lehren für ihr Leben ziehen. Sie finden Vorbilder und werden das Vermächtnis der Zeitzeugen ihr Leben lang in sich tragen sowie an nachfolgende Generationen weitergeben können. Diese Jugendlichen werden dadurch zu „Zeitzeugen-Zeugen". Die Überlebenden wiederum erleben unerwartete Momente der Freude, blühen durch das aufrichtige Interesse der Jugendlichen förmlich auf und schöpfen Kraft aus diesen Begegnungen.
Es ist jedoch realistischerweise davon auszugehen, dass aufgrund des hohen Alters der letzten lebenden NS-Opfer diese direkten Begegnungen leider nicht mehr lange möglich sein werden. Deshalb habe ich mich zu diesem umfangreichen Buch- und DVD-Projekt entschlossen,

das Aufschluss zu folgenden Fragen liefern sollte: Was möchte die Jugend dieser Welt von den letzten Holocaust-Überlebenden und NS-Opfern wissen? Welche Botschaft möchten die NS-Opfer den Jugendlichen hinterlassen?
Vor allem sollte ein innovativer Zugang zum Thema NS-Zeit ermöglicht werden und die Jugend mit eingebunden sein. Aus meinen Erfahrungen an Schulen und Universitäten weiß ich, dass die Interviewform eine der besten Möglichkeiten zur interessanten, individuellen und authentischen Dokumentation von Erlebnissen Überlebender darstellt. Allerdings gibt es bereits unzählige Interviews zu diesem Thema. Mir war klar, dass es notwendig sein würde, einen neuen Weg zu beschreiten.
Wirklich innovativ an diesem Buch ist, dass allen interviewten NS-Opfern dieselben Fragen gestellt wurden und dadurch eine punktuelle Vergleichbarkeit der Aussagen möglich ist. Da die ganze Welt in diesen schrecklichen Krieg involviert war, sollten auch Menschen auf der ganzen Welt die Gelegenheit erhalten, Fragen dazu zu stellen.

Im Jahr 2006 habe ich deshalb begonnen, mit Unterstützung von Holocaust-Institutionen und Gedenkstätten, wie dem *United States Holocaust Memorial Museum* in Washington DC, der Gedenkstätte *Yad Vashem* in Israel, der *The South African Holocaust & Genocide Foundation* in Südafrika, dem *Sydney Jewish Museum* in Australien und dem *Center for Jewish Studies Shanghai* in China, Fragen von Schülern und Studenten an Holocaust-Überlebende und NS-Opfer zu sammeln.
Das Ergebnis der jahrelangen Recherchen waren 1.400 Fragen von 61 Schulen und Universitäten in 30 Ländern auf fünf Kontinenten sowie vom *United States Holocaust Memorial Museum*. Daraus habe ich mit dem Politikwissenschaftler Walter Manoschek von der Universität Wien, meinem wissenschaftlichen Projektberater, 100 Fragen ausgewählt. Dieser weltweit einzigartige Fragenkatalog repräsentiert die Fragen der Jugend dieser Welt. Er wird wie die teilnehmenden Länder auf einer der folgenden Seiten im Detail angeführt.

Zu folgenden Themenbereichen wurden Fragen gestellt:
- Kindheit, Jugendzeit und Familienverhältnisse
- Details aus der Verfolgungszeit
- Unterschiedliche Lagerverhältnisse

- Schrecklichster Moment
- Überlebensstrategien
- Rolle von Religion oder Ideologie
- Befreiung, Nachkriegszeit und Reintegration
- Physische und psychische Schäden
- Individuelle Vergangenheitsbewältigung
- Erinnerungen an historisch markante Ereignisse
- Persönliche Lehren und Lebensweisheiten
- Aufklärungsarbeit und persönliches Vermächtnis
- Leben heute und Weltanschauung
- Zukunftspläne
- Ratschläge und Botschaft an kommende Generationen

So wie die Fragen internationalen Ursprungs sind, stammen auch die Interviewpartner aus mehreren Ländern. Sie gehören verschiedenen Opfergruppen an und waren in vielen verschiedenen Lagern oder „Erziehungsheimen". Die Verfolgung ereilte sie in unterschiedlichen Lebensphasen, vom Kindes- bis zum Erwachsenenalter. Sowohl Zeitzeugen, die ihr Leben der Holocaust-Aufklärung gewidmet haben, als auch jene, die ihre Geschichte bisher nie öffentlich erzählt haben, kommen zu Wort: von der einfachen Hausfrau und dem einfachen Arbeiter über aktive „Holocaust-Lehrer" bis hin zu medial bereits groß in Erscheinung getretenen Überlebenden, deren Lebensgeschichten verfilmt und sogar mit Oscars ausgezeichnet worden sind. Dadurch eröffnet sich den Lesern ein breites Spektrum.

Es freut mich, dass neun Holocaust-Überlebende und NS-Opfer mitgewirkt haben: Josef Jakubowicz und Richard Rudolph aus Deutschland, Simone Liebster aus Frankreich, Ernst Blajs, Leopold Engleitner, Frieda Horvath und Hermine Liska aus Österreich, Adolf Burger aus der Tschechischen Republik sowie Renée Firestone aus den USA. Sie wurden entweder aus rassistischen, politisch-ideologischen oder religiösen Gründen verfolgt.
Die Interviewpartner waren zusammen in insgesamt 28 verschiedenen Konzentrationslagern bzw. Lagern, 20 Gefängnissen und drei „Erziehungsheimen". Die Gesamtdauer ihres Freiheitsentzuges beläuft sich auf 528 Monate, das sind 44 Jahre. Zusammengerechnet erreichen die

neun Zeitzeugen ein Lebensalter von 806 Jahren, in denen ein enormer Erfahrungsschatz gesammelt wurde.
Leopold Engleitner (geb. 1905) und Richard Rudolph (geb. 1911) haben bereits das 100. Lebensjahr überschritten. Richard Rudolph ist obendrein der letzte lebende so genannte „Doppelverfolgte" unter zwei deutschen Diktaturen und musste fast 19 Jahre in Gefangenschaft verbringen.

Mein besonderer Dank gebührt den neun Zeitzeugen dafür, dass sie mir in stundenlangen, manchmal auch tagelangen Filminterviews und Gesprächen ihre beeindruckenden Geschichten erzählt haben, obwohl sie durch traumatische Erlebnisse emotional schwer belastet sind und alte Wunden aufgerissen wurden. Sie sind in den „Zeugenstand" getreten, um „ihre Aussage" zu historischen Tatsachen zu machen und nachfolgenden Generationen ein Vermächtnis zu hinterlassen. Sämtliche Antworten wurden nach Kontrolle auf historische Genauigkeit und redaktioneller Bearbeitung mit dem jeweiligen Überlebenden mehrmals besprochen und ergänzt.
Mir ist jede einzelne dieser außergewöhnlichen Persönlichkeiten ans Herz gewachsen und ich habe größten Respekt vor ihnen. Sie haben für mich Vorbildwirkung und ich bin dankbar, dass ich sie kennen lernen durfte.

Die begleitende DVD beinhaltet neben jeweils einer filmischen Kurzbiografie eine Auswahl der interessantesten Antworten jedes Überlebenden in einer Länge von ca. 10 – 20 Minuten und Arbeitsmaterialien zum Holocaust sowie zu den Filmen. Damit eignet sich diese auch sehr gut für den Einsatz im Unterricht.

Ich habe als junger Mensch durch meine langjährigen Aktivitäten mit Leopold Engleitner, aus denen eine besondere Freundschaft entstanden ist, sehr viel für mein Leben gelernt. Daher möchte ich jedem Jugendlichen folgende Empfehlung ans Herz legen:
„Versuche so viel Zeit wie möglich mit Menschen der älteren Generation zu verbringen, höre gut zu, lerne aus ihren Erfahrungen und gewinne echte Freunde!"

Länderübersicht

Die 1.400 erhaltenen Fragen stammen aus folgenden 30 Ländern:

- Argentinien
- Australien
- Bosnien und Herzegowina
- Brasilien
- China
- Deutschland
- Finnland
- Frankreich
- Großbritannien
- Indien
- Iran
- Israel
- Italien
- Japan
- Kanada
- Mexiko
- Montenegro
- Namibia
- Österreich
- Paraguay
- Peru
- Rumänien
- Russische Förderation
- Slowakische Republik
- Spanien
- Südafrika
- Schweiz
- Thailand
- Tschechische Republik
- USA

Fragenkatalog

An 64 Schulen und Universitäten in 30 Ländern auf fünf Kontinenten sowie dem *United States Holocaust Memorial Museum* wurden 1.400 Fragen an Holocaust-Überlebende und NS-Opfer gesammelt. Daraus wurden folgende 100 ausgewählt:

1. Wann wurden Sie geboren? Wie war Ihr Vater? Wie war Ihre Mutter?
Hauptschule der Kreuzschwestern Linz, Österreich, Europa

2. Was ist Ihre früheste Kindheitserinnerung?
Universität Linz, Österreich, Europa

3. Wie verlief Ihre Kindheit?
Hauptschule der Kreuzschwestern Linz, Österreich, Europa

4. Welche Schulbildung haben Sie?
Behram-begova medresa u Tuzli, Bosnien und Herzegowina, Europa

5. Wie war Ihre Jugendzeit? Welchen Beruf haben Sie erlernt und was haben Sie gearbeitet?
Harvard University, Massachusetts, USA, Amerika

6. Was können Sie von Ihrer Familie erzählen?
Universität Salzburg, Österreich, Europa

7. Haben Sie mit „Heil Hitler!" gegrüßt?
Sir-Karl-Popper-Schule am Wiedner Gymnasium, Österreich, Europa

8. Warum wurden Sie von den Nationalsozialisten verfolgt?
The American School Foundations of Guadalajara, A.C., Mexiko, Amerika

9. Wann wurden Sie verhaftet?
Namibian College of Open Learning (NAMCOL), Oshakati Secondary School, Namibia, Afrika

10. Warum wurden Sie interniert?
Scuola Secondaria di Primo Grado „Carlo Viali“, Italien, Europa

11. Wie wurden Sie gefangen genommen?
Palmetto High School, Florida, USA, Amerika

12. Wusste man von Anfang an, was in den Lagern passiert? Bevor Sie abgeholt wurden, wussten Sie, was passieren würde?
Deutsche Schule London, Großbritannien, Europa

13. In wie vielen verschiedenen Lagern waren Sie? Wie viele Jahre verbrachten Sie dort?
Manchester Middle School, Virginia, USA, Amerika
Instituto Superior de Educación „Dr. Raul Peña“, Paraguay, Amerika

14. Waren Sie allein oder mit Familie und Freunden im Konzentrationslager? Hatten Sie Kontakt mit ihnen?
Gymnázium UDT Poprad, Slowakische Republik, Europa

15. Was passierte unmittelbar nach Ihrem Eintreffen im KZ?
German International School Sydney, Neusüdwales, Australien

16. Warum wurden die Köpfe der Gefangenen geschoren?
Instituto de Enseñanza Secundaria Juan del Enzina, Spanien, Europa

17. Zu welcher Gruppe der KZ-Häftlinge gehörten Sie?
Städtisches Gymnasium Steinheim, Deutschland, Europa

18. Wie war der Tagesablauf im KZ?
Sekundarschule Hungerbühl, Schweiz, Europa

19. Was war das Schlimmste am täglichen Ablauf?
Fenton High School, Illinois, USA, Amerika

20. Schweißte der Alltag eher zusammen oder versuchte man alleine zurechtzukommen?
Deutsche Schule Shanghai, China, Asien

21. Welche Möglichkeiten gab es für Sie, sich von dem grausamen Alltag abzulenken (Musik etc.)? Was hat Ihnen Kraft gegeben?
Deutsche Schule Shanghai, China, Asien

22. Wie waren die Lebensbedingungen in den Baracken (Aufteilung, Verpflegung, Hygiene, Kleidung etc.)?
Collège Rabelais de Meudon, Frankreich, Europa

23. Welche Arbeiten mussten Sie verrichten? Wie lange mussten Sie arbeiten?
Deutsche Botschaftsschule Teheran, Iran, Asien
Gymnázium UDT Poprad, Slowakische Republik, Europa

24. Wie wirkte auf Sie der Spruch „Arbeit macht frei"?
Gymnázium UDT Poprad, Slowakische Republik, Europa

25. Wie waren die Aufseher im Lager?
Gymnázium UDT Poprad, Slowakische Republik, Europa

26. Gab es Kontakte zwischen den Häftlingen und der Bevölkerung?
Deutsche Schule London, Großbritannien, Europa

27. Wussten Sie über den Kriegsverlauf in der Außenwelt Bescheid?
Wildwood School, Kalifornien, USA, Amerika

28. Durften Sie im KZ Briefe, Lebensmittel, ... empfangen?
Hauptschule der Kreuzschwestern Linz, Österreich, Europa

29. Welche Folterungen mussten Sie über sich ergehen lassen?
Escuela Italiana de Mar del Plata, Argentinien, Amerika

30. Was war der schrecklichste Moment für Sie?
Yeshiva High School Jerusalem, Israel, Asien
Cedar House School, Südafrika, Afrika
Hiroshima Municipal Eba Junior High School, Japan, Asien
Notre Dame Seishin Junior High School, Japan, Asien
Hobart High School, Indiana, USA, Amerika

31. Gab es humorvolle Momente, die Sie das Leid für einen Augenblick vergessen ließen? Wie hat man sich diese vorzustellen?
Deutsche Schule Shanghai, China, Asien

32. Was waren Ihre tagtäglichen Gedanken, als Sie im KZ waren?
Moorpark College, Kalifornien, USA, Amerika
Hiroshima Municipal Asakita Junior High School, Japan, Asien

33. Konnten in einem KZ Kinder auf die Welt gebracht werden? Wenn ja, was ist mit diesen Babys passiert?
Hauptschule der Kreuzschwestern Linz, Österreich, Europa

34. Gab es eine Möglichkeit, Freundschaften mit Gefangenen zu schließen?
Střední odborná škola waldorfská v Ostravě,
Tschechische Republik, Europa

35. Wer war Ihr bester Freund während dieser schlimmen Zeit und wie hat er Ihnen geholfen?
Erundu Senior Secondary School, Namibia, Afrika

36. Was haben Sie zur Erleichterung des Leidens anderer Insassen getan?
German International School Sydney, Neusüdwales, Australien

37. Gab es unter den Insassen bestimmte Hierarchien?
German International School Sydney, Neusüdwales, Australien

38. Gab es Unterschiede in der Behandlung zwischen den verschiedenen Gefangenengruppen (religiöse, politische Gefangene)?
Deutschsprachige Schule Bangkok, Thailand, Asien

39. Welche Krankheiten gab es im KZ?
EDV-Hauptschule Pressbaum, Österreich, Europa

40. Wurden Sie körperlich verwundet?
Hauptschule der Kreuzschwestern Linz, Österreich, Europa

41. Wie viele Kilos wogen Sie, als Sie im KZ waren?
Hauptschule der Kreuzschwestern Linz, Österreich, Europa

42. Was bedeutete der Tod für Sie?
Institución Educativa Francisco Bolognesi del A.H Las Lomas, Peru, Amerika

43. Wie nahe kamen Sie dem Tod?
Woonona High School, Neusüdwales, Australien

44. Haben Sie irgendwann eine Art „Mauer" gegen die schrecklichen Taten aufgebaut, sodass Sie der Tod eines anderen Häftlings nicht mehr berührt hat?
Deutsche Schule Shanghai, China, Asien

45. Was wurde im KZ mit den Leichen gemacht?
Escuela Italiana de Mar del Plata, Argentinien, Amerika

46. Gab es für Sie eine Möglichkeit, aus dem Lager entlassen zu werden?
Univerzitet u Tuzli, Bosnien und Herzegowina, Europa

47. Gab es Fluchtversuche und Fluchtmöglichkeiten? Versuchten Sie zu flüchten?
Gymnázium UDT Poprad, Slowakische Republik, Europa
Institución Educativa Francisco Bolognesi del A.H Las Lomas, Peru, Amerika

48. Gab es KZ-Häftlinge, die sich getraut haben, einen Aufstand gegen die KZ-Führer zu machen?
Städtisches Gymnasium Steinheim, Deutschland, Europa

49. Dachten Sie, dass Sie jemals wieder lebendig herauskommen?
West Bay High School, Kalifornien, USA, Amerika
Gardens Commercial High School, Südafrika, Afrika

50. Gab es Zeiten, in denen Sie alle Hoffnung aufgegeben haben? Und wieso war dies so?
Pädagogische Hochschule Zentralschweiz Luzern, Schweiz, Europa
Stanford University, Kalifornien, USA, Amerika

51. Beging irgendjemand Selbstmord?
Stonefountain College, Südafrika, Afrika

52. Haben Sie während des Holocaust je daran gedacht, aus Verzweiflung Selbstmord zu begehen?
Deutsche Schule New Delhi, Indien, Asien

53. An welche Gedanken, Ideen, Hoffnungen, Wünsche oder religiöse Überzeugung haben Sie sich geklammert?
Deutschsprachige Schule Bangkok, Thailand, Asien
Hiroshima Municipal Ushita Junior High School, Japan, Asien

54. Haben Sie Ihren Glauben an Gott verloren, während Sie im Lager waren?
Wildwood School, Kalifornien, USA, Amerika

55. Welche Rolle hat Ihre Religion dabei gespielt, wie Sie die Geschehnisse empfunden haben? Warum?
Thomas Jefferson High School, Virginia, USA, Amerika

56. Haben Sie während Ihrer Gefangenschaft gebetet?
Städtisches Gymnasium Steinheim, Deutschland, Europa

57. Hatten Sie je den Gedanken, die Religion (oder Ideologie) zu wechseln? Warum?
Instituto Superior de Educación „Dr. Raul Peña“, Paraguay, Amerika

58. An welchem Datum wurden Sie aus dem Lager befreit?
Instituto Superior de Educación „Dr. Raul Peña“,
Paraguay, Amerika

59. Wie sind Sie aus dem Lager befreit worden bzw. wie sind Sie aus dem Lager herausgekommen?
Städtisches Gymnasium Steinheim, Deutschland, Europa
United States Holocaust Memorial Museum, Washington DC, USA, Amerika

60. Wie wurden Sie von den Befreiern behandelt?
Deutsche Schule London, Großbritannien, Europa

61. Was haben Sie nach Ihrer Befreiung als Erstes getan?
Deutsche Schule Moskau, Russische Förderation, Europa

62. Gab es ein „Rückkehr-Problem"? Wie reagierte die Umgebung auf Sie?
Gymnázium UDT Poprad, Slowakische Republik, Europa

63. Konnten Sie sich mit Ihrer Familie wieder vereinigen?
Escuela Secundaria Básica Numero 33 de Mar del Plata, Argentinien, Amerika

64. Hatten Sie Bekannte, Freunde oder Verwandte im KZ? Haben diese überlebt?
Städtisches Gymnasium Steinheim, Deutschland, Europa

65. Was geschah mit Ihrem Eigentum?
Instituto Superior de Educación „Dr. Raul Peña", Paraguay, Amerika

66. Inwieweit wurden Sie für Ihre Inhaftierung entschädigt?
German International School Sydney, Neusüdwales, Australien

67. Wie haben Sie Ihre Existenz wieder aufgebaut?
Escola Alemã Corcovado – Deutsche Schule Rio de Janeiro, Brasilien, Amerika

68. Wie lange dauerte es, um nach dem Holocaust zu einem „normalen" Leben zurückzukehren?
Manchester Middle School, Virginia, USA, Amerika

69. Wie sah Ihr Leben nach dem Krieg aus?
Escola Alemã Corcovado – Deutsche Schule Rio de Janeiro, Brasilien, Amerika

70. Wie leben Sie heute? Denken Sie noch viel an jene Zeit zurück?
Osnovna škola „Bratstvo - jedinstvo" Skarepača, Montenegro, Europa
Pädagogische Hochschule Zentralschweiz Luzern, Schweiz, Europa

71. Welche physischen und psychischen Narben tragen Sie von dieser Zeit?
Woonona High School, Neusüdwales, Australien

72. Hatten Sie moralischen Beistand, um sich psychisch und sozial zu erholen?
Instituto Superior de Educación „Dr. Raul Peña", Paraguay, Amerika

73. Haben Sie seitdem eine andere Weltanschauung?
Deutsche Schule Shanghai, China, Asien

74. Können Sie Ihren Erfahrungen irgendetwas Positives abgewinnen?
Manchester Middle School, Virginia, USA, Amerika

75. Haben Sie später in Ihrem Leben die Konzentrationslager jemals wieder besucht und welche Gefühle hatten Sie?
Waldorfschule Klagenfurt, Österreich, Europa

76. Haben Sie immer noch Kontakt zu Ihren Mithäftlingen aus den Konzentrationslagern?
Deutsche Schule New Delhi, Indien, Asien

77. Was haben Sie Ihren Angehörigen über die Zeit damals erzählt? Wie haben Ihre Angehörigen auf Ihre Erzählungen reagiert?
Hauptschule der Kreuzschwestern Linz, Österreich, Europa

78. Fällt es Ihnen schwer, über diese Zeit zu reden?
Deutsche Schule London, Großbritannien, Europa

79. Welcher Moment aus dieser Zeit hat sich am meisten in Ihrem Gedächtnis eingeprägt?
Thomas Jefferson High School, Virginia, USA, Amerika

80. Haben Sie Hitler jemals gesehen bzw. getroffen?
Hauptschule der Kreuzschwestern Linz, Österreich, Europa

81. Was dachten Sie damals über Hitler und wie denken Sie heute über ihn?
Hauptschule der Kreuzschwestern Linz, Österreich, Europa

82. Angenommen, Adolf Hitler würde noch leben und Sie hätten fünf Minuten alleine mit ihm, was würden Sie sagen oder tun?
Palmetto High School, Florida, USA, Amerika

83. Sind Sie nach dem Krieg noch einmal einem Ihrer Peiniger begegnet?
Harvard University, Massachusetts, USA, Amerika

84. Was halten Sie von den Strafen, die die Nazis nach dem Krieg bekamen, zum Beispiel bei den „Nürnberger Kriegsverbrecherprozessen"?
Tampereen Rudolf Steiner-koulu, Finnland, Europa

85. Haben Sie Ihren Peinigern verziehen?
Manchester Middle School, Virginia, USA, Amerika
Cedar House School, Südafrika, Afrika
Columbia University, New York, USA, Amerika
Chilliwack Senior Secondary School, Kanada, Amerika

86. Wie denken Sie über Neo-Nazis?
Waldorfschule Klagenfurt, Österreich, Europa

87. Was tun Sie, um Menschen über den Holocaust aufzuklären?
Rustenburg High School for Girls, Südafrika, Afrika

88. Wie können Sie sich aus der Sicht der Dinge heute erklären, dass „normale Menschen“ zu solchen Gräueltaten fähig waren?
Deutschsprachige Schule Bangkok, Thailand, Asien

89. Was genau geht in Ihnen vor, wenn Sie hören, dass es immer noch Menschen gibt, die behaupten, den Holocaust hätte es nie gegeben?
Internationale Deutsche Schule Paris, Frankreich, Europa
Georgetown University, Washington DC, USA, Amerika

90. Welche Konsequenzen hatte der Beschluss der „Nürnberger Rassengesetze“ am 15. September 1935 für Sie?
Harvard University, Massachusetts, USA, Amerika

91. Wie haben Sie die „Reichskristallnacht“ am 9./10. November 1938 erlebt?
Sir-Karl-Popper-Schule am Wiedner Gymnasium, Österreich, Europa

92. Wie haben Sie den Kriegsbeginn 1939 miterlebt?
Deutsche Schule London, Großbritannien, Europa

93. Haben Sie davon erfahren, dass die Nationalsozialisten bei der Wannseekonferenz am 20. Januar 1942 die „Endlösung der Judenfrage“ – die europäischen Juden systematisch zu vernichten – beschlossen hatten? Wenn ja, wann und wie?
Sir-Karl-Popper-Schule am Wiedner Gymnasium, Österreich, Europa

94. Welche Gefühle hatten Sie, als Sie vom Ende des Zweiten Weltkrieges erfuhren?
Qiqihar University, China, Asien
Liceul Teoretic „Adam Müller Guttenbrunn” Arad, Rumänien, Europa

95. Glauben Sie, dass die Menschheit etwas gelernt hat?
Deutsche Schule Shanghai, China, Asien

96. Sollen die Gräuel vergessen und soll nicht mehr darüber gesprochen werden, wie manche es sich wünschen?
Bundesoberstufenrealgymnasium Bad Radkersburg, Österreich, Europa

97. Was haben Sie für die Zukunft noch geplant?
EDV-Hauptschule Pressbaum, Österreich, Europa

98. Wie möchten Sie in Erinnerung bleiben?
Sir-Karl-Popper-Schule am Wiedner Gymnasium, Österreich, Europa

99. Was möchten Sie uns noch sagen? Welche Frage wurde nicht gestellt?
Universität Wien, Österreich, Europa

100. Nach allem, was Sie erlebt haben, was für einen Rat können Sie uns jungen Menschen geben?
Erundu Senior Secondary School, Namibia, Afrika

Ernst Blajs:
„Ich habe nur Essen gebracht“

Ernst Blajs, geb. 3. Januar 1928
Verfolgungsgrund: Politischer Häftling (Kärntner Slowene)
Dauer des Freiheitsentzuges: 1 Jahr, 6 Monate
Land: Österreich

Abb. 1: Ernst Blajs, 1941

Abb. 2: Ernst Blajs, 2008

Ernst Blajs wurde am 3. Januar 1928 in Bad Eisenkappel, Österreich, geboren. Als Kärntner Slowene hatte er Verbindung zu den Tito-Partisanen. Seine Stiefmutter hatte ihm befohlen, den Partisanen regelmäßig Essen in die Wälder im Gebirge zu bringen. Am 12. Oktober 1943, im

Alter von 15 Jahren, wurde er verhaftet und bis 8. November 1943 in Klagenfurt im Gestapogefängnis eingesperrt. Dann wurde er mit seinem Bruder Franz Blajs in das „Jugendschutzlager" Moringen für männliche Jugendliche, das später als Jugend-KZ bezeichnet wurde, transportiert. Dort musste er jeden Tag unterirdisch (in bis zu 917 Metern Tiefe) in der Munitionsanstalt in Volpriehausen arbeiten. Gegen Ende des Krieges wurde er auf den Todesmarsch geschickt und am 11. April 1945 befreit.
Nach kurzzeitiger Arbeit auf einem Bauernhof und Unterbringung in einem Sammellager konnte er am 27. August 1945 wieder nach Hause zurückkehren. Nach dem Krieg arbeitete er auf dem elterlichen Bauernhof, anschließend als Forstarbeiter sowie als Holzschuhmacher bis zu seiner Pensionierung 1987. Ernst Blajs lebt in Österreich.

Die Interviews wurden am 27.10.2008, 12.1.2009, 12.8.2011 und 25.8.2011 geführt.

1. Wann wurden Sie geboren? Wie war Ihr Vater? Wie war Ihre Mutter?

BLAJS: Ich wurde am 3. Jänner 1928 in Leppen 15 in Bad Eisenkappel in Kärnten [Österreich] geboren. Mein Vater Franz Blajs war ein guter Mensch. Die Mutter Albine Blajs habe ich gar nicht gekannt. Ich war erst 13 Monate alt, als sie starb. Es war Selbstmord, sie hat sich vergiftet. Sie hat mit 16 Jahren geheiratet und der Vater war 23. Wir waren drei Buben: mein Bruder Franz und der Halbbruder Stanislav. Zwei Schwestern sind bereits früh gestorben, eine wenige Wochen nach der Geburt und die andere, eine Halbschwester, mit ungefähr drei Jahren. Mein Vater ist 1941 in Lettland im Zweiten Weltkrieg gestorben.

2. Was ist Ihre früheste Kindheitserinnerung?

BLAJS: Mein Bruder Franz, der 13 Monate älter war, und ich haben einen Baum geschält, als wir von der Schule heimgegangen sind. Der Baum stand ganz nah am Weg und wir unterhielten uns vor dem Baum und da haben wir die Rinde heruntergeschält. Der Vater war diesbezüglich streng und wir wurden nachher auch dafür von ihm bestraft. Da war ich ungefähr acht Jahre alt.

3. Wie verlief Ihre Kindheit?

BLAJS: Die Wirtschafterin war zuerst die Maßgebende bei meiner Erziehung. Nach dem Tod meiner Mutter hat mich die Taufpatin [Katharina Kogoj] für ein Jahr zu sich genommen, dann hat sie mich wieder zurückgegeben. Als ich mit zwei Jahren wieder nach Hause kam, war dann die Tante [Maria Blajs] die Erzieherin. Wir, also ich, mein Bruder und eine Cousine, haben vor allem im Winter in der Wohnstube nach dem Mittagessen auf drei Bänken so zwei bis drei Stunden liegen müssen. Und wenn dann ein Fremder ins Haus gekommen ist, durftest du nicht einmal den Kopf bewegen und ihn anschauen. Da hast du schon eine Strafe bekommen, wenn du das gemacht hast.

Das Klo war außerhalb des Hauses. Wenn wir aufs Klo mussten, ist der Onkel [Johann Blajs] oft nachschauen gegangen, ob wir auch wirklich gehen. Am Plumpsklo hat man seitlich gesehen, ob du wirklich notwendig musstest. Wir hatten fast nie umsonst nach draußen verlangt, aber sie waren so streng. Sie dachten, wir wollen nur hinaus, damit wir an die frische Luft kommen.

Und essen mussten wir, was wir bekamen, egal ob es zu wenig oder zu viel war. Nachgereicht wurde uns auch nichts mehr, wenn man zu wenig hatte. Das war deine Portion und das hast du aufessen müssen und nachgereicht wurde einem, auch wenn es etwas wenig war, nichts mehr.
1933 hat der Vater das zweite Mal geheiratet. Die Stiefmutter Amalia Blajs war, solange sie keine eigenen Kinder gehabt hat, noch gut zu uns. Als sie dann eigene Kinder hatte, war sie zu uns nicht mehr so gut wie zu ihren eigenen Kindern. Da wurden wir ein bisschen zurückgestellt.
Wir haben schon als Kinder so eine Erziehung gehabt, dass uns nachher das Lager gar nicht so schlimm vorgekommen ist wie einigen anderen.

4. Welche Schulbildung haben Sie?
BLAJS: Nur die Volksschule und nicht einmal die bis zum Ende. 1941, mit 13 Jahren, musste ich von der Schule austreten, weil niemand am Hof für die Arbeit [da] war. Mein Bruder und ich mussten noch

Abb. 3: Franz, Amalia, Stanislav und Ernst Blajs, 1941 (v. l. n. r.)

besser zugreifen. Der Vater starb [im Krieg] 1941 in Lettland. Der Onkel Josef Blajs musste einrücken. Er war ein Invalide. Er war nur ungefähr drei Wochen dabei, dann haben sie ihn wieder heimgeschickt. Mit der Schule war's aus und nachher hatte ich auch keine Weiterbildung.

5. Wie war Ihre Jugendzeit? Welchen Beruf haben Sie erlernt und was haben Sie gearbeitet?

BLAJS: Beruf habe ich keinen gelernt. Ich habe immer am Bauernhof gearbeitet. Ich hätte eine Lehrstelle als Verkäufer bei einer Gemischtwarenhandlung in Eisenkappel gehabt, wo ich 1944 zu arbeiten hätte anfangen können, aber es ist durch den Krieg nie dazu gekommen. Als der Vater in den Krieg gezogen ist, ging ich von der Schule und habe dann bis zur Verhaftung am Bauernhof gearbeitet. Es gab nur Arbeit, Arbeit und noch einmal Arbeit: Am Sonntag war freie Zeit und auch da haben wir die Viecher versorgen müssen.

6. Was können Sie von Ihrer Familie erzählen?

BLAJS: Meine Frau Maria, geborene Verdel, war aus Slowenien. Wir haben uns am Bauernhof, wo wir beide gearbeitet haben, kennen gelernt und am 20. Juni 1955 haben wir geheiratet. Die Kinder kamen nach der Reihe, insgesamt acht. Einer ist tödlich verunglückt bei einem Arbeitsunfall. Zuerst kam ein Bub, dann ein Mädchen, die Caroline, dann der Konrad, dann kam der, der verunglückte, der Andreas, dann die Maria, dann der Ernst, dann der Toni und die Brigitte. Der erste hieß Josef. In 20 Jahren waren es acht Kinder. Jetzt habe ich 16 Enkelkinder und einen Urenkel. Die Frau ist am 6. Jänner 2001 an Lungenkrebs gestorben. Die hat nie geraucht, nie getrunken.

7. Haben Sie mit „Heil Hitler!“ gegrüßt?

BLAJS: Ja, in der Schule. In der Kriegszeit, als der zweite Lehrer gekommen ist, haben wir so grüßen müssen. Der war ganz streng diesbezüglich. Es war verboten, slowenisch zu reden und wir mussten mit „Heil Hitler“ grüßen. Sonst, daheim oder so, haben wir das überhaupt nicht verwendet.

8. Warum wurden Sie von den Nationalsozialisten verfolgt?

BLAJS: Ich bin Kärntner Slowene. Wir haben eine Verbindung zu den

Tito-Partisanen gehabt, die sich in den Wäldern im Gebirge versteckt haben. Es waren auch Kärntner dabei, die meisten kamen aber von Jugoslawien.

9. Wann wurden Sie verhaftet?
BLAJS: Am 12. Oktober 1943 wurde ich verhaftet.

10. Warum wurden Sie interniert?
BLAJS: Einer von den Partisanen hat uns alle bei der Gendarmerie verraten. Da wurden am gleichen Tag einige Familien von hier festgenommen und inhaftiert. Die Partisanen waren oft bei uns am Bauernhof und haben etwas zu essen bekommen und einer von denen hat uns dann verraten. Uns blieb ja nichts anderes übrig, als Partisanen öfters Essen zu bringen: „Ihr nehmt das Essen mit, weil ihr in diese Richtung geht!" Mein Bruder Franz und ich haben mit dem Ross Reisig auf einem Karren geführt. An dem Teil, an dem das Pferd angespannt war, hatten wir Essen, z. B. Kartoffelsuppe, in einem Kübel mit Deckel. Das war weniger auffallend, als wenn man den Kübel ganz frei getragen hätte. So war es etwas versteckt. Da habe ich mir gedacht: „Also wenn uns jetzt die Gendarmerie erwischt …!" Wir sind bis zu einem gemauerten Kreuz hingefahren und in der Nähe etwas unterhalb haben die Partisanen den Bunker gehabt. Dort ist dann immer einer gekommen, um das Essen zu holen, weil wir nicht zum Bunker durften.

11. Wie wurden Sie gefangen genommen?
BLAJS: Wir waren am Feld bei der Kartoffelernte. Mein Bruder Franz war noch daheim, als die Gendarmerie gekommen ist. Mein Bruder ist dann aufs Feld gekommen und hat zum Onkel [Josef Blajs] gesagt, er soll heimkommen. Der Onkel ist dann in den Wald und zu den Partisanen geflohen. Die Stiefmutter brachte den Partisanen gerade etwas zu essen und hat vom Wald oben gesehen, dass die Gendarmerie gekommen ist. Sie ist auch gleich im Wald geblieben, zu den Partisanen geflüchtet und nicht mehr zum Bauernhof zurück. Der Bruder ist noch einmal heimgegangen. Ich weiß nicht, aus welchem Grund. Da haben ihn die Gendarmen geschlagen und mitgenommen. Am Abend sind sie noch einmal zurückgekommen und haben meine Tante Paula Maloveršnik und mich auch mitgenommen. Das Zimmer, in dem mein Bruder und ich geschla-

fen haben, war in einem Keller, wo man von draußen hineinging. Ich bin ums Eck gelaufen, der Gendarm ist mir nachgelaufen. Genau bei der Tür hat er mir von hinten einen Stoß gegeben, dass ich direkt aufs Bett geflogen bin. Mit der Rute hat er mich heftig geschlagen. Den ganzen Weg von oben am Bauernhof bis hinunter nach Eisenkappel, gute sechs Kilometer, habe ich aus dem Mund geblutet.
In Eisenkappel war ich ungefähr eineinhalb Stunden in Arrest und schon am ersten Abend wurde ich ins Klagenfurter Gestapogefängnis gebracht, wo auch mein Bruder Franz war. Dort haben sie mich heftig gedroschen. Beim Verhör wollten die Gestapomänner wissen, wie oft und wann die Partisanen bei uns gewesen sind. Ich habe immer alles abgestritten: „Ich habe sie nie gesehen, ich habe nie etwas davon gehört.“ Der Bruder hat ja auch nichts gesagt, aber zu mir haben sie gesagt, der Bruder hat etwas zugegeben. „Also wenn der Bruder etwas gesagt hat, dann hat er es gewusst. Ich weiß es nicht“, habe ich geantwortet, obwohl ich etwas gewusst habe. Einer hat einen schönen roten Apfel dort gehabt und mir angeboten: „Also, wenn du etwas sagst, kriegst du den Apfel.“ „Leider habe ich nichts zu sagen“, habe ich geantwortet. Ich habe ihn außerdem schwer verstanden und er mich auch. Ich habe damals noch schlechter Deutsch sprechen können als heute.

12. Wusste man von Anfang an, was in den Lagern passiert? Bevor Sie abgeholt wurden, wussten Sie, was passieren würde?

BLAJS: Nein, das hat man nicht gewusst. Wie denn?

13. In wie vielen verschiedenen Lagern waren Sie? Wie viele Jahre verbrachten Sie dort?

BLAJS: Vom 12. Oktober bis 8. November 1943 war ich in Klagenfurt im Gestapogefängnis. Dann kam ich auf Transport in das „Jugendschutzlager“ Moringen für männliche Jugendliche, das später als Jugend-KZ bezeichnet wurde. In diesem Lager war ich von 8. November 1943 bis 11. April 1945. Vorher ist der Todesmarsch gewesen, weil wir vom Lager hinausmussten.

14. Waren Sie allein oder mit Familie und Freunden im Konzentrationslager? Hatten Sie Kontakt mit ihnen?

BLAJS: Ich war mit meinem Bruder Franz, meinem Freund Johann

Kogoj und dem Michael Sadonik dort. Wir waren immer zusammen, auch bei der Arbeit. Ich habe immer Kontakt gehabt mit denen. Unter Aufsicht haben wir nur Deutsch reden dürfen. Aber wir haben so gut wie kein Deutsch gekonnt. Deswegen haben wir auch so wenig erfahren, weil wir so wenig verstanden haben und auch fast nichts reden konnten. Dadurch sind wir auch so isoliert geblieben. Ich wusste nichts davon, was alles getrieben worden ist im Lager.

15. Was passierte unmittelbar nach Ihrem Eintreffen im KZ?
BLAJS: Bei der Aufnahme wurde alles nachgefragt: Woher man kommt, warum man dort ist usw. Wir haben einen blauen Winkel gekriegt und einen weißen Streifen über dem Winkel. Eine Nummer habe ich auch bekommen. Die Nummer war nirgends auf der Kleidung zu sehen; die musste man sich merken. Ich hatte die Nummer 1089 und ich kam in den ST-Block im Lager II. Dort waren politische Häftlinge. Im Lager II waren nur Baracken und die ST-, E-, D-, F-, G- und S-Blocks. Im Lager I waren die Bekleidungskammer, die Küche, das Lazarett und die Sattlerei. Die Kommandantur war am Eingang der langen Straße. Es hat auch einen U-Block gegeben, für so genannte „Untaugliche“, die nicht voll arbeiten konnten.

16. Warum wurden die Köpfe der Gefangenen geschoren?
BLAJS: Als Strafe oder dass man keine Läuse überträgt. Ich weiß nicht genau, aus welchem Grund, aber so könnte ich es mir vorstellen. Gesagt wurde ja nicht, warum. Wir wurden am Anfang geschoren und dann eben nur normal geschnitten. Dann hat man die Haare wieder gehabt. Den Ausreißern haben sie zur Strafe immer eine Glatze geschnitten. Und rote Stoffstreifen auf die Brust, die Ärmel, den Rücken, die Hose und die Mütze genäht.

17. Zu welcher Gruppe der KZ-Häftlinge gehörten Sie?
BLAJS: Zu den politischen. Ich war Kärntner Slowene.

18. Wie war der Tagesablauf im KZ?
BLAJS: In der Früh mussten wir nach dem Aufstehen zuerst in den Waschraum außerhalb der Baracke. Dann gab es Frühstück: ein Stück Brot und Kaffee, geheißen hat es zumindest Kaffee. Es war eine braune

Suppe. Vom Kaffee gab es genug, aber er war sehr heiß. Ich habe mir im Lager sogar den Magen verdorben, durch den heißen Kaffee. Den hat man eben runtergeschüttet. Es hat nur geheißen: „Schnell! Schnell! Schnell!“, damit man nicht zu spät zum Appell gekommen ist.
Der Appell war im Lager II. Einige Häftlinge haben im Steinbruch arbeiten müssen. Einige waren bei der Firma Piller. Wir haben vor der Arbeit ins Lager I müssen. Dort gab es wieder einen Appell und wir wurden noch einmal abgezählt. Dann sind Lastwagen gekommen, auf die wir raufmussten. Wir waren 30 oder 40 Leute auf einem Wagen und immer ein bis zwei SD-Wachmänner. Dann sind wir zur Arbeit gefahren, in die „Muna“, die Munitionsanstalt. Dort arbeiteten wir den ganzen Tag. Das Mittagessen ist uns hingebracht worden. Normalerweise arbeiteten wir jeden Tag auf 540 Meter unterirdisch, zeitweise aber auch in 917 Meter Tiefe. Da war nur Gas, und zwar „Azin-Gas“. Wir haben nur mit Gasmasken arbeiten können.
Am Abend fuhren wir wieder zurück ins Lager. Dann war wieder Appell und wir wurden abgezählt und dann wieder Waschen oder Duschen, Abendessen und um acht oder halb neun Schlafengehen.
In der Früh haben wir nur unser Gesicht gewaschen, am Abend konnten wir duschen. Oft hat es kein warmes Wasser gegeben, wenn man zu spät dran war. Normalerweise gab es schon warmes Wasser.

19. Was war das Schlimmste am täglichen Ablauf?

BLAJS: Wenn es einen Strafappell gegeben hat, also Robben, Kniebeugen oder Liegestütze. Bei den Kniebeugen musste man immer einen Schemel mit vier Beinen in der Hand halten. Und damit, je nachdem, 15, 20 oder auch 50. 50 waren schon ganz schlimm. Oft gab es Essensentzug, das war auch sehr schlimm, weil wir sowieso so hungrig waren. Wenn irgendetwas nicht gepasst hat, z. B. das Bett nicht richtig gemacht war oder nicht so ordnungsgemäß, wie sie es verlangt haben, dann hat man Essensentzug gekriegt. Das waren Sachen, die mir wirklich gut in Erinnerung geblieben sind. Bei so einem abgemagerten jungen Menschen auch noch Essensentzug ...

20. Schweißte der Alltag eher zusammen oder versuchte man alleine zurechtzukommen?

BLAJS: Die meisten waren so 17, 18 Jahre alt. Der Jüngste war nicht auf unserem Block, das war ein 13-Jähriger. Die ältesten waren 21, 22 Jahre alt. 22-Jährige gab es schon sehr wenige. Weil wir wenig Deutsch konnten, waren wir mehr für uns. Mit denen, die ich zuvor erwähnt habe, habe ich mich unterhalten, um irgendwie leichter zurechtzukommen. Wegen der Sprache hatte ich wenig Kontakt mit den anderen. Meine Muttersprache ist Slowenisch.

21. Welche Möglichkeiten gab es für Sie, sich von dem grausamen Alltag abzulenken (Musik etc.)? Was hat Ihnen Kraft gegeben?

BLAJS: Eigentlich keine. Ich weiß nicht wie, mit der Arbeit vielleicht. Wir haben nur selten gesungen. Auf Befehl schon. Beim Marsch in der Früh, wenn wir vom Lager II zum Lager I gegangen sind, hat es immer geheißen: „Ein Lied!" Da haben wir gesungen, freilich. Ich habe auch ein bisschen mitgeschrien. Deutsche Lieder haben wir nicht gekannt, außer die wir dort gelernt haben. Aber das war auch keine wirkliche Ablenkung. Es war ein Befehl, das hast du machen müssen.

22. Wie waren die Lebensbedingungen in den Baracken (Aufteilung, Verpflegung, Hygiene, Kleidung etc.)?

BLAJS: In der Baracke gab es einen Blockältesten, die Stubenältesten und die Tischältesten. Es gab zwei Essräume. Das Essen wurde zuerst vom Blockältesten auf die Stubenältesten, dann auf die Tischältesten und letztendlich auf die einzelnen Häftlinge verteilt.

Der Blockälteste hat die besten Kartoffeln oder die größten Brotstücke für sich genommen, dann durften die Stubenältesten und zum Schluss noch der Tischälteste zugreifen. Und gegeben hat es: zwei Mal in der Woche ein Gemisch aus Gemüse, etwas wie einen Eintopf. Ab und zu Bohnen und Kartoffeln. Manchmal auch nur Brot mit ein bisschen Butter oder Marmelade und Pellkartoffeln. Sonntags war es anfangs etwas besser. Da gab es so einen Klops, wie sie im Lager gesagt haben, aus ein bisschen Fleisch und Brotresten. Das war das Beste, das wir dort bekommen haben. Abends haben wir auch die Kartoffelschalen zusammengedrückt und gegessen. Du hast aufpassen müssen, dass dich niemand gesehen hat. Die Pellkartoffeln sind ungeschält auf den Tisch gekommen und wir haben sie vor dem Essen schälen müssen. Die Schalen sind in die Küche zurückgebracht worden.

Es gab zwei Schlafräume mit Stockbetten. Eiserne Gestelle und Strohsäcke, mit Holzwolle gefüllt. Dort haben wir geschlafen, es war so hart. Beim Bettmachen in der Früh musste alles hinhauen und auf den Zentimeter genau passen. Wenn du das nicht richtig gemacht hast, dann lag abends, wenn du von der Arbeit heimgekommen bist, das ganze Bettzeug heraußen. Dann musste man zum „Schliffappell“ in den Hof raus und dann das Bett so machen, wie es Vorschrift war. Im Schlafraum waren an den Seiten die Stockbetten und in der Mitte standen der Länge nach drei Stockbetten. Dort haben die Bettnässer geschlafen. Wenn einer in der Nacht austreten musste, dann musste er auf einen Kübel im Tagesraum gehen. In der Früh mussten die zwei Kübel weggetragen und das Essen geholt werden. Das Essen mussten die Neuankömmlinge holen. Beim Kübeltragen ist jeder der Reihe nach drangekommen. Einmal die zwei, dann die zwei. Da ist man vielleicht drei bis vier Mal im Jahr drangekommen. Eine Eisenstange wurde durch die Griffe der Kübel gesteckt. Wenn auf der einen Seite ein großer Häftling und auf der anderen ein kleiner getragen hat und die Kübel voll waren, ist dem kleinen Häftling der Urin drübergeronnen.

23. Welche Arbeiten mussten Sie verrichten? Wie lange mussten Sie arbeiten?

BLAJS: Ich musste in der Munitionsanstalt in Volpriehausen arbeiten, die ca. 12 Kilometer von Moringen entfernt war. Das Areal dort war sehr groß. Wenn mich zu Beginn jemand ans letzte Ende des Ostfeldes oder Südfeldes gebracht hätte, hätte ich nicht mehr herausgefunden. Dort waren riesige Räume, alle voll mit verschiedenen Waffen und Munition, die die Nazis in den besetzten Staaten erbeutet haben.

Jeden Tag wurden wir in einem „Schacht“ [Aufzug] in die Tiefe befördert. Der „Schacht“ ist so schnell hinuntergefahren, dass wir kurz keinen Boden mehr unter den Füßen hatten. Am Anfang, als wir das noch nicht gewohnt waren, hat es uns momentan den Magen ausgehoben. Später haben wir uns daran gewöhnt, da war es nicht mehr so schlimm. Der „Schacht“ hatte drei Etagen und zehn Häftlinge passten in eine Etage. Es konnten also 30 auf einmal hinunterfahren. In diesem „Schacht“ haben sie auch alles andere transportiert. Außerdem gab es unten kleine Züge mit 10 bis 15 Waggons zur Beförderung.

Im Arbeitsraum I wurden die Flakgranaten erzeugt. Aber dort war ich nur drei oder vier Mal. Sonst war ich immer in der „Kolonne“, also im-

mer am Gang. Wir haben verschiedene Granaten und verschiedene Pulver, die hinausgegangen sind, verladen müssen oder abladen und lagern, was hineingekommen ist. Da waren 75 Kilo schwere Kisten. Die haben wir zu zweit schleppen müssen. Das war anstrengend!
Ab und zu mussten wir auch im Arbeitsraum I arbeiten, wo eine gewisse Partie ständig beschäftigt war. Wenn aber jemand ausgefallen ist, weil er krank war oder nicht arbeiten konnte, wurde ein Ersatz geholt. Dort haben sie die Flakgranaten aus Einzelteilen zusammengestellt, verpackt und anfangs auch gelagert. Gegen Ende des Krieges ist täglich alles hinausgegangen. Wenn wir auf 917 Meter hinunter haben müssen, war dieses „Azin", da haben wir nur mit Gasmasken arbeiten können. Es hat so gebrannt in den Augen und im Mund. Es war unmöglich, ohne Masken zu arbeiten.
Arbeitsbeginn war um sieben Uhr früh, Arbeitsende war um sechs Uhr abends. Bis wir ins Lager zurückkamen, war es schon sieben Uhr und wenn es einen Fliegeralarm gab, noch später, weil wir dann nicht herausfahren konnten.

24. Wie wirkte auf Sie der Spruch „Arbeit macht frei"?
BLAJS: Den habe ich zu dieser Zeit gar nicht gehört. Bei den anderen Lagern ist es oben geschrieben gewesen, aber im Jugend-KZ nicht. In der Haftzeit habe ich das nie gehört, dass die Arbeit frei macht.

25. Wie waren die Aufseher im Lager?
BLAJS: Ein Blockführer, der war fast unerträglich. Der hat nur geschlagen und geschlagen. Der hat für jede Kleinigkeit Strafen gegeben. Entweder Kniebeugen oder Liegestütze oder gar Stockhiebe. Einer unter den Blockführern, der das SS-Zeichen hatte, war der Beste. Es war ein SS-Mann, aber zu den Häftlingen sehr angenehm. Die anderen waren ja alle nur SD-Männer, also vom Sicherheitsdienst, oder Ungarn und Volksdeutsche. Einige waren verhältnismäßig gut. Auf unserem Block haben sie einmal den Blockführer gewechselt. Dann haben wir den einen gekriegt, den Zimmermann. Das war der Arge. Vorher haben wir einen anderen gehabt, der war noch gut. Mit den Wachmännern haben wir bei der Arbeit wenig zu tun gehabt, obwohl sie immer da waren. Dort hatten wir Zivilpersonen als Vorarbeiter, die haben die Befehle gegeben. Das waren keine SS-Männer.

26. Gab es Kontakte zwischen den Häftlingen und der Bevölkerung?

BLAJS: In der „Muna“ waren russische Arbeitsdienstler. Mit denen haben einige schon Kontakt gehabt. Aber wir nicht, ich vor allem nie. Die ganze Zeit nie mit einem Zivilarbeiter oder Zivilisten, außer mit dem Vorarbeiter bei der Arbeitskolonne ab und zu. Aber sonst mit keinem.

27. Wussten Sie über den Kriegsverlauf in der Außenwelt Bescheid?

BLAJS: Nein, wusste ich nicht. Von wo denn? Wirklich nicht.

28. Durften Sie im KZ Briefe, Lebensmittel, ... empfangen?

BLAJS: Ja, aber es war alles zensuriert. Alle Briefe mussten in Deutsch geschrieben werden. Wir haben jeden Monat einmal ein paar Wörter schreiben dürfen: „Schöne Grüße! Mir geht's gut! Ich bin gesund.“ Ich habe in der ganzen Zeit nur drei oder vier Briefe erhalten. Die Angehörigen versteckten sich im Wald oder kamen ins KZ und Bekannte hatte ich als 15-Jähriger nicht. Die Schulkollegen hatten vergessen, dass ich nicht mehr da war.

Und Lebensmittel haben wir auch erhalten, ich glaube, zwei Pakete mein Bruder und ich gemeinsam. Das war erlaubt. Einmal hat die Großmutter ein Paket geschickt und einmal eine Tante, eine Schwester von der Stiefmutter. Das Brot, das am wichtigsten war, war verschimmelt. Es war schon 14 Tage mit der Post unterwegs, bevor es angekommen ist. Natürlich haben wir es gegessen, weil wir hungrig waren, wenn es uns nicht weggenommen wurde. Wenn es zu schimmlig war, hat es geheißen: „Nein, das ist nicht mehr essbar!“

29. Welche Folterungen mussten Sie über sich ergehen lassen?

BLAJS: Einmal die Stockhiebe, die ich auch unschuldigerweise gekriegt habe, weil mir der Löffel gestohlen wurde. Beim Abendessen habe ich nicht essen können. Ich habe gewartet, bis mein Bruder fertig war und nachher habe ich mit seinem Löffel gegessen. Der Blockführer war anwesend und hat mich gefragt, warum ich nicht esse. Ich habe ihm gesagt, dass ich nicht essen kann, weil mein Löffel gestohlen wurde. Das hat er aufgeschrieben und hat gesagt: „Am nächsten Abend in der Bekleidungskammer einen neuen Löffel holen!“ Und am nächsten Abend sind wir zu spät heimgekommen, weil Fliegeralarm war. Wir haben nicht herausfahren können. Wir sind in der „Muna“ unten gestanden und zu spät ins Lager gekommen, so dass die Bekleidungskammer geschlossen war. Ich wollte ja noch hinaufgehen, aber ich habe nicht können. Der Blockführer ist wieder da gewesen und ich habe wieder nicht essen können. Obwohl ich ihm erklärt habe, dass wir zu spät dran waren und ich nicht mehr hinaufkonnte, habe ich wegen Befehlsverweigerung zehn Stockhiebe erhalten. Das war das einzige Mal, dass ich Stockhiebe bekam. Dazu hast du dich über den Schemel drüberlegen und die Hosen herunterziehen müssen. Dann wurde geschlagen. Danach hast du schnell aufstehen, strammstehen und die Meldung machen müssen: „Lagerhäftling soundso hat zehn Stockhiebe erhalten wegen Befehlsverweigerung.“ Das war die eine Strafe. Ansonsten gab es noch kleinere, wie z. B. Kniebeugen und Liegestütze. Einige Häftlinge haben nicht so gehorcht, die haben öfter eine Strafe bekommen.

30. Was war der schrecklichste Moment für Sie?

BLAJS: Die Angst vor dem Tod. Einmal haben Häftlinge in der „Muna“ eine Sabotage gemacht. Sie wollten einen Raum, der voller Sprengmittel war, in die Luft sprengen. Da waren zigtausende Kilo Sprengmittel drinnen. Wenn das in die Luft gegangen wäre …! Da wäre die ganze „Muna“ in die Luft gesprengt worden. Da hätte es uns alle erwischt. Die Zündschnur hat schon gebrannt und einer der Wachmänner oder ein Zivilarbeiter hat es noch rechtzeitig gesehen und die Schnur abgerissen oder abgeschnitten. Es war Ende 1944 in der „Kolonne“, die an dem Ostfeld gearbeitet hat. Aber ganz genau draufgekommen, wer das gewesen sein könnte, sind sie auch nicht.

Dann hat der Lagerkommandant an einem Sonntag zu uns gesagt: „Ihr gehört alle niedergeschossen!“ Immer ist mir untergekommen: „Wird es vielleicht einmal doch so weit kommen?“ Es ist nicht so weit gekommen, aber das war ein Schock. Wenn ich daran denke, läuft es mir noch heute kalt über den Buckel.

31. Gab es humorvolle Momente, die Sie das Leid für einen Augenblick vergessen ließen? Wie hat man sich diese vorzustellen?

BLAJS: Nein. Na ja, da hat es sonntagnachmittags in den Baracken dieses Ringen zum Spaß unter den Häftlingen gegeben. Dabei haben wir manchmal zugeschaut. Es waren zwei Luxemburger, der kleinere war nicht stärker, aber flinker. Da haben wir ein paar Mal gelacht, obwohl es eigentlich nicht zum Lachen war. Sonst haben wir nichts zu lachen gehabt.

32. Was waren Ihre tagtäglichen Gedanken, als Sie im KZ waren?
BLAJS: Ob wir je noch mal heimkommen! Das war sicher, dass wir über diese Dinge gedacht haben. Und sonst nur, dass du ja alles in Ordnung gebracht hast, damit du ohne Strafe durchgekommen bist.

33. Konnten in einem KZ Kinder auf die Welt gebracht werden? Wenn ja, was ist mit diesen Babys passiert?
BLAJS: Das war bei uns nicht der Fall, weil wir nur männliche Jugendliche dort waren. In anderen Lagern wurden auch Kinder geboren. Eine Frau, die jetzt in Eisenkappel wohnt, wurde im KZ Ravensbrück geboren. Sie ist heimgekommen, die haben sie im Lager nicht umgebracht. Im „Aussiedlungslager“ Frauenaurach ist ein weitschichtiger Verwandter von mir, der Jakob Jerlich, geboren. Seine Mutter wurde als schwangere Frau eingesperrt.

34. Gab es eine Möglichkeit, Freundschaften mit Gefangenen zu schließen?
BLAJS: Also unter den Bekannten, ja, aber unter den anderen habe ich keinen richtigen Freund gehabt. Mit den Slowenen war ich mehr befreundet als mit den übrigen. Das waren mein Bruder, der Johann Kogoj und Richard Potočnik aus Bleiburg, der mittlerweile schon verstorben ist.

35. Wer war Ihr bester Freund während dieser schlimmen Zeit und wie hat er Ihnen geholfen?
BLAJS: Mein Bruder, der Franz. Wir haben zusammengehalten.

36. Was haben Sie zur Erleichterung des Leidens anderer Insassen getan?
BLAJS: Es fällt mich nichts Besonderes ein, außer, dass wir Schwächeren bei der Arbeit helfen mussten.

37. Gab es unter den Insassen bestimmte Hierarchien?
BLAJS: Der Blockälteste und die Stubenältesten waren höhergestellt.

Es hat Häftlinge gegeben, die mehr Kontakt zum Blockältesten gehabt haben, um einen Vorteil davon zu haben. Die bekamen dann beim Essenausteilen die Suppe vom Boden des Topfes herausgeschöpft, wo sie etwas dicker war.

38. Gab es Unterschiede in der Behandlung zwischen den verschiedenen Gefangenengruppen (religiöse, politische Gefangene)?
BLAJS: Ja, die Bibelforscher, wie wir im Lager zu den Zeugen Jehovas gesagt haben, wurden schon ein bisschen schlechter behandelt. Die haben in der „Muna" überhaupt nicht arbeiten wollen, weil das gegen ihre Religion ist, so hat es geheißen. Zwei Neuankömmlinge wurden einmal zur „Muna" eingeteilt und die haben die Arbeit total verweigert. Die Bibelforscher haben gesagt, dass sie nicht bei der Herstellung von Waffen oder Munition mitarbeiten werden, weil das gegen ihre Überzeugung geht. Sie wurden bestraft und kamen dann in den Innendienst. Wir Kärntner Slowenen wurden nicht schlechter behandelt als andere.

39. Welche Krankheiten gab es im KZ?
BLAJS: Mumps habe ich gehabt einmal, so dass ich im Lazarett war. Da war aber verboten, dass dich jemand besuchen kommt, weil es ansteckend war. Und da ist der Bruder einmal gekommen zu mir, also nach der Arbeit, und hat [ihn] auch gekriegt. Ich weiß nicht, ob er sich wirklich dabei oder woanders angesteckt hat. Also, diese Krankheit habe ich gehabt und sonst keine. Weil er zu mir gekommen ist und sich angesteckt hat und nachher ein paar Tage im Lazarett liegen musste, wurde mein Bruder später mit Stockhieben bestraft. Bei Fliegeralarm mussten wir in die Schützengräben. Dort haben sich einige, vor allem wenn es geregnet hat, so verkühlt, dass sie gestorben sind.

40. Wurden Sie körperlich verwundet?
BLAJS: Nein.

41. Wie viele Kilos wogen Sie, als Sie im KZ waren?
BLAJS: Ungefähr 40 Kilo.

42. Was bedeutete der Tod für Sie?
BLAJS: Angst. Ich habe Gott sei Dank niemandem im Lager sterben

gesehen, obwohl einige gestorben sind. Die Angst war immer da. Man will ja leben.

43. Wie nahe kamen Sie dem Tod?

BLAJS: Bei dieser Sabotage, wo die Häftlinge die ganze „Muna“ in die Luft sprengen wollten. Die Zündschnur ist schon gelegen und [hat] schon gebrannt, so dass es zur Explosion gekommen wäre. Ein Wachmann oder ein Zivilarbeiter hat es noch rechtzeitig gesehen und die Schnur abgerissen oder abgeschnitten, so dass es nicht mehr weitergegangen ist. Da hätten wir alle, die dort gearbeitet haben, ums Leben kommen können. Es läuft mir heute noch kalt über den Buckel.

44. Haben Sie irgendwann eine Art „Mauer“ gegen die schrecklichen Taten aufgebaut, sodass Sie der Tod eines anderen Häftlings nicht mehr berührt hat?

BLAJS: Ich weiß nicht. Man musste arbeiten, arbeiten und wieder arbeiten. Man hat halt nicht viel an andere Dinge gedacht.

45. Was wurde im KZ mit den Leichen gemacht?

BLAJS: Damals hat man nicht gesehen, was mit den Leichen geschehen ist. Ich habe nie Leichen gesehen. Die wurden am Gräberfeld in Moringen außerhalb des Lagers begraben. Dort war ich nach dem Krieg und habe ungefähr 60 kleine Steinchen gesehen, wo die Häftlinge begraben wurden. Darauf standen der Name und das Alter. In unserem Lager hat es kein Krematorium oder etwas Ähnliches gegeben. Wir waren um die 1.400 Häftlinge.

46. Gab es für Sie eine Möglichkeit, aus dem Lager entlassen zu werden?

BLAJS: Ja, aber nicht von unserem Block. Von anderen Blocks wurden welche entlassen, aber zur Wehrmacht. Jedenfalls sind sie vom Lager hinausgekommen, aber zum Militär. Mir wurde das nie angeboten. Ich war noch zu jung. Den Friedrich Tomasin aus Slowenien, der auch mit seinem Bruder im Lager war, haben sie einmal angeredet, ob er nicht zum Militär will. Er war zwei Jahre älter als ich. Er hat ihnen gesagt, dass er dann zum Militär geht, wenn sie seine Eltern, die auch eingesperrt waren, heimlassen. Wenn sie die Eltern nicht freilassen, dann geht er nicht. Weil sie die Eltern nicht freigelassen haben, ist er nicht zum Militär gegangen.

47. Gab es Fluchtversuche und Fluchtmöglichkeiten? Versuchten Sie zu flüchten?

BLAJS: Fluchtmöglichkeiten gab es schon, aber ich habe nie versucht zu flüchten. Es sind welche geflohen, aber alle wurden wieder eingefangen. Nur ein Einziger ist wirklich weggekommen, der ist irgendwie nach England geflüchtet.

Einmal sind sieben Häftlinge, die bei der Firma Piller gearbeitet haben, ausgebrochen. Sie haben den Hauptschlüssel vom Lagertor nachgemacht und sind geflüchtet. Sie sind natürlich nicht weit gekommen.

Wenn die SS einen Häftling eingefangen hat, hat er Stockhiebe bekommen, manchmal drei bis vier Mal hintereinander oder wöchentlich auch 15. Ihm wurden die Haare geschoren und er bekam für einige Monate rote Streifen auf die Häftlingskleidung. Auf die Brust einen links und einen rechts, auf der Hose und auf den Ärmeln links und rechts, hinten am Rücken und auf der Mütze. Das war für die „Ausreißer", wie wir zu denen gesagt haben.

48. Gab es KZ-Häftlinge, die sich getraut haben, einen Aufstand gegen die KZ-Führer zu machen?

BLAJS: Ich selbst habe nichts mitbekommen, dass sich jemand getraut hätte.

49. Dachten Sie, dass Sie jemals wieder lebendig herauskommen?

BLAJS: Ja, die Hoffnung habe ich immer gehabt und immer daran geglaubt, wir kommen einmal noch nach Hause. Ich denke, sie [die Nazis] haben nicht die Absicht gehabt, die Jugendlichen umzubringen. Die hatten sie für die Arbeit gebraucht und letztendlich haben wir gedacht: „Also den Krieg werden sie eh nicht gewinnen und aufgrund dessen müssen wir einmal heimkommen."

50. Gab es Zeiten, in denen Sie alle Hoffnung aufgegeben haben? Und wieso war dies so?

BLAJS: Nein, habe ich nicht. Weil ich immer fest gedacht habe, es wird noch einmal besser.

51. Beging irgendjemand Selbstmord?
BLAJS: Ich habe nichts mitbekommen.

52. Haben Sie während des Holocaust je daran gedacht, aus Verzweiflung Selbstmord zu begehen?
BLAJS: Nein, nicht.

53. An welche Gedanken, Ideen, Hoffnungen, Wünsche oder religiöse Überzeugung haben Sie sich geklammert?
BLAJS: Die Hoffnung war, dass der Krieg schnell zu Ende sein sollte, damit man bald nach Hause kommen würde. Aber sonst, an religiöse Dinge, nicht.

54. Haben Sie Ihren Glauben an Gott verloren, während Sie im Lager waren?
BLAJS: Nicht verloren und nicht aufgebessert.

55. Welche Rolle hat Ihre Religion dabei gespielt, wie Sie die Geschehnisse empfunden haben? Warum?
BLAJS: Da war ich zu jung dazu, um über solche Sachen nachzudenken. Ich bin katholisch, aber die Religion hat für mich keine Rolle gespielt.

56. Haben Sie während Ihrer Gefangenschaft gebetet?
BLAJS: Nein. Bei Bauern war es früher üblich, mittags zu beten, aber nachher im Lager habe ich nicht mehr gebetet. Wir haben so dahingelebt wie die Kälber sozusagen, ohne Glauben und über nichts nachgedacht. Wir haben einfach versucht, jeden Tag zu überleben, um zurückzukommen, und gearbeitet.

57. Hatten Sie je den Gedanken, die Religion (oder Ideologie) zu wechseln? Warum?
BLAJS: Nein. Ich habe mich zu dieser Zeit wenig mit Politik befasst. Aber ich wusste, dass der Hitler nichts Gutes bringen würde.

58. An welchem Datum wurden Sie aus dem Lager befreit?
BLAJS: Am 11. April 1945. Es war vorher noch der Todesmarsch, wo

wir drei Nächte marschierten und vom Lager weggegangen sind.

59. Wie sind Sie aus dem Lager befreit worden bzw. wie sind Sie aus dem Lager herausgekommen?

BLAJS: Da hat es den Todesmarsch gegeben. Wohin der gegangen wäre, weiß ich nicht. Wir wussten damals nicht, dass es ein Todesmarsch werden sollte. Da waren wir drei Nächte unterwegs. Wir sind nur in der Nacht marschiert. Am Tag haben uns die Wachmänner irgendwo untergebracht, entweder in einer aufgelassenen Schule oder in einem anderen Gebäude. Unterwegs sind Häftlinge ohnmächtig geworden und die haben einfach einen Zettel, ich glaube einen Entlassungsschein, in die Hand gedrückt bekommen und wurden neben der Straße liegen gelassen. Am dritten Tag, als uns die SS-Männer und SD-Männer freigelassen haben, waren wir in einer Scheune draußen auf dem Feld. Da haben die Häftlinge schon nachmittags hinten die Holzbretter weggenommen und es sind viele geflüchtet. Die Wachen haben sich nicht darum gekümmert. Gesehen haben sie es, aber sie haben nichts mehr gemacht. Abends hätten wir noch ein Essen bekommen sollen. Wir hatten ja eine Feldküche mit. Es gab aber nichts mehr. Die ganze Wache war auf einmal weg. Uns haben sie einfach stehen gelassen, ohne ein Wort zu sagen.

Wir Häftlinge haben nicht gewusst, wohin wir sollen, und sind in kleinen Gruppen aufgebrochen. Mein Bruder und ich sind mit ungefähr zehn anderen einen Weg entlanggegangen. Dann sind wir in eine Ortschaft gekommen, die war ganz leer. Ich habe mir gedacht: „Wo sind denn alle Leute?" Dann sind uns zwei Männer nachgelaufen und haben uns angeschrien: „Was wollt ihr da? Woher kommt ihr?" Wir haben ihnen gesagt, dass wir im Konzentrationslager waren. Einer hat zu uns gesagt: „Hier könnt ihr auch nicht bleiben. Da wird eine Fabrik gesprengt und die Zivilisten mussten aus dem Dorf." Wir haben uns entschlossen, diesen Männern zu folgen, weil wir nicht wussten, wo die Fabrik ist und wir nicht in die Nähe davon kommen wollten. Also sind wir in einen Wald gegangen und haben dort, ein bisschen abseits von den Zivilisten, übernachtet. Das war auch eine Nacht, wo der Tod nahe schien. Zwischen zehn Uhr nachts und vier Uhr in der Früh hat es nur gekracht und gekracht. Dort war auch eine Munitionsanstalt und die haben die Deutschen noch gesprengt, bevor sie geflohen sind. Wir haben einen großen Schock erlebt.

In der Früh haben wir überlegt, wohin wir jetzt gehen. Wir sind auf einem Feldweg weitergegangen und sind in die Ortschaft Schauen gekommen. Dort sind wir zu einem Bauernhof gegangen. Der Bauer hat uns gefragt, woher wir kommen und wer wir sind. Wir haben es ihm erzählt und gebettelt, ob wir ein Frühstück haben könnten. Wir haben wirklich eine dicke Suppe bekommen und ein Brot dazu. Dort haben wir uns also aufgehalten. Am späten Vormittag kamen auf einmal die Amerikaner, das war am 11. April 1945. Sie kamen herein und einer wollte wissen, von wo wir sind, und fragte: „Sind Sie Deutsche?“ „Nein, wir sind Häftlinge aus einem Lager“, antworteten wir. Da wir keine deutschen Soldaten waren, war er uns gleich gut gesinnt. Er ist über eine Leiter auf den Heuboden hinaufgestiegen und dabei ist ihm eine Sprosse abgebrochen. Er hat oben noch überprüft, ob sich dort ein deutscher Soldat versteckt. Dann sind sie wieder weggegangen.
Wir sind noch am Bauernhof geblieben. Am zweiten Tag haben wir beim Erdäpfelsetzen geholfen und da hat der Bauer gesagt: „Ich kann nicht alle zehn behalten, im besten Fall zwei.“ Mein Bruder und ich haben uns sofort gemeldet. Weil wir Brüder waren, durften wir zwei dort bleiben. Die anderen mussten leider weggehen. Darunter war auch der Johann Kogoj, der dann schon Mitte Juni heimkam. Wir sind erst am 27. August 1945 heimgekommen. Eigentlich ist nur mein Bruder bei diesem Bauern geblieben, mich hat er zum Nachbarbauern gegeben. Dort blieben wir bis 22. Mai 1945. Wir haben gearbeitet, damit wir das Essen bekommen haben.
Am 22. Mai 1945 wurden die Häftlinge und fremde Leute, die in dieser Gegend waren, in verschiedene Sammellager gebracht. Mitte August sind wir mit den jugoslawischen Kriegsgefangenen weggebracht worden. Wir wurden auch nach Jugoslawien mittransportiert und waren drei Tage in Jesenice und sieben Tage in Laibach. Dann sind wir zurück nach Rosental und Villach, bis wir am 27. August 1945 heimgekommen sind.

60. Wie wurden Sie von den Befreiern behandelt?

BLAJS: Gut, kaum haben wir sie gesehen, waren die Amerikaner schon wieder weg. Nachher haben wir sie nicht mehr gesehen. Dann waren wir bei den Bauern, dort wurden wir gut behandelt, also wir haben wenigstens zu essen gehabt. Arbeiten haben wir halt müssen.

61. Was haben Sie nach Ihrer Befreiung als Erstes getan?
BLAJS: Beim Bauern in Schauen und dann zu Hause auch am Bauernhof gearbeitet.

62. Gab es ein „Rückkehr-Problem“? Wie reagierte die Umgebung auf Sie?
BLAJS: Eigentlich gab es keine Probleme, nur meinem Onkel [Anton Blajs], der am Hof war, wäre es lieber gewesen, wenn wir nicht zurückgekommen wären. Das hat uns ein Kroate gesagt, der auch am Bauernhof gearbeitet hat. Der Onkel hätte gern den Hof geerbt, weil er der Bruder von meinem Vater war. Aber auch wenn wir nicht zurückgekommen wären, hätte mein Halbbruder vor ihm Anspruch auf den Hof gehabt. Der Onkel hat nämlich in Lobnig gewohnt und als wir am Bauernhof festgenommen wurden, ist er mit seiner Familie hingezogen. Während der Zeit, als wir nicht da waren, hat er den Hof bewirtschaftet. Mein Bruder Franz hat aber dann den Bauernhof übernommen.

63. Konnten Sie sich mit Ihrer Familie wieder vereinigen?
BLAJS: Es waren nur mehr die Stiefmutter und der Halbbruder da. Der Onkel Anton ist nach dem Krieg vom Bauernhof weggezogen. Eine behinderte Frau war auch noch da, die hat mehr oder weniger so dahingelebt. Eine Hand und ein Fuß waren verkrüppelt. Der Onkel [Josef Blajs], der zu den Partisanen geflohen ist, ist im Krieg bei den Partisanen gefallen. Meine Tante Paula Maloveršnik, die mit mir verhaftet wurde, war in den Konzentrationslagern Ravensbrück und Auschwitz. Sie wurde bereits 1944 entlassen, weil ihr Mann, der beim Militär war, so lange angesucht hat, bis sie freikam.

64. Hatten Sie Bekannte, Freunde oder Verwandte im KZ? Haben diese überlebt?
BLAJS: Ja, die Bekannten in unserem Lager haben alle überlebt und mein Bruder Franz. In anderen Lagern waren auch andere Verwandte, z. B. die Stiefmutter, die zuerst zu den Partisanen geflohen ist. 1944 wurde sie gefangen genommen und dann war sie in Ravensbrück. Sie ist auch heimgekommen. Und ein Cousin, der in Dachau und in Mauthausen war, ist auch heimgekommen. Er ist vor Kurzem gestorben.
Einige weitschichtige Verwandte sind in Lagern zu Tode gekommen.

Drei Cousins von meinem Vater sind in Konzentrationslagern verstorben, einer davon in Dachau. Von einem wissen wir es bis heute nicht, wo er gestorben ist.

65. Was geschah mit Ihrem Eigentum?
BLAJS: Viel habe ich eh nicht gehabt, als 15-Jähriger. Aber die privaten Sachen von meinem Vater, der ein Jäger war, wie Jagdgewehre, Ferngläser usw., die meinem Bruder und mir zugestanden wären, sind weggekommen. Von meiner Mutter habe ich, als ich 13 Monate alt war, eine kleine goldene Taschenuhr geerbt. Sie war in Leder eingearbeitet, damit ich sie als Armbanduhr gebrauchen konnte. Die war auch weg.

66. Inwieweit wurden Sie für Ihre Inhaftierung entschädigt?
BLAJS: Zuerst gab es eine Haftentschädigung von der Republik Österreich. Später habe ich für die Sachen von meinem Vater und die Uhr von meiner Mutter vom Nationalfonds der Republik Österreich eine Entschädigung erhalten.
Da ich vor der Verhaftung schon eine Lehrstelle bei einer Gemischtwarenhandlung gehabt habe, um eine Lehre zu machen, wurde ausgerechnet, was ich als Einzelhandelskaufmann hätte verdienen können und was ich als Forstarbeiter verdient habe. Eine internationale Organisation hat mir dafür 23.000 Dollar zuerkannt, aber gekriegt habe ich nur etwas mehr als 3.000 Dollar. Es hat geheißen, wenn alle Anträge erledigt sind und noch Geld übrig bleibt, dann bekomme ich eventuell noch etwas.

67. Wie haben Sie Ihre Existenz wieder aufgebaut?
BLAJS: Ganz einfach mit der Arbeit.

68. Wie lange dauerte es, um nach dem Holocaust zu einem „normalen“ Leben zurückzukehren?
BLAJS: Eigentlich musste ich gleich nach dem Holocaust zum normalen Leben zurückkehren. Ich habe über die Lagergeschichten nicht mehr viel nachdenken wollen.

69. Wie sah Ihr Leben nach dem Krieg aus?
BLAJS: Ich habe nach dem Krieg noch einige Jahre auf dem Bauernhof gearbeitet, 1955 geheiratet und eine Familie gegründet. Wir haben dann

noch fünf Jahre oben am Hof in nur einem Zimmer gewohnt, das Schlaf- und Wohnraum war. Nachher sind wir in einer Wohnung gewesen und haben hier in Leppen in Eisenkappel ein Haus gebaut, in das wir 1967 eingezogen sind.
Ab 1955 habe ich als Forstarbeiter im Wald gearbeitet. Als ich nicht mehr in der Lage war, im Forst zu arbeiten, weil die Arbeit einfach zu schwer war, habe ich um Pension angesucht. Weil sie aber abgelehnt wurde, habe ich noch drei Jahre bei einem Zockelmacher [Holzschuhmacher] gearbeitet und bin 1987 in Pension gegangen.

70. Wie leben Sie heute? Denken Sie noch viel an jene Zeit zurück?
BLAJS: Ich wohne mit Tochter, Schwiegersohn und Enkeln in dem Haus, das ich mit meiner Frau gebaut habe. Ich helfe ihnen, wenn sie mich brauchen, und ich stricke gerne Socken für meine Enkel. Jetzt habe ich weniger zu arbeiten als früher und denke darum oft an damals. Vor allem in der Nacht, wenn ich nicht schlafen kann. Die Erlebnisse aus dem Lager kommen mir immer mehr unter. Je älter ich werde, desto öfter denke ich ans Sterben. Wenn meine Frau noch leben würde, dann wäre es noch schön.

71. Welche physischen und psychischen Narben tragen Sie von dieser Zeit?
BLAJS: Körperlich keine, aber ich fühle mich immer öfter nervös und habe eine innere Unruhe. Vor allem nachts kommt mir jetzt immer häufiger der Gedanke unter, dass wir alle auf einen Schlag tot und begraben gewesen wären, wenn es uns unten in der „Muna" erwischt hätte. Die Erinnerung an die Geschehnisse ist eine Belastung, die immer da ist.

72. Hatten Sie moralischen Beistand, um sich psychisch und sozial zu erholen?
BLAJS: Nein, man hat über diese Sachen gleich nach dem Krieg so gut wie nichts geredet und es eher verdrängt.

73. Haben Sie seitdem eine andere Weltanschauung?
BLAJS: Ich glaube nicht. Es hat sich nichts verändert.

74. Können Sie Ihren Erfahrungen irgendetwas Positives abgewinnen?

BLAJS: Positives abgewinnen? Nein.

75. Haben Sie später in Ihrem Leben die Konzentrationslager jemals wieder besucht und welche Gefühle hatten Sie?

BLAJS: Ja, das Lager habe ich vier Mal besucht, und zwar zweimal 2005, einmal 2007 und das letzte Mal 2010. Das erste Mal ganz privat mit meiner Tochter und das zweite Mal beim Überlebendentreffen 2005. Da bin ich mit meinem Sohn hingefahren. Natürlich kamen da unangenehme Gefühle auf. Wir sind sogar zur „Muna“ gefahren, wo wir gearbeitet haben. Der „Schacht“ ist heute allerdings zubetoniert und man kommt nicht mehr hinein. Die Hallen stehen noch, aber alles ist leer. Vom Lager II, wo wir waren, ist nichts mehr da. Die ganzen Baracken sind abgerissen und mit Häusern verbaut worden. Es gibt nur noch einen kleinen freien Bereich, der jetzt eine Wildnis ist, wo die Baracken gestanden sind. Das meiste ist verbaut. Wo das Lager I war, ist jetzt eine Psychiatrie.

76. Haben Sie immer noch Kontakt zu Ihren Mithäftlingen aus den Konzentrationslagern?

BLAJS: Ja, manchmal. Am 13. September 2008 war ein Häftlingstreffen mit Überlebenden von Moringen in Marburg. Insgesamt waren wir acht, davon zwei aus Österreich. Der Timotej Malli und ich. Die anderen sind alle verstorben. Mit dem Johann Kogoj hatte ich auch immer guten Kontakt, aber der ist auch schon verstorben.
Mein Bruder Franz ist schon 1972 gestorben. Er hat Selbstmord begangen. In der Familie mütterlicherseits haben das schon so viele gemacht. Zwei Cousins der Mutter, die Mutter, die Großmutter und mein Bruder.

77. Was haben Sie Ihren Angehörigen über die Zeit damals erzählt? Wie haben Ihre Angehörigen auf Ihre Erzählungen reagiert?

BLAJS: Ich habe nicht mit vielen darüber geredet. Die Stiefmutter hat mir von ihren Erlebnissen aus den Lagern selten etwas erzählt. Wenn von der Verwandtschaft jemand gekommen ist, dann hat sie mehr erzählt. Mit meiner Frau habe ich auch nicht viel darüber gesprochen.
Erst als die Kinder größer waren, habe ich ihnen davon erzählt. Sie hat

es interessiert und sie hatten Mitleid. Besonders der älteste Sohn hat sich sehr dafür interessiert. Das war Anfang der 70er-Jahre. Erst da habe ich angefangen, darüber zu reden. Früher war jeder froh, dass er seine Ruhe gehabt hat und dass er daheim war.

78. Fällt es Ihnen schwer, über diese Zeit zu reden?
BLAJS: Jetzt kann ich schon darüber reden. Die erste Zeit nach dem Krieg konnte ich das überhaupt nicht. Jetzt rede ich häufig mit solchen, die auch in einem Konzentrationslager waren, und wir erzählen uns gegenseitig unsere Erlebnisse.
Es war in anderen Lagern viel schlimmer als in unserem, vor allem wenn man in Auschwitz, Dachau oder Mauthausen war. Besonders in Auschwitz. Das ist unvorstellbar.

79. Welcher Moment aus dieser Zeit hat sich am meisten in Ihrem Gedächtnis eingeprägt?
BLAJS: Es hat einige gegeben. Schon einmal die Verhaftung direkt daheim beim Haus und das Verhör im Gestapogefängnis. Also, da haben sie uns wirklich geschlagen und das ist irgendwie am meisten hängen geblieben. Beim Verhör hat es immer geheißen, der Bruder hat das gesagt und das gesagt. Ich habe aber nichts gesagt und dann haben sie mich gedroschen wie ein Vieh.
Diese Einvernahme ist schon sehr hängen geblieben und die Ansprache des Lagerkommandanten wegen dieser versuchten Sprengung, als er gesagt hat, dass wir alle niedergeschossen gehören.

80. Haben Sie Hitler jemals gesehen bzw. getroffen?
BLAJS: Nein.

81. Was dachten Sie damals über Hitler und wie denken Sie heute über ihn?
BLAJS: Damals als Kind habe ich nicht alles auf Hitler bezogen, weil ich nicht wusste, von wo alles ausging. Es haben auch genug Leute von dieser Gegend hier mitgemacht. Der Hitler hat uns ja nicht selbst ins Lager gesteckt. Aber er hat die Befehle dazu gegeben und er war schuld, dass wir im Lager gewesen sind. Heute denke ich, dass er ein Verbrecher war.

82. Angenommen, Adolf Hitler würde noch leben und Sie hätten fünf Minuten alleine mit ihm, was würden Sie sagen oder tun?
BLAJS: Ich weiß nicht, ob ich ihn nicht umbringen würde. Natürlich möchte ich ihn umbringen, aber vielleicht auch darüber reden, was er alles getrieben hat. Die ganzen slawischen Völker umbringen, wie es sein Programm war. Wenn er den Krieg gewonnen hätte, wäre es wahrscheinlich eh so weit gekommen. Alle slawischen Völker und die Zigeuner und alle, die ihm nicht gepasst haben.

83. Sind Sie nach dem Krieg noch einmal einem Ihrer Peiniger begegnet?
BLAJS: Nein, auch dem Gendarmen, der uns gefangen genommen und zur Gestapo gebracht hat, bin ich nie mehr begegnet, obwohl er irgendwo in Oberkärnten gelebt hat. Ich habe ihn nach dem Krieg nicht mehr gesehen.

84. Was halten Sie von den Strafen, die die Nazis nach dem Krieg bekamen, zum Beispiel bei den „Nürnberger Kriegsverbrecherprozessen“?
BLAJS: Ich habe nicht viel darüber erfahren. Viele sind eh ohne Strafe davongekommen. Ich weiß, dass dort der Prozess war, aber welche Strafen die anderen gekriegt haben, weiß ich nicht. Jedenfalls gehört den Hauptverbrechern eine lebenslängliche Strafe. Es waren viele auch nur so Mitläufer, aber ich würde sie alle lebenslang einsperren.

85. Haben Sie Ihren Peinigern verziehen?
BLAJS: Man muss vergessen, man kann aber nicht verzeihen. Ich würde eher sagen „Nein“.

86. Wie denken Sie über Neo-Nazis?
BLAJS: Das verstehe ich überhaupt nicht, wie jemand so sein kann. Viele streiten ab und sagen: „Es hat so was überhaupt nicht gegeben!“ Ich weiß nicht, was ich dazu sagen soll. Ich verstehe nicht, dass es solche Leute überhaupt noch gibt.

87. Was tun Sie, um Menschen über den Holocaust aufzuklären?
BLAJS: Wenn jemand fragt, erzähle ich von meinen Erlebnissen.

88. Wie können Sie sich aus der Sicht der Dinge heute erklären, dass „normale Menschen“ zu solchen Gräueltaten fähig waren?

BLAJS: Ich weiß nicht, wie sie auf solche Dinge gekommen sind. Die müssen halt verrückt nach dem Regime gewesen sein, dass sie zu solchen Dingen fähig waren und Leute martern konnten. Auch Bauernsöhne waren darunter und aus allen Schichten. Das Regime hat ihnen gepasst und dann sind sie halt zu denen gegangen. Es waren ja auch Leute von diesem Gebiet hier bei der SS. Man kann sich das jetzt gar nicht mehr vorstellen.

89. Was genau geht in Ihnen vor, wenn Sie hören, dass es immer noch Menschen gibt, die behaupten, den Holocaust hätte es nie gegeben?

BLAJS: Ich weiß nicht, was man zu solchen Menschen sagen kann. Ich denke, die wissen es schon, nur die wollen es nicht wissen. Das gibt es ja nicht, dass sie es nicht wissen. Die müssen entweder nicht normal sein oder sie sind so schlau, dass sie das abstreiten, nur damit sie die Leute, die das mitgemacht haben, erniedrigen und sagen: „Also, das gibt es ja nicht. Das war ja nicht. Alles, die Lager und diese Krematorien, wo zigtausende Leute verbrannt wurden.“ Und das streiten sie ab, das hat es nicht gegeben. Ich sehe es ja in Mauthausen, wo ich ein paar Mal war. Sogar dort haben Bauern, die dem Lager am nahesten gelegen sind und das Lager gesehen haben, abgestritten: „Es hat nichts gegeben.“ Das gibt es ja nicht. Die haben es wahrscheinlich verdrängt. Auch bei unserem Lager, das war mitten in der kleinen Stadt Moringen, sagen viele: „Das hat es nie gegeben.“ Unverständlich. Unverständlich.

90. Welche Konsequenzen hatte der Beschluss der „Nürnberger Rassengesetze“ am 15. September 1935 für Sie?

BLAJS: Keine, ich habe nicht einmal etwas davon gehört.

91. Wie haben Sie die „Reichskristallnacht“ am 9./10. November 1938 erlebt?

BLAJS: In Eisenkappel gab es nur ein jüdisches Geschäft, aber das wurde nicht zerstört. Die jüdische Familie ist noch rechtzeitig geflüchtet. Hier hat es in der Reichskristallnacht nichts gegeben. Das Geschäft hat nachher ein Deutscher übernommen. In Klagenfurt war schon etwas los.

92. Wie haben Sie den Kriegsbeginn 1939 miterlebt?
BLAJS: Aus dem Radio haben wir es zuerst erfahren, dass Krieg ist. Aber bei uns hat man da noch nichts gemerkt und es hat nicht gleich von Anfang an die Einberufungen gegeben. Mein Vater hat erst später einrücken müssen. Dass der Krieg so lange dauern würde, hat bestimmt keiner gedacht.

93. Haben Sie davon erfahren, dass die Nationalsozialisten bei der Wannseekonferenz am 20. Januar 1942 die „Endlösung der Judenfrage“ – die europäischen Juden systematisch zu vernichten – beschlossen hatten? Wenn ja, wann und wie?
BLAJS: Nein.

94. Welche Gefühle hatten Sie, als Sie vom Ende des Zweiten Weltkrieges erfuhren?
BLAJS: Gute Gefühle waren es, weil wir gedacht haben, wir kommen jetzt endlich wieder heim. Wir hatten schon beim Verlassen des Lagers und beim Todesmarsch ein gutes Gefühl, weil wir da schon gewusst haben, die Front ist nicht mehr weit. Die Alliierten kommen bald und wir haben schon mehr Hoffnung auf das Heimkommen gehabt.

95. Glauben Sie, dass die Menschheit etwas gelernt hat?
BLAJS: Einige ja, aber nicht alle. Es gibt immer noch solche Leute, [bei denen] man merkt, dass sie von dem nichts gelernt haben.

96. Sollen die Gräuel vergessen und soll nicht mehr darüber gesprochen werden, wie manche es sich wünschen?
BLAJS: Nein. Warum sollte das vergessen werden? Es ist eh so lange ausgeblieben, dass in der Schule irgendetwas zum Vorschein gekommen ist und es ist nichts darüber unterrichtet worden. Erst nach Jahrzehnten ist es ein bisschen aufgekommen, dass über die jüngere Geschichte unterrichtet und aufgeklärt wird.

97. Was haben Sie für die Zukunft noch geplant?
BLAJS: Das muss man dem Schicksal überlassen. Hoffentlich bleibe ich noch eine Weile gesund. Wenn die Frau noch da wäre, wäre es noch schöner. Gesund zu bleiben wünsche ich mir vor allem.

98. Wie möchten Sie in Erinnerung bleiben?

BLAJS: Die Kinder werden mich eh in Erinnerung haben. Und die anderen, die Außenwelt vielleicht als Opfer des Krieges. Wenn sie mich als Opfer, als Häftling in Erinnerung behalten, das wäre vielleicht schon schön. Und als einen arbeitenden Menschen, der das ganze Leben von Kindheit an bis jetzt nur gearbeitet hat.

99. Was möchten Sie uns noch sagen? Welche Frage wurde nicht gestellt?

BLAJS: Fragen, die nicht gestellt wurden, wüsste ich nicht.

100. Nach allem, was Sie erlebt haben, was für einen Rat können Sie uns jungen Menschen geben?

BLAJS: Brav sein, arbeiten und folgen. Das ist heutzutage eh nicht mehr der Fall, wie es früher einmal war. Und dass er immer schaut, dass er anständig lebt. Und dass er immer eine Beschäftigung hat.

Ich möchte den jungen Menschen raten, dass sie dem Neo-Nazismus immer entgegentreten und dass diese nie mehr im Leben an die Macht kommen, wie es vor einigen Jahrzehnten war.

Adolf Burger: Der Fälscher

Adolf Burger, geb. 12. August 1917
Verfolgungsgrund: Jude (politischer Häftling, Slowake)
Dauer des Freiheitsentzuges: 2 Jahre, 9 Monate
Land: Tschechische Republik

Abb. 4: Adolf Burger, 1945

Abb. 5: Adolf Burger, 2009

Adolf Burger wurde am 12. August 1917 in Großlomnitz, Österreich-Ungarn, in eine jüdische Familie geboren. Er wurde am 11. August 1942 als Jude verhaftet, weil er katholische Taufscheine für Juden gedruckt hatte und diese beim Notar legalisieren hatte lassen. Nach drei

Wochen im Gefängnis in Bratislava kam er in das Lager Žilina und ab 19. September 1942 in die Konzentrationslager Auschwitz, Birkenau, Sachsenhausen, Mauthausen, Redl-Zipf und Ebensee, wo er am 6. Mai 1945 befreit wurde. Als Buchdrucker war er im KZ Sachsenhausen im Sonderkommando „Unternehmen Bernhard“ und musste in der „Fälscherwerkstatt“ Millionen von gefälschten englischen Pfund-Sterling-Banknoten drucken. Auch englische Briefmarken wurden gefälscht. Zum Drucken gefälschter amerikanischer Dollarnoten kam es wegen der Befreiung durch die Amerikaner nicht mehr. Das Falschgeld wurde im Toplitzsee versenkt.
Seine Frau Gisela wurde im Dezember 1942 im KZ Birkenau vergast. Die Mutter und der Stiefvater starben ebenfalls im KZ. Die Geschwister konnten nach Israel entkommen. Nach dem Krieg hielt er in vielen Schulen in Deutschland, Österreich und Tschechien Vorträge über seine Erlebnisse. Er sprach zu über 100.000 Jugendlichen. Burger schrieb seine Erfahrungen bald nach dem Krieg im Oktober 1945 in dem Buch *„Cislo 64401 mluvi“*, auf Deutsch „Die Nummer 64401 spricht“, und später in dem Buch „Des Teufels Werkstatt“ nieder. Dieses Buch bildete die Grundlage für den Film „Die Fälscher“, den Burger bei den Dreharbeiten als Berater begleitete und der 2008 den Oscar gewann. Adolf Burger lebt in der Tschechischen Republik.

Die Interviews wurden am 4.9.2009, 10.8.2011, 23.8.2011 und 14.9.2011 geführt.

1. Wann wurden Sie geboren? Wie war Ihr Vater? Wie war Ihre Mutter?

BURGER: Am 12. August 1917 wurde ich in Großlomnitz [Österreich-Ungarn] als Kind jüdischer Eltern geboren. Mein Vater Moritz Burger ist gestorben, als ich vier Jahre alt war. Die Mutter Gisela, geborene Schäfer, musste arbeiten und die ganze Familie erhalten. Sie hat für Frauen Röcke gemacht, die als Kunden kamen. Ich habe Großeltern und drei Geschwister gehabt; einen Bruder, Jitzhak, und zwei Schwestern, Malka und Jaffa. Meine Mutter hat dann später einen Christen geheiratet. Das war mein Stiefvater und er hat Kočis geheißen.

2. Was ist Ihre früheste Kindheitserinnerung?

BURGER: Ich kann mich nur soviel erinnern, dass wir in Poprad gelebt haben. Wir haben erst in Großlomnitz gelebt und nachdem mein Vater gestorben ist, sind wir in ein kleines Städtchen, Poprad, gezogen. Wir haben in einem Zimmer gewohnt, in dem auch die Küche war. Es gab kein fließendes Wasser, das musste man holen. Meine Mutter, die Großeltern und vier Kinder haben dort gewohnt. Ich war ungefähr fünf, sechs Jahre alt.

3. Wie verlief Ihre Kindheit?

BURGER: Meine Kindheit ist so verlaufen wie bei allen anderen Kindern. Ich bin in Poprad, wo wir gelebt haben, in die Schule gegangen. Ich habe als Kind viele Sprachen gelernt, weil ich mit Kindern aus anderen Ländern aufgewachsen bin. Zu Hause haben wir slowakisch gesprochen und dort in Poprad haben Deutsche, Ungarn und Slowaken gelebt. So habe ich auch Ungarisch und Deutsch gelernt.

4. Welche Schulbildung haben Sie?

BURGER: Ich habe fünf Jahre Volksschule und drei Jahre Bürgerschule gemacht.

5. Wie war Ihre Jugendzeit? Welchen Beruf haben Sie erlernt und was haben Sie gearbeitet?

BURGER: Meine Jugendzeit hat sich in *Hashomer Hatzair* abgespielt. Das war eine zionistische Organisation, weil das Ziel war, nach Palästina zu gehen. So habe ich eigentlich in dieser Organisation meine ganze

Jugend verlebt. Ich habe schrecklich gerne gelesen, aber wir hatten kein Geld, um Bücher zu kaufen. Da habe ich mir gedacht: „Wenn ich als Buchdrucker arbeite, dann werde ich umsonst Bücher haben." Das war mein größter Irrtum im Leben, weil als ich dann als Lehrling angetreten bin, haben wir dort gar keine Bücher gedruckt. Das war eine kleine Druckerei mit vier Leuten. Aber ich habe vier Jahre Buchdrucker gelernt und habe das Fach als Buchdrucker ausgelernt.

6. Was können Sie von Ihrer Familie erzählen?
BURGER: Ich habe zwei Mal geheiratet. Sieben Monate vor meiner Einlieferung ins KZ Auschwitz habe ich Gisela, geborene Markstein, geheiratet. Sie ist im Dezember 1942 vergast worden. 1947 habe ich meine zweite Frau, Anna, geheiratet. Sie ist 2004 gestorben. Ich habe drei Töchter, Eva, Mera und Jana. Ich habe Enkel und auch Urenkel.

7. Haben Sie mit „Heil Hitler!" gegrüßt?
BURGER: Nein, warum hätte ich mit „Heil Hitler!" grüßen sollen? Es war ja gar kein Grund. Man konnte grüßen, wie man wollte.

8. Warum wurden Sie von den Nationalsozialisten verfolgt?
BURGER: Weil ich ein Jude war und im Untergrund tätig gewesen bin.

9. Wann wurden Sie verhaftet?
BURGER: Am 11. August 1942. Das werde ich nie vergessen, weil am 12. August habe ich Geburtstag.

10. Warum wurden Sie interniert?
BURGER: Das war so: Ich bin ja Buchdrucker gewesen und in der Slowakei waren zu dieser Zeit wenig Buchdrucker, so dass ich als Jude von der Regierung eine Ausnahmebescheinigung bekommen habe. Ich musste keinen Judenstern tragen, weil ich ja nicht mit dem Judenstern in eine arische Fabrik reinkommen konnte. Darum wurde ich nicht nach Auschwitz gebracht.
Dann kamen drei Leute in die Druckerei und haben gesagt: „Wir müssen Menschenleben retten. Du könntest uns helfen." Es waren Juden von Nitra und sie sagten: „Druck uns katholische Taufscheine. Jeder Taufschein rettet einem Menschen das Leben." Ich habe gesagt: „Gut."

Dann habe ich Taufscheine gedruckt, aber nicht nur gedruckt, sondern ich ging dann mit diesen gedruckten Taufscheinen zum Notar und habe sie beglaubigen lassen. So war ich vielleicht 200, 300 Mal beim Notar. Und die slowakische Gestapo ist daraufgekommen.

11. Wie wurden Sie gefangen genommen?
BURGER: Ich habe gedruckt in der Druckerei. Dann kamen drei slowakische Gestapo[männer], und von der Maschine – nicht einmal die Hände durfte ich mir waschen – haben sie mich verhaftet. Die brachten mich nach Hause, die Frau war nicht zu Hause. Nächsten Tag wurde meine Frau verhaftet und so kam ich nach Žilina. Dort haben [sie] die [Juden] konzentriert. Wir waren schon Tausend in Žilina, von der ganzen Slowakei verhaftete Juden. Dann gingen wir zum Zug und fuhren nach Auschwitz.

12. Wusste man von Anfang an, was in den Lagern passiert? Bevor Sie abgeholt wurden, wussten Sie, was passieren würde?
BURGER: Nie hat man etwas erfahren über die KZs. Nein.

13. In wie vielen verschiedenen Lagern waren Sie? Wie viele Jahre verbrachten Sie dort?
BURGER: Bevor ich ins Lager Žilina gekommen bin, war ich drei Wochen im Gefängnis in Bratislava. In Žilina wurden Juden aus der ganzen Slowakei konzentriert. Wir waren Tausend, dann hat man uns in den Zug gesetzt und nach Auschwitz gebracht. Ich war in Auschwitz vom 19. September 1942 bis Januar 1943. Dann hat man mich nach Birkenau gebracht. Das war das schrecklichste Lager. In Auschwitz war es rein, die Straßen waren asphaltiert, jeder Häftling hatte sein Bett. Aber das KZ Birkenau, das war die Hölle. Da waren Pferdeställe. Wir sind fünf nebeneinander gelegen und in so einem Pferdestall waren 800 Menschen. Da gab es kein Wasser, das war eine Hölle. Dann haben sie für das „Unternehmen Bernhard" in Berlin Buchdrucker gesucht. Und als sie draufkamen, dass ich Buchdrucker bin, kam ich 1944 nach Sachsenhausen in die „Fälscherwerkstatt". Dort haben wir englische Pfund-Noten gefälscht. Als die Russen nahe bei Berlin waren, hat man die ca. 140 Häftlinge der „Fälscherwerkstatt" im Frühling1945 in sechs Waggons mit Maschinen und Werkzeug aufgeladen und ins KZ Mauthausen

gebracht. Dort sind wir nur einige Tage gewesen und kamen im April in das Nebenlager Redl-Zipf, das den Decknamen „KZ Schlier“ trug. Wir sollten dort die Fälscherarbeiten fortsetzen und amerikanische Dollar fälschen. Es kam aber nicht dazu.
Anfang Mai wurden wir mit Lastwagen zum KZ Ebensee gebracht. Dort sind wir in einer kleinen Holzhütte über dem Lager eingesperrt worden. Am 5. Mai wurden wir dann in das Lager in Ebensee hineingebracht und am 6. Mai 1945 wurde es von den Amerikanern befreit.

14. Waren Sie allein oder mit Familie und Freunden im Konzentrationslager? Hatten Sie Kontakt mit ihnen?
BURGER: Ich bin mit meiner Frau im selben Waggon ins KZ Auschwitz gebracht worden. Auf der Rampe wurden wir getrennt. Sie hat mir noch zugeflüstert: „Denke immer am Abend um acht Uhr an mich! Ich werde das auch tun. Dann sind wir wenigstens in Gedanken beisammen.“ Danach konnte ich keinen Kontakt mehr mit ihr haben. Miki [Mikuláš] Šteiner aus Košice war mit mir in Birkenau.

15. Was passierte unmittelbar nach Ihrem Eintreffen im KZ?
BURGER: Mengele hat mich gefragt: „Alter?“ Ich hab Alter und Gesundheitszustand gesagt. Wir sind stehen geblieben. Nur [zu denen] welche über 40 waren, hat er gesagt: „Bitte nach links.“ Alle über 40 Jahre und die sagten, dass sie krank sind, standen alle links. Und wir sind stehen geblieben. Dann kamen Lastautos, alle hat man aufgeladen in Lastautos und gingen ins Gas und wir – also, [die] waren bis 40, ja, [die] gingen dann ins Lager. Man brachte uns in eine Kanzlei, dort hat man eine Karte ausgestellt und die Nummer habe ich bekommen: 64401. Die wurde dann eintätowiert und dann erst bekam ich Häftlingskleidung und kam in den Block, wo ich lebte.
Die Begegnung mit Mengele war unmittelbar nach der Ankunft mit dem Zug in Auschwitz auf der Rampe. Nach den Lastautos, auf denen die Leute abtransportiert wurden, ist ein „Ambulanzwagen“ gefahren. Die Leute sollten das Gefühl haben, sie werden gut versorgt, aber in diesem „Ambulanzwagen“ mit einem roten Kreuz war das Giftgas „Zyklon B“, mit dem sie vergast wurden. Ich bekam auch einen Judenstern und musste diesen mit der Nummer auf der Brust tragen. Da mir das nicht gefallen hat, sagte ich zu meinem Freund, dem Miki Šteiner aus

Košice: „Hör zu, ich gehe zur SS und werde sagen, dass ich diesen Judenstern nicht will, weil ich kein Jude bin." Er sagte: „Bist du verrückt. Die legen dich ja dort um." Ich sagte: „Mir ist das egal. Ob sie mich hier oder dort erschießen. Mir ist das egal." Dann ging ich wirklich und habe ich mich beim Blockältesten gemeldet: „Ich will zur SS." Der musste mich hinbringen und durfte nicht einmal fragen, was ich will *(lacht)*. Da waren drei SS-Leute und auch Hauptscharführer und sie haben den Judenstern gesehen und geschrien: „Was willst du, Jude?" Ich sagte: „Ich will nichts, ich will nur den Judenstern weghaben, ich bin ja kein Jude. Man hat mich auf der Straße in Bratislava verhaftet und in einen Judentransport gesteckt und jetzt muss ich den Judenstern tragen." Sie haben auf mich geguckt und gesagt: „Wie kannst du es beweisen?" Ich sagte: „Meine Mutter und alle sind zu Hause in Poprad. Wenn ihr mir erlaubt, einen Brief zu schreiben, dann schickt sie mir Dokumente und den Ariernachweis." Dann sagte einer: „Gut, schreibe den Brief, aber wenn wir binnen drei Wochen keine Antwort haben, dann erschieß ich dich." Ich sagte: „Gut, in Ordnung." Dann habe ich geschrieben: *Liebe Mutter. Ich habe es hier sehr gut, ich habe genug zu essen. Schick mir gar kein Essen. Nur, schick mir den Ariernachweis und das Arbeitsbuch, weil ich kann dann bessere Arbeit haben*. Als die SS das Geschriebene gelesen hat, wie gut ich es habe und sie soll mir kein Essen schicken, hat sie diesen Brief abgeschickt und meine Mutter hat den Brief bekommen. Die hat gleich gewusst, was das bedeutet und was ich will. Mein Stiefvater ging dann mit ihr zum Amt in Poprad und hat gesagt, dass ich sein Kind bin, also ein Mischling. Dieses Amt in Poprad hat das bestätigt und dann kam ein Stoß Papiere, Ausleihbrief und alles Mögliche und die Bestätigung, dass ich ein Mischling bin. Als die SS das bekommen hat, haben sie mich wieder zu sich gerufen. Ich kam dorthin und sie haben gesagt: „Du hast die Wahrheit gesagt, wir haben schon Befehl gegeben, im Block wirst du eine neue Nummer haben." Nach ein paar Tagen bekam ich die Nummer mit einem roten Dreieck und ein S: politischer Häftling, Slowake. Und alle Juden, die mich gut kannten, haben sich totgelacht, als ich in der Früh auf einmal mit diesem Winkel kam.

16. Warum wurden die Köpfe der Gefangenen geschoren?

BURGER: Was weiß ich, warum die das gemacht haben. Das war so. Wer ins KZ kam, dem hat man die Haare geschoren.

17. Zu welcher Gruppe der KZ-Häftlinge gehörten Sie?
BURGER: Zu Beginn zu den Juden, dann war ich ein politischer slowakischer Häftling.

18. Wie war der Tagesablauf im KZ?
BURGER: Das war überall dasselbe. Um sechs Uhr früh musste man aufstehen. Dann hat man Kaffee-Ersatz bekommen, so eine schwarze Brühe. Um sieben Uhr war Zählappell, da wurden alle gezählt. Und wenn alles geklappt hat, ist man zur Arbeit ausgerückt. Wenn man bei der Arbeit war, haben sie zu Mittag das Essen, eine Suppe, zur Arbeit gebracht. Bis fünf Uhr nachmittags mussten wir arbeiten. Dann war wieder Zählappell um sechs Uhr. Da ist man gestanden, bis man uns abgezählt hat. Wenn alles gestimmt hat und niemand entflohen ist, ging man in den Block. Dort hat man am Abend das Essen bekommen, 300 Gramm Brot und Kaffee-Ersatz.
In der „Fälscherwerkstatt" war das ganz was anderes *(lacht)*. In der „Fälscherwerkstatt" haben wir alles gehabt. Ich habe mein Bett gehabt mit weißem Überzug und Essen, so viel wir wollten. Dort war das alles ganz anders in der „Fälscherwerkstatt". Wir mussten nicht zum Zählappell antreten. Warum sollten wir? Wir waren in die zwei Blocks 18 und 19 eingesperrt und konnten ja nie raus. Wir sind ganz normal zur Arbeit und haben dieses Geld gedruckt. Dann war eine Stunde Mittagspause, da hat man uns das Essen gebracht und dann haben wir bis fünf Uhr gearbeitet. Und dann war frei. Aber immer wenn ich abends schlafen ging, hab ich mir gedacht: „Du bist ein Toter auf Urlaub. Hier kommst du nie raus." Und doch bin ich hier.

19. Was war das Schlimmste am täglichen Ablauf?
BURGER: Also in Auschwitz oder in Birkenau war das Schlimmste, dass man Hunger hatte. Den ganzen Tag hatte man Hunger, weil wir nur 300 Gramm Brot bekommen haben und man nichts organisieren konnte, also etwas mehr Essen. Da war ständig Hunger.

20. Schweißte der Alltag eher zusammen oder versuchte man alleine zurechtzukommen?
BURGER: Jeder Häftling hatte einen Freund, auch ich hatte meinen Freund, den Miki Šteiner aus Košice. Jeder hat es sich eingerichtet, wie

er konnte. Dort waren tausende und du hast einen Freund gehabt oder eine Gruppe von Menschen, die zusammengehört haben. Beim Essen war man auf sich gestellt. Man konnte das nicht anders, weil jeder nur die 300 Gramm Brot hatte.

21. Welche Möglichkeiten gab es für Sie, sich von dem grausamen Alltag abzulenken (Musik etc.)? Was hat Ihnen Kraft gegeben?

BURGER: Nichts. Man kam in den Block rein und man bekam das Essen, 300 Gramm Brot, und fertig.

In Sachsenhausen im Block 18 und 19 war das was anderes. Dort waren auch Abende, wo Theater und solche Sachen organisiert wurden. Aber das war nur im Block 18 und 19. Dort war ein Tischtennistisch. Ich habe ja mit einem SS-Mann Tischtennis gespielt, mit dem Hauptscharführer Werner. Ich hab immer gewonnen, weil der nichts konnte. Er hat miserabel gespielt. Und die anderen haben mir immer gesagt, ich solle nicht blöd sein und ihn gewinnen lassen. Ich sagte: „Ja, wenn der nicht spielen kann, soll er nicht spielen." Er konnte mir ja überhaupt nichts machen. Wir sind dem Sicherheitsdienst unterlegen. Nicht der normalen SS. Ich habe ihn aber einmal gewinnen lassen, dann war er mir wohlgesinnter.

22. Wie waren die Lebensbedingungen in den Baracken (Aufteilung, Verpflegung, Hygiene, Kleidung etc.)?

BURGER: Die hygienischen Bedingungen waren schrecklich in Birkenau. Dort war kein Wasser. Man musste rausgehen und ein wenig Wasser fangen. In Auschwitz konnte man sich wenigstens waschen und in Sachsenhausen, da haben die uns in die Badeanstalt geführt. Die haben sich gekümmert, dass wir nur gesund bleiben wegen dem Geldmachen. Block 18 und 19 waren innerhalb des Lagers Sachsenhausen verdrahtet. Die Fenster waren weiß getüncht. Niemand hatte dort Zutritt, nur diese paar SS-Leute vom Sicherheitsdienst.

Die anderen Häftlinge wussten nicht, was dort passiert. Wir kamen nur zum Baden einmal in vier Wochen hinaus. Es war Lagersperre, kein Häftling durfte auf der Straße sein und kein SS-Mann. Dann sind wir durch die Lagerstraße zum Baden gegangen und wieder zurück. Wir mussten dort auch keine Häftlingskleidung tragen.

In Auschwitz hatte ich mein Bett und eine Decke. In Birkenau sind wir fünf nebeneinander gelegen, dicht nebeneinander, und in einem Pferdestall waren wir 800. In Sachsenhausen hatten wir nicht nur das Bett, es war weiß überzogen. Es war wieder ganz anders. In Auschwitz waren normale WC, in Sachsenhausen auch und in Birkenau war so eine Holzstange und ein ausgegrabener Graben.

23. Welche Arbeiten mussten Sie verrichten? Wie lange mussten Sie arbeiten?

BURGER: Meine Aufgabe war, zum Beispiel, ich habe gearbeitet im Kommando, wo wir die Koffer der Neuangekommenen sortiert haben. Das war meine Arbeit. Dann auf einmal kam der Befehl, weil man laut Kartothek draufkam, dass ich Buchdrucker bin, dann musste ich mich melden beim Sturmbannführer Höß.

Der hat mich vorgeladen. Ich kam dorthin und hab geschrien: „64401 zur Stelle." Er sagte: „Gut, gut." Dann sagte er: „Sind Sie Buchdrucker?" Ich sagte: „Ja." Er stand auf und sagte: „Herr Burger! Solche Leute wie Sie brauchen wir. Sie kommen nach Berlin. Sie werden wieder als freier Mensch arbeiten und ich wünsche Ihnen dazu viel Erfolg." Na, und damit war ich entlassen und ich bin über Stiegen runtergestolpert.

Nun, mit noch fünf weiteren Buchdruckern hat man uns nach Sachsenhausen gebracht. Wir haben Buchdruckermaschinen gehabt und wir haben den ganzen Tag das englische Geld gedruckt. Dann wurde das Geld kontrolliert, dann wurde es gestochen usw., [also] alt gemacht. Das war alles. Ich hab nur gedruckt. Die Druckstöcke haben wir fertig bekommen. Die wurden nicht weit von Berlin von SS-Leuten gemacht. Bei uns wurde es nur nachgezogen. Das Sonderkommando hatte die Tarnbezeichnung „Unternehmen Bernhard" und war nach dem Leiter der Falschgeldaktion SS-Sturmbannführer Bernhard Krüger benannt. Wir haben auch englische Briefmarken gefälscht und hätten noch amerikanische Dollar fälschen sollen, von denen wir noch in Sachsenhausen Muster gemacht haben. In Redl-Zipf haben wir noch die Maschinen aufgestellt und wir sollten die amerikanischen Dollar drucken, aber wir sind nicht mehr zum Drucken gekommen. Weil die Amerikaner schon in der Nähe waren, kam dann die SS mit Lastwagen und sie haben das Geld, die englischen Pfund-Noten, die in Kisten waren, und die Druckmaschinen aufgeladen und haben sie in den Toplitzsee geworfen.

Und in Auschwitz habe ich zuerst gearbeitet bei der DAW – Deutsche Aufrüstungswerke. Mit 300 Gramm Brot konnte man nicht lange viel

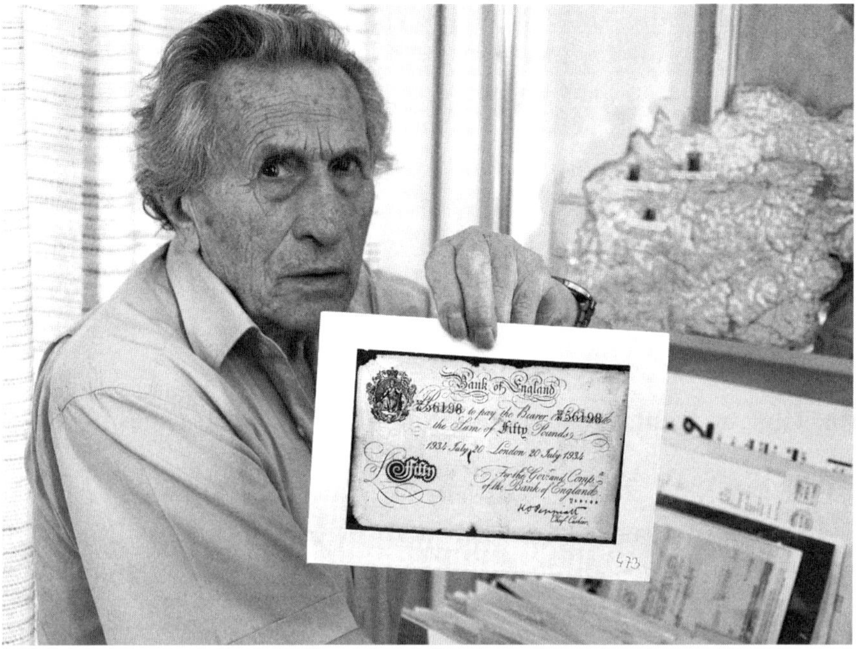

Abb. 6: Adolf Burger mit einer im KZ Sachsenhausen gefälschten Pfund-Sterling-Banknote, 2009

aushalten. Dann habe ich Holz geschnitten, weil ich schon nicht mehr auf der Leiter stehen konnte in der DAW, da wäre ich runtergefallen. In Auschwitz habe ich auf der Rampe auch die Koffer auf die Lastwagen aufgeladen, von den Leuten, die ankamen und schon weggebracht wurden. Ich habe auch im Aufräumungskommando „Kanada" gearbeitet. Zuerst in Auschwitz und dann in Birkenau. Ich habe drei Koffer gehabt. Man hat aufgemacht und die Koffer auf die Erde ausgeschüttet – die Leute, denen sie gehörten, waren ja schon vergast. Ich habe Gabel, Messer, Löffel, Gabel, Messer, Löffel sortiert und in eine Kiste reingeschmissen. Die Hemden und andere Sachen haben wir zu den Frauen getragen, die das dann verarbeitet haben und das ging alles nach Deutschland.

24. Wie wirkte auf Sie der Spruch „Arbeit macht frei"?
BURGER: Nichts haben wir uns dabei gedacht *(lacht)*. In den KZ war dieser Spruch „Arbeit macht frei". Nichts, nichts, überhaupt nichts haben wir uns gedacht.

25. Wie waren die Aufseher im Lager?
BURGER: In Auschwitz waren sie sehr schlimm, in Birkenau noch schlimmer. Aber in Sachsenhausen, dort gingen die – das waren ja vom Sicherheitsdienst SS-Leute – die gingen ohne Waffen herum. Und das, was [man] in den Filmen zeigt, dass die gebrüllt haben, das ist nicht wahr. Das ist der Film [„Die Fälscher“]. Die haben nie auf uns geschrien, die gingen ohne Waffen unter uns [herum]. Die wollten nur eine Sache: Die Maschinen sollten immer laufen. Nichts anderes. Dort in Sachsenhausen haben sie sich benommen wie Sicherheitsdienste. Das waren keine normalen SS-Leute.

26. Gab es Kontakte zwischen den Häftlingen und der Bevölkerung?
BURGER: Nein, so etwas existierte nicht, weil fünf Kilometer entfernt vom Lager Birkenau war es schon abgegrenzt. Wer sich dem Lager näherte, wurde erschossen. Und Auschwitz war so stark gesichert, da konnte niemand rein.

27. Wussten Sie über den Kriegsverlauf in der Außenwelt Bescheid?
BURGER: Wenn wir unsere „Theaterabende“ hatten, sahen auch die SS-Männer zu. Der Häftling Oskar Stein hatte sich in die Wachstube geschlichen, die sie nicht abgesperrt haben, und hat heimlich ausländische Sender gehört. Er hat sich Stichwörter aufgeschrieben und uns dann informiert. So bekamen wir ein paar Informationen. Es hat unsere Vermutung gestärkt, dass das Kriegsende nahe ist. Wir wussten, dass das aber gleichzeitig unser Ende bedeutete, da man uns wegen unserem Wissen liquidieren werden wird.

28. Durften Sie im KZ Briefe, Lebensmittel, … empfangen?
BURGER: Also, man durfte überhaupt nicht schreiben. Ich habe nur einmal meiner Mutter wegen dem Ariernachweis schreiben dürfen. Mein Bruder war in Israel und hat sich um meine Freilassung bemüht. 1944 habe ich dann einen Brief aus der Schweiz bekommen. Ein Zertifikat, dass ich nach Israel ausreisen kann *(greift sich an den Kopf)*. Die Schweizer wussten überhaupt nicht, was Birkenau und Auschwitz ist. Sie haben es nach Birkenau gesandt, aber ich war schon in Sachsenhausen und dort ließen sie mich nicht mehr weg.

29. Welche Folterungen mussten Sie über sich ergehen lassen?
BURGER: Gar keine.

30. Was war der schrecklichste Moment für Sie?
BURGER: Als man mich tätowierte in Auschwitz. Weil ich wusste nicht, was los ist und auf einmal musste ich die Hand hinhalten und man tätowierte mich.
Und als ich im KZ Birkenau erfahren habe, dass meine Frau Gisela eine Woche vor Weihnachten 1942 ins Gas kam. Das hat mir ein Mädchen aus meiner Stadt gesagt. Ich habe ja im Aufräumungskommando gearbeitet und da habe ich ihr die Hemden gebracht, die nach Deutschland geschickt wurden, und dabei hat sie mir das gesagt.

31. Gab es humorvolle Momente, die Sie das Leid für einen Augenblick vergessen ließen? Wie hat man sich diese vorzustellen?
BURGER: Gar keine solchen Momente hat es gegeben. Ausgenommen in Sachsenhausen diese Theaterabende.

32. Was waren Ihre tagtäglichen Gedanken, als Sie im KZ waren?
BURGER: Ich glaube, man hat dort überhaupt nicht nachgedacht. Man ging zur Arbeit, hungrig, man kam zurück, bekam 300 Gramm Brot und ging, um sich niederzulegen und man war ständig hungrig. Und das war alles.
In Sachsenhausen habe ich mir dann gedacht: „Du bist ein Toter auf Urlaub.“

33. Konnten in einem KZ Kinder auf die Welt gebracht werden? Wenn ja, was ist mit diesen Babys passiert?
BURGER: Davon weiß ich nichts.

34. Gab es eine Möglichkeit, Freundschaften mit Gefangenen zu schließen?
BURGER: Ich hab meinen besten Freund gehabt, den Miki Šteiner aus Košice. Das war mein Freund in Birkenau. Ich habe ihn vor der Verhaftung oft in Košice besucht und er mich in Poprad. Er war schon in Auschwitz, als ich angekommen bin. Er war aber nicht im Fälscherkommando.

35. Wer war Ihr bester Freund während dieser schlimmen Zeit und wie hat er Ihnen geholfen?

BURGER: Miki Šteiner aus Košice. Als ich Typhus gehabt habe, hat er mir geholfen. Wenn er die Koffer in diesem Kommando sortiert hat, hat er Schokolade und so weiter einem Blockältesten gebracht. Der hat mich dann im Block 8 bei den leicht Erkrankten im Bett im dritten Stock versteckt. Dort bin ich drei Wochen ohne Medikamente gelegen. Aber die SS wusste nicht einmal, dass ich dort bin. Und dann sagte er: „Du musst jetzt weg von hier. Es gibt eine Kontrolle der SS." Mit hohem Fieber und ohne Medikamente bin ich wieder zur Arbeit gegangen und habe sortiert Löffel, Gabel, Messer. Das war meine Arbeit. Ich war so schwach, dass ich eingeschlafen bin. Wenn ein SS-Mann gekommen ist, hat mir der Miki einen Löffel ins Gesicht geschmissen, dass ich wach werde und der SS-Mann nicht sieht, dass ich schlafe.

36. Was haben Sie zur Erleichterung des Leidens anderer Insassen getan?

BURGER: Ich kann mich an nichts Besonderes erinnern.

37. Gab es unter den Insassen bestimmte Hierarchien?

BURGER: Selbstverständlich. Blockälteste und Kapos. Die hatten dort die Macht im Lager in Auschwitz und Birkenau, die haben uns ja gehaut.

38. Gab es Unterschiede in der Behandlung zwischen den verschiedenen Gefangenengruppen (religiöse, politische Gefangene)?

BURGER: Nein.

39. Welche Krankheiten gab es im KZ?

BURGER: Ich habe in Birkenau Typhus überstanden. Wir haben dort eine Versuchsstation gehabt. Wir kamen dorthin, fünf Leute, und der SS-Arzt hat uns mit Typhus angesteckt. Er hat uns eingeimpft und fertig. Alle sind gestorben. Aber mit Hilfe von Miki Šteiner habe ich ohne Medikamente überlebt.

40. Wurden Sie körperlich verwundet?

BURGER: Mir ist nur an den Füßen eine Zehe erfroren. Da hat ein Arzt aus Poprad – vier Leute haben mich gehalten – ein Viertel [der] Zehe abgeschnitten. Die hab ich abgeschnitten bis heute. Und nur verbunden und in der Früh musste ich, im Winter war das, im Feber, musste ich stehen eine Stunde Appell. Das war in Auschwitz.

41. Wie viele Kilos wogen Sie, als Sie im KZ waren?
BURGER: Ich weiß es nicht mehr genau, aber in Auschwitz und Birkenau ungefähr 35 Kilo. Als ich nach Hause kam, habe ich schon normales Gewicht gewogen, weil ich in Sachsenhausen genug zu essen gehabt habe.

42. Was bedeutete der Tod für Sie?
BURGER: Der bedeutete dasselbe wie früher, als ich zu Hause war. Das hat nichts damit zu tun, ob es zehn Tote oder einen Toten gibt. Tod ist Tod. Tagtäglich hat man die Toten gesehen. Von jedem Arbeitsplatz hat man am Abend auf Karren die Toten ins Lager gebracht, niedergelegt und dann alle gezählt; Tote und Lebendige, ob alle im Lager sind.

43. Wie nahe kamen Sie dem Tod?
BURGER: Das war tagtäglich möglich. Jede Stunde, jede Minute konnte einem von einem SS-Mann eine über den Kopf gehaut werden und man war tot. Man wusste nie, wann das geschieht.
Einmal war es ganz knapp für mich, als ich vergast werden sollte. Ich war im Holzhof-Kommando. Das war schon die letzte Station der Häftlinge. Man hat nichts mehr gemacht, nur noch Holz geschnitten. Dann eines Tages kam die SS und hat geschrien: „Antreten, antreten!" Wir mussten die Arbeit lassen, antreten, und sie haben uns vor einen Block geführt. Da habe ich gewusst: das ist schlimm, weil das Holzsägen war schon die letzte Station. Und auf einmal – alle Häftlinge waren sich bewusst, was los ist – haben sie angefangen zu schreien: „Wir gehen nicht rein!" Und die SS hat angefangen zu schlagen und befahl: „Herein in diesen Block!" In diesem Wirrwarr bin ich um die Ecke gelaufen und ich bin fortgelaufen. Das war um sieben Uhr früh. Da kam eine andere Gruppe und ich habe mich zu ihnen gestellt. Der Vorarbeiter hat damals immer aufgeschrieben, wer in seiner Gruppe arbeitet. Aber er wusste ja nicht, dass ich nicht dazugehöre. Der hat noch nicht aufgeschrieben gehabt und ich hab mich dazugestellt, um dann zu arbeiten. Darum hat

er meine Nummer auch aufgeschrieben. Und dann nach einer halben Stunde sind SS-Leute herumgelaufen und haben mich im ganzen Lager gesucht, weil ihnen einer gefehlt hat. Aber sie haben mich nicht gefunden.
Die Häftlinge, die sie in diesen Block hineingetrieben haben, wurden dann im KZ Birkenau vergast. Ich bin entlaufen und das werde ich nie vergessen.

44. Haben Sie irgendwann eine Art „Mauer“ gegen die schrecklichen Taten aufgebaut, sodass Sie der Tod eines anderen Häftlings nicht mehr berührt hat?
BURGER: Nein. Es hat mich nicht berührt, weil ich habe tagtäglich zugeschaut. Ja, man hat das genommen, so wie es war. Ja, und man konnte nichts dagegen machen.

45. Was wurde im KZ mit den Leichen gemacht?
BURGER: Die Leichen wurden ins Krematorium gebracht und dort verbrannt. Die Asche wurde in die Wisla geschüttet.

46. Gab es für Sie eine Möglichkeit, aus dem Lager entlassen zu werden?
BURGER: Für Juden auf keinen Fall.

47. Gab es Fluchtversuche und Fluchtmöglichkeiten? Versuchten Sie zu flüchten?
BURGER: Zwei Slowaken, Alfred Wetzler und Walter Rosenberg, der später den Namen Rudolf Vrba verwendete, sind im April 1944 aus Birkenau entflohen. Man wollte in Birkenau außerhalb des Lagers neue Baracken bauen und da war so ein Loch. Dort haben sie sich unter einem Holzstapel versteckt. Ein Pole hat ihnen geholfen. Beim Zählappell haben zwei Leute gefehlt. Dann sind wir bis ein Uhr in der Nacht gestanden. Die SS hat die Häftlinge überall gesucht, aber dieser Pole hat den Holzstapel von außen mit Tabakwasser bestrichen. Die Hunde, die gesucht haben, konnten sie nicht aufspüren. In der dritten Nacht hat man die SS-Leute abgezogen und die Postenkette wurde eingezogen, weil sie die Häftlinge nicht gefunden haben. Dann waren sie frei. Sie sind bis in die Slowakei gekommen und haben den Alliierten und auch dem Papst

einen Bericht über Auschwitz gegeben. Sie haben verlangt, dass sie die Eisenbahnstrecke von Budapest nach Auschwitz bombardieren, um den Transport der ungarischen Juden dorthin zu verhindern. Aber sie haben die Strecke nicht bombardiert.

48. Gab es KZ-Häftlinge, die sich getraut haben, einen Aufstand gegen die KZ-Führer zu machen?

BURGER: Ich habe nichts mitbekommen. Wie denn? Die hatten nichts, nur die Hände. Die SS hatte die Waffen. Mit was könnte man einen Aufstand machen? Wenn wir in Sachsenhausen gesagt hätten: „Wir machen das Geld nicht!“, hätte man uns erschossen. Man konnte nicht sagen: „Ich mache das nicht.“ Das ging ja nicht.

49. Dachten Sie, dass Sie jemals wieder lebendig herauskommen?

BURGER: Nie hab ich daran gedacht, ob ich lebend herauskomme oder nicht, weil ich wusste, ich komme nicht raus. Auschwitz wurde befreit, Birkenau wurde befreit. Aber wir, die wir das Geld gedruckt haben, wir sollten ja nie lebend rauskommen. Es war das Größte, eines der Geheimnisse von Nazi-Deutschland, die Fälschung von englischen Pfund-Noten.

Wenn ich schlafen ging, hab ich mir gedacht: „Du bist ein Toter auf Urlaub. Hier kommst du nie raus.“ Weil ich war dort wie auf Urlaub. Ich hab Essen bekommen. Ich hab mein weißes Bett gehabt zum Schlafen.

50. Gab es Zeiten, in denen Sie alle Hoffnung aufgegeben haben? Und wieso war dies so?

BURGER: Als ich ins Fälscherkommando gekommen bin, hab ich gewusst, dass ich einmal liquidiert werde.

51. Beging irgendjemand Selbstmord?

BURGER: Ja, die haben sich in den Stacheldraht geworfen und waren in der Sekunde tot. Aber ich persönlich habe das nicht gesehen.

52. Haben Sie während des Holocaust je daran gedacht, aus Verzweiflung Selbstmord zu begehen?

BURGER: Nein. Ich war nie so verzweifelt, dass ich hätte Selbstmord gemacht.

53. An welche Gedanken, Ideen, Hoffnungen, Wünsche oder religiöse Überzeugung haben Sie sich geklammert?

BURGER: Wenn ich gesehen habe, [wie] 5.000 jüdische Kinder aus Riga in den Tod gehen, dann habe ich gesagt: „Gott, hast du geschlafen? Du hast nicht gesehen, was sich da tut. Kinder ins Gas!“ Wo war damals Gott? Wo? Daran hab ich nur gedacht. Seit damals kenne ich keinen Gott, weil keiner existiert. Weil wenn ein Gott existiert hätte, hätte er nie zuschauen können, wie 5.000 Kinder in das Gas gehen. Und ich habe da müssen zuschauen.

54. Haben Sie Ihren Glauben an Gott verloren, während Sie im Lager waren?

BURGER: Es gibt keinen Gott oder Gott schläft. Gott hat geschlafen, als die Kinder, die unschuldigen Kinder, 5.000 Kinder, in das Gas gegangen sind. Wo war damals Gott?

55. Welche Rolle hat Ihre Religion dabei gespielt, wie Sie die Geschehnisse empfunden haben? Warum?

BURGER: Als ich gesehen habe, dass 5.000 jüdische Kinder ins Gas gingen, habe ich mir nur die einzige Frage gestellt: „Du bist auf Urlaub, lieber Gott, oder schläfst du?“ Darum kenne ich keinen Gott. Es gibt keinen Gott.

56. Haben Sie während Ihrer Gefangenschaft gebetet?

BURGER: Nie.

57. Hatten Sie je den Gedanken, die Religion (oder Ideologie) zu wechseln? Warum?

BURGER: Nein. Ich musste die Religion nicht wechseln, weil ich daran nicht geglaubt habe. Also, wenn man etwas nicht glaubt, dann muss man nichts wechseln.

58. An welchem Datum wurden Sie aus dem Lager befreit?

BURGER: Das war der 6. Mai 1945.

59. Wie sind Sie aus dem Lager befreit worden bzw. wie sind Sie aus dem Lager herausgekommen?

BURGER: Bei unserem Kommando war das anders, weil wir in Redl-

Zipf die Maschinen aufgestellt haben und wir sollten noch die Dollars machen. Aber es kamen schon die Amerikaner. Die SS ist geflüchtet mit den Maschinen und den Geldscheinen und alles wurde in den Toplitzsee geschmissen.
Wir wurden nach Ebensee gebracht. Die Amerikaner kamen aber so schnell, dass die SS geflohen ist. Und wir kamen vor das Lagertor, weil wir zuvor nicht direkt im Lager waren. Wir waren extra und die Häftlinge wollten uns beinahe nicht hereinlassen, weil wir hatten nicht geschorene Haare – gut haben wir ausgeschaut – und reine Häftlingskleidung. Man wollte nicht glauben, dass wir Häftlinge sind. Da haben wir geschrien: „Wir sind Häftlinge! Wir sind Häftlinge!“, und haben die [eintätowierten] Nummern am Arm gezeigt. Dann hat man uns hineingelassen. Danach kamen die Amerikaner und wir waren befreit.

60. Wie wurden Sie von den Befreiern behandelt?
BURGER: Von den Amerikanern? Das Erste war: Sie haben uns zu

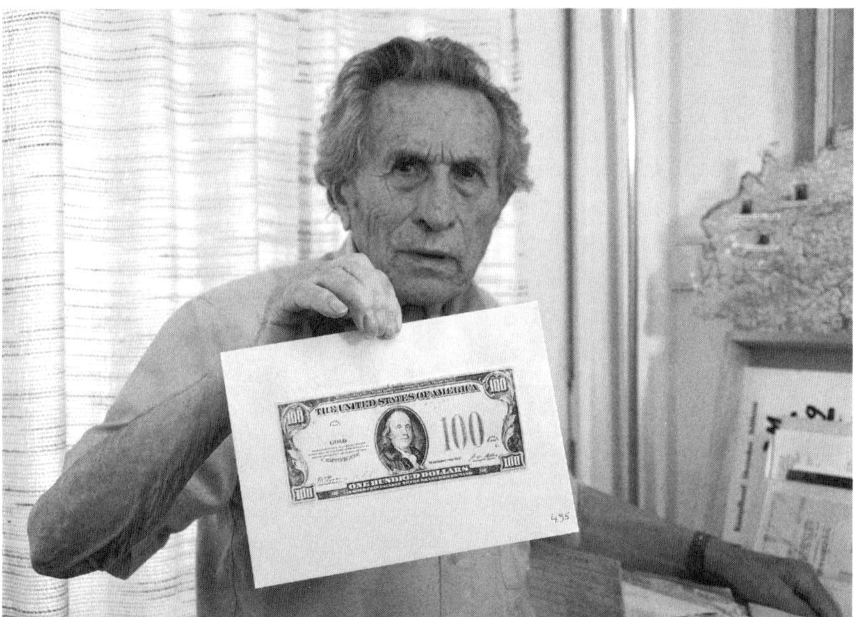

Abb. 7: Adolf Burger mit einem im KZ Sachsenhausen hergestellten Muster einer Dollar-Banknote, 2009

essen gegeben. Das war die erste Sache. Dann sind die Engländer angeflogen gekommen, Spezialisten; die haben uns, die wir dieses Geld gemacht haben, herausgeholt vom Lager in ein Hotel. Dort haben sie uns Essen und alles Mögliche gegeben. Drei Tage oder vier Tage haben wir nichts anderes gemacht als nur Protokolle. Alles haben wir ihnen erzählt, alles haben wir ihnen gesagt, alles wussten sie, aber zum Nürnberger Gericht haben sie das nicht gegeben.
Die wollten [nicht], dass man damals erfährt, dass über 130 Millionen Pfund Sterling in der Welt herumlaufen.

61. Was haben Sie nach Ihrer Befreiung als Erstes getan?

BURGER: Als ich befreit wurde, ging ich ins Dorf – noch in Häftlingskleidung, aber bewaffnet – und kam ins erste Haus rein.
Dort waren eine Frau mit zwei Kindern und ein Mann, der aus Angst zu schreien angefangen hat. Ich sagte: „Schreit nicht." Ich konnte ja Deutsch und habe Deutsch gesprochen: „Schreit nicht, bitte! Ich tu euch nichts. Bitte borgt mir einen Fotoapparat und einen Film." Er sagte zur Tochter: „Geh, hol den Apparat!" Dann hat er mir den Fotoapparat und Film gegeben. Ich sagte: „Ich bring ihn morgen zurück."
Ich ging hinauf ins Lager und habe die Menschen fotografiert. Die Fotos sind in meinem ersten Buch [*„Cislo 64401 mluvi"*, Deutsch: „Die Nummer 64401 spricht"].

Abb. 8: Häftlinge des KZ Ebensee nach der Befreiung, fotografiert von Adolf Burger, 1945

62. Gab es ein „Rückkehr-Problem“? Wie reagierte die Umgebung auf Sie?

BURGER: Als ich in Prag war, sind die Züge in die Slowakei noch nicht gelaufen. Ich konnte nicht sofort nach Hause. Nach ein paar Wochen sind die Züge gegangen und dann bin ich nach Hause gefahren. Am Abend kam ich in Poprad an. Ich bin nach Hause gelaufen und die Wohnung war leer, ganz leer. Nichts war dort. Dann kam die Nachbarin, Frau Šeliga hat sie geheißen, das weiß ich bis heute, eine Katholikin. Die hat ja meine Schwester Jaffa gerettet, da sie ihr von ihrer Tochter die Papiere gegeben hat, damit sie flüchten konnte. Alles war leer. „Wo sind die Eltern? Wo ist alles?“, habe ich gefragt. Sie hat gesagt: „Eine Woche, bevor die Russen die Stadt befreien kamen, hat man alle verhaftet.“ Die Mutter kam nach Ravensbrück und der Stiefvater nach Sachsenhausen. Niemand ist zurückgekommen. Ich konnte dort nicht bleiben. Ich hätte die Leute niedergeschossen. Ich kannte ja die Mörder. Ich kannte die Hlinka-Gardisten. Da hab ich mir gesagt: „Da legst du fünf, sechs Leute um und dann wirst du zehn Jahre sitzen.“ Darum bin ich noch um zwölf Uhr in der Nacht von Poprad abgefahren und in der Früh war ich in Prag. Ich konnte dort in Poprad nicht leben.

63. Konnten Sie sich mit Ihrer Familie wieder vereinigen?

BURGER: Meine Frau Gisela ist ins KZ Birkenau gebracht worden und musste dort in einem Kommando arbeiten, das Leichen aus Baracken getragen hat. Nach einer Selektion ist sie 1942 eine Woche vor Weihnachten vergast worden. Meine Eltern sind auch im KZ gestorben. Als meine Mutter verhaftet worden ist, hätte mein Stiefvater nicht mitgehen müssen. Aber er wusste nicht, wohin man meine Mutter bringt, und ist freiwillig mitgegangen. Er kam nach Sachsenhausen und sie nach Ravensbrück. Mein Bruder Jitzhak ist noch vor dem Krieg mit einem Zertifikat normal rausgekommen und nach Israel gegangen. Malka auch, nur Jaffa, die kleinste Schwester, ist mit den Papieren von der Šeliga während dem Krieg geflüchtet. Meine kleine Schwester wollte mich nach dem Krieg nach Israel holen, aber ich bin nicht gegangen.

64. Hatten Sie Bekannte, Freunde oder Verwandte im KZ? Haben diese überlebt?

BURGER: Das KZ überlebt hat nur der Miki Šteiner aus Košice.

65. Was geschah mit Ihrem Eigentum?
BURGER: Alles haben die Slowaken weggenommen.

66. Inwieweit wurden Sie für Ihre Inhaftierung entschädigt?
BURGER: Ja, selbstverständlich wurde ich entschädigt. Ich habe auch eine Opferrente bekommen.

67. Wie haben Sie Ihre Existenz wieder aufgebaut?
BURGER: Ganz einfach. Als ich zurückkam, ging ich in Prag 8 in eine Druckerei und hab gearbeitet. Dann hab ich die ganze Zeit gearbeitet.

68. Wie lange dauerte es, um nach dem Holocaust zu einem „normalen" Leben zurückzukehren?
BURGER: Es hat überhaupt nicht gedauert. Ich hab ganz normal ruhig geschlafen, gleich den ersten Tag, wie ich nach Hause gekommen bin.

69. Wie sah Ihr Leben nach dem Krieg aus?
BURGER: Normal hab ich gelebt. Ich habe wieder geheiratet und Kinder gehabt. Ich habe viele Vorträge über meine Erlebnisse in Schulen gehalten. Ich habe einige Bücher über meine Erfahrungen geschrieben. Das Buch *„Cislo 64401 mluvi"*, das heißt auf Deutsch „Die Nummer 64401 spricht", ist im Oktober 1945 in Prag erschienen. Dann habe ich Dokumente gesucht und als ich genug, 200 Dokumente, hatte, habe ich das Buch „Unternehmen Bernhard: die ‚Fälscherwerkstatt' im KZ Sachsenhausen" und dann das Buch „Des Teufels Werkstatt" geschrieben. Das Buch wurde von Ruzowitzky dann verfilmt und ich war bei den Dreharbeiten dabei.
Der Film hat 2008 den Oscar gewonnen. Ich war in Los Angeles. Wir sind über diesen roten Teppich gegangen. Dort waren überall Journalisten und dann kamen wir in den Saal und man wusste nicht, wer gewinnen wird. Es waren fünf Filme, die ausgesucht wurden von der Kommission und auf einmal ist dort das Wort „Die Fälscher" erschienen und wir haben den Oscar bekommen.
Ich bin auch dabei gewesen, wie im Jahr 2000 im Toplitzsee nach dem versenkten Geld getaucht worden ist. Die Amerikaner haben mich ein-

geladen und ich war dabei, wie sie Kisten mit dem englischen Geld rausgezogen haben. In diese Kisten habe ich während dem Krieg das Geld verpacken müssen. Ich war auch auf diesem kleinen Schiffchen und ich habe den Amerikanern ein Interview über viele Stunden gegeben. Ich habe ihnen alle Details gesagt und der, der mich interviewt hat, hat nach zwei Stunden gesagt: „Ich kann nicht mehr. Ich bin müde." Dann gingen wir hinaus auf den Balkon. Er war so müde und konnte nicht mehr. Ich habe gesagt: „Wir haben erst angefangen."

70. Wie leben Sie heute? Denken Sie noch viel an jene Zeit zurück?
BURGER: Ich denke überhaupt nicht an die Zeit. Überhaupt nicht. Ich lebe normal. Ich lese nicht mehr, weil ich nicht mehr kann. Ich schaue oft Fernsehen. Der Tag ist lange und es vergeht ein Tag nach dem anderen.

71. Welche physischen und psychischen Narben tragen Sie von dieser Zeit?
BURGER: Keine, nur die Zehe ist ein Stückchen abgeschnitten, aber das ist nichts.

72. Hatten Sie moralischen Beistand, um sich psychisch und sozial zu erholen?
BURGER: Nein. Ich ging ja in kein Sanatorium. Man wollte mich ins Sanatorium stecken, aber ich habe gesagt: „Nein." Ich ging arbeiten 1945.

73. Haben Sie seitdem eine andere Weltanschauung?
BURGER: Nein. Warum? Ich habe nur eine andere Weltanschauung, seit ich vor ungefähr zehn Jahren im Fernsehen gesehen habe, dass im tschechischen Parlament alle Parteien ein Gesetz vorgeschlagen haben, dass man denen, die im KZ waren, irgendwie helfen oder eine Abfindung geben soll. Ich war seit 1945 in der kommunistischen Partei und die einzige Partei, die dagegen gestimmt hat, waren die Kommunisten. Als ich das im Fernsehen gesehen habe, ging ich augenblicklich zu meinem Freund. Der war vom Parlament und auch ein Kommunist und ich habe zu ihm gesagt: „Wie konntet ihr gegen Häftlinge die Hände heben? Was soll das bringen?" Er hat gesagt: „Wir wollen, dass alle das bekom-

men, auch die auf den Barrikaden waren, einen Tag." Dann habe ich gesagt: „Ihr seid keine Kommunisten", und ich bin ausgetreten.

74. Können Sie Ihren Erfahrungen irgendetwas Positives abgewinnen?

BURGER: Nichts Positives war dran. Nichts. Was konnte positiv sein an der SS? Was konnte positiv sein an den KZ? Das waren ja Mörder.

75. Haben Sie später in Ihrem Leben die Konzentrationslager jemals wieder besucht und welche Gefühle hatten Sie?

BURGER: Ich war in Auschwitz mit Schülern mit einem Autobus, den sie organisiert haben. Ich war mehrere Male dort, aber gar keine Gefühle hab ich gehabt. Ich kam dorthin, habe ihnen alles gezeigt, wie das war, und das war alles. Auch in Ebensee war ich mehrere Male. In Sachsenhausen war ich oft. Ich war ja Mitglied im Internationalen Sachsenhausen-Komitee und einmal im Jahr haben wir Konferenz gehabt in Sachsenhausen. Jetzt gehe ich nicht mehr hin.

76. Haben Sie immer noch Kontakt zu Ihren Mithäftlingen aus den Konzentrationslagern?

BURGER: Es lebt einer in Berlin, der mit mir in Sachsenhausen war, aber ich habe keinen Kontakt mehr.

77. Was haben Sie Ihren Angehörigen über die Zeit damals erzählt? Wie haben Ihre Angehörigen auf Ihre Erzählungen reagiert?

BURGER: Zu Beginn habe ich ihnen von meinen Erlebnissen erzählt. Man hat damals über alles gesprochen. Sie waren natürlich erschüttert. Dann kam das Buch heraus. Wer von den Kindern wollte, konnte das lesen.

78. Fällt es Ihnen schwer, über diese Zeit zu reden?

BURGER: Nein. Ich kann drei Stunden drüber sprechen. Ich hab kein Problem.

79. Welcher Moment aus dieser Zeit hat sich am meisten in Ihrem Gedächtnis eingeprägt?

BURGER: Mengele! Doktor Mengele! Wenn ein Transport ankam und ich bin dort gestanden; ich habe ja gearbeitet. Wir haben die Koffer weggeschafft in diesem Kommando. Wenn der Mengele gefragt hat: „Ihr Alter?“ – wie sie vom Waggon rausgestiegen sind auf der Rampe. Wenn [die Person] gesagt [hat]: „42“, dann [hat Mengele] gesagt: „Bitte nach links. Bitte nach links.“ [Das bedeutete] Gas! Ganz ruhig hat er das gemacht. Das werde ich nie im Leben vergessen. Kaltblütiger Mörder. So wie die ganze SS war. Nachdem er den Transport „selektiert“ hat, ging er ins Frauenlager. Dort gab es ein Orchester und von diesem hat er sich dann Musik vorspielen lassen.

80. Haben Sie Hitler jemals gesehen bzw. getroffen?

BURGER: Nein, Hitler nicht, aber Himmler. Himmler hab ich gesehen. Er war in Birkenau. Er war in Birkenau mit drei Offizieren. Die sind zum Krematorium gegangen. Einen speziellen Zug mit 3.000 Juden aus Polen hat man gebracht zu dieser „Gelegenheit“. Man hat sie reingesteckt in die Gaskammern und er mit seinen Offizieren haben sich [an] geguckt, wie die vergast wurden. Er ist dort gestanden bei dem Fenster und hat zugeschaut, wie 3.000 Juden, die speziell gebracht wurden aus Polen, vergast wurden. Dann soll er nicht erzählen, dass er unschuldig war.

81. Was dachten Sie damals über Hitler und wie denken Sie heute über ihn?

BURGER: Er war ein Faschist. Das war ein Mörder. Was kann ich viel denken über ihn? Überhaupt nichts.

82. Angenommen, Adolf Hitler würde noch leben und Sie hätten fünf Minuten alleine mit ihm, was würden Sie sagen oder tun?

BURGER: Als Erstes würde ich nie mit ihm in einem Raum sitzen. Nur wenn man mich hingeschleppt hätte. Hitler, das war einer der tausenden Nazis, der Mörder, SS, SA. Das war nicht nur Hitler, es waren die anderen auch. Das waren Mörder. Ich kann mir nicht vorstellen, was ich zu ihm sagen oder tun würde.

83. Sind Sie nach dem Krieg noch einmal einem Ihrer Peiniger begegnet?

BURGER: Ja. Ich war drei Mal in Deutschland als Zeuge vor Gericht gegen SS-Leute in Auschwitz und Birkenau. Ich musste hingehen. Ich habe diesen SS-Leuten die Sachen ins Gesicht gesagt.

84. Was halten Sie von den Strafen, die die Nazis nach dem Krieg bekamen, zum Beispiel bei den „Nürnberger Kriegsverbrecherprozessen“?

BURGER: Schauen Sie, man hat einige bestraft und das war alles. Das hat ja nichts geholfen. Es waren in Auschwitz und in Birkenau hunderte SS-Leute und die wurden nie im Leben bestraft. Und dass man einige bestraft hat beim Nürnberger Gericht, das hilft ja gar nichts. Man sollte nur die Wahrheit sagen, was dort geschehen ist, dass das nie wieder passiert.

85. Haben Sie Ihren Peinigern verziehen?

BURGER: Ich hab nichts zu vergeben. Das war eine politische Situation. Das hat ja nicht ein Einzelner organisiert. Das war das System. Wenn ein Einzelner jemanden etwas angetan hat, dann hat er es durch diese Ideologie, durch dieses System gemacht. Er hat sich ja das nicht ausgedacht, der Einzelne. Man kann da nur das System verurteilen. Man kann nur die Ideologie verurteilen, aber der Einzelne hat gehandelt in dieser Form.

86. Wie denken Sie über Neo-Nazis?

BURGER: Schuld daran, dass es heute Neo-Nazis gibt, ist die Regierung. Die Regierung ist schuld daran, dass Neo-Nazis existieren und existieren werden, weil sie nichts dagegen macht. Es gibt ja heute Neo-Nazis auch bei uns. Es ist überhaupt nicht wichtig, wie die dazu kommen, aber wichtig ist das, was die Regierung macht. Und die Regierung sollte laut den Erfahrungen, laut diesen Millionen Toten jede dieser Ideologien verbieten. Alles machen, damit sich das nicht weiterentwickelt. Wenn die Regierungen das nicht machen, dann gibt es Neo-Nazis. Man sollte jede Organisation, die diese Ideologie nur ein wenig hat, verbieten. Es sollte keine Demokratie existieren für Mörder. Und diese Ideologie ist eine Mörder-Ideologie.

87. Was tun Sie, um Menschen über den Holocaust aufzuklären?

BURGER: 1945 kam meine Schwester Jaffa aus Israel, um mich abzuholen und ich hab sie damals gefragt: „Ich soll nach Israel gehen? Was soll ich den Juden, die meisten waren im KZ, erklären? Ich gehe nicht. Ich muss hier nach Deutschland gehen und hier muss ich sagen, was die Nazis gemacht haben." Und ich bin nicht nach Israel. Ich bin herumgefahren in allen Städten Deutschlands. Ich hab immer zu 300 Schülern gesprochen und ihnen gesagt, was ein Nazi ist. Sie sollen nie Neo-Nazis werden. Ich habe diese Vorträge gehalten, um die Jugend zu warnen vor dieser Ideologie. Dafür hat mir auch der Präsident von Deutschland die zweithöchste Staatsauszeichnung geben lassen. Das habe ich seit den 50er-Jahren die ganzen Jahre gemacht. Ich habe zu über 100.000 Schülern gesprochen. Ich habe Bücher geschrieben, an einem Film mitgewirkt und ein Archiv mit vielen Fotos von allen Konzentrationslagern aufgebaut, in denen ich gewesen bin.

88. Wie können Sie sich aus der Sicht der Dinge heute erklären, dass „normale Menschen" zu solchen Gräueltaten fähig waren?
BURGER: Dass sie fähig waren? Das war das System, das waren die Regierungen und das ist noch bis heute so. Wenn die Regierung diese Mord-Ideologien nicht unterbindet, nicht offiziell verbietet, dann werden die weiterbestehen. Diese Millionen Toten haben dann gar keinen Sinn gehabt. Das macht ja nicht ein Einzelner. Das macht die Ideologie und die Regierungen machen nichts dagegen und das ist der Fehler.

89. Was genau geht in Ihnen vor, wenn Sie hören, dass es immer noch Menschen gibt, die behaupten, den Holocaust hätte es nie gegeben?
BURGER: Ich kam mit solchen Leuten nicht in Verbindung. Wie ich schon gesagt habe: Es ist die Schuld der Regierungen, dass sie das nicht verbieten und im Namen der Demokratie lassen sie solche Leute solche Sachen sagen, wo jedes Kind weiß, dass es eine Lüge ist.

90. Welche Konsequenzen hatte der Beschluss der „Nürnberger Rassengesetze" am 15. September 1935 für Sie?
BURGER: 1935 hatten sie keine Konsequenzen für mich, da sie die tschechoslowakische Regierung nicht zugelassen hat. Im September 1941 wurde dann aber in der Slowakei der „Judenkodex" mit den Rassengesetzen eingeführt. Juden mussten einen Judenstern tragen und

durften nicht einmal in einem Auto fahren. Weil es wenig Buchdrucker gab, habe aber ich von der Regierung eine Ausnahmebescheinigung bekommen und habe keinen Judenstern tragen müssen.

91. Wie haben Sie die „Reichskristallnacht" am 9./10. November 1938 erlebt?

BURGER: Bei uns hat es die nicht gegeben. Später habe ich davon gehört.

92. Wie haben Sie den Kriegsbeginn 1939 miterlebt?

BURGER: Ich weiß es heute nicht mehr.

93. Haben Sie davon erfahren, dass die Nationalsozialisten bei der Wannseekonferenz am 20. Januar 1942 die „Endlösung der Judenfrage" – die europäischen Juden systematisch zu vernichten – beschlossen hatten? Wenn ja, wann und wie?

BURGER: Ich war in Wannsee, aber vielleicht zehn, fünfzehn Jahre nach dem Krieg. Davor habe ich nichts erfahren.

94. Welche Gefühle hatten Sie, als Sie vom Ende des Zweiten Weltkrieges erfuhren?

BURGER: Ich habe mich gefreut, weil ich dadurch befreit wurde und ich am Leben geblieben bin. Der Krieg hat geendet und der Schrecken war damit erledigt.

95. Glauben Sie, dass die Menschheit etwas gelernt hat?

BURGER: Man soll nie sagen, die Menschheit. Man soll immer sagen, die Regierungen sind verantwortlich und die sind auch heute verantwortlich und machen nichts und das ist das Problem. Unter dem Namen der Demokratie lässt man die Neo-Nazis durch die Straßen marschieren. Sie sollten Neo-Nazis verbieten. Es wird sich von Neuem rächen, wenn die Regierungen nichts dagegen machen und sich hinter der Demokratie verstecken.

96. Sollen die Gräuel vergessen und soll nicht mehr darüber gesprochen werden, wie manche es sich wünschen?

BURGER: Schauen Sie, ob sich jemand etwas wünscht oder nicht wünscht: Historie ist Historie, und das kann man nicht wegwischen. Das geht einfach nicht. Das, was geschehen ist und war, das ist Historie und die Historie wird immer existieren. Man kann das nicht wegwischen, ob man will oder nicht.

97. Was haben Sie für die Zukunft noch geplant?
BURGER: Ich habe nichts geplant. Ich lebe ganz normal, plane nichts. Es hat ja keinen Sinn, was zu planen, weil Sie können planen, was Sie wollen, entscheiden werden oben die Regierungen.

98. Wie möchten Sie in Erinnerung bleiben?
BURGER: Das ist mir ganz egal, wie man über mich denken wird. Weil erstens weiß ich nicht, wer über mich was zu denken hat. Meine Ansicht habe ich in dem Buch „Des Teufels Werkstatt" geschrieben und jeder, der will, kann das Buch lesen und kann sich dann denken, was er will. Jeder kann eine andere Meinung darüber haben. Das hängt davon ab, was für eine Ideologie er hat. Wie jemand denkt, das kann man niemandem vorschreiben. Man kann zehn Bücher, 20 Bücher schreiben. Es gibt solche, die das auch lesen. Jemand nimmt das für wichtig und ändert sich danach und jemand nicht. Jeder Mensch hat sein Gehirn und muss selbst wissen, wie er denkt. Man kann durch Bücher viel erreichen, aber nicht alles.

99. Was möchten Sie uns noch sagen? Welche Frage wurde nicht gestellt?
BURGER: Ich glaube, was die Fragen anbelangt, haben Sie sehr viele Fragen gestellt. Ich habe versucht, zu antworten, aber man kann nie alles beantworten und alles fragen.

100. Nach allem, was Sie erlebt haben, was für einen Rat können Sie uns jungen Menschen geben?
BURGER: Schauen Sie, die Frage müsste gestellt werden: „Welchen Rat geben Sie der Regierung?" Welche Regierung man hat [und] was für eine Ideologie die predigen, [das] nehmen die jungen Menschen in sich auf. Durch Schule, durch Zeitungen, das heißt, die Ideologie. Und es gibt Staaten, wo es gibt noch heute die faschistische Ideologie. Dann werden die Kinder so erzogen. Es kommt ja nichts von allein.

Wenn die Kinder so erzogen werden, das geht dann in den Kopf und danach handeln sie. Man muss immer wissen, man sollte das wissen, dass immer ist verantwortlich für alles, was geschehen ist, die Regierung. Weil die Regierung hat die Macht, die Regierung hat von dem Volk das Recht, zu entscheiden, usw. Und wie die Regierung ausschaut, so schaut das Volk aus.

Leopold Engleitner: Ungebrochener Wille

Leopold Engleitner, geb. 23. Juli 1905
Verfolgungsgrund: Zeuge Jehovas und Wehrdienstverweigerer
Dauer des Freiheitsentzuges: 6 Jahre, 5 Monate
Land: Österreich

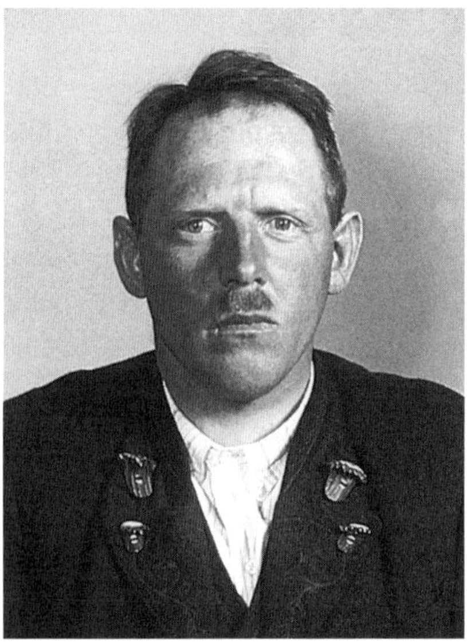

Abb. 9: Leopold Engleitner, 1939

Abb. 10: Leopold Engleitner, 2009

Leopold Engleitner wurde am 23. Juli 1905 in Aigen-Voglhub, Österreich-Ungarn, in eine katholische Familie geboren. In seiner Kindheit erlebte er die k. u. k. österreichisch-ungarische Monarchie und begegnete in Bad Ischl auch Kaiser Franz Joseph. Als Schuljunge musste er die

Schrecken des Ersten Weltkrieges erleben. Nachdem er sich Anfang der 1930er-Jahre intensiv mit der Bibel beschäftigt hatte, wurde er 1932 ein Zeuge Jehovas. Aufgrund religiöser Intoleranz hatte Engleitner bereits in der Zeit des Austrofaschismus (1933 – 1938) mit behördlicher Willkür zu kämpfen und musste in den Gefängnissen Bad Ischl, St. Gilgen, Salzburg und Bad Aussee mehrere Haftstrafen verbüßen.
Wegen seines Glaubens als Zeuge Jehovas und seiner Wehrdienstverweigerung war Engleitner vom 4. April 1939 bis zum 15. Juli 1943 in den Gefängnissen Bad Ischl, Linz, Wels, Salzburg und München sowie in den Konzentrationslagern Buchenwald, Niederhagen und Ravensbrück interniert. Er wurde unter der Bedingung entlassen, sein ganzes Leben Zwangsarbeit in der Landwirtschaft zu leisten. Am 17. April 1945 erhielt er noch den Einberufungsbefehl in die Deutsche Wehrmacht. Engleitner flüchtete in das Gebirge des Salzkammerguts und versteckte sich dort bis zum 5. Mai 1945. Nach dem Krieg arbeitete er in der Landwirtschaft und bei der Straßenmeisterei Bad Ischl bis zu seiner Pensionierung 1969.
Engleitners Erlebnisse wurden in der Biografie „Ungebrochener Wille“ und dem Dokumentarfilm „Nein statt Ja und Amen“ festgehalten, welche in mehrere Sprachen übersetzt worden sind. Ende der 1990er-Jahre begann Engleitner an Schulen, Universitäten und Gedenkstätten in Europa und den USA über seine Erlebnisse zu sprechen. Als Zeitzeuge gegen das Vergessen reiste er als Hochbetagter über 130.000 Kilometer zu Vorträgen, was einer Distanz von mehr als drei Erdumrundungen entspricht. Leopold Engleitner lebt in Österreich.

Die Interviews wurden am 26.–27.10.2007, 28.–31.12.2009, 3.–4.1.2010, 27.–28.4.2010 und 12.9.2011 geführt.

1. Wann wurden Sie geboren? Wie war Ihr Vater? Wie war Ihre Mutter?

ENGLEITNER: Ich wurde am 23. Juli 1905 in Aigen-Voglhub [Strobl, Salzburg, Österreich-Ungarn] geboren.

Mein Vater Leopold Engleitner war ein Sägearbeiter und ziemlich liberal eingestellt. Ich habe mich zum Vater mehr hingezogen gefühlt als zur Mutter. Meine Mutter Juliana Engleitner war eine streng katholische Großbauerntochter und sehr konservativ eingestellt. Ich kann mich nicht erinnern, dass mich meine Mutter einmal umarmt oder mir einen Kuss gegeben hat. Beim Ohrfeigen-Austeilen war sie aber schnell. Ich bin mit meinem Bruder Heinrich aufgewachsen, der um ein Jahr jünger war. Fünf weitere Geschwister sind wegen der großen Armut bereits kurz nach der Geburt oder als kleine Kinder gestorben. Mein Halbbruder Ferdinand [Haas], ein unehelicher Sohn meiner Mutter, hat nicht in unserem Haus gewohnt, aber er hat uns öfters besucht.

Meine Mutter hat meinen Bruder Heinrich und mich sehr katholisch erzogen. Wir haben immer in die Kirche gehen und jeden Abend vor einem Marienbild niederknien und beten müssen. Mir hat das gar nicht gefallen, da ich schon als Kind von der katholischen Kirche wegen ihrer Unterstützung der Kriege enttäuscht war. Außerdem haben wir im katholischen Religionsunterricht den Bibelbericht aus dem 20. Kapitel des 2. Buches Mose gelesen, wo steht: „Du sollst dir kein geschnitztes Bild machen und dich nicht davor niederknien." Als ich dann nicht mehr vor dem Bild niederknien wollte, ist meine Mutter sehr zornig geworden und hat mir eine tüchtige Ohrfeige gegeben. Damit ich keine zweite bekomme, habe ich mich äußerlich ihrem Druck gebeugt. Innerlich habe ich aber gewusst, dass sie von uns das Gegenteil von dem verlangt hat, was in der Bibel geschrieben ist. Und ich habe ab diesem Zeitpunkt nach weiteren Bestätigungen für diese Erkenntnis gesucht.

2. Was ist Ihre früheste Kindheitserinnerung?

ENGLEITNER: Meine früheste Kindheit habe ich in Aigen-Voglhub verbracht. Mit vier Jahren hatte ich ein schlimmes Erlebnis. Ich habe Katzen sehr gern gehabt und habe gesehen, wie ein Nachbarbauer einer Katze den Kopf abgehackt hat. Das war für mich ein furchtbarer Schrecken. Ich bin nach Hause gelaufen und habe geweint. Meine Mutter hat mir dann erzählt, dass der Bauer die Katze getötet hat, um sie zu essen.

Danach habe ich diesen Bauern sehr gefürchtet. Ich habe das Gefühl gehabt, er könnte mir auch den Kopf abhacken. Ich bin dem Bauern weit aus dem Weg gegangen. Es war für mich genauso schrecklich, als wenn er mir den Kopf abgehackt hätte.

3. Wie verlief Ihre Kindheit?

ENGLEITNER: Das Leben war sehr hart. Wir waren immer voller Hunger, weil unsere Mutter sehr sparen musste. Mit einem Kilo schwarzen Roggenbrot mussten wir die ganze Woche auskommen. Wenn wir unsere Mutter um ein kleines Stückchen Brot gebeten haben, hat sie gesagt: „Ich kann nicht! Ich muss mit dem Kilo Brot auskommen."

Wir waren eine sehr arme Familie und wir sind dann ungefähr 1910 nach Pfandl in Bad Ischl ins Haus zur Großmutter väterlicherseits umgezogen. Damals sind immer Kühe auf die Weide getrieben worden. In der ganzen Ortschaft Haiden hat es noch ein Weiderecht gegeben. Das ist dann im Ersten Weltkrieg aufgehoben worden. Und der jüngste Sohn vom größten Bauern dort, der Eisl, hat auch vor unserem Haus immer Kühe hüten müssen. Wir haben ein paar Ziegen gehabt. Da bin ich mitgegangen und habe unsere Ziegen mitgenommen und mitgehütet. Es war immer ein schönes Erlebnis. Da haben wir auch oft Kinderspiele gespielt und Ereignisse nachgespielt, die wir in der Schule gelesen hatten. Von Richard Löwenherz und den Kreuzzügen ist damals in der Schule recht viel gesprochen worden. Nach einer Legende hat Löwenherz bei einem Kreuzzug die Fahne von den Österreichern herunterreißen lassen und durch den Schmutz gezogen. Beim Kühehüten haben wir das dann mit einem Ast nachgespielt.

In Pfandl gab es ein Haus neben dem von der Großmutter. Die Besitzer haben im Sommer vermietet. Ein Wiener Ehepaar war im Sommer immer kurze Zeit, einen Monat, bei unserem Nachbarn einquartiert. Alle wollten nach Bad Ischl kommen, weil ja Kaiser Franz Joseph hier war. Sie haben einen Sohn gehabt, der Fabian geheißen hat und ganz fremd da war. Er war erst fünf Jahre alt und ich schon einige Jahre älter. Und die Mutter von dem Jungen hat es gern gesehen, dass ich ihn besucht habe. Sie war Hutmacherin und der Junge hat schon Spielzeug gehabt. Eine kleine Eisenbahn, die man mit einer Schnur ziehen konnte. Und wenn ich bei ihm eingeladen war, haben wir gespielt. Das war immer sehr lustig. Da haben wir beide recht herzlich lachen müssen. Meine Mutter hat

das aber nicht gerne gesehen, weil sie die Wiener nicht mochte und die landläufige Meinung vertrat, dass die Wiener auf die Landbevölkerung herabblicken. Ich musste mich daher immer heimlich hinschleichen.
Es war eine ganz andere Zeit. Die Technik war noch sehr rückständig und die Älteren waren sehr konservativ. Als die ersten Fahrräder aufgekommen sind, haben die Alten gesagt: „Wer braucht denn ein Fahrrad. Wir sind zu Fuß auch überall hingekommen." Das erste Auto, das ich gesehen habe, hatte die Schaltung außen und der Fahrer musste mit der Hand schalten. Das Autodach konnte zusammengefaltet werden.
Damals regierte Kaiser Franz Joseph, der den Sommer immer in Bad Ischl verbracht hat. Anlässlich seines Besuches im Mai 1914 wollte er noch einmal alle Schulkinder von Bad Ischl sehen. Wir mussten Spalier stehen vom Bahnhof zur Kaiservilla, auf der einen Seite die Buben und auf der anderen die Mädchen. Bei dieser Gelegenheit habe ich seine mit Medaillen geschmückte Brust und seine hellblaue Uniform gesehen. Für mich war diese Prahlerei ein sehr abstoßender Anblick. Wir haben in großer Armut gelebt, waren ständig hungrig und dann kamen der Kaiser und die Adeligen im Sommer nach Bad Ischl. Sie haben im Überfluss gelebt und haben mit ihrem Reichtum geprahlt. Diese Ungerechtigkeit habe ich am eigenen Leib erlebt und war darum von der Monarchie enttäuscht. Dass die katholische Kirche den Kaiser sehr unterstützt hat und von uns Armen verlangt hat, ihm zu dienen und sein prunkvolles Leben zu finanzieren, da sie behauptet hat, dass der Kaiser von Gottes Gnaden regiert, habe ich nicht verstehen können.
Es ist mir auch noch gut in Erinnerung, was zum Ausbruch des Ersten Weltkrieges geführt hat. Zuerst wurde der Thronfolger Erzherzog Franz Ferdinand im Juni 1914 in Sarajewo ermordet. Dann hat Kaiser Franz Joseph Ende Juli 1914 die Kriegserklärung gegen Serbien in der Kaiservilla in Bad Ischl unterschrieben. Das war nur ungefähr zwei Kilometer von unserem Haus entfernt. Ich war damals neun Jahre alt. Es hat eine große Begeisterung für den Krieg geherrscht. Die Soldaten waren so begeistert, als sie in den Krieg gezogen sind. Die Züge waren überfüllt, sogar auf den Trittbrettern sind sie gestanden und sie haben gesagt: „In zwei Wochen sind wir wieder zu Hause, dann ist Serbien besiegt." Das war ein großer Irrtum.
Der Krieg hat über vier Jahre gedauert. Ich habe den „Großen Krieg", wie der Erste Weltkrieg damals genannt worden ist, gehasst und habe

sehr darunter gelitten. Mein Halbbruder Ferdinand musste im Laufe des Krieges auch einrücken und gegen Italien kämpfen. Als er nach Hause gekommen ist, war er sehr wütend auf die katholische Kirche, weil sie den Krieg unterstützt hat, und ist nachher nicht mehr in die Kirche gegangen. Nach dem Krieg habe ich die Spanische Grippe bekommen und hatte wochenlang hohes Fieber. Ich habe sie überlebt, Millionen andere leider nicht. Meine Kindheit war also nicht sehr einfach, aber ich habe sie überstanden.

Das große Leid des Ersten Weltkriegs hat mich sehr bedrückt und mein Wunsch nach Weltfrieden und einer gerechten Regierung wurde immer stärker. Nach dem Krieg habe ich einen Spruch gelesen, der zu meinem Lieblingsspruch geworden ist: „Als die Kaiserreiche auseinanderkrachten, folgte den Tyrannen aller Völker Fluch. Darum, dass nie wieder Krieg durchfurche diese Erde, das bürgt der Krieg, dem alles Leid entstieg. Dass der Welt ein ewiger Friede werde, darum nie, nie wieder Krieg."

Ich habe nach dem Ersten Weltkrieg stark gehofft, dass sich dieser Spruch erfüllen wird und die Menschen nie wieder einen Krieg führen würden. Aber diese Hoffnung wurde leider nicht erfüllt.

4. Welche Schulbildung haben Sie?

ENGLEITNER: Ich bin sehr gerne in die Schule gegangen, weil ich mir unbedingt Wissen aneignen und viel lernen wollte. Ich habe aber nur die Volksschule besuchen können und die habe ich nicht einmal abschließen können. Als ich 1911 in die Volksschule in Pfandl bei Bad Ischl gekommen bin, hatte der Erste Weltkrieg noch gar nicht begonnen. Die Titanic ist 1912 gesunken und ich kann mich noch erinnern, wie wir von dem Unglück aus der Zeitung erfahren haben. Besonders interessiert hat mich in der Schule Geschichte. Wir haben von den Kreuzzügen, der Entstehung und Ausbreitung der österreichisch-ungarischen Monarchie, vom Amerikanischen Bürgerkrieg und den Napoleonkriegen gelernt. Im Salzkammergut gab es Überreste von den Napoleonkriegen. In Pfandl gab es in meiner Kindheit noch einen Schützengraben, der „Franzosenschanze" genannt wurde.

Mein Lehrer hat mich nicht gemocht. Mein Vater ist auch bei ihm in die Schule gegangen. Obwohl ich mein Bestes gegeben habe, hat er zu mir vor allen Schülern gesagt: „Dein Vater war mein bester Schüler, aber du bist ein Trottel!" Die Schüler haben mich dann auch den „depperten Poidl" genannt. Zur Zeit der Monarchie hat man schon in der Schule nach Buben Ausschau gehalten, die sich einmal als gute Soldaten eignen werden. Ich habe eine angeborene Wirbelsäulenverkrümmung und konnte nur mit Mühe aufrecht stehen. Darum wurde ich vom Lehrer als minderwertig und für einen Soldaten nicht geeignet angesehen. Er hat mich deshalb vom Turnunterricht ausgeschlossen und ich musste mit den Mädchen auf der Seite stehen und zusehen, wie die anderen Buben turnen. Die anderen Schüler haben mich dann als „Krüppel" verspottet. Das war sehr deprimierend. Damals wurden in einer Schulklasse mehrere Jahrgänge von einem Lehrer unterrichtet. Zwei Mitschüler, die älter und kräftiger waren als ich, haben mich ein paar Wochen lang ohne Grund verprügelt. Ich habe aber keine Schulfreunde gehabt, die mir geholfen hätten. Niemand wollte mein Freund sein, weil sie sich schämten, mit mir befreundet zu sein.

5. Wie war Ihre Jugendzeit? Welchen Beruf haben Sie erlernt und was haben Sie gearbeitet?

ENGLEITNER: Die Jugendzeit war schwer. Sie war von Not und Armut geprägt und es gab wenig Freude. Wegen dem Hunger war ich nach dem Ersten Weltkrieg mit dreizehneinhalb Jahren gezwungen, die Schule abzubrechen und mir eine Arbeit zu suchen. Ich habe bei einem Gebirgsbauern in St. Wolfgang am Wolfgangsee als landwirtschaftlicher Hilfsarbeiter nur für Verpflegung und Unterkunft gearbeitet. Die Verhältnisse dort waren noch wie im Mittelalter. Es hat kein fließendes Wasser und nur eine Petroleumlampe gegeben. Man hat das Hemd Tag und Nacht eine Woche lang angehabt. Es war das Arbeitshemd und zugleich das Nachthemd. Ich durfte mich nur einmal pro Woche am Samstag waschen, aber nur Gesicht, Hals und Hände, weil wir so wenig Wasser hatten. Und das Wasser, das wir hatten, stank auch noch nach Jauche, weil der Brunnen in der Nähe der Jauchegrube gewesen ist. Baden konnten wir uns nur im Sommer im Wolfgangsee. Als Klopapier gab es nur getrocknetes Laub. Ich bin außerdem nur geduldet gewesen und habe harte körperliche Arbeit leisten müssen. Ich bin aber immer bestrebt gewesen, etwas zu lernen und darum habe ich viel gelesen, weil ich mir dadurch Wissen aneignen und nicht „verdummen" wollte. Die Möglichkeiten sind allerdings sehr beschränkt gewesen, da es damals

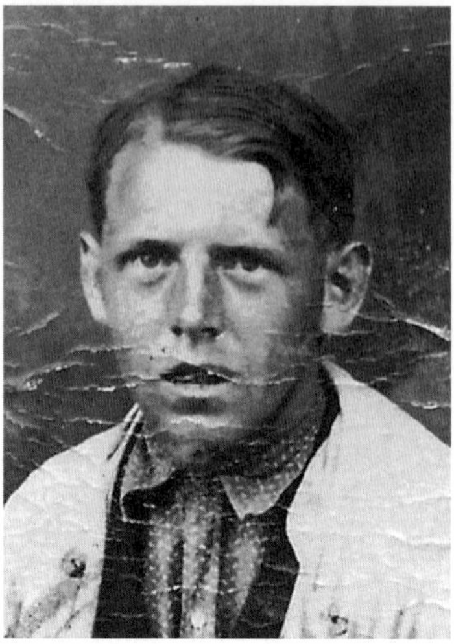
Abb. 11: Leopold Engleitner, ca. 1923

noch nicht sehr viel Lesestoff gegeben hat. Meistens habe ich eine Zeitung gelesen. Die Bauern haben das gar nicht gern gesehen, wenn ich am Abend nach der Arbeit etwas gelesen habe. Sie sind am Tisch beisammen gesessen und haben geschimpft: „Jetzt liest er schon wieder, wir sind zum Arbeiten auf die Welt gekommen und nicht zum Lesen.“ Sie hatten sehr zurückgebliebene Ansichten über das Leben. Es gab nur die Arbeit für sie und alles andere zählte nichts. Das war befremdend für mich. Noch dazu war alles der katholischen Tradition unterworfen und die Menschen haben nicht viel hinterfragt, sondern sich streng nach dem Brauchtum ausgerichtet. Einen Beruf habe ich nicht lernen können, weil damals der Vater dem Lehrmeister etwas für die Ausbildung des Kindes hat bezahlen müssen. Ich wäre gerne Elektriker geworden, aber mein Vater hatte leider das Geld nicht dafür. Darum habe ich nur als Hilfsarbeiter arbeiten können. Meistens habe ich bei Bauern als Knecht gearbeitet. Bei der Wildbachverbauung war ich auch manchmal und einmal bei den Holzknechten. Das habe ich also in den 1920er-Jahren gearbeitet. Wegen der Wirtschaftskrise bin ich Anfang der 1930er-Jahre arbeitslos geworden. Einmal musste ich in St. Wolfgang bei einem Film mit Hans Moser und Emil Jannings als Statist mitmachen. „Liebling der Götter“ hat der Film geheißen.

6. Was können Sie von Ihrer Familie erzählen?

ENGLEITNER: Meine Großväter sind beide schon vor meiner Geburt gestorben, auch meine Großmutter mütterlicherseits. An der Großmutter väterlicherseits, Elisabeth Engleitner, bin ich sehr gehangen und ich habe meine Großmutter mehr geliebt als meine Mutter. Sie war eher wie der Vater und nicht so streng religiös. Außerdem hat sie sich zum Protestantismus mehr hingezogen gefühlt. Die Großmutter war lange Witwe. Mein Großvater väterlicherseits war schon sehr krank. Nachdem er das Haus gebaut hat, er hat sich völlig verausgabt dabei, ist er lungenkrank geworden und früh gestorben. Also musste die Großmutter arbeiten gehen in einem großen Kaufhaus in Bad Ischl, das Gottwald geheißen hat. Als sie nicht mehr arbeiten konnte, haben sie ihr eine kleine Unterstützung gegeben, so dass sie noch leben konnte, weil es damals keine Rente gab. Ich habe ihr auch oft Geld von mir gegeben. 1926 ist sie gestorben. Mein Halbbruder Ferdinand ist im Dezember 1918 mit 22 Jahren bei Holzfällerarbeiten verunglückt. Meine Eltern sind 1955 und mein Bruder Heinrich 1960 gestorben. Ich habe sie bis zu ihrem Tod in meinem Haus wohnen lassen und bin mit meiner Frau in eine Wohnung gezogen. Ich habe nach dem Krieg im Jahr 1949 geheiratet. Meine Frau Theresia hatte aus ihrer ersten Ehe eine Tochter [Ida], die ich später adoptierte. Obwohl meine Frau 13 Jahre jünger war als ich, starb sie leider schon 1981. Gemeinsame Kinder konnten wir nicht haben, da mir im KZ Niederhagen ein SS-Mann mit dem Stiefel einen Hoden zertreten hat und ich deshalb zeugungsunfähig war. Durch die Adoption meiner Tochter habe ich nun auch Enkel, Urenkel und Ururenkel.

7. Haben Sie mit „Heil Hitler!“ gegrüßt?
ENGLEITNER: Den Gruß „Heil Hitler“ hab ich deswegen verweigert, weil „Heil“ Rettung bedeutet und von einem Menschen kann keine Rettung kommen, sondern nur von Gott!

8. Warum wurden Sie von den Nationalsozialisten verfolgt?
ENGLEITNER: Ich bin deswegen eingesperrt worden, weil ich ein Zeuge Jehovas war und den Kriegsdienst verweigerte.

9. Wann wurden Sie verhaftet?
ENGLEITNER: Am 4. April 1939 in Bad Ischl.

10. Warum wurden Sie interniert?
ENGLEITNER: Weil ich mich mit vier anderen Zeugen Jehovas im Haus von meinem Freund Franz Rothauer in Bad Ischl versammelt habe, um des Todes Jesu Christi zu gedenken und mich geweigert habe, meinen Glauben aufzugeben. Hitler hatte ein Versammlungsverbot für uns Zeugen Jehovas erlassen und daran habe ich mich nicht gehalten, weil für mich das biblische Gebot wichtiger war.

11. Wie wurden Sie gefangen genommen?

ENGLEITNER: Auf einmal hat es geklopft am Fenster. Ich ging zur Haustür und habe gefragt: „Was ist denn los?“ „Gestapo!“, haben sie gesagt. Dann sagte ich: „Was haben wir mit der Gestapo zu tun, wir sind doch keine Verbrecher?“ „Das werden wir euch gleich zeigen“, [haben sie gesagt.] Weil sie nochmals fest an der Tür geklopft haben, habe ich aufgesperrt. Dann sind sie hineingestürmt, mich haben sie beiseite gestoßen, und haben gesagt: „Wo habt ihr denn die *Wachttürme*?“ Ich sagte: „Es gibt ja keine *Wachttürme* mehr, die sind ja längst schon verboten. Wir wären froh, wenn wir einen hätten.“ Dann fragten sie: „Warum seid ihr denn eigentlich hier?“ „Wir feiern heute den Todestag Jesu Christi, das wird doch nicht verboten sein.“ Dann haben sie gesagt: „Nein, das ist nicht verboten.“ Dann haben sie eine kurze Besprechung gehabt und gesagt: „Wenn ihr uns sagt, dass ihr mit Zeugen Jehovas keine Verbindung habt, dass ihr nur eine kleine religiöse Gruppe seid, die sich absolut dem Hitler verschreibt, nichts macht ohne seinen Auftrag, dann können wir von einer Verhaftung absehen.“ Ich habe gesagt: „Da müsst ihr die anderen auch fragen. Ich bin nicht einverstanden.“ Die anderen haben auch erklärt, dass sie nicht einverstanden sind mit dem Vorschlag. Dann haben sie uns verhaftet. Nur die Frau des Hausbesitzers durfte zu Hause bleiben, da sie ein Baby zu versorgen hatte.

12. Wusste man von Anfang an, was in den Lagern passiert? Bevor Sie abgeholt wurden, wussten Sie, was passieren würde?

ENGLEITNER: Im Allgemeinen wusste man nicht viel, weil das ist sehr streng geheim gehalten worden. Es sollte niemand genau wissen, was dort vorgeht. Es wurde nur gesagt, dass es schrecklich ist. Die Gestapo hat uns gedroht: „Ihr werdet Schläge genug bekommen in Buchenwald!“ Ich habe aber schon mehr gewusst, weil ich auf dem Kongress der Zeugen Jehovas 1937 in Prag Glaubensbrüder getroffen habe, die schon inhaftiert gewesen waren und von den schlimmen Zuständen erzählt haben. Außerdem habe ich bereits in der Wachtturmliteratur und dem Buch „Kreuzzug gegen das Christentum“ Berichte über die Konzentrationslager gelesen. Darin waren sogar Skizzen des KZ Esterwegen und Sachsenhausen zu sehen.

Am Transport ins KZ Buchenwald bin ich dann in eine Zweimannzelle mit dem ehemaligen Landeshauptmann von Oberösterreich, Dr. Heinrich Gleißner, gekommen, der zuvor schon im KZ Dachau inhaftiert gewesen war. Er hat mir erzählt, dass er mit Zeugen Jehovas in Dachau zusammengekommen war und sie sehr schlecht behandelt wurden. Er hat mir gesagt, dass er sie sehr bewunderte, da sie so standhaft waren, obwohl sie für ihren Glauben so viel leiden mussten. Es war mir also bewusst, dass ich in keinen Rosengarten fahre, sondern dass mein Glaube auf das Härteste geprüft werden würde und ich war fest entschlossen, mich nicht abbringen zu lassen.

13. In wie vielen verschiedenen Lagern waren Sie? Wie viele Jahre verbrachten Sie dort?

ENGLEITNER: Im KZ Buchenwald war ich von Oktober 1939 bis März 1941, im KZ Niederhagen in Wewelsburg von März 1941 bis April 1943 und im KZ Ravensbrück war ich dann bis Juli 1943. Davor bin ich von April bis Oktober 1939 bereits ein halbes Jahr in Bad Ischl, Linz und Wels in Gefängnissen gewesen.

Es ist vielleicht auch interessant, dass ich bereits vor der Nazi-Zeit zwischen 1934 und 1937 in Österreich in der Zeit des Austrofaschimus mehrere Male in Gefängnisse eingesperrt war, nachdem ich aus der katholischen Kirche ausgetreten und ein Zeuge Jehovas geworden bin. Obwohl in Österreich nach dem Friedensvertrag von St. Germain Abschnitt V., Artikel 62 und 63 Religionsfreiheit herrschte. Als ich aufgrund der schlechten Wirtschaftslage arbeitslos geworden bin, ist mir 1933 sogar die Arbeitslosenunterstützung entzogen worden, weil ich nicht einer großen Kirche angehörte.

14. Waren Sie allein oder mit Familie und Freunden im Konzentrationslager? Hatten Sie Kontakt mit ihnen?

ENGLEITNER: Ich war allein, ohne Familie und ohne Freunde. Im KZ hatte ich dann die Zeugen Jehovas als meine Freunde. Die drei Zeugen Jehovas, die mit mir verhaftet worden sind, kamen in andere Konzentrationslager.

15. Was passierte unmittelbar nach Ihrem Eintreffen im KZ?

ENGLEITNER: Um zehn Uhr in der Nacht sind wir in Buchenwald angekommen. Wir sind sofort in den Bunker gekommen, weil sie in der Nacht die Aufnahme nicht vornehmen konnten. Es sind viel zu wenige

Zellen im Bunker gewesen. Darum haben sie uns überall hineingepresst, dass wir nur ganz eng mit den Händen nach unten stehen konnten. Jede Zelle war also gleich voll. Dann ist der Bunkeraufseher gekommen, hat das Guckloch aufgemacht und hat jeden gefragt: „Warum bist du da? Warum bist du da? Warum bist du da?“ Und so ist er auch zu mir hergekommen und hat mich gefragt: „Warum bist du da?“ Ich habe gesagt: „Ich bin ein Zeuge Jehovas.“ „Aus ist es, das ist ganz schlimm“, hat er gesagt. Er hat die Tür aufgerissen, mich gepackt und herausgerissen. Dann hat er mich in eine andere Zelle hineingetan, die stockrabenfinster war, dass ich gar nichts gesehen habe. Dort habe ich von überall Puffer [Schläge] bekommen und bin umgefallen. Dann hätte er mich mit den Füßen traktiert und mich nicht mehr erwischt [weil ich unters Bett gerollt bin]. Er hat gejammert, weil er sich immer [an der Bettkante] angestoßen hat. Dann ist plötzlich die Tür aufgegangen und im hellen Lichtschein habe ich gesehen, dass ich einen Häftling vor mir hatte, der mich traktiert hat.

Der Bunkeraufseher hat mich jetzt herausgerissen und hat mich in seinen Aufenthaltsraum (Wachzimmer) gebracht. Im Wachzimmer habe ich mich über eine Bank beugen müssen und er hat mich kräftig geschlagen, bis er müde geworden ist. Dann hat er gesagt, er muss mich erschießen, aber ich muss noch einen Abschiedsbrief nach Hause schreiben. Als ich schreiben wollte, hat er mich am rechten Ellbogen gestoßen, sodass es lauter Gekritzel geworden ist. Dann hat er gesagt: „Schau dir dieses Schwein an, nicht einmal schreiben kann er, aber zum Bibellesen ist er gescheit genug.“ Dann hat er gesagt, er muss mich erschießen. Dann hat er die Pistole aus seinem Halfter herausgezogen und hat sie mir an die Stirn gesetzt und hat gesagt: „Jetzt ziehe ich ab! Bist du gefasst?“ „Jawohl!“, habe ich gesagt. Es hat aber nicht gekracht und es ist kein Schuss gekommen. Dann hat er nach einiger Zeit gesagt: „Du bist zum Erschießen auch zu blöde.“

Dann hat mich der Bunkeraufseher – Martin Sommer hat er geheißen – wieder in die Zelle zurückgebracht, in die ich bei der Einlieferung gekommen bin. Dort war ein kleiner Topf, der war ganz voll mit Urin. Den habe ich ins Klosett tragen müssen, mit der Drohung: „Ja nicht ausschütten!“ Als ich dann mit dem Topf gegangen bin, hat er mich von hinten immer wieder geschlagen, sodass in dem Topf fast nichts mehr drinnen war, als ich zum Klosett gekommen bin.

Die ganze Nacht habe ich dann stehend in der Einmannzelle verbracht, wo mich der SS-Mann zuvor herausgefischt hat. Die Zelle war gepresst voll mit zehn Häftlingen. Ich hatte furchtbare Schmerzen von den Schlägen, vor allem der Kopf hat mir gebrummt, ich war etwas benommen und hatte Hörprobleme.
Am nächsten Morgen sind die Personendaten aufgenommen worden. Ich bekam die Häftlingsnummer 6778, eine Häftlingsbekleidung, einen lila Winkel und es wurden mir die Haare geschoren. Ich war jetzt kein Mensch mehr, sondern bloß noch eine Nummer. Als Neuankömmling bin ich für drei Monate zur Arbeit in der gefürchteten „Strafkompanie Steinbruch“ eingeteilt worden.

16. Warum wurden die Köpfe der Gefangenen geschoren?
ENGLEITNER: Um einen Fluchtversuch zu erschweren. Falls ein Häftling geflüchtet ist, ist er draußen sofort aufgefallen und als entflohener Häftling erkannt worden. In regelmäßigen Abständen sind die Frisöre, das waren Häftlinge, in die Baracken gegangen und haben uns die Haare geschnitten. Nach einiger Zeit haben sie uns in der Mitte des Kopfes von vorn bis hinten einen Streifen herausrasiert. Damit ist man noch mehr aufgefallen.

17. Zu welcher Gruppe der KZ-Häftlinge gehörten Sie?
ENGLEITNER: Zu den Bibelforschern, wie wir Zeugen Jehovas im KZ genannt wurden. Wir waren eine eigene Häftlingsgruppe und haben von der SS einen eigenen Winkel bekommen. Das war ein lila Winkel.

18. Wie war der Tagesablauf im KZ?
ENGLEITNER: Bei Sonnenaufgang gab es morgens einen Alarm, dann mussten wir sofort aus dem Bett springen und das Bett machen. Vor dem Alarm durfte niemand aus dem Bett, da man dadurch als fluchtverdächtig angesehen wurde. Dann ging es mit eiligen Schritten in den Waschraum und zum Klosett und wieder zurück in die Baracke. Dort gab es als Frühstück eine braune Suppe, die sie Kaffee genannt haben, und ein kleines Stück Brot, das man sich am Vortag vom Abendessen aufgehoben hatte.
Danach mussten wir schnell zum Morgenappell hetzen, von wo jedes Arbeitskommando in seine Arbeitszuteilung gehen musste. Zu Mittag

hat es einen Appell gegeben. Danach bekamen wir einen sehr dünnflüssigen Eintopf zu essen, der kaum Kraft gegeben hat. Wenn du aus Gier sehr schnell gelöffelt hast, bist du früher gestorben. Es war wichtig, langsam zu essen, um das wenige gut zu verdauen, wie mir ein Mithäftling geraten hat; so konnte man einen schnellen Tod verhindern.
Anschließend hieß es wieder zurück in das Arbeitskommando. Am Abend bei Sonnenuntergang war der Abendappell, wo wieder gezählt wurde, ob die Zahl der Häftlinge noch stimmt und niemand geflüchtet ist. Dieser Appell hat oft auch zwei Stunden dauern können, wenn ihn die SS-Männer absichtlich hinausgezögert haben. Manche Häftlinge sind dabei vor Schwäche sogar umgefallen, vor allem wenn es sehr kalt oder sehr heiß gewesen ist.
Dann durften wir in die Baracken und haben eine Abendverpflegung erhalten. Es gab Brot und manchmal auch etwas Margarine oder Wurst oder eine Zwiebel. Das war natürlich viel zu wenig. Dann sind wir ausgehungert, völlig erschöpft und todmüde ins Bett gefallen.

19. Was war das Schlimmste am täglichen Ablauf?
ENGLEITNER: Es war alles schlimm. Besonders schlimm für mich war, dass immer wieder versucht wurde, mich vom Glauben abzubringen und viele SS-Männer über den Schöpfer Jehova Gott gelästert haben. Wenn es uns schlecht gegangen ist, haben sie gespottet: „Wo ist denn euer Jehova? Warum hilft er euch denn nicht?“ Auch andere Häftlinge verspotteten uns. Das hat mich sehr geschmerzt und ich war überzeugt, dass mir Jehova Gott die Kraft gab, das alles durchzustehen, was auch der Fall war. Auch die Verrohung der Menschen zu sehen, war sehr bedrückend. Ich habe durch mein Bibelstudium gelernt, den Nächsten zu lieben und Frieden zu halten, aber die SS erzeugte ein Klima des Hasses und der Brutalität im KZ und viele Häftlinge ließen sich anstecken.

20. Schweißte der Alltag eher zusammen oder versuchte man alleine zurechtzukommen?
ENGLEITNER: Wir Zeugen Jehovas haben zusammengehalten und versucht, uns zu stärken und trotz dieser schlechten Umstände nach biblischen Grundsätzen zu leben. Darum war es in unseren Baracken immer angenehm und wir freuten uns während des Tages schon darauf, nach der Arbeit wieder zusammen zu sein.

21. Welche Möglichkeiten gab es für Sie, sich von dem grausamen Alltag abzulenken (Musik etc.)? Was hat Ihnen Kraft gegeben?

ENGLEITNER: Wir mussten zwar auf Befehl der SS das Lagerlied singen, wenn wir marschierten, aber das hat uns keine Kraft gegeben. Ich habe mir immer wieder ermunternde Bibelstellen ins Gedächtnis gerufen. In Buchenwald haben Zeugen Jehovas sogar eine Bibel eingeschmuggelt, die dann in Teile zerlegt worden ist. Ich bekam das Buch Hiob für einige Monate und habe es in meinen Socken versteckt. Ich konnte nur nachts darin lesen. Das Ausharren Hiobs, der ja auch in einer schlimmen Situation gewesen ist, hat mir Kraft gegeben. Außerdem habe ich ständig gebetet und Gott meine Sorgen mitgeteilt.

22. Wie waren die Lebensbedingungen in den Baracken (Aufteilung, Verpflegung, Hygiene, Kleidung etc.)?

ENGLEITNER: In den Baracken hat es zwei Räume gegeben. Einen Tagesraum, wo wir an den Tischen gegessen haben, und einen Schlafraum, wo Stockbetten waren, in denen wir auf Holzwolle oder Stroh liegen mussten.

Die Verpflegung war sehr schlecht. Wir hatten ständig Hunger und teilweise wurde uns Verdorbenes gegeben. Manchmal kam es bei der Essensausgabe sogar vor, dass nichts mehr im Kessel drinnen war, wenn du mit dem Teller hingekommen bist. Es wurde ungerecht aufgeteilt und die Kapos haben sich das Meiste genommen. Im KZ Niederhagen waren wir so ausgehungert, dass wir sogar im Mülleimer nach Knochen gesucht haben. Diese Knochen wurden in der Küche so heiß gekocht, dass wir sie trotz unserer schlechten Zähne noch essen konnten. Wir hatten alle Skorbut und mir sind im KZ alle Zähne bis auf ein paar wenige schlechte Stümpfe ausgefallen. In Ravensbrück hat leider ein Mithäftling versehentlich meine Schüssel zerbrochen, weil er sich ungeschickt angestellt hatte und ich habe nichts mehr gehabt, um mir den dünnflüssigen Eintopf zu holen. Dann habe ich einen kaputten Karton gefunden und mit dem habe ich mir den Eintopf geholt. Die meiste Flüssigkeit ist aber durchgeronnen. Ich konnte gar nicht schnell genug essen und habe fast nichts mehr erwischt. Dort bin ich dann körperlich noch mehr heruntergekommen.

Die hygienischen Verhältnisse waren auch sehr unterschiedlich. In Buchenwald und Wewelsburg haben wir Zeugen Jehovas sehr auf Reinlichkeit geachtet, sodass es uns gelang, uns von Läusen und anderem Ungeziefer freizuhalten. Es gab einen wöchentlichen Wäschewechsel. In Buchenwald konnten wir uns auch einmal in der Woche duschen. Wir mussten uns bei jeder Witterung vor dem Häftlingsbad ausziehen und nach der Dusche im Freien wieder anziehen. Das war besonders im Winter sehr unangenehm. In Wewelsburg kam es darauf an, ob es genügend Warmwasser gab. Dort wurde das Duschen oft gestrichen, weil der Befehl kam: „Duschen darf sich niemand, weil sich der Kommandant noch baden will!" Mit kaltem Wasser konnte man sich jeden Tag waschen. In Ravensbrück gab es überhaupt kein Duschen. Dort war es ganz schlimm. Wäschewechsel gab es nur einmal im Monat und auch viel zu wenig Waschgelegenheiten. Ich war dort voller Läuse, die Haut war zerfressen und ich hatte am ganzen Körper eitrige Geschwüre.

23. Welche Arbeiten mussten Sie verrichten? Wie lange mussten Sie arbeiten?

ENGLEITNER: Im Steinbruch war das Ärgste, dass es viel zu wenig Werkzeug gab. Abends ist alles auf einen Haufen geworfen worden. Und wenn es geheißen hat: „Werkzeug aufnehmen!", ist von den Arbeitern darum gerauft worden. Denn wenn du kein Werkzeug erreichen konntest, musstest du den ganzen Tag mit den bloßen Händen die Steine herausgraben. Es war so schrecklich, dass junge Häftlinge mit 15, 16 Jahren in einigen Wochen graue Haare bekommen haben. Die Situation war sehr schlimm, da wir bei der Arbeit von den SS-Männern und Kapos ständig geschlagen wurden.
Es hat jeden Tag geregnet, das Wetter war im Oktober 1939 besonders schlecht. Wir sind jeden Tag schwemmnass geworden, konnten aber in den Baracken, wo nicht geheizt wurde, nichts trocknen. Wir mussten jeden Morgen die nasse Kleidung wieder anziehen. So ist dann nach einigen Wochen die Ruhr ausgebrochen. Das war in Buchenwald. Nach der zehnwöchigen Ruhrepidemie ist von einer Baufirma eine Kläranlage im KZ errichtet worden. Ich bin vom Lagerführer Arthur Rödl eingeteilt worden, dort mitzuarbeiten. Dem Lagerführer bin ich sympathisch gewesen, da er öfters in St. Wolfgang gewesen war.
In Wewelsburg habe ich beim Zaunbau, in der Landwirtschaft und manchmal in der Wewelsburg gearbeitet. Das Lager wurde mit einem elektrischen Stacheldrahtzaun eingezäunt und dabei wurde der Strom

ausgeschaltet. Die SS teilte zu dieser Arbeit nur Zeugen Jehovas ein, da sie „fluchtsicher“ waren. In der Gruft im Keller vom Nordturm der Wewelsburg hat Heinrich Himmler eine Grabstätte für hohe Nazis errichten lassen. Dazu wurden nur Zeugen Jehovas eingeteilt. Es war strengstens verboten, mit anderen darüber zu sprechen, was dort gemacht wurde. Ich musste manchmal Schotter und Zement zu dieser Baustelle bringen. Als ehemaliger Landarbeiter wurde ich auch zu Erntekommandos bei Bauern, die in der Nähe des Lagers wohnten, eingeteilt. Da musste ich Kartoffeln und Rüben ernten. Die Bauern haben die Häftlinge beim Lagerkommandanten angefordert. Sie mussten für die Arbeit zahlen, aber wir haben nichts bekommen. Dazu wurden auch nur Zeugen Jehovas eingeteilt, weil wir nur von zwei Wachposten begleitet worden sind und sie wussten, dass wir nicht flüchten.
Die tägliche Arbeitszeit hat je nach Jahreszeit gedauert. Im Sommer war sie länger, da die Sonne später untergegangen ist, und im Winter war sie kürzer.

24. Wie wirkte auf Sie der Spruch „Arbeit macht frei“?
ENGLEITNER: Das war eine große Verhöhnung von uns Häftlingen, weil niemand durch die Arbeit frei geworden ist. Der Spruch ist aber nicht bei jedem KZ am Eingang gestanden. In Buchenwald ist zum Beispiel am Eingangstor „Jedem das Seine“ gestanden. Das sollte aussagen, dass sich die Häftlinge die schlimme Behandlung verdient hätten. Das war auch sehr zynisch.

25. Wie waren die Aufseher im Lager?
ENGLEITNER: Sehr unterschiedlich. Es gab sehr brutale SS-Männer wie Hans Hüttig in Buchenwald, der hat den Häftlingen die Hundepeitsche direkt ins Gesicht geschlagen. Mir hat er sie einmal ganz heftig auf den Rücken gedroschen. Im KZ Niederhagen hat mir ein SS-Mann einen Hoden zertreten. Ein anderer wollte mich einmal in eine Falle locken, um mich erschießen zu können. Es gab aber auch welche, die sich als Menschen erwiesen. Im KZ Niederhagen bin ich einmal beim Arbeiten im Wald versehentlich über die Postenkette gegangen und ein SS-Mann hat das gesehen. Er hätte mich eigentlich erschießen müssen, weil das als Fluchtversuch ausgelegt worden ist. Aber er hat mich gewarnt und ich habe ihn dann gefragt: „Was hätten Sie bekommen, wenn

Sie wirklich geschossen hätten?“ Er sagte: „Zwei Wochen Urlaub gibt es, wenn ein Häftling auf der Flucht erschossen wird.“ Ich habe ihm dann sehr gedankt. Einmal hat mir ein SS-Mann sogar sein Jausenbrot zugesteckt.
Es hat auch Mithäftlinge gegeben, die Vorarbeiter von einem Arbeitskommando waren. Das waren die Kapos und die waren auch unterschiedlich. Manche waren sehr brutal. Im KZ Niederhagen war Max Schüller, ein Krimineller, der ein langes Vorstrafenregister hatte. Der wollte mich unbedingt umbringen. Einmal wollte er mich mit einem abgebrochenen Schaufelstil erschlagen. Er hat auf mich eingedroschen und ein SS-Mann hat ihn dann gehindert, weiterzuschlagen, sonst hätte er mich getötet.

26. Gab es Kontakte zwischen den Häftlingen und der Bevölkerung?

ENGLEITNER: Im Konzentrationslager hat es normalerweise keine Kontakte zur Bevölkerung gegeben, weil du als Häftling absolut isoliert gewesen bist. In Buchenwald gab es eine Ausnahme, als ich bei der Kläranlage arbeiten musste. Die Lastwagenfahrer der Baufirma waren Zivilpersonen und die haben uns in der Sandfuhre Wurstbrote versteckt, die wir heimlich gegessen haben.
In Wewelsburg hatte ich mit den Bauern Kontakt, als ich im Erntekommando arbeiten musste. Es war aber verboten, mit den Bauern zu sprechen. Da gab es einmal ein lustiges Erlebnis. Eine Bäuerin wollte uns auf das Feld, wo wir arbeiten mussten, etwas zu essen bringen, was strengstens verboten war. Der Postenführer verbot es und als die Bäuerin wieder nach Hause gehen wollte, hat er zu ihr gesagt: „Das Essen können Sie schon hier lassen, wir Posten werden es essen.“ Als die Bäuerin das hörte, begann sie zu lachen und hat gesagt: „Das kommt gar nicht in Frage. Die Häftlinge, die arbeiten müssen, dürfen nichts essen und die, die zuschauen, sollen schon essen. Entweder die Häftlinge bekommen auch etwas oder niemand!“ Das war eine resolute Frau und das war sehr mutig von ihr, denn der SS-Mann hätte sie deswegen ins KZ stecken können. Aber der SS-Mann war scheinbar auch sehr hungrig und darum hat er zu ihr gesagt: „Teilen Sie es halt aus!“ Und zu uns Häftlingen hat er gesagt: „Setzt euch nieder und esst!“ Wir waren der Frau sehr dankbar.

27. Wussten Sie über den Kriegsverlauf in der Außenwelt Bescheid?
ENGLEITNER: Nein, den habe ich im KZ nicht verfolgen können, weil wir von Informationen darüber abgeschnitten waren. Nur von Neuankömmlingen im KZ hat man ein paar spärliche Berichte bekommen.

28. Durften Sie im KZ Briefe, Lebensmittel, ... empfangen?
ENGLEITNER: Zu Beginn durfte ich in Buchenwald keine Briefe schreiben oder empfangen. Später durfte ich einmal im Monat nach Hause schreiben. Aber alles wurde zensiert.
Einmal durften wir in Buchenwald nach Hause schreiben, dass wir Wäsche empfangen dürften. Westen und so weiter zum Wärmen, aber ja keine Lebensmittel. Als wir aufgerufen worden sind, das Paket bei der SS abzuholen, wurde es vor uns aufgemacht und wenn Lebensmittel drinnen gewesen sind, hat der SS-Mann sie einfach aus dem Fenster hinausgeschmissen. Dann haben sich die Häftlinge auf den dreckigen Boden geworfen und das schmutzige Essen in sich hineingesteckt. Ich habe das nicht gemacht. Dann hat mich der SS-Mann gefragt, warum ich mich nicht beteiligt habe. Ich habe dann gesagt: „So weit komme ich nicht herunter und so viel Hunger kann ich gar nicht haben, dass ich den Dreck esse." Daraufhin hat mich der SS-Mann aufgefordert, meine Mütze aufzuhalten und er füllte sie mit sauberen Keksen und sagte: „Dann isst du sie halt aus der Mütze, damit du keine schmutzigen essen musst."
Der Häftling, dem die Kekse gesandt worden waren, hat das gesehen, hat mich böse angeschaut und ist verschwunden. Nachdem ich mein Wäschepaket erhalten hatte, habe ich diesen Häftling gesucht, um ihm seine Kekse zu geben. Ich konnte ihn allerdings nicht mehr finden und dann aß ich die Kekse selbst.

29. Welche Folterungen mussten Sie über sich ergehen lassen?
ENGLEITNER: Bei der Einlieferung ins KZ Buchenwald wurde ich vom SS-Mann Martin Sommer brutal geschlagen. Bei der Arbeit im Steinbruch wurde ich auch sehr stark geschlagen.
Im KZ Niederhagen hat mir ein SS-Mann mit dem Stiefel einen Hoden zertreten. Aber auch der Kapo Max Schüller war sehr brutal zu mir und hat mich mit einem abgebrochenen Schaufelstil fast erschlagen.

30. Was war der schrecklichste Moment für Sie?
ENGLEITNER: Die Einlieferung ins KZ Buchenwald, als mich der Bunkeraufseher Martin Sommer fast erschossen hat. Der erste Tag im Bunker. Es war sehr schrecklich. Aber dieser Einschüchterung habe ich widerstehen müssen, obwohl ich gedacht habe, dass es vorbei ist.

31. Gab es humorvolle Momente, die Sie das Leid für einen Augenblick vergessen ließen? Wie hat man sich diese vorzustellen?
ENGLEITNER: Wenn an Sonntagen nicht gearbeitet worden ist, haben manche SS-Männer von Häftlingen verlangt, dass sie mit ihnen Fußball spielen. Einmal mussten wir auf Befehl der SS eine Schneeballschlacht unter den Häftlingen machen. Da ich so klein war, hat mich dabei ein Häftling auf seine Schultern gesetzt und dann war ich die Zielscheibe von allen. Da habe ich einige Schneebälle abbekommen. Die haben ganz schön wehgetan. Für die anderen war das lustig; für mich nicht. Es kam auch manchmal vor, dass einen irgendwann einmal ein Kapo oder SS-Mann gelobt und gesagt hat: „Das hast du gut gemacht." Dann hast du dich gefreut. Wir haben auch manchmal einen Witz gemacht: Als Österreich zu Deutschland gekommen ist, hat es überall geheißen: „Heim ins Reich." Als man gesehen hat, dass es mit dem Deutschen Reich zu Ende geht, haben wir gesagt: „Heim, uns reicht's."

32. Was waren Ihre tagtäglichen Gedanken, als Sie im KZ waren?
ENGLEITNER: Einerseits, dass ich im Glauben stark bleibe und dass ich wieder nach Hause kommen werde. Daran habe ich fest geglaubt, das ist nie in Zweifel gestanden.
Einmal hat ein SS-Mann zu mir gesagt: „Du hast zwei Möglichkeiten, nach Hause zu kommen: Entweder du unterschreibst oder du gehst durch den Kamin." Damit meinte er, dass ich entweder den „Revers" unterschreiben müsste, womit ich meinen Glauben aufgegeben hätte, oder sonst bestimmt sterben würde und bei der Verbrennung im Krematorium als Rauch durch den Kamin das KZ verlassen würde. Ich war aber fest entschlossen, lebend und ohne Kompromisse aus dem Konzentrationslager zu kommen. Darum sagte ich: „Ich werde nicht unterschreiben und auch nicht durch den Kamin gehen. Ich werde nach Hause gehen!" Der SS-Mann antwortete: „Ihr seid so fanatisch und glaubt, dass ihr noch einmal nach Hause kommt. Es gibt keine andere Möglichkeit für euch

als zu unterschreiben." Ich war aber so fest von meiner Heimkehr überzeugt, dass ich mir im KZ Niederhagen einen Koffer gekauft habe. Die Lagerleitung hat nämlich von Zeit zu Zeit die Habseligkeiten von verstorbenen Häftlingen, von denen sie die Heimatadressen nicht kannte, an Lagerinsassen verkauft. Bei solch einer Gelegenheit habe ich mir einen Koffer gekauft, um mir meine Sachen für die Heimreise einpacken zu können. Und es kam tatsächlich dazu. Aus dem KZ Ravensbrück bin ich mit diesem Koffer nach Hause gefahren.

33. Konnten in einem KZ Kinder auf die Welt gebracht werden? Wenn ja, was ist mit diesen Babys passiert?

ENGLEITNER: Darüber weiß ich nichts. Ich hatte keinen Kontakt zu Frauen im KZ. In Ravensbrück war das Männerlager streng vom Frauenlager getrennt. Wenn wir bei Außeneinsätzen mit einem „Frauenkommando" zusammengetroffen sind, haben sich die Frauen entweder umdrehen oder niederknien und auf den Boden blicken müssen.

34. Gab es eine Möglichkeit, Freundschaften mit Gefangenen zu schließen?

ENGLEITNER: Die Möglichkeit hat es gegeben. Vor allem mit den anderen Zeugen Jehovas. Mit ihnen war man ja automatisch ein Freund und ein Glaubensbruder. Aber ich habe auch mit einem Häftling, der einen schwarzen Winkel [asozialer Häftling] hatte, viel geredet und es ist eine Freundschaft zu ihm entstanden. Ich habe oft mit ihm zusammengearbeitet.

35. Wer war Ihr bester Freund während dieser schlimmen Zeit und wie hat er Ihnen geholfen?

ENGLEITNER: Mein bester Freund ist Jehova selbst gewesen. Er hat mir in vielem geholfen, sonst wäre ich gar nicht nach Hause gekommen. Er hat mir die Kraft gegeben, damit ich treu bleibe.

36. Was haben Sie zur Erleichterung des Leidens anderer Insassen getan?

ENGLEITNER: Ich bin hilfsbereit gegenüber allen gewesen. Dazu habe ich mehrere Gelegenheiten gehabt und ich habe es aus Nächstenliebe gerne getan.

Einmal habe ich mit einem katholischen und einem evangelischen Geistlichen zusammengearbeitet. Ich habe in ihre Schubkarren Erde aufgeladen und ein Kapo hat befohlen, dass ich ihnen schwere Fuhren machen muss. Die waren ihnen viel zu schwer, aber das hat dem Kapo gefallen. Mir haben sie leidgetan und ich habe ihnen geholfen. Wenn der Kapo einmal wegging, habe ich ihre Schubkarren für sie gefahren und sie konnten sich ausrasten. Sie waren mir natürlich sehr dankbar.
Im November 1939 ist in München ein Attentat von Georg Elser auf Adolf Hitler misslungen. Die Wut Hitlers haben wir Häftlinge auch im KZ Buchenwald zu spüren bekommen. Es wurde uns das Essen für drei Tage gestrichen. Den Juden sogar für sechs Tage. Da wir sowieso nie genug zu essen bekommen haben, war das eine große Qual. Als wir nach drei Tagen wieder etwas erhalten haben, sind die hungrigen Juden mit ihren Schüsseln zu uns in die Baracken gegangen und bettelten um Essen. Ich hatte zwar selbst großen Hunger und konnte kaum etwas entbehren, aber ich habe – wie die meisten anderen Häftlinge – den Juden ein paar Löffel von meinem Eintopf abgegeben. Das reichte leider nicht für alle und es hat große Überwindung gekostet, aber ich habe Mitleid mit ihnen gehabt.
In Wewelsburg ist ein großer russischer Häftling beim Morgenappell zusammengebrochen. Die anderen Häftlinge sind weggegangen und ein SS-Mann und ich haben ihn bemerkt. Der Häftling hat noch geröchelt. Er war ein baumlanger Mann. Ich habe ihn aufgerichtet und habe ihn mit den Händen auf meinen Rücken heraufgezogen und ins Lazarett geschleppt. Da ich ihn noch atmen gespürt habe, hoffte ich, dass ihm noch geholfen werden könnte. Doch leider ist er auf meinem Rücken gestorben und schon tot gewesen, als ich angekommen bin.

37. Gab es unter den Insassen bestimmte Hierarchien?

ENGLEITNER: Ja, es gab Kapos, das waren Häftlinge, die als Vorarbeiter Häftlingskommandos geleitet haben. Manche waren sehr brutal. Sie versuchten sich bei der SS einzuschmeicheln oder Vorteile zu verschaffen, indem sie die Häftlinge drangsalierten und schlecht behandelten. Sie haben auch mehr zu essen bekommen. Die Blockältesten, Stubendienste und Tischältesten waren Häftlinge, die für Ordnung in den Baracken gesorgt und sich um die Essensausgabe gekümmert haben. Manche missbrauchten ihre Stellung, aber es gab auch gute.

Dann gab es noch einen Lagerältesten und einen Lagerschreiber, das waren Häftlinge, die mit der Lagerleitung zusammenarbeiten mussten und eine höhere Stellung hatten. Sie konnten sich bei der SS für die Häftlinge einsetzen und haben es manchmal erreicht, dass Strafen etwas gemildert wurden.

38. Gab es Unterschiede in der Behandlung zwischen den verschiedenen Gefangenengruppen (religiöse, politische Gefangene)?

ENGLEITNER: Grundsätzlich sind alle gleich behandelt worden. Es gab aber Situationen, in denen manche schlechter gestellt waren. Zum Beispiel als in Buchenwald den Juden drei Tage länger das Essen gestrichen wurde. In der Lagerkantine gab es manchmal etwas Essen und Getränke zu kaufen. Dort durften alle einkaufen, auch die Juden, wir Zeugen Jehovas aber nicht, weil wir das Geld von unserem Konto nicht bekommen haben. Wir haben Geldspenden von Verwandten und Bekannten nicht frei verwenden dürfen. Das eingesandte Geld ist auf ein Konto gekommen und eine Auszahlung gab es nur in Ausnahmefällen. Wenn ich eine Zahnbehandlung bezahlen musste oder als ich den Koffer gekauft habe, bekam ich das nötige Geld von meinem Konto ausbezahlt.

39. Welche Krankheiten gab es im KZ?

ENGLEITNER: Es gab die verschiedensten Krankheiten; also gesund war keiner mehr von den Häftlingen. In Buchenwald ist unter den Häftlingen die Ruhr ausgebrochen und hat sogar auf die SS übergegriffen. Ich habe sie zum Glück nicht gehabt. Wir hatten auch Skorbut aufgrund der schlechten Ernährung. Ich war auch am ganzen Körper mit eitrigen Geschwüren übersät. Sogar im Gesicht, aus denen immer Eiter ausgeflossen ist.

40. Wurden Sie körperlich verwundet?

ENGLEITNER: Einige Male. Bei der Einlieferung wurde ich so geschlagen, dass ich wochenlang einen brummenden Kopf gehabt habe. Ich war dann auch schwerhörig und habe überall große Schmerzen gehabt.

Im KZ Niederhagen hat mir ein SS-Mann mit dem Stiefel in den Unterleib getreten, dass ich zusammengebrochen bin und nicht mehr gehen konnte. Dabei hat er mir einen Hoden zerstört. Das hat sehr geschmerzt. Einmal hat mir ein Häftling ein Brett auf den Rücken gedroschen, dass es auseinandergebrochen ist, nur weil ich ein paar Sekunden zu spät zum Appell gekommen bin. Ich konnte gar nichts dafür, denn ich habe zuvor noch auf meiner Arbeitsstelle zusammenräumen müssen. Die anderen kamen pünktlich, weil sie mir dabei nicht geholfen haben.

41. Wie viele Kilos wogen Sie, als Sie im KZ waren?
ENGLEITNER: Bei der Entlassung wog ich nur noch 28 Kilo. Das lag auch daran, dass besonders in Ravensbrück die Zustände sehr schlecht waren. Viel länger hätte ich es nicht mehr geschafft.

42. Was bedeutete der Tod für Sie?
ENGLEITNER: Der Tod ist der größte Feind des Menschen und war von Gott ursprünglich nicht vorgesehen. Er hat unglaublich viel Leid über die Menschheit gebracht. Ich wollte mich im KZ von ihm nicht besiegen lassen und habe gekämpft. Ich wollte leben. Natürlich habe ich auch oft Glück gehabt. Obwohl es in manchen Situationen so ausgesehen hat, als ob der Tod eine Erlösung wäre, war das ein paar Momente später schon wieder anders.

43. Wie nahe kamen Sie dem Tod?
ENGLEITNER: Dem bin ich dauernd nahe gewesen. Das erste Mal bei der Einlieferung. Man musste jederzeit damit rechnen, dass man erschossen wird. Im Steinbruch in Buchenwald konntest du morgens nicht sagen, ob du am Abend überhaupt noch lebst. Wir wurden den ganzen Tag geschlagen und viele sind gestorben.
Auch mit 97 Jahren bin ich ihm noch einmal sehr nahe gekommen. Ich habe eine schwere Lungenentzündung und anschließend ein paar Wochen starken Durchfall gehabt. Ich konnte keine Nahrung mehr behalten und habe alles erbrochen, sogar Wasser. Ich bin schon völlig ausgetrocknet gewesen und es sah hoffnungslos aus. Im Krankenhaus hat man dann den Durchfall doch noch stoppen können und ich habe mich wieder erholt.
2011 habe ich wieder schwere Krankheiten gehabt und mein Zustand war zwei Mal sehr kritisch. Ich habe sie aber mit der Hilfe von Freunden glücklicherweise überstanden.

44. Haben Sie irgendwann eine Art „Mauer" gegen die schrecklichen Taten aufgebaut, sodass Sie der Tod eines anderen Häftlings nicht mehr berührt hat?

ENGLEITNER: Ja, man hat sich schützen müssen und nicht alles so nahe an sich heranlassen dürfen. Man ist mit der Zeit sicher etwas abgehärtet worden. Damals ist dir nichts anderes übrig geblieben und du konntest nicht zu viel darüber nachdenken. Der Tod war etwas Alltägliches und Allgegenwärtiges. Wenn ich heute darüber nachdenke, kann ich es mir gar nicht mehr vorstellen, wie ich das damals ertragen habe. Mir hat aber auch meine biblische Hoffnung geholfen, damit fertig zu werden. Der Tod ist gemäß dem Bibelbuch Prediger ein Zustand, wo man nichts mehr spürt und keine Schmerzen und Gedanken mehr hat, so wie ein Schlaf. Und ich habe fest daran geglaubt, dass Gott all diese unschuldigen Menschen wieder auferwecken wird, wie uns das Jesus Christus im Johannesevangelium versprochen hat.

45. Was wurde im KZ mit den Leichen gemacht?

ENGLEITNER: Normalerweise wurden sie im Krematorium verbrannt. Zu Beginn hat es aber weder in Buchenwald noch in Wewelsburg ein Krematorium gegeben. Da wurden die Leichen irgendwo gelagert und in ein Krematorium außerhalb des Lagers gebracht. In Wewelsburg hat es einen Raum gegeben, wo die Leichen gestapelt wurden und da waren so viele dicke Totenfliegen drinnen, dass das einzige Fenster ganz schwarz vor lauter Fliegen gewesen ist. Ich hätte einmal diese Leichen heraustragen müssen, es hat fürchterlich gestunken. Aber als ich damit beginnen wollte, wurden andere Häftlinge dazu eingeteilt.

46. Gab es für Sie eine Möglichkeit, aus dem Lager entlassen zu werden?

ENGLEITNER: Der Hitler hat ja betreffend uns Zeugen Jehovas beschlossen: „Diese Brut muss aus Deutschland ausgerottet werden." Bei diesem Beschluss blieb es. Als Zeuge Jehovas konntest du also nur aus dem Lager entlassen werden, wenn du den „Revers" unterschrieben hast. Das war eine Erklärung, die bedeutete, dass du den Glauben aufgegeben und dich Hitler vollkommen unterworfen hast. Ich hätte auch in den Krieg ziehen müssen. Das kam für mich natürlich nie in Frage. Es wurde mir aber sehr oft von der SS angeboten, aber ich habe immer abgelehnt. Den Nazis nach hatte ich also nur die Aussicht auf den Tod vor mir, wenn ich treu bleiben wollte.

47. Gab es Fluchtversuche und Fluchtmöglichkeiten? Versuchten Sie zu flüchten?

ENGLEITNER: Einige Häftlinge haben versucht zu flüchten. In Wewelsburg habe ich einen Fluchtversuch miterlebt. Wir mussten als ein Häftlingskommando dicht an einem Wald marschieren. Ein Holländer hat die Gelegenheit ergriffen und ist plötzlich in den Wald hineingesprungen, um zu fliehen. Ein Posten schoss ihm aber nach und traf ihn am Hinterkopf. Nach dem Schuss mussten wir uns sofort hinlegen und eine Zeitlang liegen bleiben, bis uns erlaubt wurde, wieder aufzustehen. Dann ist der Häftling hergelegt worden und wir mussten uns alle herumstellen und ihn ansehen. Am Hinterkopf war der Einschuss und durch den Ausschuss ist ihm vorne an der Stirn das Hirn und Blut herausgetreten. Ludwig Rehn, ein brutaler SS-Mann, hat bemerkt, dass ich nicht hinschauen konnte. Er hat mich gepackt und hat mich auf den Häftling gestoßen; als abschreckendes Beispiel für alle anderen.

Wir Zeugen Jehovas haben aber keinen Fluchtversuch gemacht, weil das ganze Lager schwer bestraft worden ist, wenn jemand geflohen ist. Es gab für alle Essensentzug oder Strafexerzieren für die Häftlinge im Lager. Aus kameradschaftlichen Gründen haben wir jede Flucht vermieden.

Ich hätte oft die Gelegenheit gehabt zu fliehen. Einmal bin ich mit drei anderen Zeugen Jehovas in einem „Erntekommando" zur Rübenernte eingeteilt worden. Es wurden uns zwei junge SS-Männer zugeteilt, die sehr müde aussahen. Einer von uns hat sie gefragt: „Ihr schaut aber heute müde aus. Habt ihr zu wenig geschlafen?" „Ja", haben sie gesagt, „viel zu wenig. Wir sind erst um vier Uhr früh von einer Unterhaltung nach Hause gekommen." Dann fragten wir sie: „Möchtet ihr schlafen?" „Ja, wenn das möglich ist", sagten sie. „Ja, das ist möglich. Wir werden aufpassen, dass ihr nicht überrascht werdet!", haben wir ihnen versprochen. Es sind zwei Kleeschober dort gewesen. Dann haben sie sich sofort ein Loch gemacht und haben sich hineingelegt. Die Gewehre haben sie neben sich hingelegt. Als wir mit der Rübenernte fertig waren, haben wir sie aufgeweckt. So ein starkes Vertrauen haben diese SS-Männer zu uns gehabt.

48. Gab es KZ-Häftlinge, die sich getraut haben, einen Aufstand gegen die KZ-Führer zu machen?

ENGLEITNER: Ja, es gab Aufstände, aber ich bin nie in den Lagern gewesen, wo so etwas passiert ist.

49. Dachten Sie, dass Sie jemals wieder lebendig herauskommen?

ENGLEITNER: Ja, ich war fest davon überzeugt. Ich wollte unbedingt überleben, um die Behauptung der Nazis zu widerlegen, dass wir nie lebend herauskommen, ohne den Glauben aufzugeben, und damit ich später den anderen Leuten erzählen könnte, was passiert ist. Darum habe ich immer gehofft, dass ich herauskomme.

50. Gab es Zeiten, in denen Sie alle Hoffnung aufgegeben haben? Und wieso war dies so?

ENGLEITNER: Nein, die Hoffnung habe ich nie aufgegeben. Am Anfang ist es zwar sehr knapp zugegangen, aber ich habe die Hoffnung nie aufgegeben.

51. Beging irgendjemand Selbstmord?

ENGLEITNER: Ja, das hat es gegeben. Ab und zu haben sich Häftlinge in der Nacht selber aufgehängt. Irgendwo, wo sie Gelegenheit dazu gefunden haben; in den eigenen Baracken zum Beispiel. Einige sind auch in den elektrischen Stacheldrahtzaun, mit dem das Lager eingezäunt war, gelaufen und dabei gestorben. Manche haben sich „freiwillig“ erschießen lassen. Sie haben eine Flucht vorgetäuscht und sind in dem Bewusstsein weggelaufen, erschossen zu werden. In Wewelsburg ist einmal ein Häftling davongelaufen, aber der Posten, der auf ihn geschossen hat, verfehlte ihn zwei Mal. Dann ist der Häftling wieder zurück in sein Arbeitskommando gelaufen. Nachher hat er angegeben, dass er die Erschießung herausgefordert hatte. Der Posten wurde für die Fehlschüsse bestraft. Dem Häftling wurde hinten auf die Häftlingsjacke ein handgroßer, runder, roter Fleck aufgenäht und dadurch als fluchtverdächtig gekennzeichnet.

52. Haben Sie während des Holocaust je daran gedacht, aus Verzweiflung Selbstmord zu begehen?

ENGLEITNER: Nein, ich nicht.

53. An welche Gedanken, Ideen, Hoffnungen, Wünsche oder religiöse Überzeugung haben Sie sich geklammert?

ENGLEITNER: An Gottes Königreich, worum Milliarden Menschen im „Vaterunser“ beten und das einmal alle Probleme der Menschheit lösen wird. Das war mein Traum, aber eigentlich war es kein Traum, sondern eine feste Überzeugung. Ich wollte weiter als Zeuge Jehovas leben. Ich habe meinen Blick auch immer auf die Zukunft gerichtet. Wenn es sehr schwierig war, habe ich an Psalm 23 gedacht, wo es heißt: „Jehova ist mein Hirte. Mir wird nichts mangeln.“ Wenn Gott mein Hirte ist und ich auf ihn vertraue, wird er mich auch nicht im Stich lassen. Diesen Spruch habe ich immer im Sinn gehabt, mein ganzes Leben lang.

54. Haben Sie Ihren Glauben an Gott verloren, während Sie im Lager waren?

ENGLEITNER: Nein, im Gegenteil, was ich erlebt habe, hat mich im Glauben noch mehr gestärkt. Denn ich habe die Erfüllung der Prophezeiungen, die in der Bibel stehen, persönlich miterlebt. Jesus hat auch schon vorausgesagt, dass wir verfolgt werden. Das war eine Bestätigung für mich.

In Buchenwald haben wir an Sonntagen auch heimlich Bibelvorträge gehalten. Wilhelm Töllner, ein Glaubensbruder, hat uns immer wieder mit biblischen Gedanken im Glauben gestärkt.

55. Welche Rolle hat Ihre Religion dabei gespielt, wie Sie die Geschehnisse empfunden haben? Warum?

ENGLEITNER: Meine Religion hat die wichtigste Rolle dabei gespielt. Viele haben den Glauben an Gott verloren. Aber Gott kann man nicht die Schuld dafür geben. Die Menschen sind für den Holocaust verantwortlich. Gemäß der Bibel hat Gott den Menschen die Erde überlassen und er hat ihm den freien Willen gegeben. Er möchte natürlich, dass wir den freien Willen zum Guten für den Nächsten nutzen. Wenn er den Menschen hindern würde, Schlechtes zu tun, wäre es kein freier Wille mehr.

Aber Gott wird das nicht immer zulassen, denn er hat verheißen, dass er einen Zeitpunkt festgelegt hat, wo alle Rechenschaft vor ihm ablegen werden müssen. Dann wird er dafür sorgen, dass all das Leid wieder gutgemacht wird. Darauf vertraue ich ganz fest.

56. Haben Sie während Ihrer Gefangenschaft gebetet?
ENGLEITNER: Natürlich habe ich gebetet. Ich bin ja wegen meines Glaubens im KZ gewesen, also habe ich um Gottes Segen und Kraft gebetet, alles durchstehen zu können und treu zu bleiben. Ich war überzeugt, dass er seinen Dienern den nötigen Schutz zuteil werden lässt. Ich habe bei jeder Gelegenheit gebetet und all meine Sorgen und Ängste auf Gott geworfen. Darum habe ich mir dann keine Sorgen mehr gemacht. Er fordert uns ja in der Bibel sogar dazu auf, dass wir all unsere Bürden auf ihn werfen sollen. Das steht in Psalm 55:22.

57. Hatten Sie je den Gedanken, die Religion (oder Ideologie) zu wechseln? Warum?
ENGLEITNER: Nein, im Gegenteil. Ich war fest davon überzeugt und hätte sie nie aufgegeben, obwohl es mir oftmals angeboten wurde und ich mir viel Leid erspart hätte. Aber ich wollte Gott treu bleiben.

58. An welchem Datum wurden Sie aus dem Lager befreit?
ENGLEITNER: Am 15. Juli 1943 wurde ich überraschenderweise aus dem KZ Ravensbrück entlassen. Heinrich Himmler hat 1943 beschlossen, dass Zeugen Jehovas, ohne dem Glauben abschwören zu müssen, in Einzelfällen entlassen werden können, wenn sie sich verpflichten, das ganze Leben als Zwangsarbeiter in der Landwirtschaft zu arbeiten.

59. Wie sind Sie aus dem Lager befreit worden bzw. wie sind Sie aus dem Lager herausgekommen?
ENGLEITNER: Ich bin aufs Wachzimmer gerufen worden und es wurde mir erklärt, dass ich entlassen werden kann, wenn ich mich für mein ganzes Leben für die Landwirtschaft verpflichte. Und dazu war ich bereit. Und der Lagerarzt hat dann zu mir gesagt: „Du bist ja noch immer ein Zeuge Jehovas!“ „Jawohl“, habe ich gesagt. Dann hat er gesagt: „Dann können wir dich ja eigentlich gar nicht entlassen!“ Dann hat er mich angesehen und gesagt: „Wir sind aber froh, wenn wir so eine elende Kreatur wieder los sind!“
Eigentlich hatte er Recht, ich war voller Läuse und hatte nur noch 28 Kilo. Ich habe mich anziehen müssen, da ich meine Zivilbekleidung bekommen habe. Da sind dann zwei SS-Männer da gewesen und die waren darauf aus, mich durch die Postenkette zu jagen, damit sie mich

erschießen könnten. Sie hätten die Mütze über die Grenze hinübergeworfen, und sie hätten nachgeschossen, als ob ich auf der Flucht erschossen worden wäre. Das hat aber ein Kapo verhindert. Er hat gesagt: „Das ist ein fleißiger Häftling gewesen, er hat immer fleißig gearbeitet. Der fährt jetzt heim, das ist beschlossen worden. Der fährt nach Hause!" Und damit ist den zwei SS-Männern nicht erlaubt gewesen, ihren Blutdurst zu stillen.

60. Wie wurden Sie von den Befreiern behandelt?
ENGLEITNER: Ich bin nicht von den Alliierten aus dem Konzentrationslager befreit worden, wie viele andere Häftlinge. Ich bin auf eine andere Weise von den Alliierten befreit worden.

61. Was haben Sie nach Ihrer Befreiung als Erstes getan?
ENGLEITNER: Nachdem ich aus dem KZ entlassen worden bin, bin ich nicht komplett frei gewesen. Ich habe als Zwangsarbeiter am Unterbergerbauernhof in St. Wolfgang arbeiten müssen. Die Besitzer waren sehr gut zu mir und ich habe gehofft, das Ende des Krieges ohne weitere Probleme zu erleben. Aber drei Wochen später bin ich zur Musterung eingeladen worden. Der Militärarzt hat mich untersucht und aufgrund meiner angeborenen Wirbelsäulenverkrümmung hat er mich zurückgestellt. Ich war also für den Kriegsdienst untauglich. Doch eine Woche darauf habe ich wieder zur Musterung müssen und jetzt hat mir derselbe Arzt ohne weitere Untersuchung den Befund vorgelesen: „Kriegsverwendung Front, Truppenersatzreserve Nr. 1."
Am 17. April 1945 habe ich dann noch den Einberufungsbefehl in die Deutsche Wehrmacht erhalten. Ich hätte an die Front müssen und mich in sechs Stunden am Stützpunkt Krumau melden müssen. Aber ich war fest entschlossen, mich nicht an diesem schrecklichen Krieg zu beteiligen. Das biblische Gebot „Du sollst nicht töten" stand für mich über dem Staatsgebot. Meine einzige Möglichkeit zu entkommen war, in den Bergen im Salzkammergut unterzutauchen. Ich bin über die Wirlinger Wand in den Südabhang vom Leonsberg geflüchtet. Ich habe sehr vorsichtig sein müssen, da ich sicher war, dass mich die Nazis suchen würden. Und wenn sie mich gefunden hätten, hätten sie mich sofort erschossen. Ich war ein fahnenflüchtiger Kriegsdienstverweigerer. Zum Glück herrschte gerade starker Südföhn, der für angenehme Temperaturen sorgte. Ich

konnte die Nächte unter den Bäumen verbringen. Aus Fichtenästen habe ich mir ein notdürftiges Bett gemacht und versucht, etwas zu schlafen. Mein großer Nachteil war, dass ich keinen Fluchtgefährten hatte, mit dem ich mich beim Schlafen und Wachen abwechseln hätte können. Ich bin so angespannt gewesen, dass ich beim leisesten Geräusch aus dem leichten Schlaf gerissen wurde.

Nach ungefähr einer Woche ist der Föhn zusammengebrochen und es gab einen markanten Wetterumschwung. Es hat zu regnen begonnen und dann setzte starker Schneefall ein. Bald hatte es einen halben Meter Schnee in den Bergen. Ich war auf über 1000 Meter Seehöhe. Ich war völlig durchnässt, halb erfroren und am Ende meiner Kräfte. Ich hatte nur mehr eine Möglichkeit: Ich habe eine Almhütte gebraucht, um mich aufzuwärmen und zu trocknen.

Darum blieb mir nichts anderes übrig, als in der Meisterebenalmhütte Zuflucht zu nehmen. Das war sehr riskant, weil diese Almhütte dem Bauern gehörte, bei dem ich gearbeitet habe und mich die Nazis dort am ehesten vermutet hätten. Am offenen Herd habe ich mir ein Feuer gemacht. Ich habe mich gewärmt und die Kleidung getrocknet. Dann bin ich müde geworden und habe die Feuerstelle gesäubert und die Glut ins Eck geschoben. Dann habe ich einen Baumstamm als Abgrenzung hingelegt, um mich im Schlaf nicht in die Glut zu drehen. Auf der warmen Ofenbank bin ich schnell eingeschlafen. Leider hat der Baumstamm Feuer gefangen und das Feuer hat meine Kleidung erfasst. Ich habe lichterloh gebrannt und bin von furchtbaren Schmerzen am Rücken geweckt worden. Es gab keine andere Möglichkeit, das Feuer auszudämpfen, als mich auf dem Hüttenboden zu wälzen, der mit Schnee bedeckt war. Die Hütte stand teilweise auf einem Steinsockel und war auf einer Seite frei. Darum hat der Wind den Schnee durch die Spalten im Hüttenboden hineingeweht. Mein gesamter Rücken war mit Brandwunden übersät. Ich hatte starke Schmerzen.

Es war mitten in der Nacht und ich musste irgendwo meine Wunden versorgen und neue Kleidung bekommen. Ich hatte keine Wahl. Ich musste die Rückkehr zum Unterbergerbauern riskieren, obwohl ich mich damit der großen Gefahr aussetzte, den Nazis direkt in die Arme zu laufen. Mit den verbrannten Kleidern habe ich mich notdürftig bedeckt. Ich hatte hohes Brandfieber, es hat mich geschüttelt und ich verspürte unbändigen Durst. Bei jedem Bach, an dem ich vorbeigekommen bin, versuchte ich ihn zu löschen. Als ich beim Bauernhof angekommen bin, hat mich die Bäuerin sofort wieder weggeschickt. Sie hat große Angst gehabt, dass ich bei ihr entdeckt werden würde. Da es schon hell geworden ist, konnte ich nur noch in mein nahe gelegenes Haus laufen, wo meine Eltern wohnten. Auch sie haben mich nicht aufnehmen wollen, aber ich musste dort bleiben. Dann wechselte ich meine Kleider und suchte mir am Heuboden ein Versteck. Ich hatte enorme Schmerzen, war aber froh, überhaupt noch am Leben zu sein. Meine Mutter hat mir ein feuchtes Leintuch auf einer Heugabel zum Kühlen meiner Brandwunden und eine heiße Suppe in einer Milchkanne hinaufgegeben. Eine Nachbarin, die schon einmal jemanden an die Nazis verraten hatte, hat vermutet, dass ich in der Nähe war und fragte meine Eltern ständig nach meinem Aufenthaltsort. Sie hatten große Angst, selbst verhaftet zu werden. Sie haben immer gejammert. Von ihnen habe ich erfahren, dass sich Hitler das Leben genommen hat. Ich wusste, dass der Krieg nicht mehr lange dauern würde, aber es war noch sehr gefährlich. Ins Salzkammergut haben sich hochrangige Nazis zurückgezogen oder sie wohnten dort. Ernst Kaltenbrunner, Adolf Eichmann und August Eigruber haben in Altaussee Häuser gehabt, Kaltenbrunner sogar noch eines in St. Wolfgang. Es waren viele Soldaten in diesem Gebiet unterwegs und die Nazis haben ihr Raubgut versteckt. Schließlich habe ich dem Druck meiner Eltern nachgegeben und bin nach zwei Tagen im Morgengrauen wieder ins Gebirge verschwunden.

Dann habe ich mir eine kleine Höhle in einem steilen Berghang gesucht. Ich konnte darin nicht einmal aufrecht stehen. Mit Fichtenzweigen und Moos machte ich mir den Unterschlupf zurecht. Die Höhle war ein gutes Versteck, von wo aus ich einen guten Überblick hatte. Dort habe ich aber starken Durchfall bekommen. Wegen der Schneeschmelze ist durch den Kalkstein immer Wasser getropft und das machte es in der Höhle für mich unerträglich. Ich war völlig entkräftet und körperlich am Ende. Ich habe wieder in der Meisterebenalmhütte Zuflucht gesucht, die ja in der Nähe war. Dieses Mal bin ich beim Feuermachen vorsichtiger gewesen. Dann habe ich am Dachboden das letzte Heu zu einem Schlaflager zusammengerafft. Durch die Hintertür hatte ich einen guten Blick auf den Attersee, wodurch ich ein mögliches Anzeichen für das Kriegsende wahrnehmen hätte können.

Es wurde aber noch einmal sehr gefährlich für mich. Die Militärbehörde hat einen Suchtrupp ausgesendet. Es waren drei Nazis und mein früherer Arbeitskollege Franz Kain aus meinem Heimatort St. Wolfgang, der die Truppe mit seinen Gebietskenntnissen führen musste. Sie hatten bereits viele Almhütten durchsucht. Dann kamen sie auf den Breitenberg und waren nahe bei meinem Versteck. Es herrschte starker Nebel. Franz Kain, der mich in der Meisterebenalmhütte vermutete, hatte den Suchtrupp bis jetzt davon fernhalten können, aber nun waren sie gefährlich nahe. Auf einer Anhöhe blieb der Anführer stehen. Er schaute auf seine handgezeichnete Landkarte und sagte: „Da unten muss ja auch noch eine Hütte sein, diese werden wir jetzt durchsuchen!“ Jetzt hat Kain nur mehr eine Möglichkeit gesehen, mein Aufgreifen und meine Hinrichtung zu verhindern. Er hat protestiert: „Bei diesem Wetter, bei diesem Nebel klettere ich nicht hinunter. Das ist viel zu gefährlich.“ Dann sagte der Anführer: „Wenn das so gefährlich ist, werden wir ein anderes Mal hinunterklettern.“ Mit diesem Ablenkungsmanöver rettete mir Franz Kain das Leben, denn zu diesem anderen Mal ist es nicht mehr gekommen.

Am 5. Mai 1945 habe ich in der Früh von der Almhütte aus die Flugzeuge der Alliierten im Tiefflug über den Attersee fliegen gesehen. Ich habe auch Sprengschüsse gehört und große Rauchpilze gesehen, als ich auf den Attersee hinunterblickte. Das war das Zeichen für mich, dass die Alliierten die Munitionsdepots der Deutschen in die Luft jagten und das Hitler-Regime endgültig gestürzt hatten. Am Abend bin ich dann vorsichtig zum Unterbergerbauern zurückgegangen. Der Bauer hat mir gesagt, dass am nächsten Tag kapituliert wird und der Krieg vorüber ist. Auf diese Weise bin ich also von den Alliierten indirekt befreit worden und nicht wie die meisten Häftlinge direkt aus den Konzentrationslagern.

62. Gab es ein „Rückkehr-Problem“? Wie reagierte die Umgebung auf Sie?

ENGLEITNER: Ich habe eigentlich gedacht, dass mich die Menschen mit offenen Armen empfangen werden, aber das Gegenteil war der Fall. Man war an meiner Geschichte nicht interessiert. Als Kriegsdienstverweigerer hat man mich als Vaterlandsverräter und Feigling beschimpft. Die Propaganda der Nazis war noch immer im Sinn der Menschen. Es wurde behauptet, dass im KZ nur die Kriminellen, Arbeitsscheuen und schlechten Menschen waren, die es verdient haben, dorthin zu kommen. Viele haben sogar behauptet, dass es gar keine Konzentrationslager gegeben hat. Das hat sehr geschmerzt. Mein Vater hatte Angst, in ein Geschäft zu gehen, da er wegen mir abfällig angesprochen worden ist. Dann bin ich natürlich sofort selbst dorthin gegangen und habe ganz frei über meine Erlebnisse gesprochen. Mit der Zeit haben sich diese Menschen dann langsam zurückgezogen, als sie gesehen haben, dass sie mit ihrer Demütigung bei mir nichts bewirken konnten.

63. Konnten Sie sich mit Ihrer Familie wieder vereinigen?
ENGLEITNER: Ja, aber meine Eltern und mein Bruder wurden von den Nazis nicht verfolgt. Sie sind während dem Krieg zu Hause gewesen.

64. Hatten Sie Bekannte, Freunde oder Verwandte im KZ? Haben diese überlebt?
ENGLEITNER: Verwandte von mir waren nicht im KZ, Freunde schon. Ich war der einzige Zeuge Jehovas in der Familie. Meine Glaubensschwestern Pauline Schlägl und Rosalia Hahn und mein Glaubensbruder Franz Rothauer, die mit mir in Bad Ischl verhaftet worden sind, haben leider nicht überlebt. Sie sind im KZ gestorben. Ich war der Einzige, der wieder lebend nach Hause gekommen ist.

65. Was geschah mit Ihrem Eigentum?
ENGLEITNER: Das Haus wurde mir streitig gemacht, während ich im KZ war. Aber nicht von den Nazis. Nein, mein Vater wollte es haben und hat mir einen Brief ins KZ geschrieben, dass ich es ihm geben soll. Aber das habe ich nicht gemacht, es blieb mein Eigentum.
Die Nationalsozialisten haben mir ein Grammofon weggenommen, dass bekam ich nie wieder. Mit diesem Grammofon habe ich vor dem Krieg Menschen besucht und ihnen Platten vorgespielt, auf denen Vorträge mit biblischen Themen waren. Ich habe nach dem Krieg einmal bei der Polizei nachgefragt, ob es nicht irgendwo gefunden wurde. Dann haben sie gesagt: „Nein, aber wir nehmen einfach einem Nazi ein Grammofon weg und das geben wir dir." Aber damit war ich nicht einverstanden. Ich wollte nur mein eigenes zurückhaben und nicht einem anderen Menschen etwas wegnehmen. Das wäre ungerecht gewesen.

66. Inwieweit wurden Sie für Ihre Inhaftierung entschädigt?
ENGLEITNER: Gleich nach dem Krieg habe ich gar nichts erhalten. Die Kommunisten haben eine Unterstützung erhalten, aber ich nicht. Als Zeugen Jehovas haben wir keinen Opferstatus gehabt. Mir wurde sogar die Opferrente abgelehnt, obwohl ich gesundheitliche Schäden aus der KZ-Haft gehabt habe. Aber dann habe ich mich an meinen ehemaligen Mithäftling Dr. Heinrich Gleißner, der wieder Landeshauptmann von Oberösterreich war, gewendet. Er hat dann dafür gesorgt, dass ich eine Opferrente bekomme. In den letzten Jahren habe ich auch größere Beträge als Entschädigung von verschiedenen Institutionen erhalten.

67. Wie haben Sie Ihre Existenz wieder aufgebaut?
ENGLEITNER: Durch fleißige Arbeit.

68. Wie lange dauerte es, um nach dem Holocaust zu einem „normalen" Leben zurückzukehren?
ENGLEITNER: Es ist mir nichts anderes übrig geblieben, als so schnell wie möglich wieder ein normales Leben zu führen. Ich konnte mich nicht ausruhen oder erholen. Ich musste arbeiten und den Alltag bewältigen. Zu Beginn wurde ich noch durch Albträume gequält, aber die haben auch langsam nachgelassen. Das KZ-Leben musste ich hinter mir lassen und nicht mehr an die Grausamkeiten denken. Ich habe es dann auch schnell überwunden. Jetzt ist es mir kein Problem mehr, ich habe den nötigen Abstand dazu und es schmerzt mich nicht mehr.

69. Wie sah Ihr Leben nach dem Krieg aus?
ENGLEITNER: Nach dem Krieg habe ich noch bis 1946 beim Unterbergerbauern gearbeitet und dann wollte ich eine andere Arbeit annehmen. Doch das Arbeitsamt Bad Ischl hat es abgelehnt und gesagt, dass die Zwangsverpflichtung zur Arbeit in der Landwirtschaft aus der Nazi-Zeit noch aufrecht ist. Ich habe dem Amtsleiter gesagt, dass ich durch das Ende des Nazi-Regimes nicht mehr an diese Verpflichtung gebunden sein kann. Aber er hat das nicht akzeptiert und wollte mir vorschreiben, dass ich nur in der Landwirtschaft arbeiten darf. Mein Vater hat dies dann in einem Brief der amerikanischen Besatzungsbehörde mitgeteilt und diese hat dann dem Arbeitsamt Bad Ischl klargemacht, dass diese Verpflichtung nicht mehr gilt. Dann habe ich meine Arbeit frei wäh-

len können und habe in einer Seifenfabrik als Nachtwächter gearbeitet. Ab 1951 arbeitete ich bei der Straßenmeisterei Bad Ischl als Straßenbauarbeiter und 1969 bin ich in Pension gegangen. Nach dem Krieg habe ich auch mein 1931 erbautes Haus etwas vergrößert. Die Zeit nach dem Krieg ist nicht einfach gewesen. Ich habe kaum mit jemandem über meine Erlebnisse sprechen können. Niemand hat sich dafür interessiert und wenn ich zu sprechen begonnen habe, hat man mir nicht zugehört oder gesagt: „Hör damit auf, das ist doch alles längst vorbei und wir wollen nichts mehr davon hören." Ich wurde von der Gesellschaft gemieden, zurückgestoßen und ausgegrenzt. Das hat mich sehr geschmerzt, vor allem da ich mir im KZ immer gewünscht habe, meine Erlebnisse einmal so vielen wie möglich zu erzählen, damit sie daraus etwas lernen. Es schien so, dass meine Geschichte vergessen werden würde und niemand daraus einen Nutzen ziehen könnte, was mir aber sehr viel bedeutet hätte.
Aber dann habe ich 1994 in Bad Ischl im Kurpark zufällig einen jungen Mann, Bernhard Rammerstorfer, kennen gelernt. Er ist nicht so wie viele einfach an mir vorbeigegangen, sondern hat sich Zeit genommen und mir zugehört und mir viele Fragen gestellt. Er war wirklich interessiert an mir und ich habe ihm alles erzählen können. Wir haben stundenlang, ja tagelang geredet. Das hat mir sehr gutgetan. Ich konnte mich so richtig „aussprechen". Dann haben wir gemeinsam die ehemaligen Konzentrationslager besucht und ich habe ihm gezeigt, wo sich alles zugetragen hat. Er hat mich gefilmt und einen Film [„Nein statt Ja und Amen"] gemacht und auch ein Buch [„Ungebrochener Wille"] geschrieben. Damit ist meine Geschichte wirklich festgehalten worden und das freut mich sehr. Dann habe ich mit seiner Unterstützung begonnen, als Zeitzeuge in Schulen und Universitäten mit Jugendlichen über meine Erlebnisse zu sprechen. Es ist eine große Freude, das aufrichtige Interesse der Jugendlichen zu sehen. Ich hoffe, dass sie aus meinen Erfahrungen eine Lehre ziehen können und sie in ihrem Leben auch nach gerechten Grundsätzen handeln und sich für den Frieden einsetzen.

70. Wie leben Sie heute? Denken Sie noch viel an jene Zeit zurück?
ENGLEITNER: Ich fühle mich wohl und bin glücklich. Das ist jetzt die schönste Zeit meines Lebens. Ich habe bis Februar 2011 in meinem Haus gelebt und verschiedene Betreuer haben für meine Bedürfnisse

gesorgt. Jetzt benötige ich eine ständige Betreuung. Alleine könnte ich nicht mehr wohnen. Darum hat mich mein Freund Bernhard Rammerstorfer bei sich zu Hause aufgenommen und gemeinsam mit seiner Familie lässt er mir eine liebevolle 24-Stunden-Betreuung zukommen. Mit über 100 Jahren ist das Leben zwar nicht mehr so einfach. Alles ist beschwerlicher. Ich kann fast nur mehr flüssige Nahrung essen, muss strenge Diät halten, weil ich einen großen Gallenstein habe und auch große Probleme habe, das Essen zu schlucken. Darum trinke ich meistens mit einem Strohhalm.
Ich höre und sehe auch sehr schlecht. Aber ich bin glücklich, noch am Leben zu sein und noch viele Freuden zu erleben, besonders die Begegnungen mit jungen Menschen in den Schulen. Mein Tagesablauf ist auch heute nur von meinem Glauben und meinem Verhältnis zu Gott bestimmt. Ich lese und studiere jeden Tag die Bibel und auch biblische Literatur. Entweder mache ich das mit einem Bildschirm-Lesegerät, das die Buchstaben sehr vergrößert, oder Freunde lesen mir vor oder ich höre mir die Bibelbücher auf Kassette an. Ich habe mein ganzes Leben darauf ausgerichtet. Das steht bei mir an erster Stelle. Ich weiß es nicht mehr ganz genau, wie oft ich die Bibel gelesen habe, aber ich kann mit gutem Gewissen sagen, dass ich sie 100 Mal gelesen habe.
Was ich früher Schlimmes erlebt habe, belastet mich heute eigentlich nicht mehr. Ich denke nur zurück, wenn ich danach gefragt werde. Ich habe diese Zeit überwunden. Ich blicke viel lieber in die Zukunft und freue mich darauf, das zu erleben, was uns die Bibel verheißt. Das wird eine großartige Zukunft sein. Frieden und Gerechtigkeit unter den Menschen auf der ganzen Erde. Dass das eintreffen wird, davon bin ich absolut überzeugt. Die Frage ist nur, ob wir würdig sein werden, es auch zu erleben.

71. Welche physischen und psychischen Narben tragen Sie von dieser Zeit?

ENGLEITNER: Ich habe einen zertretenen Hoden, der mittlerweile durch eine Operation entfernt worden ist. Am Rücken spüre ich bei gewissen Bewegungen Schmerzen, die wahrscheinlich auf das Brett zurückzuführen sind, das mir ein Häftling draufgeknallt hat. Auf dem linken Ohr höre ich seit den Schlägen durch den Bunkeraufseher Martin Sommer sehr schlecht. Dabei ist das Trommelfell beschädigt worden.

Auch für mein angeborenes Rückenleiden war das KZ kein Heilverfahren. Psychisch hat mir die KZ-Zeit anfangs schon Probleme bereitet, aber jetzt ist das alles überwunden. Was ich aber aus meiner Erfahrung sagen kann: Körperliche Verletzungen sind nicht so schwer wie psychische Verletzungen.

72. Hatten Sie moralischen Beistand, um sich psychisch und sozial zu erholen?

ENGLEITNER: Ich wurde von den Menschen im Allgemeinen abgelehnt und ausgestoßen. Von denen konnte ich keinen Beistand erwarten, eher das Gegenteil.

Aber innerhalb meiner Glaubensgemeinschaft habe ich Freunde gehabt, die mitgefühlt haben. Den größten Beistand habe ich mir aber aus der Bibel, dem Gebet und meinem engen Verhältnis zu Jehova Gott geholt.

73. Haben Sie seitdem eine andere Weltanschauung?

ENGLEITNER: Als ich die Bibel kennen gelernt habe, habe ich meine Weltanschauung geändert. Die hat sich durch den Holocaust auch nicht geändert und die ist heute noch immer die gleiche.

74. Können Sie Ihren Erfahrungen irgendetwas Positives abgewinnen?

ENGLEITNER: Ich fühle mich als Sieger. Ich habe gewonnen. Ich bin ja standhaft geblieben.

75. Haben Sie später in Ihrem Leben die Konzentrationslager jemals wieder besucht und welche Gefühle hatten Sie?

ENGLEITNER: Ja, aber nur besucht. Buchenwald und Niederhagen in Wewelsburg anlässlich von Gedenkfeiern. Ich bin sogar im Wachzimmer von Martin Sommer gewesen, wo er mich fast erschossen hat. Die Erlebnisse sind natürlich wieder hochgekommen. Ich habe mich auch vor meinem geistigen Auge wieder als Häftling auf dem Appellplatz stehen gesehen, aber ich hatte keine schmerzlichen Gefühle. Es ist vorbei. Der Hitler hat sich schön blamiert. Es ist alles auf ihn zurückgekommen, was er dort verschuldet hat. In Wewelsburg und Buchenwald habe ich jetzt Freunde, vor allem Jugendliche.

Die Gesichter, die ich heute an diesen Orten sehe, sind anders. Die bösen sind alle verschwunden. Jetzt lächelt mir jeder zu. An den früheren Orten der Gehässigkeit spüre ich jetzt Liebe und Freundlichkeit. Darum bin ich gern bei den Gedenkfeiern.

76. Haben Sie immer noch Kontakt zu Ihren Mithäftlingen aus den Konzentrationslagern?

ENGLEITNER: Früher hatte ich viel Kontakt mit ihnen. Ich habe mit ihnen viel darüber gesprochen, was sie im KZ erlebt hatten. Ich habe einiges erfahren, was ich im KZ noch nicht gewusst hatte.

Ich habe sogar viele erst danach kennen gelernt, die ich im KZ gar nicht gekannt hatte. Aber leider sind die meisten von ihnen schon gestorben.

77. Was haben Sie Ihren Angehörigen über die Zeit damals erzählt? Wie haben Ihre Angehörigen auf Ihre Erzählungen reagiert?

ENGLEITNER: Zu Beginn wollte ich erzählen, aber ich habe gespürt, dass sie nicht sonderlich interessiert waren. Ich war in den Augen von ihnen noch immer der Eingesperrte und Bestrafte. Mein Vater wollte mir auch nach dem Krieg mein Haus noch streitig machen. Als ihn der Richter nach dem Grund gefragt hat, hat er gesagt: „Weil mein Sohn die meiste Zeit seines Lebens im Zuchthaus gesessen ist. Er ist doch ein ‚KZler'!"

Das war auch dem Richter zu viel und er hat mich verteidigt: „Ihr Sohn hat einen sehr guten Leumund. Seine Strafen sind nicht auf kriminelle Vergehen zurückzuführen. Er hat für eine gerechte Sache gelitten und sich nicht einmal durch Hitler von seinen Grundsätzen abbringen lassen. Viele Väter wären stolz, einen solch mutigen Sohn zu haben!" Mein Vater hat zwar nichts mehr dagegen gesagt, aber mir gegenüber hat er nie ein Wort der Anerkennung geäußert.

Heute spreche ich manchmal mit meinen Enkeln und Urenkeln über meine Erlebnisse, wenn sie mich fragen. Aber das ist sehr selten.

78. Fällt es Ihnen schwer, über diese Zeit zu reden?

ENGLEITNER: Nein, weil es nie vergessen werden darf, was damals passiert ist in Deutschland. Ich halte daran fest, dass ich den Jungen sagen kann, wie notwendig es ist, nach den gerechten Grundsätzen zu leben. Das bringt Leben und Frieden und es ist auch meine Pflicht, solange ich lebe, auf diese wichtigen Grundsätze hinzuweisen.

79. Welcher Moment aus dieser Zeit hat sich am meisten in Ihrem Gedächtnis eingeprägt?

ENGLEITNER: Die Einlieferung ins KZ Buchenwald, als mir Martin Sommer die Pistole angesetzt hat. Da wäre es fast schon vorbei gewesen mit mir.

80. Haben Sie Hitler jemals gesehen bzw. getroffen?

ENGLEITNER: Nein, den habe ich nie gesehen, war auch nie neugierig darauf.

81. Was dachten Sie damals über Hitler und wie denken Sie heute über ihn?

ENGLEITNER: Als ich in den 1920er-Jahren das erste Mal das Wort „Hitler" gehört habe, dachte ich, es ist eine Bewegung wie die Pfadfinder, die im Wald Hütten baut. Die Ursache dafür war ein Hörfehler. Ich habe „Hüttler" statt „Hitler" gehört und dachte, sie bauen in den Ferien im Wald Hütten. Wofür der Name wirklich steht, habe ich dann später am eigenen Leib verspürt.

Der Hitler war ein Verbrecher. Er hatte nur eines im Kopf, und zwar, dass er die ganze Welt beherrscht. Er war so selbstbewusst und hatte so einen Größenwahn, dass er fest davon überzeugt war, dass er sich mit seinen Ideen durchsetzt. Zu Beginn hat er gesagt: „Ihr werdet Deutschland nicht wiedererkennen." Das ist wirklich eingetroffen. Deutschland hat man danach nicht mehr wiedererkannt, weil es in Trümmern gelegen ist.

Sein Größenwahn zeigte sich auch durch seine Befehle. Er bestand sogar darauf, dass mit „Heil Hitler!" gegrüßt werden sollte. Ich habe das nicht gemacht, weil Heil ja Rettung bedeutet, aber bei ihm hat es kein Heil gegeben, sondern ein Unheil. Der Gruß müsste eigentlich heißen: „Unheil Hitler!"

82. Angenommen, Adolf Hitler würde noch leben und Sie hätten fünf Minuten alleine mit ihm, was würden Sie sagen oder tun?

ENGLEITNER: Ich würde ihn fragen, ob er noch immer so von seinen Ideen überzeugt ist oder ob er eingesehen hat, dass er den Menschen so viel Schreckliches angetan hat. Wenn er nicht einsichtig wäre, würde ich gleich wieder ohne Worte gehen, weil es keinen Sinn hätte, mit ihm zu reden. Wenn er einsichtig würde, würde ich ihm die „gute Botschaft" aus der Bibel übermitteln und ihm empfehlen, sich für alles zu entschuldigen und Gott um Verzeihung zu bitten.

83. Sind Sie nach dem Krieg noch einmal einem Ihrer Peiniger begegnet?

ENGLEITNER: Ja, im Jahr 1970 bei dem Prozess in Paderborn gegen Nazi-Verbrecher bin ich Max Schüller, dem brutalen Kapo von Wewelsburg, begegnet und dem SS-Mann Ludwig Rehn, der Arbeitsdienstführer in Wewelsburg war. Die Situation war jetzt umgekehrt. Sie waren die Angeklagten und ich und andere Häftlinge mussten als Zeugen aussagen. Beide sind wegen Totschlag angeklagt gewesen. Es konnte ihnen aber nicht bewiesen werden, weil es niemand direkt gesehen hat, wie sie jemand totgeschlagen haben. Deswegen wurden sie freigesprochen. Ich habe auch mit Rehn gesprochen. Aber ich habe keinen Hass gegenüber ihm gefühlt, obwohl er uns so viel Leid angetan hatte.

Nach dem Prozess sind die meisten ehemaligen Häftlinge gemeinsam essen gegangen. Das war in einem Kaufhaus, wo im oberen Stock ein Gasthaus war. Dort hat sich der Rehn neben mich gesetzt und dann hat er gesagt: „Verzeihen sollte man halt auch können!" Ich habe zu ihm gesagt: „Herr Rehn, das ist aber jetzt etwas anders. Wenn Sie mir jetzt eine herunterhauen, liegt es an mir, ob ich sage: ‚Schwamm drüber; es ist vergeben.' Aber das mit den Konzentrationslagern war ein ganz schweres Vergehen gegen das Gebot Jehovas: ‚Du sollt deinen Nächsten lieben wie dich selbst.' Also das müssen Sie sich mit Ihrem Schöpfer selbst ausmachen."

84. Was halten Sie von den Strafen, die die Nazis nach dem Krieg bekamen, zum Beispiel bei den „Nürnberger Kriegsverbrecherprozessen"?

ENGLEITNER: Ich habe sie eigentlich im Fernsehen gar nicht mitverfolgt, weil es mich nicht so interessiert hat. Ich habe höchstens zufällig etwas darüber gehört, aber über die Strafen weiß ich zu wenig. Es ist sowieso sehr schwer, jemandem ein Verbrechen nachzuweisen, wenn er es nicht zugibt, und das werden die Nazis nicht getan haben. Sie werden sich bestimmt damit verteidigt haben, dass sie sich im Recht gefühlt haben, als sie Menschen umgebracht haben.

85. Haben Sie Ihren Peinigern verziehen?
ENGLEITNER: Ja, sicher habe ich verziehen, was sie mir persönlich angetan haben. Ich spüre keinen Hass, denn damit würde ich mir nur selbst schaden und das Leben unnötig erschweren. Aber für all die Grausamkeiten, die sie Millionen anderen Menschen angetan haben, müssen sie sich vor Gott verantworten. Er ist der Richter. Sie müssen aber bereit sein, einzusehen, dass sie verkehrt gehandelt haben. Ich habe mich bemüht, den Feind zu lieben; das ist ja biblisch. Es ist nicht einfach, aber ich habe schon gewusst, dass ich keine Gehässigkeit gegen sie haben soll. Die Bibel sagt: „Du sollst deine Feinde lieben!" Sie sagt, du sollst das Böse hassen, nicht die Menschen, sondern das Böse solltest du hassen, nicht den Menschen selbst.

86. Wie denken Sie über Neo-Nazis?
ENGLEITNER: Ich bin traurig, dass es immer noch Menschen gibt, die an dieser Ideologie etwas Gutes finden. Wenn ein solcher Mensch zugänglich ist, würde ich ihm von meinen Erfahrungen erzählen und ihm empfehlen, ein ehemaliges Konzentrationslager zu besuchen. Vielleicht hilft ihm das zu erkennen, dass die Nazi-Herrschaft eine Verbrechensherrschaft war. Wenn er nicht sprechen will, dann muss ich ihm seine Meinung lassen und hoffen, dass er irgendwann in seinem Leben doch noch draufkommt.

87. Was tun Sie, um Menschen über den Holocaust aufzuklären?
ENGLEITNER: Über meine Erlebnisse reden, solange ich kann, und mit jedem, der mich fragt. Als ich noch genug gesehen habe, habe ich auch Briefe geschrieben und Fragen von Schülern und Studenten beantwortet. Wenn jemand meine Biografie liest oder sich meinen Film ansieht oder die Internetseite über mich [www.rammerstorfer.cc] besucht, bekommt er auch Informationen dazu. Auf der ganzen Welt können sich Menschen über meine Erlebnisse informieren, wenn sie wollen. Ich habe diese schlimme Zeit ja selbst am eigenen Leib erlebt und kann daher wirklich sagen, wie es sich zugetragen hat. Meine Erfahrungen, die ich an andere weitergebe, sind erlebte Geschichte. Ich spreche überall darüber, wenn ich zu Hause besucht werde oder wenn mich jemand einlädt. Seit meine Biografie veröffentlicht worden ist, habe ich mit meinem Freund und Biografen Bernhard Rammerstorfer in vielen

Abb. 12: Leopold Engleitner und Bernhard Rammerstorfer an der Harvard University, USA, 2009

Schulen, Universitäten, Gedenkstätten und anderen Einrichtungen in Europa und Amerika meine Lebensgeschichte vielen Menschen erzählen können.

Seit 1999 sind wir dazu über 130.000 km gereist. Wir sind quer durch Österreich gefahren, waren in Deutschland, Italien sowie in der Schweiz, wohin ich schon in den 1930er-Jahren zu biblischen Kongressen gereist bin. Wir sind drei Mal in Amerika gewesen, wo wir auch das ganze Land mit dem Flugzeug durchquert haben, und wir waren sogar in Moskau in Russland. Ich durfte im [United States] Holocaust [Memorial] Museum in Washington [DC], im Los Angeles Museum [of the Holocaust], im Simon Wiesenthal Center in Los Angeles und im Illinois [Holocaust] Museum sprechen. Berühmte Universitäten, wie die Columbia, Georgetown, Harvard und Stanford, haben mich auch eingeladen. Eigentlich habe ich es nie für möglich gehalten, dass ich jemals an einer Universität über meine Erlebnisse sprechen darf.

Wenn ich daran denke, dass ich in meiner Kindheit als „dumm“ bezeichnet und nach dem Zweiten Weltkrieg sogar als „Trottel“ beschimpft wurde, der nicht einmal ordentlich sprechen kann, ist es eine besondere

Abb. 13: Leopold Engleitner und Bernhard Rammerstorfer in Moskau, Russische Föderation, 2009

Freude für mich gewesen, dass ich mit vielen jungen Menschen an diesen Universitäten sprechen durfte. Sie haben mir gesagt, dass sie aus meiner Geschichte viel für ihr Leben lernen und sich auch bemühen werden, nach gerechten Grundsätzen zu leben. Das freut mich sehr und zeigt mir, dass meine Tätigkeit einen Sinn hat und Nutzen bringt.

Obwohl die Reisen immer eine große Anstrengung für mich bedeuten und es in meinem Alter sehr beschwerlich ist, bin ich jederzeit bereit, mit jungen Menschen zu sprechen. Interessanterweise hat mich das immer aufgebaut. Meistens bin ich frischer nach Hause gekommen, als ich weggefahren bin. Das war auch bei meinen Amerika-Reisen so, wo mir die Wärme und das angenehme Klima in Kalifornien und besonders in Florida sehr gutgetan haben. Aber auch die Warmherzigkeit der Menschen in der Schweiz, in Italien, Deutschland, Österreich, Amerika und Russland hat mir viel Kraft gegeben und große Freude bereitet. Vor allem bin ich dankbar, dass ich dabei viele Freunde gewonnen habe, und ich hoffe, dass sie meine Geschichte weitererzählen, damit noch viele andere daraus lernen können.

Abb. 14: Leopold Engleitner und Bernhard Rammerstorfer in Florida (Clearwater Beach), USA, 2009

88. Wie können Sie sich aus der Sicht der Dinge heute erklären, dass „normale Menschen" zu solchen Gräueltaten fähig waren?

ENGLEITNER: Ich habe mir das nie erklären können, dass ein Mensch dazu fähig ist. Da war der Herrscher der Welt dahinter. Er hat die Menschen so inspiriert, dass sie alles verdrängt haben, was für sie gut war. Das kann man in der Bibel lesen. Aber eines darf man nicht übersehen: Viele haben sich darauf ausgeredet, dass sie nur Befehle ausgeführt haben. Ich habe das ja beim Prozess in Paderborn selbst miterlebt. Dass der Mensch aber sein Gewissen nach gerechten Grundsätzen schulen sollte, das ihn von solchen Taten abhalten kann, wird kaum einmal bedacht. Ich hätte mir auch sagen können: „Ich bin nur ein einfacher Bauernknecht, alle ziehen in den Krieg, sogar hochintelligente studierte Akademiker. Die Geistlichen der großen Religionen segnen die Waffen und rufen die Gläubigen zur Beteiligung am Krieg auf. Auch die kleinen Religionen machen mit. Was kann ich da als unbedeutender Mensch ausrichten und warum soll ich mich gegen die Nazis stellen und meinen Kopf hinhalten?" Aber so eine Denkweise kam für mich nicht in Frage.

Ich habe gewusst, dass ich wie jeder andere Mensch für meine Handlungen Rechenschaft vor Gott und auch vor meinem Gewissen ablegen muss und ich mich nicht auf einen Befehl ausreden kann. Wenn eine Tat schlecht ist, dann darf ich sie nicht machen, egal wer sie befiehlt und wie stark ich unter Druck gesetzt werde. Nur weil alle eine schlechte Tat machen, wird sie dadurch nicht richtig. Ich selbst bin dafür verantwortlich, was ich tue. Es war mir immer bewusst, dass, wenn ich einen Menschen im Krieg getötet hätte, mich mein eigenes Gewissen angeklagt hätte und ich Gott dafür verantwortlich gewesen wäre. Für mich war das ganz klar. Ich wollte vor Gott ein reines Gewissen haben.

89. Was genau geht in Ihnen vor, wenn Sie hören, dass es immer noch Menschen gibt, die behaupten, den Holocaust hätte es nie gegeben?

ENGLEITNER: Ich bin sehr enttäuscht und traurig. Ich habe es am eigenen Leib miterlebt und wenn nun Menschen so etwas behaupten, die das selbst gar nicht erlebt haben, schmerzt mich das sehr.

90. Welche Konsequenzen hatte der Beschluss der „Nürnberger Rassengesetze" am 15. September 1935 für Sie?

ENGLEITNER: Für mich keine. Die Rassengesetze haben sich in Österreich erst ab dem Anschluss 1938 auf die Bevölkerung ausgewirkt. Dann sind in Bad Ischl viele Plakate mit der Aufschrift aufgehängt worden: „Jude, packe schnell dein Bündel, jetzt ist es aus mit dem Gesindel!" Diese Judenhetze habe ich zutiefst verabscheut. Ich war strengstens dagegen, da vor Gott alle Menschen gleich sind. Nach meiner Verhaftung habe ich dem Richter in Wels sogar gesagt, dass ich die nationalsozialistischen Rassengesetze ablehne.

91. Wie haben Sie die „Reichskristallnacht" am 9./10. November 1938 erlebt?

ENGLEITNER: Ich habe hier im Salzkammergut nichts mitbekommen und erst später davon erfahren, dass die Nazis die Geschäfte der Juden zerstört haben.

92. Wie haben Sie den Kriegsbeginn 1939 miterlebt?

ENGLEITNER: Vom Ausbruch des Zweiten Weltkrieges habe ich erfahren, als ich im Gefängnis in Linz eingesperrt war. Ich habe es in einer Zeitung gelesen, die ich dort lesen durfte. Es war mir dadurch natürlich klar, dass meine Haltung gegen den Krieg damit aufs Äußerste geprüft werden würde.

93. Haben Sie davon erfahren, dass die Nationalsozialisten bei der Wannseekonferenz am 20. Januar 1942 die „Endlösung der Judenfrage" – die europäischen Juden systematisch zu vernichten – beschlossen hatten? Wenn ja, wann und wie?

ENGLEITNER: Nein, davon habe ich nichts erfahren.

94. Welche Gefühle hatten Sie, als Sie vom Ende des Zweiten Weltkrieges erfuhren?

ENGLEITNER: Das waren natürlich schöne Gefühle. Ich war sehr glücklich, dass ich meinen Glauben bewahren und meinen Grundsätzen treu bleiben konnte und mich nicht an den Grausamkeiten beteiligt habe.

95. Glauben Sie, dass die Menschheit etwas gelernt hat?

ENGLEITNER: Einzelne haben bestimmt etwas gelernt. Ich weiß von zwei ehemaligen Angehörigen der Waffen-SS, die bei der Leibstandarte SS Adolf Hitler waren und in der Berliner Reichskanzlei Wachdienst machten.

Gottlieb Bernhardt war sogar am Obersalzberg eingesetzt und wurde von Heinrich Himmler 1945 als Adjutant des Burghauptmanns der Wewelsburg eingeteilt. Dort hatte er Kontakt mit Bibelforscher-Häftlingen vom Restkommando im KZ Niederhagen. Als sich die Alliierten näherten, hat er sogar den Befehl verweigert, die Zeugen Jehovas im KZ zu liquidieren. Ein paar Jahre nach dem Krieg ist er selber ein Zeuge Jehovas geworden. Als ich 2010 von seiner Geschichte gehört habe, wollte ich ihn gerne besuchen, da er schwer krank war. Gottlieb hatte den Wunsch, mich persönlich kennen zu lernen, aber leider ist er fünf Tage vor dem geplanten Besuch gestorben.

Der Zweite, Eberhard Weimer, diente wie Gottlieb Bernhardt in der Reichskanzlei. Am 30. Jänner 1942 war Eberhard in der Ehrenkompanie, als Hitler die jungen Offiziere im Berliner Sportpalast vereidigt hat. Dabei ist Hitler vor Eberhard stehen geblieben und hat ihm einen

ganz finsteren, durchdringenden Blick zugeworfen, den er nie vergessen wird. Noch in der folgenden Nacht sind Eberhard Weimer und Gottlieb Bernhardt überraschend nach Russland in den Krieg geflogen worden. Als Gottlieb dort schwer verwundet wurde, hat er ihn mit anderen Soldaten erstversorgt und zum Truppenverbandsplatz gebracht. Eberhard ist während des Kriegs mehrmals verwundet worden und ist in den 80er-Jahren auch ein Zeuge Jehovas geworden. Ich habe mich sehr gefreut, dass ich Eberhard Weimer 2010 persönlich kennen lernen konnte und er hat mir viel erzählt. Beide haben sehr bedauert, dass sie „mitgemacht" haben. Sie waren noch sehr jung und unerfahren, als sie zur Waffen-SS kamen; erst 17 Jahre alt. Sie waren von der nationalsozialistischen Ideologie verblendet und glaubten, das Richtige zu machen. Aber während des Kriegs kamen schon erste Zweifel in ihnen auf. Sie haben es eingesehen, dass sie Fehler gemacht haben, und haben sich grundlegend geändert. Nach dem Krieg haben sie sich in ihrem Leben für den Frieden eingesetzt. Von ihnen kann man mit Recht sagen, dass sie daraus etwas gelernt haben.
Wenn ich aber an die vielen Kriege und Ungerechtigkeiten seither und heutzutage denke, muss ich leider sagen, dass die Menschheit nichts gelernt hat. Sonst müsste es anders aussehen.

96. Sollen die Gräuel vergessen und soll nicht mehr darüber gesprochen werden, wie manche es sich wünschen?
ENGLEITNER: Nur wenn Gerechtigkeit und Frieden auf der ganzen Erde herrschen, dann muss nicht mehr darüber gesprochen werden. Aber heute ist es vor allem für die Jugend sehr wichtig, dass sie alles erfährt.

97. Was haben Sie für die Zukunft noch geplant?
ENGLEITNER: Ich wünsche mir, dass mir noch viel Zeit bleibt, in den Schulen und Universitäten als Zeitzeuge sprechen zu können. Ich möchte auch noch viel Neues lernen und meine Persönlichkeit verbessern.

98. Wie möchten Sie in Erinnerung bleiben?
ENGLEITNER: Ich möchte nicht bewundert werden, sondern dass die Menschen schließlich sagen: „Der hat sich für gerechte Grundsätze eingesetzt und er hat sich richtig für den Frieden eingesetzt."

99. Was möchten Sie uns noch sagen? Welche Frage wurde nicht gestellt?

ENGLEITNER: Menschen fragen mich oft, warum ich so alt geworden bin. Ich antworte ihnen meistens: „Ich habe mich bemüht gesund zu leben, habe nie geraucht oder übermäßig Alkohol getrunken. Ich habe mich auch nie geärgert und mir auch keine Sorgen gemacht, weil ich dies alles Gott anvertraut habe. Ich war auch immer lernbegierig und habe mich immer auf die Zukunft konzentriert. Was ich nicht ändern konnte, habe ich akzeptiert und keinen entgangenen Gelegenheiten nachgetrauert. Ich war für jeden Tag dankbar, den ich am Leben sein durfte, und habe immer eine positive Lebenseinstellung gehabt. Und ich lache auch gerne über einen Witz.

Ich weiß natürlich, dass noch vieles andere passen muss, um ein so hohes Alter zu erreichen, was man selbst nicht beeinflussen kann. Aber was in meiner Macht war, habe ich getan.

Ich möchte auch noch einen Spruch erzählen, den ich auch öfters erwähne, wenn ich gefragt werde, warum ich immer noch lebe:

„I bi a lustiga Bua. I hob an oim a Freid. Nur zan Sterbn, do hob i koa Zeit. (Ich bin ein lustiger Bub. Ich habe an allem eine Freude. Nur zum Sterben, da habe ich keine Zeit.)"

100. Nach allem, was Sie erlebt haben, was für einen Rat können Sie uns jungen Menschen geben?

ENGLEITNER: Ich möchte euch empfehlen, sich eine gesunde Lebensweise anzugewöhnen, stets nach dem Frieden zu jagen und gerechte Grundsätze anzuwenden und vor allem Nächstenliebe zu bekunden.

Renée Firestone: Von Auschwitz ins Kennedy Center

Renée Firestone, geborene Weinfeld, geb. 13. April 1924
Verfolgungsgrund: Jüdin
Dauer des Freiheitsentzuges: 1 Jahr
Land: USA

Abb. 15: Renée Firestone, 1945

Abb. 16: Renée Firestone, 2009

Renée Firestone, geborene Weinfeld, wurde am 13. April 1924 in Užhorod im östlichsten Teil der Tschechoslowakei in eine jüdische Familie geboren. Nachdem dieses Gebiet 1939 von den Ungarn annektiert worden war, musste sie unter ungarischer Herrschaft erste Repressalien

gegen die jüdische Bevölkerung erleben. Sie durfte keine öffentliche Schule mehr besuchen. Als nach dem Einmarsch Hitlers in Ungarn die systematische Vernichtung der ungarischen Juden begann, wurde sie am 29. April 1944 mit ihren Eltern und ihrer Schwester in das Ghetto Užhorod gebracht und am 26. Mai 1944 in das KZ Auschwitz-Birkenau deportiert. Täglich war sie den gefürchteten Selektionen durch Dr. Josef Mengele ausgesetzt und hatte auch einige direkte Begegnungen mit ihm. Im Herbst 1944 kam sie in das Frauenarbeitslager Liebau in Schlesien, einem Nebenlager des KZ Groß-Rosen. Am 8. Mai 1945 wurde sie von der russischen Armee befreit. Ihre Mutter wurde vergast, ihre Schwester Klara wurde nach Experimenten, die Dr. Hans Münch an ihr verübt hatte, erschossen, ihr Vater starb kurz nach der Befreiung aus dem KZ. Nur ihr Bruder Frank überlebte.
Nach dem Krieg lebte Renée Firestone in Prag und emigrierte 1948 mit ihrer Familie in die USA. Sie arbeitete als Modedesignerin und führte ein erfolgreiches Modegeschäft. 1998 erzählte sie ihre Geschichte in Steven Spielbergs mit einem Oscar ausgezeichneten Dokumentarfilm *„The Last Days"* („Die letzten Tage"). Als Vortragende in Schulen, im Simon Wiesenthal Center in Los Angeles und im Los Angeles Museum of the Holocaust erzählt sie regelmäßig jungen Menschen vom Holocaust. Renée Firestone lebt in Kalifornien in den USA.

Die Interviews wurden am 28.5.2009, 4.8.2011, 12.8.2011, 14.9.2011, 23.10.2011, 2.11.2011, 13.11.2011 und 23.11.2011 geführt.

1. Wann wurden Sie geboren? Wie war Ihr Vater? Wie war Ihre Mutter?

FIRESTONE: Mein Name ist Renée Firestone. Ich wurde als Renée Weinfeld am 13. April 1924 in der Stadt Užhorod ganz im Osten der Tschechoslowakei geboren. Mein Vater Morice [Moritz] hatte ein Textilgeschäft mit Schneiderei, das ziemlich gut ging. Wir waren Juden der oberen Mittelklasse. Er baute uns ein schönes Haus, wir hatten eine hübsche Villa. Ich kann mich nicht erinnern, dass meine Mutter Johanna [geborene Rosenfeld] gearbeitet hat. Ich weiß, dass sie für ihn arbeitete, als sie frisch verheiratet waren. Meine Mutter war berufstätig, bevor sie heiratete, was damals sehr ungewöhnlich war. Sie hatte mit ihren beiden Schwestern ein Hutgeschäft in Wien und man erzählte mir, dass sie dort das Kaiserhaus beliefert haben.

Ich hatte einen vier Jahre älteren Bruder, sein Name war Frank, auf Tschechisch František, und eine Schwester, die viereinhalb Jahre jünger war als ich, ihr Name war Klara.

2. Was ist Ihre früheste Kindheitserinnerung?

FIRESTONE: Ich erinnere mich, dass ich zu tanzen begann, als ich noch sehr klein war. Ich ging auch eislaufen und später lernte ich Ballett. Ich erinnere mich – ich habe sogar ein paar Bilder davon –, dass meine Mutter immer die Kostüme für uns machte und ich bei verschiedenen Veranstaltungen auftrat. Ich erinnere mich auch, dass ich mit vier Jahren in den Kindergarten kam. Ich hatte eine tschechische Kindergartentante, die eine Tochter in meinem Alter hatte und wir waren enge Freundinnen. Ich kann mich an viele Dinge in meiner Kindheit erinnern.

Abb. 17: Renée Firestone, ca. 1938

3. Wie verlief Ihre Kindheit?

FIRESTONE: Im Grunde hatte ich eine sehr schöne Kindheit. Wir lebten auf halber Höhe eines Hügels und über uns, ganz oben auf dem Hügel, war eine andere Villa, die einem tschechischen Abgeordneten gehörte. Mit dessen Tochter und Sohn war ich auch befreundet. Sein Name war Zajic, das bedeutet auf Tschechisch Hase. Oberhalb von uns war ein Nonnenkloster. Es hatte eine hübsche griechisch-orthodoxe Kirche und sah aus wie eine Festung. Ich erinnere mich auch, dass vor dieser Festung ein Baum stand, auf den wir immer hinaufkletterten – um dann auf dem Dach der Festung zu sitzen. Unsere Eltern hatten immer Angst, dass wir hinunterfallen.

Meine Eltern waren wohlhabend und wir hatten damals jeden in Europa erdenklichen Luxus. Sowohl mein Bruder als auch ich – meine Schwester war ja viel jünger – machten vielerlei Sport: Wir fuhren Ski, gingen Eislaufen und spielten Tennis. Ich war Turnerin und mein Bruder Leichtathlet. Wir hatten wirklich eine wunderschöne Kindheit, bis 1939 die Ungarn kamen.

Abb. 18: Schwester Klara und Bruder Frank Weinfeld, ca. 1940

4. Welche Schulbildung haben Sie?

FIRESTONE: Ich ging in die tschechische Grundschule und dann für drei Jahre ins Realgymnasium. Als die Ungarn kamen, konnte ich nicht mehr zur Schule gehen.

Nach dem Krieg lebte ich in Prag und ich besuchte die Kunstakademie. Später entschied ich, dass ich vielleicht doch etwas Praktischeres machen sollte und so wechselte ich zur Gebrauchskunst und beendete die Akademie in Prag.

5. Wie war Ihre Jugendzeit? Welchen Beruf haben Sie erlernt und was haben Sie gearbeitet?

FIRESTONE: Den größten Teil meiner Jugend verbrachte ich unter ungarischer Herrschaft, weil ich im Alter von 20 Jahren ins Lager kam. Bis dahin war ich einfach zu Hause. Ich bekam bei einer Frau Privatunterricht, sie lehrte mich, Kunstblumen und Stickereien herzustellen. Sie war eine Art Kunstlehrerin und hatte einige Schüler in ihrem Haus – das machte ich, bevor ich ins Lager kam.

6. Was können Sie von Ihrer Familie erzählen?

FIRESTONE: Nach dem Krieg fand ich meinen Bruder Frank wieder und wir ließen uns in Prag nieder, weil er eine Art Kriegsheld war. Die tschechoslowakische Regierung gab ihm eine schöne Wohnung in Prag und eines Tages trafen wir einen Freund von ihm, mit dem er im Zwangsarbeitslager gewesen war, der uns dann regelmäßig besuchte. Das war Bernard Feuerstein. Er war in einem ungarischen Zwangsarbeitslager gewesen und irgendwann im Jahr 1944 wurde er in das Konzentrationslager Mauthausen gebracht. Er wurde am 8. Mai 1945 befreit. 1946 heirateten wir. Auch mein Bruder heiratete, und zwar seine Freundin, die sich während des Krieges in Budapest versteckt hatte. Meine Tochter Klara wurde 1947 geboren, ebenfalls in Prag. 1948 kam ich in die Vereinigten Staaten, übrigens änderten wir dann unseren Namen auf „Firestone". Bernard war in Europa für einige Zeit Lehrer gewesen und studierte dann in Prag Jus, aber er beendete das Studium nicht, weil wir in die Vereinigten Staaten kamen und er nicht mehr zurück auf die Uni ging. Ich wurde Modedesignerin und er lernte Schnittzeichner und wir wurden Geschäftspartner. Wir waren lange Zeit im Geschäft. Er starb 2001. Ich habe eine Enkeltochter, die Johanna heißt, und drei Urenkel.

7. Haben Sie mit „Heil Hitler!" gegrüßt?

FIRESTONE: Nein. Denn die Nazis kamen erst 1944 nach Ungarn und dann wurden wir sofort weggebracht. Deshalb hatten wir auch keinen Anlass dazu.

8. Warum wurden Sie von den Nationalsozialisten verfolgt?

FIRESTONE: Nun, weil ich Jüdin war und wir wussten natürlich, dass es Hitlers Hauptziel war, das jüdische Volk auszulöschen.

9. Wann wurden Sie verhaftet?
FIRESTONE: Ich wurde nicht verhaftet. Wir wurden benachrichtigt – die ganze Stadt wurde sofort benachrichtigt, als die Deutschen einmarschierten. 1944, als Hitler übrigens aus der Sowjetunion vertrieben worden war und die deutsche Armee an die ungarische Grenze abgedrängt wurde, wussten wir bereits, dass England und Amerika an der Westfront kämpften. Daher glaubten wir, dass wir gerettet würden, dass wir die einzigen Juden sein würden, die zu Hause bleiben könnten. Aber dann fand Hitler heraus, dass unser Präsident Horthy ein falsches Spiel mit ihm trieb und mit den Alliierten verhandelte. Da lud er [Hitler] Horthy nach Berlin ein und marschierte in Ungarn ein. Als sie in Ungarn einmarschierten, wurden wir sofort benachrichtigt, dass wir herausgebracht werden, an einen anderen Ort. Das geschah am 29. April 1944.

10. Warum wurden Sie interniert?
FIRESTONE: Das war sehr interessant, denn wir wurden belogen. Man sagte uns, dass man uns nach Deutschland bringt. Es wurde uns auch gesagt, dass Deutschland in Schwierigkeiten war und sie Leute für die Ernte, die Herstellung von Lebensmitteln für die Armee und die Arbeit in den Fabriken brauchten. Wir dachten, dass wir dort hingebracht werden. Ich erinnere mich, dass wir am Bahnhof ankamen und sehr überrascht waren, dass wir nicht in Personenzügen transportiert werden. Aber die Leute versuchten, die Deutschen damit zu entschuldigen, dass Deutschland in solchen Schwierigkeiten war, dass sie alle Züge brauchten, um ihre eigenen Soldaten zu befördern und deshalb mussten wir in Viehwaggons fahren. Wir wussten nicht, wo wir hinfuhren, bevor wir dort ankamen. Wir dachten, wir würden nach Deutschland fahren.

11. Wie wurden Sie gefangen genommen?
FIRESTONE: Nun, wie ich bereits sagte, wir wurden nicht verhaftet. Man sagte uns, dass man uns herausbringen würde und ich erinnere mich, dass ich mich an meinen Vater wandte, weil ich den Deutschen irgendwie nicht traute. Wir wussten von Massengräbern und dass Juden in Polen vor Massengräbern erschossen wurden, deshalb war ich ziemlich besorgt. Mein Vater erklärte mir, auch wenn man Hitler nicht trauen konnte, so würde er wahrscheinlich unsere Arbeitskraft benötigen und ich war beruhigt. Ich dachte, wir würden nach Deutschland fahren.

Wir wurden von zu Hause abgeholt und in das Ghetto Užhorod gebracht. Das war eine Ziegelfabrik, wo wir ungefähr drei Wochen blieben, bis sie uns wegbrachten. Wir wurden in Viehwaggons gepfercht. In dem Viehwaggon, in dem ich war, waren ungefähr 120 Personen, deshalb gab es keinen Platz, sich hinzusetzen. Wir hatten kaum Platz, unsere Koffer abzustellen. Und ich erinnere mich, dass ich als gesunde, starke 20-Jährige zusammen mit einigen Freunden, Mädchen und Burschen in meinem Alter, versuchte, den älteren Leuten zu helfen. Wir suchten die alten Leute heraus und ließen sie an den Kanten des Waggons sitzen, so dass sie nicht stehen mussten. Ich erinnere mich, dass wir den Müttern die Babys und Kinder abnahmen, die sie in ihren Armen hielten, um es ihnen bequemer zu machen. Wir legten die Babys in den Schoß jener, die saßen. Die Viehwaggons waren von außen verschlossen. Sie gaben uns kein Essen und auch kein Wasser. In einer Ecke des Waggons stand ein leerer Eimer, um den etwas Stroh lag und uns wurde klar, dass dies die Toilette sein sollte. Die Reise dauerte dreieinhalb Tage. Jede Nacht hielt der Zug an und die Nazi-Soldaten, die unseren Zug eskortierten, schlugen an die Wände der Waggons und sagten uns, wenn wir Geld oder Wertgegenstände, Juwelen, Gold oder Silber verstecken wollten, sollten wir es aufgeben oder wir würden dafür büßen müssen. Und während sie zu uns sprachen, hörten wir von draußen Schüsse und Schreie und wir dachten, dass sie vielleicht Menschen suchten und töteten. Tatsache war, dass wir unsere Wertgegenstände an einem bestimmten Platz deponieren mussten, als wir unsere Häuser verließen – also niemand wagte es, etwas zu verstecken. Aber wir wussten nicht, warum sie schossen. Der Transport endete in Auschwitz-Birkenau.

12. Wusste man von Anfang an, was in den Lagern passiert? Bevor Sie abgeholt wurden, wussten Sie, was passieren würde?

FIRESTONE: Nun, zunächst wussten wir gar nicht, dass es Lager gab. Wir wussten nichts von der Wannseekonferenz. Wir hatten noch nie davon gehört. Wir wussten nicht, dass in Polen sechs Vernichtungslager errichtet worden waren, deshalb glaubten wir wirklich, dass wir zur Arbeit nach Deutschland fuhren und deshalb war auch niemand beunruhigt. Als wir in Auschwitz ankamen, hatten wir immer noch keine Ahnung, wir dachten noch immer, dass wir in Deutschland wären. Wir hatten keinen Schimmer, was vor sich ging.

13. In wie vielen verschiedenen Lagern waren Sie? Wie viele Jahre verbrachten Sie dort?

FIRESTONE: Wir kamen am 26. Mai 1944 nach Auschwitz. Ich war bis Herbst in Auschwitz-Birkenau. Dann ging ich auf den „Todesmarsch“ und wurde nach Schlesien gebracht, ins Lager Liebau, wo ich bis Kriegsende für die Firma Nordland, die zur Firma Krupp gehörte, Zwangsarbeiterin war. Am 8. Mai 1945 wurde ich von den Russen befreit.

14. Waren Sie allein oder mit Familie und Freunden im Konzentrationslager? Hatten Sie Kontakt mit ihnen?

FIRESTONE: Mein Bruder war bereits in einem ungarischen Zwangsarbeitslager, als man uns wegbrachte. Meine Mutter wurde nach der Ankunft in die Gaskammer gebracht, sofort nachdem wir am Bahnhof angekommen waren. Mein Vater wurde nach Auschwitz I gebracht und meine Schwester und ich nach Birkenau. Ungefähr eine Woche nach unserer Ankunft kamen einige Männer in unser Lager, um etwas zu reparieren. Wir wussten nicht, wer sie waren, es waren einfach ein paar Arbeiter; als wir nachschauten, wer sie waren, sah ich meinen Vater. Natürlich war uns nicht erlaubt, miteinander zu sprechen oder irgendwie mit ihnen Kontakt aufzunehmen. Aber ich erinnere mich, dass ich mich verstecken wollte, als ich erkannte, dass mein Vater dort dabei war. Ich wollte nicht, dass er mich so sah, mit rasiertem Kopf in diesen Lumpen, und so versuchte ich, mich hinter jemand zu verstecken und da traten wir in Kontakt – wir schauten uns an und ich sah, wie meinem Vater die Tränen kamen. Er weinte und ich weinte natürlich auch – das war das letzte Mal, dass ich ihn im Lager sah. Meine Schwester blieb sechs Monate bei mir, aber danach trennte mich Dr. Mengele von ihr. Wir sahen uns jeden Morgen am Stacheldraht, nur um uns zu sagen, dass wir lebten, und ich erinnere mich, dass sie an Jom Kippur [Versöhnungstag], dem höchsten jüdischen Feiertag, nicht auftauchte und ich dachte, dass sie möglicherweise wegen des Feiertages aufgeregt war. So sagte ich mir: „Morgen werde ich sie sehen.“ Aber sie kam nicht mehr und ich wusste, dass sie wahrscheinlich tot war.

15. Was passierte unmittelbar nach Ihrem Eintreffen im KZ?

FIRESTONE: Zuerst wurden wir ins Lager aufgenommen, das heißt, unsere Kleider wurden uns weggenommen. Als wir aus dem Badehaus, das sie „Zentralsauna“ nannten, herauskamen, um rasiert zu werden, hatte ich noch mein Haar und war vollkommen nackt, da kam Mengele mit einem anderen Arzt herein. Ich glaube, sein Name war Dr. Klein; sie standen unter einer Lampe und wir gingen zu einer Stelle, wo sie unsere Köpfe rasierten.

Eine Freundin hinter mir tippte mir auf die Schulter und sagte: „Schau, dieser Nazi fragt nach dir …“ Ich sah hinüber und sah, wie Mengele mich zu ihm hinüberwinkte. Ich wandte mich ab, tat so, als wäre nicht ich gemeint und ignorierte es. Sie tippte mir wieder auf die Schulter und sagte: „Du gehst besser hinüber. Dieser Nazi will dich.“ Ich habe mich vor meinem Vater niemals ausgezogen – hier war ich vollkommen nackt – und ich sah wieder hinüber und er winkte mich wieder zu ihm hinüber. Also versuchte ich, mich zu bedecken, ging hinüber und er nahm seine Peitsche – er trug immer einen kleinen Stock wie eine Peitsche –, legte sie unter mein Kinn, hob meinen Kopf ans Licht und fragte mich: „Warum bist du da?“ Ich sagte: „Ich bin eine Jüdin.“ Und er sagte: „Gut, wer in der Familie, welcher Elternteil ist nicht jüdisch?“ Und ich sagte: „Beide Eltern, beide [sind jüdisch].“ Dann sagte er: „Und was ist mit deinen Großeltern?“ Er fragte mich auch noch nach dem Vater meiner Mutter, nach der Mutter meiner Mutter und ich sagte immerzu: „Alle, alle Juden.” Da wandte er sich an diesen Dr. Klein und sagte: „Aber das ist unmöglich.“ Nun, ich hatte langes blondes Haar, blaue Augen und war in guter körperlicher Verfassung. Ja, ich schaute wie irgendein deutsches Mädchen aus, aus der Hitlerjugend. Während sie noch über mich sprachen, sah ich, dass meine Schwester bereits beim Rasieren war, und ich drehte mich um und lief zu meiner Schwester. Ich hatte Angst, dass ich sie verlieren, nicht mehr erkennen würde, wenn sie ihr den Kopf rasierten. Ein Kapo kam mir nach, schlug mich und beschimpfte mich auf Polnisch: *„Psiakrew, cholera jasna.“* Er verfluchte mich und schrie mich an, wie dumm ich sei und dass ich Glück gehabt hatte, von Mengele nicht erschossen worden zu sein und dass niemand vor Dr. Mengele davonläuft. Das war mein erstes Erlebnis mit Mengele.

Als er mich dann von meiner Schwester trennte, hoffte ich, dass meine Schwester mir nachlaufen würde. Ich hatte ihr immer wieder gesagt, dass sie bei mir bleiben soll. Sie tat es nicht, deshalb versuchte ich, ihr nachzulaufen. Mengele fing mich und übergab mich dem Kapo.

Der Kapo schlug mich, aber ich hatte wieder Glück, da sie sagten, dass mich Mengele eigentlich hätte erschießen müssen. Und das dritte Mal war kurz bevor wir befreit wurden, da sagte er mir, wenn ich überlebte, sollte ich mir die Mandeln operieren lassen.

Unsere Köpfe und Körper wurden rasiert; dann besprühten sie uns mit DDT, einem Pestizid, dann gaben sie uns einen geflickten Lumpen, den wir anziehen sollten. Als wir die „Zentralsauna“ verließen, malten sie einen gelben Streifen auf unsere Rücken, oben vom rasierten Kopf den ganzen Rücken hinunter. Und so haben sie uns ins Lager aufgenommen. Es war vollkommen finster; es war mitten in der Nacht. Wir wussten nicht, ob es Menschen in unserer Umgebung gab oder Häuser; und wir standen da, viele weinten, kreischten oder redeten miteinander. Niemand wusste, was auf uns zukam, jeder dachte, dass sie uns nun vielleicht mit einem Maschinengewehr erledigen würden. Wir warteten dort viele Stunden lang, plötzlich entdeckten wir vier Ziegelschornsteine. Feuer und Rauch stiegen in den Himmel auf, der wurde rot und der ganze Platz wirkte wie die Hölle. Wir wussten nicht, was diese Feuer bedeuteten, warum der Himmel rot war, überall Asche auf den Boden fiel, der ganz weiß vor lauter Asche wurde. Alle schrien und niemand hatte eine Ahnung, was da vor sich ging.

Ich erinnere mich, dass eine der Gefangenen zu uns sagte: „Macht euch keine Sorgen, diese Schornsteine müssen die Fabriken sein, in denen wir arbeiten werden.“ Natürlich wollten wir glauben, dass sie Recht hatte, und jeder hoffte, dass dies vielleicht Fabriken waren, dass wir vielleicht arbeiten würden. Viele Stunden später hatte eine andere Gefangene eine andere Idee. Sie dachte, das wären Bäckereien. Sie roch etwas Verbranntes. Sie sagte: „Riecht ihr nicht, dass etwas verbrennt? Sie backen Brot für uns.“ Das war am vierten Tag ohne Essen, deshalb wollte ihr jeder glauben, dass sie Brot backten. Aber am nächsten Morgen, bei Tagesanbruch, kamen die Kapos, die Aufseherinnen, und begannen uns, in Reihen zu prügeln.

Das ging den ganzen Tag so. Sie sagten uns nicht, was sie von uns wollten, daher hatten wir keine Ahnung. Wir hätten uns selbst in Reihen aufgestellt, wenn sie uns gesagt hätten, was sie wollten. Sie schlugen und schoben und stießen uns. Am späten Nachmittag dieses Tages erkannten wir dann, dass wir in Reihen standen und sie etwas auf Deutsch schrien, was wie „Zählappell” klang, aber niemand wusste, was „Zählappell“

bedeutete. Ich fand heraus, dass vor unseren Reihen jene lagen, die zu Tode geprügelt worden waren. Und ich erinnere mich, dass sich einige noch bewegten. Ich dachte daher, dass „Zählappell" vielleicht die Art bedeutete, mit der sie jeden umbringen würden und dass beim nächsten „Zählappell" ich oder meine Schwester dort liegen würden, also bekam ich Angst.

Und da begann meine Schwester zu weinen und sie fragte mich, wann wir wieder mit unseren Eltern zusammen sein würden. Wir wussten nicht, wo unsere Eltern waren. Also ging ich in meiner Unwissenheit zu einer der Aufseherinnen und fragte sie sehr höflich, ob sie wüsste, wann wir unsere Eltern wiedersehen würden. Da deutete sie auf einen der Schornsteine und sagte: „Siehst du nicht den Schornstein, das Feuer und den Rauch? Da gehen deine Eltern! Und wenn du durch den Schornstein gehst, seid ihr wieder vereint." Ich hatte keine Ahnung, worüber sie sprach. Also begann ich, Gefangene zu befragen: „Warum sollte ich durch diesen Schornstein gehen; was meint sie damit?" Nun, das fanden wir später heraus.

Ich wurde [mit der Nummer A-12307] wahrscheinlich so zwei Wochen nach unserer Ankunft tätowiert. Das Tätowieren hatte keinen bestimmten Zweck oder Sinn. Wenn sie beschlossen, sich mit einer Gruppe zu spielen, dann tätowierten sie. Viele waren nicht tätowiert.

16. Warum wurden die Köpfe der Gefangenen geschoren?

FIRESTONE: Sie sagten natürlich, dass sie Angst vor Läusen hätten, aber ich glaube, es war nur zur Demütigung. Uns auf jede erdenkliche Art zu demütigen. Ich glaube, die ganze Behandlung war nur Demütigung.

17. Zu welcher Gruppe der KZ-Häftlinge gehörten Sie?

FIRESTONE: Welcher Gruppe? Nun ich war mit allen ungarischen Juden beisammen. In diesem spezifischen Lager waren alle ungarische Juden. Aber in jedem Lager waren andere Völker, ich war im Lager C.

18. Wie war der Tagesablauf im KZ?

FIRESTONE: Tagwache war zwischen drei und vier Uhr morgens. Der [weibliche] Kapo pfiff und wir mussten aus dem Bett springen. Wir mussten nach draußen gehen und uns für den „Zählappell" aufstellen.

Manchmal standen wir bis zehn oder elf Uhr dort, bis Dr. Mengele kam und uns zählte. Nach dem Zählen am Morgen brachten sie ein paar Fässer mit einer Flüssigkeit. Diese Flüssigkeit wurde „Ersatz" genannt. Sie ähnelte Tee oder Kaffee. Ich weiß nicht, woraus sie bestand; sie war immer voller Dreck. Wir fanden Sicherheitsnadeln darin und Teile von Kämmen, Glasstücke, also sie war voll Abfall. Wir standen in 5er-Reihen und sie gaben der ersten Gefangenen eine kleine Schüssel, die übrigens meiner Meinung nach nie gewaschen wurde, und die erste Gefangene musste zu dem Fass gehen und der [weibliche] Kapo gab ihr etwas von dem „Ersatz". Sie musste zurückgehen und wir fünf mussten uns die Schüssel mit der Flüssigkeit teilen. Ich muss Ihnen nicht sagen, dass wir alle hungerten. Wenn die Schüssel die vierte oder fünfte Gefangene erreichte, war nichts mehr darin und so musste man bis zum Nachmittag warten, bis ungefähr drei Uhr. Da hatten wir wieder einen „Zählappell", der bis 9 Uhr abends dauerte, und dann brachten sie die gleiche Flüssigkeit. Sie nannten sie „Suppe" und servierten sie auf dieselbe Art; und mit der „Suppe" erhielten wir ein Stück Brot. Es war eine Art Schwarzbrot, das in acht Scheiben geschnitten wurde und eine dieser Scheiben war unsere Tagesration.

Wenn wir an Sonntagen nicht bestraft wurden, dann brachten sie uns etwas – wir mussten unsere Hände so halten *(hält hohle Hand auf)* – und sie gaben einen Löffel Marmelade hinein, die aus Zuckerrüben gemacht war. Darauf warteten wir immer, da wir nach Süßigkeiten lechzten. Oder sie gaben uns ein Stück Pferdesalami – das waren die Leckerbissen an Sonntagen. Aber wenn wir bestraft wurden, bekamen wir sie nicht.

19. Was war das Schlimmste am täglichen Ablauf?

FIRESTONE: Das Schlimmste war, dass wir den ganzen Tag draußen waren. Wir durften nicht in die Baracken gehen und die Stockbetten wurden den ganzen Tag geschrubbt. Wir hatten keine Decken, wir schliefen auf den Holzpritschen und sie waren immer nass. Viele hatten deswegen Tuberkulose und viele andere Arten von Krankheiten. Das war wahrscheinlich das Schlimmste. Auch draußen zu sein, im Sommer bei über 40 Grad und im Winter im Schnee; obwohl der Winter nicht so schlimm war wie der Herbst, als es in Strömen regnete und der Schlamm knietief war. Es war unerträglich draußen. Trotzdem durften wir nicht hineingehen. Also das war schlimm.

20. Schweißte der Alltag eher zusammen oder versuchte man alleine-zurechtzukommen?

FIRESTONE: Manche ja, manche nein. Es gab Häftlinge, die keine Kontakte hatten, die immer allein für sich waren, und es gab welche, die versuchten, mit anderen zusammen zu sein. Aber das war nicht gut möglich, da wir von den Wächtern mit Maschinengewehren von den Wachtürmen aus beobachtet wurden. Wenn die Wächter eine Menschenansammlung sahen, schossen sie, deshalb versuchten wir, diese zu vermeiden. Selbst wenn wir miteinander sprachen, saßen wir auseinander, so dass sie uns nicht als Gruppe wahrnehmen konnten. Und wir knüpften keine engen Freundschaften, denn wir wussten, dass die andere jeden Tag verschwinden könnte und das hätte nur mehr Kummer verursacht.

21. Welche Möglichkeiten gab es für Sie, sich von dem grausamen Alltag abzulenken (Musik etc.)? Was hat Ihnen Kraft gegeben?

FIRESTONE: Nun, ich weiß nicht, ob es uns Kraft gab, aber weil wir hungerten, „kochten" wir *(lacht)*. Wir tauschten Rezepte aus, wenn wir konnten und wir versuchten zu „kochen", indem wir über Essen sprachen. Das befriedigte unsere Bedürfnisse auf eine gewisse Art und Weise.

22. Wie waren die Lebensbedingungen in den Baracken (Aufteilung, Verpflegung, Hygiene, Kleidung etc.)?

FIRESTONE: Hygiene gab es keine. Wir waren immer voller Läuse, obwohl sie versuchten, die Holzpritschen ständig zu reinigen. Die Bettgestelle waren dreistöckig, für ungefähr sechs mal sechs Personen, wir waren zwölf auf einer Pritsche, also sechs in der einen und sechs in der anderen Richtung. Wir hatten keine Decken. Wir schliefen auf den Holzpritschen und was uns warm hielt, war, so eng beieinander zu liegen; nur das hat uns während der Nacht warmgehalten. Die Zustände waren vollkommen unmenschlich und unbeschreiblich.

Die Deutschen hatten sich sogar um die Menstruation gekümmert, denn in unserem Essen war eine Droge namens Brom. Brom war ein Beruhigungsmittel, aber es stoppte auch sofort die Menstruation. Die haben wirklich alles wissenschaftlich durchdacht. Deshalb ist in meinen Augen der Unterschied zwischen einem Völkermord und dem Holocaust der, dass der Holocaust von Wissenschaftlern und gebildeten Menschen verübt und vollkommen wissenschaftlich ausgetüftelt war.

23. Welche Arbeiten mussten Sie verrichten? Wie lange mussten Sie arbeiten?

FIRESTONE: Welche Arbeiten? In Birkenau nichts. Das war wahrscheinlich das Schlimmste: dass wir wussten, dass wir nutzlos waren und wir jede Minute für die Gaskammer herausgeholt werden konnten. Später wurde ich ins Zwangsarbeitslager Liebau gebracht, wo ich für Krupp in einer Fabrik arbeitete, die Schneeketten für deutsche Panzer herstellte. Wir arbeiteten in 12-Stunden-Schichten, Tag- und Nachtschicht. Ich hatte verschiedene Tätigkeiten, z. B. Löten, und ich war auch eine der wenigen, die wussten, wie das Muster am Tisch zusammenzusetzen war, denn die Kette wurde in ein Muster gelegt. Deswegen fand der leitende Ingenieur Gefallen an mir, als er sah, dass ich einiges von dem konnte, was er brauchte, und gelegentlich brachte er mir etwas Essen. Er versteckte es irgendwo und flüsterte mir dann zu, wo es war und dass ich gehen und es holen sollte. Dieser Mann kam nach Kriegsende ins Lager, nahm mich zu sich nach Hause und stellte mich seiner Frau und seinen Kindern vor. Ich bedaure es sehr, dass wir nachher keinen Kontakt mehr hatten, denn er war wirklich gut zu mir.

24. Wie wirkte auf Sie der Spruch „Arbeit macht frei"?

FIRESTONE: Zunächst sah ich sie überhaupt nicht – die Aufschrift „Arbeit macht frei" am Tor von Auschwitz I, wir kamen nie dahin. Wir haben gehört, dass es so eine Aufschrift am Tor gab und wir dachten natürlich, dass es eine weitere Schikane war. Natürlich habe ich sie nach dem Krieg gesehen.

25. Wie waren die Aufseher im Lager?

FIRESTONE: Brutal. Einfach brutal. Es gibt kein anderes Wort dafür. Sie waren unmenschlich und brutal. In unserem Lager war die Lagerführerin eine Frau. Es war Irma Grese. Dan Brown schrieb ein Buch über sie [*„The Beautiful Beast"*]. Sie war eine der drei Frauen, die nach dem Krieg verurteilt und aufgehängt wurden. Also können Sie sich vorstellen, wie brutal sie war.

Ihre Lagerälteste war eine Gefangene, die einen Dienstrang hatte und war mit Irma und Dr. Mengele unterwegs. Die damalige Lagerälteste lebt heute in Australien. Als wir mit den Interviews für Steven Spielberg begannen, wollten wir auch sie interviewen, aber sie lehnte ab. Später kontaktierte sie uns und sie machte das Interview. Ich habe es mir noch nicht angesehen.

26. Gab es Kontakte zwischen den Häftlingen und der Bevölkerung?

FIRESTONE: Absolut keine.

27. Wussten Sie über den Kriegsverlauf in der Außenwelt Bescheid?

FIRESTONE: Bis September wussten wir gar nichts. Im September flogen einige amerikanische Flugzeuge über Birkenau. Sie flogen zu Auschwitz III, zu den Buna-Werken, wo sich die Fabrik der I.G. Farben Auschwitz befand. In dieser Fabrik verarbeiteten sie alle Waren, die die Juden in ihren Koffern mitgebracht hatten, und schickten sie dann nach Deutschland.

Diese amerikanischen Flugzeuge bombardierten Buna und flogen dann zurück. Einige Leute erkannten, dass es amerikanische Flugzeuge waren, und so wussten wir, dass die Vereinigten Staaten bereits so weit vorgedrungen waren. Das war alles, was wir wussten. Denn als wir dann in Liebau waren, kurz bevor der Krieg zu Ende ging, warfen die Russen die Bomben; wir wussten deshalb, dass es Russen waren, weil sie diese „Stalin-Kerzen“ hatten – diese Leuchtkugeln befanden sich an Fallschirmen, um die Orte zu beleuchten, die sie dann bombardierten. So wussten wir, dass die Russen nahe waren.

Aber das Problem war, dass uns die Deutschen sagten, dass im Fall eines Kriegsendes und selbst dann, wenn sie verlieren, wir uns nicht darüber freuen sollten: „Denn wir werden euch vorher erledigen.“ Deshalb hatten wir vor dem Kriegsende Angst, weil wir wussten, dass sie uns höchstwahrscheinlich töten würden.

28. Durften Sie im KZ Briefe, Lebensmittel, ... empfangen?

FIRESTONE: Wir hatten keine Verbindung zur Außenwelt. Das Einzige war, dass sie uns bei unserer Ankunft gezwungen haben, ja, tatsächlich gezwungen, eine Nachricht nach Hause zu schreiben, dass wir in diesem wunderschönen Wald seien, dass man sich um uns kümmert und alles in Ordnung sei. Ich schrieb eine Nachricht an meinen Bruder im Zwangsarbeitslager und als er sie erhielt, hatte er keine Ahnung, wo wir waren.

29. Welche Folterungen mussten Sie über sich ergehen lassen?
FIRESTONE: Na ja, dort zu sein, war schon eine Folter. Ich meine, man schlief dort auf einer Holzpritsche, man fror oder litt unter der sengenden Hitze draußen, man saß den ganzen Tag am Boden und hungerte. Man bekam nichts zu essen. Sind das nicht genug Folterungen?

30. Was war der schrecklichste Moment für Sie?
FIRESTONE: Es herrschte Angst, die ganze Zeit. Überall herrschte Angst. Ich hatte Angst, als ich vom Zug stieg und feststellte, dass meine Eltern verschwunden waren; ich wusste nicht, was mit uns passiert, wohin wir gehen, was sie mit uns machen, wo wir waren. Wir wussten nicht, was für ein Ort das war, was mit uns geschehen wird, ich war allein mit meiner 14-jährigen Schwester. Einfach alles war Furcht einflößend.

31. Gab es humorvolle Momente, die Sie das Leid für einen Augenblick vergessen ließen? Wie hat man sich diese vorzustellen?
FIRESTONE: Na ja, gelegentlich. Es gab ein paar talentierte Leute dort und ich erinnere mich, dass da eine junge Frau war, sie war Pantomimin und trat gelegentlich bei den Baracken auf. Ich erinnere mich an eine Szene, in der sie vorgab, eiszulaufen, und jedes Mal musste ich dabei weinen, weil ich mich erinnerte, wie ich selbst eisgelaufen bin. Es gab also einige solcher Momente, wenn auch sehr selten.

32. Was waren Ihre tagtäglichen Gedanken, als Sie im KZ waren?
FIRESTONE: Ich hatte keine Gedanken. Absolut keine. Das verursachte das Brom. Man war wie ein Zombie. Man dachte nicht. Man wusste, man war dem Untergang geweiht; ich dachte niemals, dass ich lebend herauskommen würde.
Also hatte ich keine Gedanken. Wie ich bereits sagte, manchmal haben wir „gekocht“, weil wir hungrig waren, und das hat in gewisser Weise unseren Gaumen befriedigt.

33. Konnten in einem KZ Kinder auf die Welt gebracht werden? Wenn ja, was ist mit diesen Babys passiert?

FIRESTONE: Ja, es gab einige Babys. Es gab Frauen, die schwanger ins Lager kamen. Wenn eine schwangere Frau geschnappt wurde, wurde sie getötet. Aber einige versteckten sich. Wenn die Häftlinge entdeckten, dass eine Schwangere unter ihnen war, halfen sie ihr und versteckten sie vor Dr. Mengele.

Es gab eine Frau, übrigens aus meiner Heimatstadt, die jetzt in Los Angeles lebt, die in der Baracke ein Kind zur Welt brachte. Die Hebamme zeigte der Mutter das Kind, es war ein Bub, wickelte ihn dann in eine Decke, nahm ihn zu den Latrinen und ertränkte ihn darin. Gibt es eine unmenschlichere Art zu sterben ... ich glaube, es gibt nichts Schlimmeres. Aber die Frau überlebte, heiratete und hat drei wundervolle Kinder.

34. Gab es eine Möglichkeit, Freundschaften mit Gefangenen zu schließen?

FIRESTONE: Ja, es war möglich, aber wir schlossen keine engen Freundschaften. Und zwar aus Angst, dass die andere wegkommen könnte und das hätte noch mehr Kummer verursacht.

35. Wer war Ihr bester Freund während dieser schlimmen Zeit und wie hat er Ihnen geholfen?

FIRESTONE: Meine Schwester war meine beste Freundin, solange wir beisammen waren. Später hatte ich keine engen Freundinnen, aber kurz bevor wir von Auschwitz wegkamen, hatte ich eine Halsentzündung und hohes Fieber in der Nacht davor.

Auf derselben Pritsche wie ich schlief eine Mutter mit ihrer Tochter und als wir zum „Zählappell" gerufen wurden, um selektioniert zu werden, sagte sie mir, dass ich kommen soll. Ich sagte ihr, ich könne nicht aufstehen, ich war so schwach. Ich glühte vor Fieber. Die Mutter, ihr Name war Frau Farkas, ging weg, und sie bekam irgendwo, ich weiß nicht wie, eine Decke. Sie kam mit dieser Decke zurück, wickelte mich darin ein und wir gingen hinaus zum „Zählappell".

Als wir selektioniert wurden, das heißt, wer gehen und wer bleiben sollte, wurde ich zu jenen eingeteilt, die gehen sollten. Wir mussten uns ausziehen, damit unsere Kleider desinfiziert werden konnten. Ich stand im strömenden Regen – es war kein Wasser, es war Eisregen –, nackt, ohne Schuhe, den ganzen Tag und danach marschierten wir nach Krakau. In Krakau kamen wir in Viehwaggons und als wir in Liebau angekommen waren, hatte der Eisregen mein Fieber gesenkt und ich war gesund. Mein Hals war nicht mehr rau, aber meine Freundin, die mit mir unterwegs war, kam mit einer Lungenentzündung an. Ich dachte, ich würde sterben. Aber das Leben ist unvorhersehbar und es ist alles Glücksache.

36. Was haben Sie zur Erleichterung des Leidens anderer Insassen getan?

FIRESTONE: Da gab es nichts, was man tun konnte. Man konnte zufällig helfen, wie diese Frau mir geholfen hat, aber es gab nichts, was man im Voraus planen konnte.

37. Gab es unter den Insassen bestimmte Hierarchien?

FIRESTONE: Im Lager C gab es weibliche Kapos, es gab „Melderinnen", weibliche Häftlinge, die den Nazis Nachrichten überbrachten, und die Lagerälteste. Natürlich gab es eine Rangordnung.
Die Kapos achteten darauf, dass wir um neun im Bett waren, dass wir nicht miteinander sprachen, dass wir nicht kommunizierten, und sie brachten das Essen. Kapos beaufsichtigten die Baracken. Jede Baracke hatte einen Kapo.

38. Gab es Unterschiede in der Behandlung zwischen den verschiedenen Gefangenengruppen (religiöse, politische Gefangene)?

FIRESTONE: Das weiß ich nicht. Wir wussten, dass das „Sonderkommando" anders behandelt wurde. Das waren jene, die in den Gaskammern und im Krematorium arbeiteten. Das waren übrigens immer Männer. Sie hatten alles, aber sie wussten auch, dass sie nur mehr drei Monate zu leben hatten. Alle drei Monate wurden sie ausgewechselt. Sie wurden getötet.

39. Welche Krankheiten gab es im KZ?

FIRESTONE: Es gab häufig Tuberkulose und natürlich Typhus. Typhus war das Hauptproblem. In einigen Lagern gab es Typhus-Epidemien. Tausende starben daran.

40. Wurden Sie körperlich verwundet?
FIRESTONE: Körperlich verwundet? Oh ja, ich wurde ein paar Mal geschlagen, aber nicht so, dass ich zum Krüppel wurde.

41. Wie viele Kilos wogen Sie, als Sie im KZ waren?
FIRESTONE: Als ich befreit wurde, wog ich 35 Kilo. Ich wog mich selbst zu Hause und ich war damals 1,57 m groß.

42. Was bedeutete der Tod für Sie?
FIRESTONE: Was er für mich bedeutete? Ich dachte darüber nicht allzu viel nach; ich wusste, dass ich nicht überleben würde, ich war ständig vom Tod umgeben. Wir sahen jeden Tag hunderte Tote. Ich habe mich nicht damit befasst. Ich wusste nur, dass er letztendlich kommen würde.

43. Wie nahe kamen Sie dem Tod?
FIRESTONE: Nun, in Auschwitz zu sein war nahe genug, weil es jeden Tag Selektionen gab. Ich hätte jederzeit von Mengele ausgewählt werden können. Es bestand jederzeit die Möglichkeit, zu sterben. Mengele war unsere größte Angst. Er war ein sehr attraktiver Mann, er sah eher wie ein Zigeuner aus als wie ein Deutscher. Aber sein Ruf war schrecklich und immer wenn er auftauchte, wollten wir uns nur vor ihm verstecken, denn nach jedem „Zählappell“, der zweimal täglich stattfand, selektionierte er Leute aus der Reihe. So kam auch meine Schwester dran.

44. Haben Sie irgendwann eine Art „Mauer“ gegen die schrecklichen Taten aufgebaut, sodass Sie der Tod eines anderen Häftlings nicht mehr berührt hat?
FIRESTONE: Nein, das Brom hat dafür gesorgt. Wir waren Zombies; wir dachten wirklich nicht sehr viel.

45. Was wurde im KZ mit den Leichen gemacht?
FIRESTONE: Sie wurden verbrannt. Sie wurden ins Krematorium gebracht und verbrannt.

46. Gab es für Sie eine Möglichkeit, aus dem Lager entlassen zu werden?
FIRESTONE: Keine Chance! Ich kenne niemanden, der die Möglich-

keit hatte, entlassen zu werden. Wenn man einmal dort war, führte kein Weg hinaus, nur durch die Schornsteine.

47. Gab es Fluchtversuche und Fluchtmöglichkeiten? Versuchten Sie zu flüchten?

FIRESTONE: Oh, da gab es keine Möglichkeit. Niemand versuchte es. Aber in der Untergrundbewegung gab es zwei Tschechen, die entkamen. Die Untergrundbewegung hatte diese zwei Männer eingegraben. Soweit ich weiß, bedeckten sie den Platz, wo die beiden eingegraben waren, mit Tabak, so dass sie die Hunde nicht erschnüffeln konnten. Sie warteten, bis die Nazis mit der Suche fertig waren, und gruben sie dann aus. Und dann entkamen sie. Sie gingen nach London und erzählten Churchill, was in Auschwitz passierte. Daher wussten sie es. Sie wussten es.

48. Gab es KZ-Häftlinge, die sich getraut haben, einen Aufstand gegen die KZ-Führer zu machen?

FIRESTONE: In Auschwitz gab es eine Revolte des „Sonderkommandos“, während ich noch dort war. Wir sahen oder wussten nichts Genaues, aber wir wussten, dass das „Sonderkommando“ das Krematorium in die Luft gesprengt hatte. Wir wussten auch, dass drei Mädchen, die in einer Munitionsfabrik gearbeitet hatten, der Untergrundbewegung Munition gebracht hatten. Und im „Sonderkommando“ war auch ein Mitglied des Untergrunds. Deshalb wussten wir davon, aber wir sahen es nicht. Wir hatten keinen Kontakt zu ihnen. Die Mädchen wurden aufgehängt.

49. Dachten Sie, dass Sie jemals wieder lebendig herauskommen?

FIRESTONE: Nein. Ich dachte wirklich nicht, dass ich lebendig herauskommen würde.

50. Gab es Zeiten, in denen Sie alle Hoffnung aufgegeben haben? Und wieso war dies so?

FIRESTONE: Nun, ab dem Zeitpunkt, als wir ins Lager kamen und herausfanden, was vor sich ging, erkannten wir, wo wir waren und wir gaben auf.

51. Beging irgendjemand Selbstmord?

FIRESTONE: Oh ja, viele. Es war sehr leicht, Selbstmord zu verüben, weil der Stacheldraht eine hohe Stromspannung hatte. Man musste nur nah genug an ihn herangehen und man war tot. Viele Menschen warfen sich in den Stacheldraht.

52. Haben Sie während des Holocaust je daran gedacht, aus Verzweiflung Selbstmord zu begehen?

FIRESTONE: Es gab Zeiten, in denen ich darüber nachdachte, aber ich versuchte es nie. Dann, als meine Schwester wegkam, dachte ich, ich sollte vielleicht Schluss machen, aber mein Lebenswille war sehr stark. Ich war jung. Ich wollte wirklich leben.

53. An welche Gedanken, Ideen, Hoffnungen, Wünsche oder religiöse Überzeugung haben Sie sich geklammert?

FIRESTONE: Keine, absolut keine. Ich war zu Hause nicht religiös, daher war meine Religion nicht stark genug dafür und sonst gab es nichts.

54. Haben Sie Ihren Glauben an Gott verloren, während Sie im Lager waren?

FIRESTONE: Nicht an Gott. Nicht an Gott, weil ich dachte, wenn ich Gott dafür verantwortlich mache, dann würde ich die Menschen entschuldigen. Und das wurde alles von Menschen gemacht, von der Menschheit. Und ich werde nie Gott für etwas verantwortlich machen, das er uns als Aufgabe auferlegt hat.

Gott gab uns einen Verstand, ein Herz und den freien Willen und er sagte nicht: „Ich nehme jeden von euch bei der Hand und führe euch durchs Leben." Nur die Menschen waren für den Holocaust verantwortlich und sie sind auch verantwortlich für alle Völkermorde, die es heute gibt.

55. Welche Rolle hat Ihre Religion dabei gespielt, wie Sie die Geschehnisse empfunden haben? Warum?

FIRESTONE: Nun, ich sagte, dass ich nicht religiös war. Also spielte meine Religion keine Rolle.

56. Haben Sie während Ihrer Gefangenschaft gebetet?

FIRESTONE: Nein, habe ich nicht.

57. Hatten Sie je den Gedanken, die Religion (oder Ideologie) zu wechseln? Warum?

FIRESTONE: Nein, nie. Ich glaube sogar, dass ich im Lager eine Jüdin wurde! Ich wusste nicht viel übers Judentum, meine Religion, aber in Auschwitz dachte ich etwas darüber nach, warum wir dort waren und dass es einen Grund geben musste, weshalb wir verfolgt wurden – und so wurde ich tatsächlich zur Jüdin.

58. An welchem Datum wurden Sie aus dem Lager befreit?

FIRESTONE: Ich wurde am letzten Kriegstag, dem 8. Mai 1945, befreit.

59. Wie sind Sie aus dem Lager befreit worden bzw. wie sind Sie aus dem Lager herausgekommen?

FIRESTONE: Wir wussten bereits, dass die Russen in der Nähe waren und eines Tages wurden wir nicht zum „Zählappell" gerufen. Wir hatten deshalb Angst hinauszugehen, weil sie uns gesagt hatten, dass wir am Ende mit Maschinengewehren erschossen werden, darum blieben wir drinnen. Ich erinnere mich, dass am späten Nachmittag eine Gefangene durchdrehte; sie öffnete die Tür und rannte hinaus. Der „Umschlagplatz" war genau vor unserer Baracke, sie lief hinaus, drehte sich herum und hob ihre Hände in die Höhe, dann lief sie zurück. Wir dachten, sie wäre mit einem Gewehr bedroht worden. Sie schrie: „Deutsche kaputt, Deutsche kaputt." Es waren keine Deutschen mehr da.

Sie waren in der Nacht zuvor abgehauen und einige Stunden später ritt ein russischer Offizier in unser Lager und wusste natürlich nicht, wer wir waren, aber er sah all die Frauen in Lumpen mit rasierten Köpfen. Also fragte er uns auf Russisch: *„Evrei?"* („Juden?") Wir hatten Angst ihm zu sagen, dass wir Juden waren. Wir wussten nicht, warum uns ein Russe fragte; die Deutschen hatten gefragt, aber warum sollte ein Russe fragen? Und er fragte immer wieder: *„Evrei?"* Bis eines der Mädchen sagte: „*Da, da*, ja, wir sind Juden." Dieser russische Offizier war dekoriert, seine Uniform war voller Streifen und Abzeichen. Er sprang vom Pferd, kam auf uns zu und begann die Frauen zu umarmen und zu weinen. Wir wunderten uns, dass er weinte. Wir waren diejenigen, die weinen sollten! Und plötzlich fasste er sich, schlug sich auf die Brust und rief uns auf Russisch zu: „Ich bin auch ein Jude!" Dann erklärte

er uns, dass es das erste Mal war, dass er jemand sagen konnte, dass er Jude war, denn in der russischen Armee war man als Jude nicht sicher. Und wir sahen diesen Mann, den dekorierten Helden, der vier Sterne auf seinen Schultern trug, aber in seiner eigenen Armee Angst hatte zu sagen, dass er Jude war!
Wie konnte ich in diese Welt zurückkehren, wo ich lügen sollte oder Angst haben musste zu sagen, wer ich bin? Daher war das ein böses Erwachen. Gleichzeitig wurde uns klar, dass unsere Eltern es höchstwahrscheinlich nicht geschafft hatten. Einige der Gefangenen wussten, dass ihre Geschwister es nicht geschafft hatten. Die Leute glauben immer, dass der Tag der Befreiung ein Freudentag war. Der Befreiungstag war für mich wahrscheinlich der schlimmste Tag in meinem Leben! Viele Dinge wurden mir an jenem Tag bewusst und ich fragte mich, wie ich in derselben Gesellschaft, die mich dort hineingebracht hatte, weiterleben sollte.

60. Wie wurden Sie von den Befreiern behandelt?
FIRESTONE: Wir hatten nicht das Glück wie andere, von den Amerikanern oder Engländern befreit zu werden. Die Russen öffneten einfach die Tore und sagten: „Ihr seid frei! Geht!" Wir mussten dann in der russischen Zone herumirren, wo die russischen Soldaten plünderten und vergewaltigten. Es war sehr gefährlich. Es waren schwierige Zeiten.

61. Was haben Sie nach Ihrer Befreiung als Erstes getan?
FIRESTONE: Gar nichts. Wir blieben im Lager und der Ingenieur, der die Fabrik leitete, kam ungefähr einen Tag später und nahm mich zu sich nach Hause. Ich aß mit ihnen und dann brachte er mich ins Lager zurück. Der russische Offizier sagte uns, wir sollten nicht gleich gehen, sondern warten, bis die russische Armee durch die Stadt marschiert war. Er würde dann zurückkommen und uns sagen, wann es sicher war, zu gehen.
So blieben wir noch ungefähr eineinhalb Wochen im Lager und dann gingen wir einfach. Wir stellten dann fest, dass wir sechs Kilometer von der tschechischen Grenze entfernt waren, deshalb war mein Ziel, sofort in die Tschechoslowakei zu gehen. Ungefähr neun Mädchen von uns blieben zusammen. Wir hatten Angst, allein zu sein, wegen der Russen, und gingen in die Stadt Trutnov und ich sah ein Restaurant. Ich ging in

das Restaurant hinein und der Besitzer merkte sofort, von wo ich kam, mit meinem rasierten Kopf und den Holzpantoffeln; er kam auf mich zu und fragte mich, ob ich aus dem Konzentrationslager käme. Ich sagte: „Ja." Er sagte, er würde in die Küche gehen und den Koch bitten, mir etwas zu essen zu bringen. Ich sagte: „Ich kann nicht, weil weitere acht Leute draußen stehen und warten." Er ging nach draußen und zeigte uns den Weg durch den Hintereingang in die Küche. Er gab uns zu essen und sagte, wenn wir später wiederkämen, könnte er uns im Restaurant einsperren, damit wir dort übernachten konnten. Das war meine erste Nacht in Freiheit. Danach gingen wir weiter und zogen in der Tschechoslowakei umher. Dann fuhren wir teilweise per Anhalter, teilweise gingen wir zu Fuß, teilweise fuhren wir mit dem Zug. Wir waren obdachlos und taten alles, um nach Ungarn zu kommen. In Budapest traf ich dann zufällig meinen Bruder wieder.

62. Gab es ein „Rückkehr-Problem"? Wie reagierte die Umgebung auf Sie?

FIRESTONE: Ich hatte nicht viel Kontakt zu anderen. Ich ging in unser Haus. Dort war ein russisches Kommando. Ich sagte, dass das Haus uns gehörte und die Russen waren sehr höflich und sagten mir, ich könnte ein Zimmer haben, wenn ich bleiben wollte. Ich sagte: „Nein, danke", und ging am selben Tag weg und zurück nach Prag. Das war ungefähr drei Monate nach der Befreiung.

63. Konnten Sie sich mit Ihrer Familie wieder vereinigen?

FIRESTONE: Ich fand meinen Bruder Frank und dann erfuhren wir von einem Fremden, dass mein Vater in Theresienstadt war, im Spital. Er war todkrank, er litt an Tuberkulose und starb vier Monate später. Mein Vater war auf dem Todesmarsch von Buchenwald nach Theresienstadt gewesen. Meine Mutter starb in Auschwitz am Tag unserer Ankunft und meine Schwester sechs Monate später. Mein Bruder war in einem ungarischen Zwangsarbeitslager. Die Ungarn nahmen keine Juden ins Militär auf und da er im wehrpflichtigen Alter war, wurde

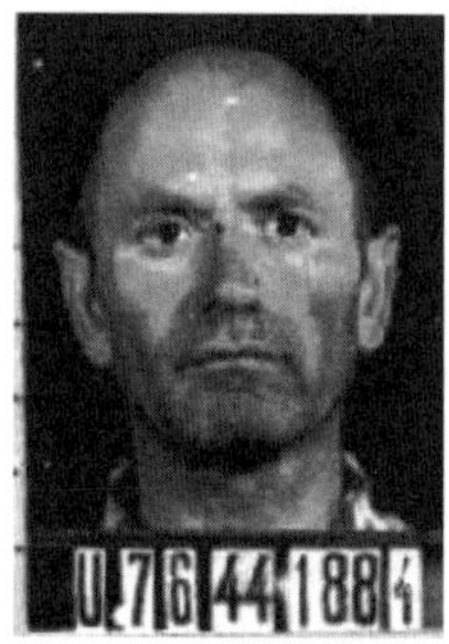

Abb. 19: Vater Moritz Weinfeld, Foto des KZ Buchenwald, 1944

er wie alle jüdischen Männer im wehrpflichtigen Alter in ein Zwangsarbeitslager gesteckt. Er war von 1940 bis 1944 dort, bis wir im April 1944 wegkamen. Er floh aus dem Zwangsarbeitslager und wurde ein Partisan in der Slowakei.
Nach dem Krieg, Frank war bereits verheiratet und hatte auch einen einjährigen Sohn, gingen sie nach Frankreich. Dort wurde er von der *Haganah* kontaktiert. Die *Haganah* rekrutierte Kämpfer für den Staat Israel. Und so ging Frank zur *Haganah* und kämpfte für den Staat Israel, dort blieb er 15 Jahre lang. Und kämpfte am Anfang in all den Kriegen. 15 Jahre später schrieb er mir eines Tages, dass er nun zu alt zum Kämpfen sei und wir holten ihn und seine Familie in die Vereinigten Staaten.

64. Hatten Sie Bekannte, Freunde oder Verwandte im KZ? Haben diese überlebt?

FIRESTONE: Ja, eine meiner Freundinnen aus meiner Heimatstadt war bis zum Ende bei mir. Sie wurde mit mir befreit. Als sie nach Hause kam, fand sie ihren Vater in Užhorod vor und deshalb blieb sie dort. Später zog sie nach Budapest und ich blieb mit ihr in Verbindung. Und ich hatte einen Cousin, der ein Mädchen aus Marmaroschsiget heiratete, das war in Rumänien, bevor es von den Ungarn besetzt worden war. Sie lebte in Los Angeles. Beide sind inzwischen gestorben.

65. Was geschah mit Ihrem Eigentum?

FIRESTONE: Wer weiß das! Wer etwas stehlen konnte, tat es! Ich weiß nicht, was damit passiert ist. Wir waren weg. Als wir nach Hause kamen, war alles weg. Das Einzige, was im Haus geblieben war, war die Einrichtung, die so schwer war, dass sie sie nicht mitnehmen konnten! Während ich im Lager war, hat irgendjemand im Haus gewohnt, aber ich weiß nicht, wer. Als ich zurückkam, war das russische Kommando dort. Ich habe keine Ahnung, wer vorher dort war. Aber ich weiß, wer danach darin lebte: Als wir den Film „*The Last Days*" („Die letzten Tage") drehten, kam ich zurück – es lebten drei russische Familien dort.

66. Inwieweit wurden Sie für Ihre Inhaftierung entschädigt?

FIRESTONE: Ich habe lange keine Forderungen erhoben, weil ich das Gefühl hatte: „Bezahlen sie mich für meine toten Eltern oder was?" Ich wollte nichts. Dann irgendwann in den 1980ern wurde mir klar, dass

das dumm von mir war. Selbst wenn ich es spenden würde, sollte ich es nehmen. So suchte ich an und nun bekomme ich ca. 300 US-Dollar im Monat aus Deutschland.
Aber was mich mehr als die materielle Entschädigung befriedigt, ist, dass mir unerwartete Ehren zuteil wurden. Ich habe ein Ehrendoktorat in Bildungsgerechtigkeit von der Universität Redlands erhalten. Ich habe zwei amerikanische Präsidenten getroffen, Bill Clinton und George W. Bush. Und 2006 war ich eine Laudatorin bei der Verleihung des Kennedy-Preises an Steven Spielberg im Kennedy Center in Washington DC. Das war eine große Ehre für mich.

Abb. 20: Bill Clinton, 42. Präsident der USA, Renée Firestone, Steven Spielberg, Filmregisseur und -produzent, und Douglas Greenberg, Direktor der Shoah Foundation, im Konferenzraum der Shoah Foundation, den Steven Spielberg Bernard Firestone (auf dem Foto rechts oben) widmete, 2001 (v. l. n. r.)

67. Wie haben Sie Ihre Existenz wieder aufgebaut?
FIRESTONE: Das geschah automatisch. Ich kam nach Amerika und mir war klar, dass ich weitermachen musste, dass mein Leben weitergeht. In Amerika wurde ich eine erfolgreiche Modedesignerin.

68. Wie lange dauerte es, um nach dem Holocaust zu einem „normalen“ Leben zurückzukehren?

FIRESTONE: Das gelang eigentlich erst in Amerika. Ich kam 1948 dorthin, ich habe vorher drei Jahre in Prag gelebt. Es war hart, in ein normales Leben zurückzukehren; zunächst wurde mein Vater dort begraben und wir waren noch immer Flüchtlinge. In Amerika begann ich sozusagen ein normales Leben zu führen und sprach nicht über den Holocaust, so war alles ziemlich okay. Und ich hatte großes Glück, ich hatte keine Alpträume. Die meisten Überlebenden hatten Alpträume. Ich hatte bereits eine Familie und versuchte für lange Zeit, zu vergessen, bis 1977, als das Simon Wiesenthal Center kam, mich zu interviewen. Bis dahin sprach ich wirklich nie über den Holocaust.

69. Wie sah Ihr Leben nach dem Krieg aus?

FIRESTONE: In Prag mussten wir einfach irgendwie unseren Lebensunterhalt verdienen. Ich ging zurück zur Schule und mein Bruder war auch ein Künstler. Ich erinnere mich, dass wir einige englische Fallschirme kauften und es war damals in Mode, diese weiten Röcke zu tragen, also bemalten wir diese Röcke und so verdienten wir unseren Lebensunterhalt in Prag.

Ich möchte Ihnen noch eine Geschichte erzählen: Als ich meinen Vater fand, fragte er mich, ob ich nach Hause zurückgekehrt wäre und ich sagte: „Ja.“ Und er fragte mich, ob ich im Garten hinter unserem Haus eine kleine Aluminiumkanne gefunden hätte. Ich sagte: „Danach habe ich nicht gesucht. Was meinst du damit?“ Er sagte: „Du fährst noch einmal nach Hause und schaust im Garten nach, ob du eine kleine Aluminium-Milchkanne findest.“ Er wollte mir nicht sagen, warum, also fuhr ich nach Hause zurück und ging in den Garten; doch der Garten war umgegraben worden. Zuerst dachte ich, dass ihn die Ungarn auf der Suche nach etwas, das wir vielleicht vergraben hatten, umgegraben hatten. Dann waren die Deutschen gekommen und hatten ihn umgegraben, dann die Russen; die hatten so umgegraben, dass der Garten ein Schlachtfeld war. Es gab einen großen Erdhügel und oben drauf war diese kleine Milchkanne, die ich zuerst natürlich übersehen hatte. Ich wollte wissen, wieso mein Vater wollte, dass ich diese Milchkanne finde. Ich öffnete sie und darin waren, zusammengerollt, 300 US-Dollar. Das war damals ein Vermögen. Als ich zu meinem Vater zurückkam, erzählte er mir, dass er diese Dollars bei sich gehabt hatte, als wir weggebracht worden waren. Er wusste, dass ihn die Nazis töten würden, wenn sie diese bei ihm fänden, deshalb hat er sie in seiner Verzweiflung zusammengerollt, in die Milchkanne getan und in den Garten geworfen. Sooft haben sie den Garten umgegraben, auf der Suche nach Wertgegenständen, sie haben nichts gefunden, und dabei lag sie direkt vor ihnen. So hatten wir das Geld und machten diese Röcke und so haben wir unseren Lebensunterhalt in Prag gesichert.

Abb. 21: Renée Firestone mit ihrem Ehemann Bernard, 1947

1948 emigrierten wir in die Vereinigten Staaten. Wir waren Flüchtlinge. Wir wurden als Flüchtlinge bezeichnet. Genau genommen wurden wir als „Greeners" bezeichnet [Leute, die ihr Glück woanders suchen] und niemand wollte unsere Geschichten hören. Jedes Mal, wenn man etwas über den Holocaust erzählte, sagten die Leute: „Ach, vergesst es. Schaut vorwärts. Ihr seid nun in einem freien Land." Und so haben wir sehr viele Jahre lang unsere Geschichten nicht erzählt.
Wir kamen nach Pennsylvania. Eine Schwester meines Mannes lebte in Pennsylvania und wir blieben einige Monate dort. Im April 1949 kamen wir nach Los Angeles, weil ich dort eine Tante hatte – eine Schwester meines Vaters. Wir kamen nur auf Besuch hin, blieben aber. Mir gefiel es dort. Ich hatte sehr viel Glück. Ich bekam sofort einen Job als Designerin, wenige Monate später kam mein Chef bei einem Unfall ums Leben – so war ich wieder auf mich gestellt. Ich beschloss, mich selbstständig zu machen. Ich gründete ein Unternehmen und war sehr erfolgreich. Ich hatte mein Unternehmen in Los Angeles bis 1992.

70. Wie leben Sie heute? Denken Sie noch viel an jene Zeit zurück?

FIRESTONE: Ich bin nun Mitte 80 und sehe jeden Tag als Geschenk und versuche, das Beste daraus zu machen. Ich bin nicht reich, aber ich bin auch nicht arm, ich bin zufrieden. Ich hatte ein sehr schönes Leben. Ich verwalte das Gebäude, in dem ich lebe, und außerdem bin ich fast jeden Tag als öffentliche Sprecherin des Simon Wiesenthal Centers tätig. Früher reiste ich sehr viel. Durch die Vereinigten Staaten und auch nach Übersee.

Ich arbeitete auch für Steven Spielberg für die Shoah Foundation, so war ich immer beschäftigt. Nun, jetzt spreche ich die ganze Zeit darüber, deshalb denke ich jetzt natürlich an jene Zeit zurück.

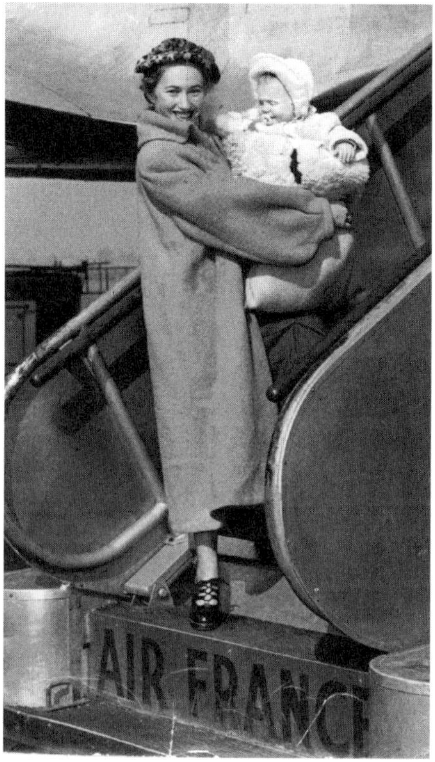

Abb. 22: Renée Firestone mit ihrer Tochter Klara bei der Ankunft in New York, USA, 1948

71. Welche physischen und psychischen Narben tragen Sie von dieser Zeit?

FIRESTONE: Ich glaube nicht, dass ich physische oder psychische Narben davongetragen habe. Ich spreche über die Tatsache, dass wir viel stärker sind, als wir glauben. Ich habe nicht geglaubt, dass ich sowas überleben könnte. Und selbst wenn ich zurückdenke, kann ich mir nicht vorstellen, wie ich überlebt habe. Also sind wir offensichtlich physisch viel stärker, als wir wissen.

72. Hatten Sie moralischen Beistand, um sich psychisch und sozial zu erholen?

FIRESTONE: Mein Mann war mein moralischer Beistand. Er war ein sehr guter Mensch, er liebte mich und das war alles, was ich brauchte.

73. Haben Sie seitdem eine andere Weltanschauung?
FIRESTONE: Ja. Vor dem Holocaust glaubte ich, dass die Menschen nett zueinander sind. Aber ich erfuhr, dass Menschen brutaler als Tiere sein können. Ich will sie nicht mal mit Tieren vergleichen, weil Tiere einander nicht sowas antun. Es war für mich ein Schock zu erkennen, wie brutal der Mensch sein kann.

74. Können Sie Ihren Erfahrungen irgendetwas Positives abgewinnen?
FIRESTONE: Meinen Erfahrungen kann ich nichts Positives abgewinnen, aber ich hoffe, dass vielleicht durch meine Arbeit und durch die Gespräche mit jungen Menschen diese erkennen können, dass sich die Welt ändern muss – und vielleicht werden sie sie ändern. Das ist meine Hoffnung. Sonst würde ich das in meinem Alter nicht tun. Ich würde zu Hause sitzen und stricken.

75. Haben Sie später in Ihrem Leben die Konzentrationslager jemals wieder besucht und welche Gefühle hatten Sie?
FIRESTONE: Oh, ich kam einige Male zurück. Ich fuhr mit Schülern aus der Oberstufe nach Auschwitz. Und jedes Mal war es sehr schwer für mich. Dort sind meine Mutter und meine Schwester gestorben, deshalb gehe ich dorthin wie auf einen Friedhof.

76. Haben Sie immer noch Kontakt zu Ihren Mithäftlingen aus den Konzentrationslagern?
FIRESTONE: Ich war mit den beiden in Kontakt, von denen ich Ihnen erzählte, Elisabeth Gottlieb in Budapest und Rose Jackson, die hier in Los Angeles lebte. Sie hieß Jakubowicz und änderte ihren Namen auf Jackson. Beide sind 2011 gestorben. Und ich bin mit vielen Holocaust-Überlebenden in Kontakt, nicht unbedingt mit jenen, die mit mir in Auschwitz waren, aber ich gehöre einigen Holocaust-Organisationen an.

77. Was haben Sie Ihren Angehörigen über die Zeit damals erzählt? Wie haben Ihre Angehörigen auf Ihre Erzählungen reagiert?
FIRESTONE: Die einzige Verwandte war die Schwester meines Man-

nes, die sehr verständnisvoll war und sich bemühte, nett zu mir zu sein. Ich hatte keine gute Beziehung zu meiner Tante hier. Deshalb sprach ich nicht viel über meine Internierung. Aber mein Bruder Frank und ich erzählten uns ständig Geschichten. Er erzählte mir seine Erlebnisse als Partisan und ich erzählte ihm meine im Konzentrationslager.

78. Fällt es Ihnen schwer, über diese Zeit zu reden?
FIRESTONE: Nicht mehr. Zuerst war es hart für mich, aber jetzt halte ich mich persönlich fast ganz raus. Wenn ich zu einer Gruppe spreche, halte ich mich persönlich raus und erzähle die Geschichte des Holocaust.

79. Welcher Moment aus dieser Zeit hat sich am meisten in Ihrem Gedächtnis eingeprägt?
FIRESTONE: Nun, als ich 1998 zurück nach Auschwitz kam und herausfand, was mit meiner Schwester passiert war. Und seit ich weiß, dass sie erschossen wurde, nachdem sie für Experimente herhalten musste, habe ich ständig einen Gedanken: Wie fühlte sich ein 14-jähriges Mädchen, bevor es erschossen wurde? Sie wusste, dass sie erschossen werden sollte. Was fühlte sie? Weinte sie? Hatte sie Angst? War sie starr, ohne Gefühl? Das bewegt mich unentwegt.

80. Haben Sie Hitler jemals gesehen bzw. getroffen?
FIRESTONE: Nicht persönlich. In Filmen natürlich mehrere Male, aber nie persönlich. Wir sahen die Wochenschau, damals im Kino. Und er war immer in den Wochenschauen. Wir wussten, was er in Deutschland tat. Wir dachten nie, dass das uns passieren würde.

81. Was dachten Sie damals über Hitler und wie denken Sie heute über ihn?
FIRESTONE: Nun, damals hatten wir einfach Angst vor ihm – und hofften, dass er uns nie erwischen würde. Was denke ich heute über ihn? Ich denke, dass er bekam, was er verdiente. Vielleicht auch nicht, vielleicht hätte er mehr Leiden verdient. Ich hoffe, es wird nie einen Menschen geben, der ihn nachahmen wird. Selbst wenn wir wissen, dass es jemand im Iran gibt, den wir heute fürchten. Also ich weiß es nicht, ich bin einfach skeptisch gegenüber der Menschheit im Allgemeinen.

82. Angenommen, Adolf Hitler würde noch leben und Sie hätten fünf Minuten alleine mit ihm, was würden Sie sagen oder tun?

FIRESTONE: Ich kann mir nicht einmal vorstellen, was ich sagen oder tun würde. Ich habe überhaupt keine Ahnung. Was würde ich zu einem Mann sagen, der für 55 Millionen Menschenleben verantwortlich war? Was sagt man dem? Mir fällt nichts ein, was ich diesem Mann sagen könnte. Was soll ich sagen? Sie sind ein Tier? Sie verdienen nicht zu leben? Sie sollten genauso gequält werden, wie Sie Millionen von Menschen gequält haben? Ich weiß es nicht. Ich habe keine Ahnung, was ich sagen würde. Ich bin nicht sicher, ob ich ihn wirklich treffen wollte.

83. Sind Sie nach dem Krieg noch einmal einem Ihrer Peiniger begegnet?

FIRESTONE: 1998 musste ich zurück nach Auschwitz, weil wir mit Steven Spielberg den Film *The Last Days* („Die letzten Tage“) drehten. In den Archiven in Auschwitz fand ich ein Dokument, in dem stand, dass an meiner Schwester Experimente durchgeführt worden waren, und zwar im so genannten Hygiene-Institut. Ich fragte den Archivar: „Was bedeutet das?“ Er zeigte mir einen Namen auf diesem Dokument: Dr. Münch. Er erklärte mir, dass dieser Dr. Münch der leitende Arzt dieses Instituts war, wo man hauptsächlich an Frauen und Kindern Experimente durchführte. Er sagte mir auch, dass er die Adresse dieses Dr. Münch hätte und falls ich ihm schreiben wollte, könnte er mir die Adresse geben. Während ich mit dem Archivar sprach, kam der Regisseur des Films zu mir und erzählte, was für ein Wunder das sei, denn er hätte eine Verabredung mit Dr. Münch für ein Interview für diesen Film! Zufall? Also flogen wir am nächsten Tag nach München und ich hatte die Gelegenheit, Dr. Münch mit diesem Dokument zu konfrontieren und ihn zu fragen, welche Art von Experimenten er an meiner Schwester durchgeführt hatte. Er sagte: „Es waren nur harmlose Experimente.“ Ich fragte ihn: „Wenn die Experimente so harmlos waren, Dr. Münch, warum starb sie dann?“ Da hatte er die Unverfrorenheit zu sagen: „Nun, sie starb nicht an den Experimenten, aber wir konnten sie nicht ins Lager zurückschicken, weil sie dann allen erzählt hätte, was wir dort machten, also mussten wir sie loswerden.“ Und so fand ich heraus, dass sie danach erschossen wurde.

Dr. Münch sagte, dass er unter Mengele arbeitete und welch großartiger

Mann Mengele gewesen war und was er für die Menschheit getan hatte. Er fragte mich: „Wie lange war Ihre Schwester im Lager?“ Ich antwortete: „Sechs Monate.“ Er sagte darauf: „Sie waren dort, also sollten Sie es wissen. Sechs Monate war die durchschnittliche Überlebensdauer in Auschwitz.“ Darauf sagte ich: „Nun, ich war viel länger dort als sechs Monate.“ Er gab keine Antwort darauf. Ich stand dann einfach auf. Ich hatte Angst, dass ich diesen Mann attackieren würde, deshalb stand ich einfach auf und ging hinaus.

Ich erfuhr, dass Dr. Münch in Auschwitz von den Russen angeklagt worden war, wobei er sie überzeugte, dass er sich in Auschwitz um die nicht-jüdischen Häftlinge gekümmert hatte. Daher entschieden sie, dass er ein guter Arzt gewesen sei, aber dafür bestraft werden sollte, weil er ein Nazi war. Sie schickten ihn für vier Jahre nach Russland in ein Entnazifizierungslager, dann kam er nach München zurück und praktizierte als Arzt. Interessant ist, dass gleich nach unserem Interview der *Spiegel* kam und ihn interviewte und der Herausgeber des *Spiegels* war so aufgebracht über einige Dinge, die er gesagt hatte, dass er sich an die Regierung wandte und fragte: „Warum ist dieser Mann frei? Warum ist er nicht im Gefängnis?“ Also wurde er verhaftet, aber sie ließen ihn wenige Wochen später wieder frei, mit der Begründung, dass er nicht mehr in der Lage sei, eine Gerichtsverhandlung zu überstehen. Er war damals fast 90.

84. Was halten Sie von den Strafen, die die Nazis nach dem Krieg bekamen, zum Beispiel bei den „Nürnberger Kriegsverbrecherprozessen“?

FIRESTONE: Einige von ihnen wurden angeklagt und erhielten eine Bestrafung, aber Tausende nicht. Tausende von ihnen flohen nach Südamerika oder lebten, unter anderen Namen, sogar in Deutschland. Sehr viele Nazis waren Verbrecher und kamen nie vors Gericht. Einige von ihnen kamen sogar in die Vereinigten Staaten.

85. Haben Sie Ihren Peinigern verziehen?

FIRESTONE: Habe ich vergeben? Ich habe kein Recht zu vergeben. Wem soll ich für 11 Millionen Menschenleben vergeben? Nur Gott kann ihnen vergeben. Als ich aus dem Lager kam, war ich voller Hass und wollte Bestrafung und Vergeltung. Als meine Tochter geboren wurde und ich eines Tages an ihrem Bett stand und dieses unschuldige kleine Baby betrachtete, dachte ich bei mir: „Wie soll ich dieses Kind aufziehen? Wird sie dann wie ich werden, voller Hass und Zorn?“ Damals erkannte ich, dass jene, die man hasst, nicht wissen, wer sie hasst, sie kümmern sich nicht darum. Also wen bestraft man damit? Nur sich selbst. Diese Energie treibt einen ständig in die falsche Richtung. Damals hatte ich das Gefühl, dass ich an mir selbst arbeiten und diese Energie woanders einsetzen musste, und das tat ich auch. Ich war erfolgreich und bin sehr dankbar, dass ich die Stärke dafür besaß.

86. Wie denken Sie über Neo-Nazis?
FIRESTONE: Ich denke, dass die Neo-Nazis schlimmer sind als die Nazis, weil sie Bescheid wissen. Wir können sagen, dass einige der Nazis nicht wussten, was sie taten oder was sie werden sollten, als sie Nazis und Anhänger Hitlers wurden. Aber die Neo-Nazis wissen das. Und in einer Friedenszeit Neo-Nazi zu werden ist viel schlimmer, als ein Nazi während Kriegszeiten zu werden. Daher hoffe ich, dass man sie irgendwie ausschalten kann.

87. Was tun Sie, um Menschen über den Holocaust aufzuklären?
FIRESTONE: Ich erzähle die Geschichte. Das ist alles, was ich tun kann. Ich kann die Geschichte erzählen und hoffen, dass die Menschen verstehen und erkennen, wie schrecklich es war und dass sich die Menschheit ändern muss, da wir uns ansonsten selbst zerstören. Dieser Hass, diese mörderische Haltung wird letztendlich die ganze Menschheit zerstören. Daher hoffe ich, dass die Kinder, zu denen ich spreche und die mir wundervolle Briefe schreiben, die Welt verändern werden.
Es gibt hier einige Holocaust-Organisationen. Ich bin Vorstandsmitglied des Los Angeles Museum of the Holocaust und im Simon Wiesenthal Center bin ich öffentliche Sprecherin. Daher bin ich in beide involviert und habe mit Leuten zu tun, die den Überlebenden heutiger Völkermorde helfen. Ich traf Kinder von kambodschanischen Überlebenden, in London traf ich Überlebende aus Ruanda und hier in Los Angeles organisierte eine Gruppe von uns eine Kundgebung bei unserer Regierung. So wurde anerkannt, dass es in Darfur Völkermord war und kein Zwischenfall. Wir versuchen, die Welt darauf aufmerksam zu machen,

was los ist und auf welche Weise wir helfen können, um die Menschen aufzurütteln.

88. Wie können Sie sich aus der Sicht der Dinge heute erklären, dass „normale Menschen“ zu solchen Gräueltaten fähig waren?

FIRESTONE: Ich kann es nicht. Ich frage mich immer noch, wie ein Mann nicht nur eine Nation, sondern viele Nationen überzeugen konnte, Mörder zu werden. Ich kann das nicht erklären und auch nicht verstehen. Es gibt viel klügere Menschen als ich, die versuchen, das herauszufinden, aber es gibt nichts, womit es erklärt werden könnte.

89. Was genau geht in Ihnen vor, wenn Sie hören, dass es immer noch Menschen gibt, die behaupten, den Holocaust hätte es nie gegeben?

FIRESTONE: Ich glaube, jeder, der behauptet, dass es den Holocaust nie gegeben hat, ist völlig ignorant. Einfach ein völlig ignoranter Mensch! Selbst Deutschland erkennt ihn an! Wie kann jemand behaupten, dass es ihn nicht gegeben hat? Wenn man nach Polen fährt, findet man alle Lager vor. Abertausende Menschen kommen jeden Tag in Scharen in diese Lager, um sie zu sehen. Nur ein völlig ignoranter Mensch kann sagen, dass das alles nie passiert ist.

90. Welche Konsequenzen hatte der Beschluss der „Nürnberger Rassengesetze“ am 15. September 1935 für Sie?

FIRESTONE: 1935 natürlich keine, da ich damals in der Tschechoslowakei lebte. Erst 1939 kamen ähnliche Gesetze in Ungarn. Als wir von Ungarn besetzt wurden, war die erste Auswirkung davon, dass ich nicht mehr zur öffentlichen Schule gehen durfte. Dann wurden wir unserer Rechte beraubt, genauso wie die Nürnberger Gesetze die deutschen Juden ihrer Rechte beraubten. Später wurde uns unser Eigentum weggenommen. Wir mussten alle Wertgegenstände an die Regierung übergeben, was natürlich große Auswirkungen auf uns hatte. Und wir mussten den gelben Stern tragen, den Davidstern.

91. Wie haben Sie die „Reichskristallnacht“ am 9./10. November 1938 erlebt?

FIRESTONE: Wir erfuhren von der „Reichskristallnacht“ durch die

Wochenschauen in den Kinos. Wir sahen, wie sie die Synagogen verbrannten. Das wussten wir. Wir wussten nicht, dass sie Menschen nach Dachau brachten, aber wir wussten, dass Juden verfolgt und Synagogen in Brand gesteckt wurden und einmal sahen wir, dass eine Synagoge mit den Menschen darin verbrannt wurde. Es war in einem Film.

92. Wie haben Sie den Kriegsbeginn 1939 miterlebt?
FIRESTONE: Zu Beginn hatten wir noch Radio und sahen die Wochenschauen. Diese waren wie die Nachrichten im Fernsehen, aber im Kino. Bevor der Film begann, zeigten sie Wochenschauen. Wir wussten nur, dass die Deutschen in Polen einmarschiert waren. Wir wussten nicht, dass sie mit Russland ein Abkommen hatten. Wir waren sehr überrascht, als wir erfuhren, dass Stalin darin involviert war. Aber als wir hörten, dass Polen von Deutschland besetzt worden war und dass sie bald darauf begannen, Juden vor Massengräbern hinzurichten – diese Gerüchte kamen aus Polen –, wussten wir natürlich, dass die Deutschen dort waren und was sie taten.

93. Haben Sie davon erfahren, dass die Nationalsozialisten bei der Wannseekonferenz am 20. Januar 1942 die „Endlösung der Judenfrage" – die europäischen Juden systematisch zu vernichten – beschlossen hatten? Wenn ja, wann und wie?
FIRESTONE: Wir wussten nichts von der Wannseekonferenz. Wir wussten auch nichts über die Konzentrationslager. Aber ich sage Ihnen, was wir wussten. Und wir haben es nicht geglaubt. Einige der Zwangsarbeiter aus Ungarn kamen an die Front, als der Krieg begann, und ein paar Monate später wurden zwölf junge Männer von der Front zurückgebracht. Sie waren im Krankenhaus und die Jüdische Gemeinde bat uns Mädchen, diesen jungen jüdischen Soldaten Kekse zu bringen. Sie waren im Krankenhaus, aber sie waren nicht verwundet, daher fragte ich mich, was sie dort taten. Sie erzählten mir, dass sie an der Front Typhus bekommen hätten und sich davon erholten. Einige von ihnen waren gestorben, einige wurden wieder gesund. Diese zwölf waren vom Typhus genesen, deshalb brachten sie die Deutschen zurück nach Ungarn und benutzten sie. Sie wurden die „Läusefütterer" genannt. Man hat kleine Behälter mit Läusen über ihre Arme und Beine verteilt, damit die Läuse ihr Blut saugen würden, woraus das Serum gewonnen

wurde, ein Mittel gegen Typhus. Einer dieser jungen Männer kam zum Essen zu uns nach Hause und erzählte uns seine Geschichte während des Essens. Er war an der ukrainischen Front zwischen Deutschland und der Ukraine gewesen. Jeden Freitagabend luden die Deutschen Juden auf Lkw und brachten sie an einen Ort, der mit Stacheldraht umgeben war und den sie aus der Ferne beobachten konnten. Er erzählte: „Wir sahen diese Juden nie mehr wieder." Aber einige Tage später kamen die Lkw wieder und brachten Seife. Meine Eltern sagten zu mir: „Weißt du, der Typhus muss etwas im Kopf dieses jungen Mannes angerichtet haben, weil er diese schrecklichen Geschichten erzählt." Später fanden wir natürlich heraus, dass sie aus dem Fett der Juden Seifen gemacht hatten, also hat er die Wahrheit gesagt. Das waren die Dinge, die wir wussten. Sonst nichts. Er wusste nicht, dass es ein Vernichtungslager war und wir hatten keine Ahnung davon.

94. Welche Gefühle hatten Sie, als Sie vom Ende des Zweiten Weltkrieges erfuhren?

FIRESTONE: Nun, ich war froh, dass ich vielleicht frei sein würde, aber natürlich wusste ich, dass meine Eltern höchstwahrscheinlich nicht zurückkommen. Ich wusste auch, dass meine kleine Schwester wahrscheinlich nicht zurückkommen würde. So stand ich da, 21 Jahre alt, eine Waise. Ich war zuvor niemals allein gewesen und fragte mich, was in Zukunft aus mir werden sollte, wovon ich leben, wohin ich gehen sollte. Ich wusste, dass ich nicht nach Hause zurückkehren wollte und glücklicherweise traf ich meinen Bruder. Ich habe keine Ahnung, was ich sonst getan hätte.

95. Glauben Sie, dass die Menschheit etwas gelernt hat?

FIRESTONE: Natürlich nicht. Die Menschheit hat nichts aus dem Holocaust gelernt. Wenn sie daraus gelernt hätte, hätte es keinen Völkermord in Kambodscha, im Kosovo, in Ruanda oder in Darfur gegeben. Es scheint also, dass sie überhaupt nichts gelernt hat.

96. Sollen die Gräuel vergessen und soll nicht mehr darüber gesprochen werden, wie manche es sich wünschen?

FIRESTONE: Niemals! Sie sollen nie vergessen werden. Und wir sollten ständig darüber sprechen, das ist der Grund, warum ich darüber spreche.

Ich hoffe, dass vielleicht die junge Generation, künftige Generationen, daraus lernen, es verstehen und damit die Welt verändern. Das hoffen wir. Das ist der einzige Grund, weshalb wir Holocaust-Museen haben.

97. Was haben Sie für die Zukunft noch geplant?
FIRESTONE: Welche Pläne macht man in meinem Alter? Wenn ich so lange leben sollte wie Leopold [Engleitner], dann könnte ich Pläne machen. In der Zwischenzeit tue ich jeden Tag das, was ich kann. So lange es geht, möchte ich meine Erfahrungen an andere Leute weitergeben und ich versuche, gesund zu bleiben, damit ich es kann.

98. Wie möchten Sie in Erinnerung bleiben?
FIRESTONE: Ich bin kein besonderer Mensch, aber ich denke, man wird sich an mich erinnern, weil es ein paar Filme gibt, in denen ich mitwirkte. Ich schrieb auch meine Memoiren. Ich hoffe, dass diese an meine Geschichte erinnern. Eine Ausstellung meiner Modekollektion wird 2012 im Los Angeles Museum of Design stattfinden – diese wird auch eine Erinnerung an mich sein.

99. Was möchten Sie uns noch sagen? Welche Frage wurde nicht gestellt?
FIRESTONE: Als ich meine Koffer packte und wegging, wollte ich etwas mitnehmen, das mich an meine Kindheit erinnerte und es fiel mir mein Badeanzug in die Hände. Den hatte mir mein Vater von einer Geschäftsreise mitgebracht. Er hat uns immer Geschenke mitgebracht. Ich erinnere mich, dass ich ihn damals fragte: „Was hast du mitgebracht?“ Er öffnete eine Schachtel und holte daraus den allerschönsten Badeanzug heraus, es war der erste Badeanzug aus Stretch-Material, den ich gesehen habe. Er war mit bunten Blumen bedruckt. Als mir dieser Badeanzug wieder in die Hände fiel, dachte ich, dass ich ihn einpacken müsste. Ich erinnerte mich daran, als ich ihn das erste Mal trug und wie ich ihn im Schwimmbad vorführte und die Burschen mir nachpfiffen. Ich dachte mir, den musst du mitnehmen. Jedes Mal, wenn ich traurig oder durcheinander sein würde, würde es genügen, diesen Badeanzug zu betrachten, um mich an meinen liebevollen Vater und die guten Zeiten zu erinnern. Aber dann entschied ich mich doch dagegen, weil ich dachte, dass ein Badeanzug in so ernsten Zeiten zu trivial wäre. Also packte

ich meinen Koffer und ließ ihn zurück. Als die ungarischen Polizisten kamen, uns abzuholen, passierte etwas. Ich dachte, vielleicht sollte ich ihn doch mitnehmen, lief zurück und zog ihn unter meinen Kleidern an – also zuerst den Badeanzug und dann mein Kleid darüber. So ging ich weg nach Auschwitz. Als wir in Auschwitz ankamen, sagten sie uns in der „Zentralsauna", dass wir uns ausziehen sollten. Ich zog mich aus und stand dort im Badeanzug, ich konnte ihn nicht ausziehen. Ich hatte die Vorahnung, dass, wenn ich diesen Badeanzug ausziehen würde, ich alles hinter mir lassen würde, was in meinem Leben gut war, die Liebe meiner Eltern und die guten Zeiten, die ich als Kind hatte. Ein Nazi-Soldat kam zu mir, schlug mich und sagte: „Zieh ihn aus!" Ich zog ihn aus; meine Schwester begann zu weinen, sie hatte Angst, dass ich wieder geschlagen werde, und ich faltete den Badeanzug fein säuberlich zusammen und legte ihn oben auf meine Kleider. Wenn ich Kindern diese Geschichte erzählte, erzählte ich ihnen natürlich, dass ich mit diesem Badeanzug nicht nur meine schönen Erinnerungen zurückließ, ich ließ damit auch meine ganze Familie in Auschwitz zurück.

Ich erzähle noch eine andere Geschichte, und zwar über einen jungen Mann, der eine Nervensäge war, als wir noch zu Hause waren. Als ich ein kleines Mädchen war, folgte er mir auf Schritt und Tritt und drohte mir mit allem Möglichen, weil ich nicht mit ihm sprechen wollte. Als ich erwachsen wurde und meine ersten Verabredungen hatte, folgte er mir weiterhin und drohte meinen Freunden. Ich kam aus einem Elternhaus der gehobenen Mittelklasse und er stammte aus einer sehr armen Familie, deshalb ignorierte ich ihn die meiste Zeit. Aber er wurde so lästig, dass ich oft zu meiner Mutter nach Hause kam und ihr vorweinte, dass er mich verfolgte und mir auf die Nerven ging. Meine Mutter sagte darauf immer: „Ignoriere ihn einfach. Dann wird er weggehen." Eines Tages ging er weg und ich wusste natürlich nicht, dass er in ein Zwangsarbeitslager gekommen war, ich war einfach froh, ihn los zu sein und vergaß ihn.

Eines Tages in Auschwitz – es war, nachdem meine Schwester von mir getrennt worden war – war ich sehr traurig. Ich saß an die Barackenwand gelehnt und eine Gruppe von Männern kam vorbei, ein Arbeitstrupp. Normalerweise lief jeder zu ihnen hin, rief Namen und hoffte, dass sich jemand an einen Bruder oder Vater erinnern konnte. Nun, ich war nicht in der Stimmung, aufzustehen. Plötzlich verließ ein Mann den Trupp,

kam auf mich zu, schaute mich an und sagte: „Oh mein Gott! Was haben sie mit dir gemacht?“ Ich ignorierte ihn, ich wusste nicht, wer er war und was er von mir wollte. Er sagte: „Hast du Hunger?“ Natürlich antwortete ich: „Oh ja, ich bin sehr hungrig!“ Er griff in seine Uniform, nahm drei rohe Kartoffeln heraus und ließ sie in meinen Schoß fallen. Ich sah die Kartoffeln an und mein erster Gedanke war: „Wie kann ich das essen – wenn meine Mitgefangenen herausfinden, dass ich drei Kartoffeln habe, werden sie mich dafür umbringen.“ Also versuchte ich, sie in meinen Rock einzuwickeln, so dass sie niemand sehen konnte, und er lief weg, zurück zu seinem Trupp. Während er lief, fiel mir ein, dass mir die Stimme bekannt vorkam und ich grübelte nach, bis mir klar wurde: „Mein Gott, das war der junge Mann, der mir ständig gefolgt war!“ Ich begann zu weinen und die Tränen liefen mir nur so herunter. Und da passierte etwas. Ich dachte: „Du meine Güte, er rettet mein Leben und ich war so gemein, so unfreundlich zu ihm!“ Und ich bekam ihn lange Zeit nicht mehr aus dem Kopf.
Dann kam ich nach Amerika und viele Jahre später ging ich auf eine Silvesterparty. Dort war eine Frau aus meiner Heimatstadt, sie wusste, dass ich für das Simon Wiesenthal Center arbeitete, und fragte mich: „Was machen Sie dort?“ Ich sagte ihr, dass ich meine Geschichte und Geschichten über den Holocaust erzähle. „Welche Art von Geschichten erzählen Sie?“, fragte sie. Ich begann, ihr über diesen jungen Mann zu erzählen und sie fragte mich: „Wer war dieser Bursche?“ Ich sagte ihr den Namen und sie antwortete: „Wissen Sie, dass er noch am Leben ist?“ „Nein, wo ist er?“ „Er lebt in Hollywood“, antwortete sie und gab mir eine Telefonnummer. Am nächsten Tag wählte ich diese Nummer und fragte ihn, ob er derjenige sei. „Ja“, sagte er. „Waren Sie in Auschwitz?”, fragte ich. Und er antwortete: „Nein.“ Ich sagte: „Oh, tut mir leid, ich suche jemand mit diesem Namen, jemand, der in Auschwitz war. Entschuldigen Sie bitte.“ Ich wollte gerade auflegen, als er sagte: „Legen Sie nicht auf! Sie suchen meinen Cousin. Der ist in New York.“ Er gab mir die Telefonnummer seines Cousins, ich rief ihn an – und es war wirklich jener junge Mann. Er erinnerte sich natürlich an mich und dass er mir in Auschwitz die Kartoffeln gegeben hatte. Ein paar Monate später rief er mich an und teilte mir mit, dass er nach Las Vegas reisen würde und beschlossen hatte, auch nach Los Angeles zu kommen, um mich zu treffen. Er kam mit seiner Frau und ich entschuldigte mich

natürlich und bat ihn um Vergebung. Dann reiste er zurück nach New York, er starb ein paar Jahre später.

100. Nach allem, was Sie erlebt haben, was für einen Rat können Sie uns jungen Menschen geben?

FIRESTONE: Vor allem möchte ich, dass die jungen Leute einander kennen lernen. Normalerweise frage ich sie: „Kennst du deine Sitznachbarn in der Schule? Weißt du etwas über sie? Weißt du, ob deren Eltern da sind, wenn sie nach Hause kommen? Haben sie Geschwister?“ Wissen Sie, es gibt Leute, die sich hassen, ohne sich überhaupt zu kennen, ohne irgendetwas vom anderen zu wissen. Ich habe in Polen Schüler getroffen, die noch nie einen Juden gesehen haben. Ich hörte, wie sie abfällig über Juden sprachen. Deshalb erzähle ich den Schülern, dass es nur eine Rasse gibt, und das ist die menschliche Rasse, und dass wir alle von Gott erschaffen wurden und uns gegenseitig respektieren sollten. Wir müssen uns nicht alle lieben, aber respektieren und einander kennen lernen. Dann können wir verstehen, wenn wir uns über jemand ärgern und weshalb oder warum wir jemand nicht mögen, aber die meisten, die wir hassen, kennen wir nicht. Was wussten diese Leute über uns, dass sie uns umbringen konnten? Welche Verbrechen haben wir verübt? Dachten sie, dass wir Verbrechen verübt haben, deretwegen wir getötet oder exekutiert werden sollen? Im Grunde glaube ich, dass allein die Tatsache, dass wir alle der menschlichen Rasse angehören, ausreichen sollte, einander nicht zu töten.

Normalerweise erzähle ich den jungen Leuten auch, was ich mache und dass sie einen Grund finden sollten, einen Grund für Menschlichkeit. So viele Schüler benötigen zum Beispiel Nachhilfe, also sage ich zu ihnen: „Suche dir einen Schüler, der deine Hilfe braucht. Du wirst feststellen, wie befriedigend es ist, jemandem zu helfen, etwas Nettes für einen anderen Menschen zu tun. Geh und hilf ihnen.“ Und nun gibt es einige Schüler, die das tun und ich hoffe, dass es sich fortsetzt und die jungen Leute anderen Menschen Gutes tun. Ich glaube, das ist für mich sehr wichtig, zum Beispiel jemand anderem etwas Gutes zu tun, es tut mir selbst gut und es hilft der Menschheit.

Frieda Horvath:
Gestohlene Jugend

Frieda Horvath, geborene Schröder, geb. 18. Juli 1926
Verfolgungsgrund: Sintiza (Zigeunerin)
Dauer des Freiheitsentzuges: 2 Jahre, 2 Monate
Land: Österreich

Abb. 23: Frieda Horvath, 1949

Abb. 24: Frieda Horvath, 2009

Frieda Horvath, geborene Schröder, wurde am 18. Juli 1926 in Stolp in Pommern in Preußen, Deutschland, in eine Sinti-Familie geboren. Im März 1943 wurde sie mit ihren Eltern und ihren acht Geschwistern verhaftet und am 14. März 1943 in das KZ Auschwitz-Birkenau deportiert, wo sie im so genannten „Zigeunerlager" in Birkenau interniert wurde. Nach etwa einer Woche im KZ Ravensbrück wurde Frieda Horvath Anfang August 1944 in das Außenlager Graslitz des KZ Flossenbürg überstellt. Dort musste sie Schwerarbeit in einer Munitionsfabrik leisten. Als das Fabriksgelände von den Alliierten bombardiert wurde, wurde das Außenlager Graslitz Mitte April 1945 geräumt und sie musste auf den Todesmarsch. Ende April 1945 wurde Frieda Horvath von den Amerikanern befreit. Die Eltern und drei Brüder kamen in den Konzentrationslagern ums Leben. Nach dem Krieg heiratete sie Johann Horvath, einen Roma, der ebenfalls im KZ gewesen war, und bekam fünf Kinder. Ihre Existenz hat sie sich sehr schwer mit harter Arbeit und dem Erbitten von Almosen wieder aufgebaut. Jahrzehntelang musste sie von einem Flüchtlingslager ins andere ziehen, bis sie 1971 in Linz an der Donau, Österreich, eine Wohnung erhielt. Kochen ist ihre große Leidenschaft und sie liebt es, ihre Großfamilie kulinarisch zu verwöhnen. Frieda Horvath lebt in Österreich.

Die Interviews wurden am 2.2.2009 und 15.9.2011 geführt.

1. Wann wurden Sie geboren? Wie war Ihr Vater? Wie war Ihre Mutter?

HORVATH: Ich wurde am 18. Juli 1926 in Stolp in Pommern [Preußen], geboren. Das gehörte damals zu Deutschland. Nach dem Krieg haben es die Polen eingenommen. Mein Vater hat Albert Schröder geheißen und meine Mutter Johanna. Ihr Mädchenname war Laubinger. Meine Eltern hatten neun Kinder. Sie waren gute Eltern. Wir waren fünf Buben und vier Mädel. Die Namen der Mädel waren Erna, Herta, Lola und Frieda. Die Buben haben Waldemar, Max, Siegfried, Heini und Willi geheißen. Willi war der Älteste.

Wir waren eine Sinti-Familie. Die Großeltern haben auch bei uns gelebt. Das waren die Eltern vom Vater. Meine Großmutter ist daheim gestorben und der Großvater auch. Die Großeltern von der Mutterseite habe ich selten zu sehen gekriegt.

2. Was ist Ihre früheste Kindheitserinnerung?

HORVATH: Irgendwie kann ich nichts Besonderes dazu sagen. Im Sommer hat es immer so etwas wie einen „Markt" gegeben, also mit Ringelspielen und Ähnlichem. Da sind wir als Kinder nach der Schule oft hingegangen. Wir haben nicht viel Freiheit gehabt. Da waren die Eltern viel zu streng.

3. Wie verlief Ihre Kindheit?

HORVATH: Na ja, wie soll man sagen. Während ich herangewachsen bin, habe ich auf die zwei kleineren Geschwister aufpassen müssen. Die älteren Buben sind alle in der Arbeit gewesen. Der letzte Bub, das war dann der Heini, der ist 1931 auf die Welt gekommen. Wenn ich von der Schule heimgekommen bin, habe ich Schularbeiten machen und im Sommer aufs Feld arbeiten gehen müssen. Im Winter ist es ja gegangen, da haben wir daheim die Wirtschaft gemacht. Wir haben eine kleine Wirtschaft gehabt. Mein Vater hat ein Haus gebaut und ein Stückerl Grund gepachtet.

Dort haben wir viel Kartoffeln und Gemüse angebaut, damit wir etwas gehabt haben und auch die Viecher. Wir haben drei Schafe gehabt, ein Schweinderl, ein Pferd, Hühner und Angora-Haserln. Die waren schön und wurden geschoren. Die Mutter hat dann Socken oder Pullover gestrickt. Wenn die Geschwister am Abend von der Arbeit heimgekom-

men sind, haben wir töpfeweise kochen müssen. Da habe ich der Mutter geholfen. Wir haben gekocht und dann das Essen für elf Leute hingestellt. Drei bis vier Brote haben wir pro Tag gebraucht. Am Abend haben wir Brote gemacht, zum Mitnehmen für die Arbeit und für uns Kinder in die Schule. Da haben wir viel gebraucht. Wurst, Fleisch usw. Wenn einer schwer arbeitet, muss er was essen, das ist klar. Bis ich 15, 16 Jahre alt war, ist das so gegangen.
Ich bin in der Schule nie als Zigeunerin beschimpft worden. Das hat sich niemand getraut, weil ich sie sonst verprügelt hätte. Vielleicht haben sie es im Geheimen getan. Einen Cousin habe ich gehabt, der war recht dunkel und sein linker Arm war behindert. Den haben sie immer beschimpft, aber da bin ich schon dazwischengegangen. Ich habe viel gerauft. Ich habe ihn in der Schule immer verteidigt.

4. Welche Schulbildung haben Sie?
HORVATH: Ich habe nur acht Jahre Volksschule machen können. Ich wollte etwas lernen, aber es war mir nicht möglich.

5. Wie war Ihre Jugendzeit? Welchen Beruf haben Sie erlernt und was haben Sie gearbeitet?
HORVATH: Ich konnte keinen Beruf erlernen. Als ich aus der Schule gekommen bin, hätte ich beim BDM [Bund Deutscher Mädel] Arbeitsdienst machen müssen. Mein Vater hat mich davon befreien können, weil er krank war und ich ihm helfen musste, den Grund zu bearbeiten. Ich bin daheim geblieben und habe mir nebenbei eine Arbeit gesucht: Zeitung austragen. Ich bin mit dem Rad gefahren und habe Zeitungen ausgetragen. Als ich fertig war, bin ich wieder aufs Feld zum Arbeiten oder habe der Mutter daheim geholfen, Wäschewaschen usw. Ich bin nur für die Arbeit da gewesen, habe keine Jugend gehabt. Und was war nachher? Da sind wir dann verhaftet worden.

6. Was können Sie von Ihrer Familie erzählen?
HORVATH: 1949 habe ich Johann Horvath geheiratet. Er war ein Roma aus dem Burgenland und ist auch im KZ gewesen. Ich habe mit meinem Mann fünf Kinder; Johann, Franz, Hermine, Martin und Renaldo. Und ich habe 20 Enkel, 24 Urenkel und 2 Ururenkel. Mein Mann ist 1991 gestorben und mein Sohn Franz 2007.

7. Haben Sie mit „Heil Hitler!“ gegrüßt?
HORVATH: Ja, in der Schule, nachdem der Krieg begonnen hat, aber bei uns daheim in der Familie nicht.

8. Warum wurden Sie von den Nationalsozialisten verfolgt?
HORVATH: Weil wir Sinti waren. Wir waren Sinti und darum sind wir alle weggekommen – die ganze Familie.

9. Wann wurden Sie verhaftet?
HORVATH: Im März 1943.

10. Warum wurden Sie interniert?
HORVATH: Weil wir Sinti waren. Und es sind die ganzen Sinti weggekommen – von rundherum, von überall.

11. Wie wurden Sie gefangen genommen?
HORVATH: Es hat geheißen, wir müssen alle auf die Gemeinde, die ganze Familie. Papiere mitnehmen und das wärmste Gewand anziehen, was man hat, das Schönste. Wir haben uns nichts dabei gedacht, aber mein Vater hat das alles schon gewusst, weil der muss vorher schon das Haus verkauft haben, weil wir das Haus auch nicht mehr gekriegt haben. Der muss vorher schon das Haus verkauft haben, weil er das Geld gehabt hat. Und da haben wir ihn noch gefragt: „Papa, von wo hast du das Geld her? Wo ist unser Haus?“ Ja, dann hat er erste Erklärungen gemacht, im Gefängnis: „Ich habe das Haus verkauft, weil die uns alle wegbringen.“ Jetzt haben wir alle geweint. Wir haben es ja früher nicht gewusst. Dann hat er gesagt: „Es ist gut, dass das Haus verkauft ist. Es hat jemand, die schauen wenigstens drauf.“ Mit dem gesamten Inventar hat er es an Deutsche verkauft.
Wir haben nicht gewusst, wo sie uns hinbringen. Wir sind eingesperrt worden in eine Zelle im Gefängnis, die ganze Familie. Da waren wir über Nacht drinnen und am Morgen ist ein Zugtransport gekommen. Da sind wir bis nach Danzig gefahren. Und in Danzig haben wir alle in einen Waggon hineinmüssen, wo normalerweise Viecher drinnen sind. Stroh ist drinnen gelegen und in der Mitte war ein Kübel mit Wasser. Da waren schon etliche Familien drinnen. Wir haben auf den Kübel aufs Klo gehen müssen. Unmöglich ist das gewesen. So etwas kann man gar

nicht mehr erzählen. Wir sind bei etlichen Stationen stehen geblieben und da sind etliche Waggons abgetrennt worden. Wo die hingekommen sind, haben wir nicht gewusst. Es waren Verwandte dabei. Mit uns sind sie bis nach Auschwitz gefahren.

12. Wusste man von Anfang an, was in den Lagern passiert? Bevor Sie abgeholt wurden, wussten Sie, was passieren würde?

HORVATH: Wir haben überhaupt von gar nichts gewusst. Wir kriegen ein Stückerl Grund und wir können es dort [in Auschwitz] bewirtschaften, das haben sie uns auf der Gemeinde gesagt. Und dabei ist es ein Vernichtungslager gewesen. Die haben uns nur alle „fürn Schmäh gehalten".

13. In wie vielen verschiedenen Lagern waren Sie? Wie viele Jahre verbrachten Sie dort?

HORVATH: Nach dem Gefängnis sind wir am 14. März 1943 in Auschwitz-Birkenau angekommen. Im Juli 1944 sind alle jungen Mädchen und Frauen, die noch kräftig waren, nach Ravensbrück gekommen. In Ravensbrück war ich ungefähr eine Woche. Dann sind wir untersucht worden. Die noch gut beieinander waren, sind wieder verschickt worden. Ich bin im August 1944 nach Graslitz in eine Munitionsfabrik gekommen. Das war ein Außenlager vom KZ Flossenbürg. Dort bin ich bis Mitte April 1945 gewesen und dann mussten wir aus dem Lager marschieren. Ende April wurden wir von den Amerikanern befreit.

14. Waren Sie allein oder mit Familie und Freunden im Konzentrationslager? Hatten Sie Kontakt mit ihnen?

HORVATH: Ich habe keine Freunde gehabt, ich war mit meiner Familie beisammen. Dann sind die Großmutter und der Großvater [die Eltern von meiner Mutter] auch ins KZ gekommen. Es waren auch die Brüder und Schwestern vom Vater in Birkenau. Die Familien waren in verschiedenen Baracken untergebracht. Meine ganze Familie ist in einer Baracke gewesen. Wir hatten dort zwei so „Boxen". Das waren breite Stockbetten für sechs Personen oben und auch unten. Da haben oben die Männer und unten die Frauen geschlafen, wie es bei den Sinti üblich war. Da schläft man ja nicht mit den Brüdern und mit den Eltern zusammen. Dann ist aber die Küche aufgebaut worden. Etliche Monate haben

wir nur Rote Rüben und Kartoffeln zum Essen gekriegt. Aber vor lauter Hunger waren wir froh, dass wir es gekriegt haben. Dann ist die „Einser-Baracke" für die Arbeiter, die in der Küche arbeiteten, aufgebaut worden. Da hat es dann rechts die Kochküche gegeben und links war die Schälküche zum Kartoffelschälen. Meine Brüder sind in die Küche gekommen, weil sie haben kochen können. Die haben dann nicht mehr mit der Familie zusammen sein dürfen, weil die haben ja sauber sein müssen beim Kochen. Wir haben dann mehr Platz zum Schlafen gehabt. Später bin ich auch in die Küche gekommen.
Im Sommer 1944 sind wir, die älteren Kinder, von Birkenau weggekommen. Die Schwestern und ich mussten in Ravensbrück bei der Ankunft durch ein Jodwasser gehen. Das war zur Desinfektion, damit wir nichts hineintragen. Meine jüngste Schwester Lola hat sich dabei am Fuß aufgerissen und dann ist so ein großer Fleck entstanden. Darum musste sie im KZ Ravensbrück bleiben. Die anderen zwei, Erna und Herta, sind mit mir nach Graslitz. Meine Mutter und der Heini sind in Birkenau geblieben. Die anderen Brüder sind in die KZ Sachsenhausen und Buchenwald gekommen.

15. Was passierte unmittelbar nach Ihrem Eintreffen im KZ?
HORVATH: Ja, bei der Einlieferung, da sind wir einmarschiert. Und dann wurden wir familienweise eingereiht. Dann ist der Arzt dort gewesen und der hat dann tätowiert. Da auf dem Arm. Ich habe die Nummer 3359 gekriegt. Die kleinen Kinder sind am Hintern tätowiert worden. Das hat wehgetan. Mein Arm ist stark angeschwollen. Wir haben aber nichts zum Einschmieren gekriegt. Es hat ein paar Wochen gedauert, bis alles verheilt ist. Uns hat keiner geholfen.
Wir wurden auch in eine Baracke zum Duschen gebracht. Da wurde unser neues Gewand weggenommen. Wir haben uns alle ausziehen müssen. Es war eine Schande für uns, mit den Brüdern und dem Vater splitternackt zu sein. Das ist ja bei uns Sinti nicht der Brauch. Unsere Buben haben Rotz und Wasser geweint. Und wenn du dich mit einem Fetzen oder Tuch bedeckt hast, dann hast du Schläge gekriegt. Dann ist das Wasser gekommen. Am Anfang haben wir ja gedacht: Vielleicht ist das Gas? Wir haben Angst gehabt, weil das Wasser so in Strömen herausgekommen ist. Und wir alle haben schon geglaubt, es ist Gas.
Später haben wir gehört, dass hinten die Gaskammer war. Dort sind

dann die Leute vergast worden. Als wir ein paar Monate drinnen waren, haben sie die Gaskammer dann einmal aufgemacht. Da sind aber schon etliche Juden vergast worden. Wir haben aber nicht gewusst, was das ist. Die ältere Generation hat das vielleicht schon gewusst, aber wir, die Jugend, haben nur immer Angst gehabt, dass sie uns umbringen.
Nachdem wir geduscht worden sind, haben sie uns dann ein Gewand von jemand anderem gegeben. Das war von den „Vorgängern“ und unser Gewand haben wieder die „Nachgänger“ gekriegt. Wir haben kein Häftlingsgewand gekriegt, sondern Zivilgewand und den schwarzen Winkel. Das war der Zigeunerwinkel. Die Nummer war am Arm eintätowiert. Nur wenn wir in einem Außenkommando arbeiten mussten, haben wir so einen Streifen mit der Nummer auf das Gewand gekriegt.
Bei der Ankunft in Auschwitz ist eine Baracke gewesen, wo Frauen und Ärzte drinnen waren. Da haben sie uns alle angesehen und eingeteilt. Die Kranken wurden alle auf die Seite gelegt. Ich bin in Baracke acht im Zigeunerlager in Birkenau gekommen. Wir, die ganze Familie, mussten vom Haupteingang in Auschwitz zu Fuß nach Birkenau gehen. Es war im März und da muss es geschüttet haben, weil so viel Schlamm und Dreck war. Es hat uns die Schuhe ausgezogen. Fast eine ganze Stunde sind wir dorthin marschiert. Dann sind wir in die Baracke gekommen, wo Ratten und Mäuse waren. Dann waren so dreckige Decken dort, wo die Läuse drinnen gewesen sind. Es war menschenunwürdig.

16. Warum wurden die Köpfe der Gefangenen geschoren?

HORVATH: Wegen der Läuse und weil ich in die Küche gekommen bin. Ich bin nach einigen Monaten geschoren worden. Ich habe so lange Zöpfe gehabt. Das war schon eine Schande für eine Sintiza. Ich habe Rotz und Wasser geweint wegen meiner Haare. Das schaut ja so dumm aus, wennst mit der Glatze umherrennst. Das ist ja unmöglich. Meine Mutter hat ein Kopftuch gehabt und hat gesagt: „Da, nimm’s!“ Ich habe mir das Kopftuch umgebunden und dann habe ich mir an der Stirn ein paar Haare von meinem Haar hineingegeben. Weil ich so in die Küche hineingekommen bin, haben sie gesagt: „Wie kannst du denn die Haare haben, wenn sie uns doch alle geschoren haben?“ Dann hat mir die Aufseherin, die dort war, das Kopftuch weggenommen. Ich habe Schläge und eine Strafe gekriegt. Ich habe nicht aus der Baracke gehen dürfen und habe putzen und Stubendienst machen müssen.

17. Zu welcher Gruppe der KZ-Häftlinge gehörten Sie?
HORVATH: Bei uns im Zigeunerlager in Birkenau waren nur rassisch Verfolgte. Rassisch Verfolgte sind die Sinti und Roma gewesen. Da waren auch tschechische, ungarische und polnische Zigeuner dabei.

18. Wie war der Tagesablauf im KZ?
HORVATH: Wir, die Jugend, sind in Birkenau alle arbeiten gegangen. Die Alten, der Vater und die Mutter, haben nicht arbeiten müssen. Sie blieben in der Baracke und meine Schwester, die entbunden hat. Auch die zwei kleineren Kinder, die Lola und den Heini, haben sie nicht in die Arbeit mitgenommen. In der Früh hat es einen Appell gegeben, im Winter und im Sommer. Da bist du draußen gewesen und sie haben Zählungen gemacht. Im Sommer ist es ja gegangen, aber im Winter war es am ärgsten.
In der Früh hat es nur Brot und einen blauen Tee und ein Stückerl Brot gegeben. Man hat als Familie einen Laib mit ein bisschen Butter gekriegt, aber sonst schon gar nichts. Ich weiß nicht, was das für ein Tee war, aber er war blau und grauslich. Keinen Zucker, nichts, haben wir gehabt. Bis Mittag hat man arbeiten müssen und dann hat es so ein Durcheinander zu essen gegeben. Da haben sie Rote Rüben, Kartoffeln mit der Schale und Karotten in einem Topf gekocht. Das haben sie uns zu essen gegeben. Dann mussten wir wieder bis am Abend arbeiten.

19. Was war das Schlimmste am täglichen Ablauf?
HORVATH: Das Schlimmste war die Arbeit im Außenkommando und die Sorge um die Eltern. Die Eltern sind in der Baracke gewesen. Wir waren weg und haben nicht gewusst, was sich den ganzen Tag dort abspielt. Wenn wir am Abend heimgekommen sind, dann sind wir todmüde gewesen und wir waren froh, dass wir die Eltern wieder gesehen haben und uns niederlegen konnten. Bei mir ist es erst leichter geworden, als ich in der Küche gearbeitet habe.

20. Schweißte der Alltag eher zusammen oder versuchte man alleine zurechtzukommen?
HORVATH: Wir haben nur auf unsere Familie schauen müssen. Ich bin oft zu meiner Großmutter hinübergegangen. Dann sind meine Großmutter und auch mein Großvater gestorben.

21. Welche Möglichkeiten gab es für Sie, sich von dem grausamen Alltag abzulenken (Musik etc.)? Was hat Ihnen Kraft gegeben?

HORVATH: Gar nichts hat es gegeben. Du bist nur immer schauen gegangen, wer noch lebt. Es hat zwar eine Häftlings-Kapelle gegeben, aber die hat nur gespielt, wenn wir ins Außenkommando gegangen sind. Wir haben mit Musik hinaus- und auch wieder hineinmarschieren müssen. Ab und zu ist einer mit einer Geige in den Baracken umhergegangen und hat Zigeunermusik gespielt, aber das war verboten. Ich habe immer mittanzen wollen. Einmal habe ich zu meinem Bruder Max gesagt: „Komm, gehen wir ein bisschen tanzen, der spielt so schön." Wenn der Blockälteste gekommen ist, haben wir sofort aufgehört.

22. Wie waren die Lebensbedingungen in den Baracken (Aufteilung, Verpflegung, Hygiene, Kleidung etc.)?

HORVATH: Ich weiß nicht mehr, wie viele Menschen in einer Baracke in Birkenau waren. 30 Familien waren schon drinnen. Es war dort so eine Schiebetür und dahinter war das provisorische Klo aus Holz. Im Winter ist alles zugefroren gewesen, da sind die Ratten gekommen. Riesengroße Ratten waren das. Die sind bis in die Baracke hereingekommen. Wir waren ja gar nicht sicher, dass sie uns nicht angeknabbert haben. So viele Ratten waren da und auch Läuse. Es hat auch so gestunken in der Baracke. Es waren so viele Nationen drinnen. Jede hat eine andere Ausdünstung gehabt und den Gestank vom Klo hat es auch hereingezogen. Die Dusche durften wir nicht benützen. Ich habe mich aber waschen wollen, weil ich es sonst nicht ausgehalten habe. Ich habe mich sogar im Winter mit Schnee eingerieben und dann bin ich zu meiner Mama ins Bett gekrochen. Gewand haben wir immer dasselbe gehabt. Wir haben es selber waschen müssen. In Graslitz haben wir in der Fabrik gewohnt. Die Zimmer waren oben. Da gab es einen großen Tagesraum und ein Schlafzimmer. Im Tagesraum haben 30 bis 40 Personen das Essen gekriegt.

23. Welche Arbeiten mussten Sie verrichten? Wie lange mussten Sie arbeiten?

HORVATH: Im Außenkommando in Birkenau haben wir Rasenstücke ausstechen und im Lager beim Eingang auslegen müssen. Rechts war der Platz, wo die Musikanten waren, und links haben wir diese

Rasenstücke ausgelegt, weil alles so verdreckt war. Das haben wir in der Sommerzeit von der Früh bis am Abend machen müssen. Dann ist alles schön gewesen. Weil ich meine Arbeit ordentlich verrichtet habe, bin ich gut behandelt worden. Zu mir hat keiner ein böses Wort gesagt. Einen Monat habe ich auch Stubendienst gemacht. In Birkenau bin ich dann in die Schälküche gekommen. Ich habe Kartoffeln geschält und war dort, bis wir weggebracht worden sind. In Ravensbrück bin ich nur in Quarantäne gewesen, bis ich weggekommen bin.
In Graslitz bin ich in einer Munitionsfabrik gewesen. Dort haben nur Frauen gearbeitet und ich habe an einer Maschine arbeiten müssen. Die war so groß wie ein Tisch. Wir haben Eisenteile bohren müssen. Ich weiß aber nicht genau, für welchen Zweck das gewesen ist. Das war so ein rundes Teil und das haben wir auf eine Stange legen müssen. Da haben wir ein Loch bohren müssen. Und dann sind zwei Flügel draufgekommen. Wir haben 25 Teile in eine Kiste geben und bis zum Abend 20 Kisten fertig haben müssen. Das ist ruckzuck gegangen. Ich habe einen deutschen Vorarbeiter gehabt, der hat mir immer geholfen und mich angelernt. Er war brav, er hat mir auch oft Brot gebracht. Er hat gefragt: „Bist du auch eine Deutsche?“ „Ja“, habe ich gesagt. Er hat mir immer die Stulle [Brot] gebracht und gesagt: „Eine Stulle bringe ich dir.“

24. Wie wirkte auf Sie der Spruch „Arbeit macht frei“?
HORVATH: Der ist in Auschwitz beim Eingang gestanden. Darauf haben wir nicht reagiert, als wir hineingekommen sind.

25. Wie waren die Aufseher im Lager?
HORVATH: In Birkenau gab es einen Lagerkapo und die SS-Männer haben manchmal Kontrollen gemacht.
Mir hat keiner wehgetan, außer ein SS-Mann, der mich auf den Kopf geschlagen hat, und einmal der Lagerkapo. Es war verboten, außerhalb der Baracken zu rauchen. Einmal bin ich zu meiner Großmutter gegangen und habe ihr ein paar Zigaretten gebracht. Ich habe aber selbst eine Zigarette in der Hand gehabt und habe übersehen, dass der Lagerkapo und ein SS-Mann kommen. Sie haben Kontrolle gemacht. Der SS-Mann hat mir bei der Arbeit sogar selbst ab und zu eine Zigarette zum Rauchen gegeben. Aber jetzt hat er geschrien: „Bleib einmal stehen!“ Ich habe hinter mir den „Tschick“ ausgemacht und die Glut ist unten gelegen.

Da habe ich mich hinstellen, meine Nummer und meinen Namen sagen müssen. Er hat mich angeschaut und gefragt: „Hast du jetzt geraucht?“ Ich sagte: „Nein, ich habe nicht geraucht.“ Er hat ja gewusst, wie ich heiße, und sagte: „Frieda, lüg mich nicht an! Du hast jetzt geraucht.“ Ich sagte: „Nein, ich habe nicht geraucht!“ Da hat er ausgeholt und hat mir vor dem Lagerkapo einen Schlag ins Gesicht gegeben. Dabei ist mir ein Stück von einem Zahn abgebrochen.

Am nächsten Tag habe ich den SS-Mann bei der Arbeit wieder getroffen und er sagte zu mir: „Warum hast du mich angelogen?“ Ich sagte: „Und du hast zuschlagen müssen, dass mir der Zahn abgebrochen ist?“ Dann hat er vorgeschlagen, dass ich ins Labor gehen soll, denn dort haben sie die ganzen Zähne von den Toten liegen gehabt. Er hat gesagt: „Lass dir einen Zahn hineinmachen, aber gleich einen goldenen. Ich gehe mit dir.“ Darauf habe ich gesagt: „Dann musst du mich erschießen. Ich lasse mir keine Zähne von einem Toten hineinmachen.“ Er hat gesagt: „Du kannst ja nicht so bleiben. Das mache ich für dich.“ „Nein“, habe ich gesagt, „nimm die Pistole und schieß mich gleich nieder. Ich lasse mir keine Zähne von einem Toten hineinmachen.“

Dann hat er gesagt: „Dann verschwinde und nächstes Mal, sag die Wahrheit! Ich habe das machen müssen, weil der Lagerkapo dabei war.“ Und ich habe gesagt: „Ich rede jetzt nichts mehr mit Ihnen.“ Er wollte es wieder gutmachen und dann bin ich halt doch wieder gut mit ihm gewesen.

26. Gab es Kontakte zwischen den Häftlingen und der Bevölkerung?

HORVATH: Nein! Wir sind nicht hinausgekommen, weil wir nicht hinausgehen durften. In Birkenau, da war ein Zaun und wenn du dort hingegangen bist, bist du am elektrischen Strom gestanden. Da hast du nicht viel Bewegung gehabt.

27. Wussten Sie über den Kriegsverlauf in der Außenwelt Bescheid?

HORVATH: Nein, davon haben wir nie etwas zu hören gekriegt. Wir haben nur Bombardierungen gehört. Graslitz ist einmal bombardiert worden. Ich bin gerade von der Nachtschicht ins Schlafzimmer gekommen und habe im Bett liegen müssen. Wir durften dann auch nicht arbeiten und darum waren wir alle drinnen im Zimmer. Durch die

Splitter sind Fensterscheiben kaputt gegangen. Dabei ist ein Splitter in meinen Polster gekommen. Es hätte mich auch erwischen können. Es ist auch ein Zug mit Häftlingen bombardiert worden. Etliche Verletzte haben sie dort in der Tschechei gleich ins Spital gebracht. Ich habe das gar nicht so richtig mitbekommen, aber meine Schwester hat geschrien: „Steh auf, steh auf! Die bombardieren und da unten führen sie die Häftlinge ab. Vielleicht ist unser Bruder dabei.“ Dann haben wir beim Fenster hinausgeschaut und alles gesehen. Der Bruder war aber nicht dabei.

28. Durften Sie im KZ Briefe, Lebensmittel, … empfangen?
HORVATH: Wo hätten wir hinschreiben sollen? Wir haben keinen Menschen gehabt. Bekannte haben wir auch keine draußen gehabt. Vielleicht wäre es gegangen, wenn man jemanden gehabt hätte, aber leider, die ganze Familie und auch alle Verwandten waren weg. Es ist ja keiner daheim gewesen.

29. Welche Folterungen mussten Sie über sich ergehen lassen?
HORVATH: Folterungen? Da kann ich mich nicht so beschweren. Außer einmal in Graslitz, da habe ich von der Früh bis Mittag bis zum Bauch im Wasser stehen müssen. Als der Göring und Himmler gekommen sind, haben wir einmal ein gutes Essen gekriegt; einen Schweinsbraten mit Knödeln und Kartoffeln. Ich habe gesagt: „Das wundert mich aber, dass wir heute einmal ein gutes Essen kriegen.“ Ich wollte das aber nicht hinausschreien, sondern leise sagen, aber ein SS-Mann hat es gehört. Er hat dann darauf gesagt: „Seit wann kriegen denn die ein mieses Essen?“ Eine ältere, große SS-Aufseherin ist neben mir gestanden. „Ja“, habe ich gesagt, „wir kriegen immer das Wasser zum Essen und das Dicke [Einlagen] geht unter ihren Freundinnen da auf. Wo sind wir denn? Wir müssen ja schwer arbeiten und nicht die, die in der Wohnung sind und Hausdienst machen.“ Die SS-Aufseherin hat gesagt: „Das ist nicht wahr.“ Darauf habe ich gesagt: „Das ist schon wahr. Die anderen trauen sich nicht, das zu sagen, aber ich schon. Weil ich muss bei einer großen Maschine arbeiten. Wenn ich da umfalle, reißt es mir den Schädel ab. Einer ist das schon passiert!“ Als die SS-Männer, die Himmler und Göring begleitet haben, dann gegangen sind, hat der SS-Mann gesagt, dass in Zukunft das Essen so ausgeteilt werden muss, wie sich das gehört, und jeder seinen Teil kriegt. Wenn das nicht so ist, wird

es eine Beschwerde geben. Die sind gegangen und dann hat mich die SS-Aufseherin geholt und gesagt: „Du gehst morgen nicht arbeiten. Du wirst bis Mittag im Wasser stehen!“ Wir haben Frühschicht gehabt. Ich habe dann von der Früh bis ungefähr zwei Uhr in einem Fass im kalten Wasser stehen müssen. Ich habe mich immer an den Rand angelehnt, aber trotzdem war es kalt. Nachher habe ich meine Beine massiert, damit das Blut wieder in Bewegung gekommen ist. Ich bin hin- und hergerannt, bis sie ein bisschen „auftauten“, und sie in Decken eingewickelt.

30. Was war der schrecklichste Moment für Sie?
HORVATH: Das Schrecklichste war, als ich meine Leute verloren habe. Dass meine Mutter und mein kleiner Bruder Heini vergast worden sind und dass mein Vater gestorben ist. Meine Mutter und Heini wurden vergast, nachdem wir, die älteren Kinder, von Birkenau weggekommen sind.
Mein Vater ist Mitte 1944 gestorben, als ich noch in Birkenau gewesen bin. Er ist schon im Sterben gelegen und dann ist er in die Krankenbaracke gekommen, wo die Schwerkranken waren. Hast du das überlebt, war es gut. Wenn nicht, hast du sterben müssen oder sie haben dir eine Spritze gegeben, dass du gleich eingeschlafen bist. Bei meinem Vater war es so: Er hat Bauchtyphus gekriegt und ist in diese Baracke gekommen. Ich habe zum Blockältesten der Krankenbaracke gesagt: „Ich will meinen Vater öfter besuchen und wenn ich komme, putze ich dir dafür deine Kanzlei.“ Er hat gesagt: „Du kannst ruhig kommen.“ Er hat mich immer zum Vater hineingelassen. Dann haben sie ihm eine Spritze gegeben. Der Blockälteste hat es mir gesagt, dass sie ihm eine Spritze gegeben haben und er gestorben ist. In der Baracke war hinten so eine Kammer und da sind die ganzen Toten gelegen. Ich bin noch einmal nach hinten gegangen und habe meinen Vater gesehen. Dann ist ein Auto gekommen und sie haben ihn und die anderen Toten aufgeladen und zum Verbrennen gebracht. Die Ratten sind umhergelaufen. Das kann man ja gar nicht mehr schildern.

31. Gab es humorvolle Momente, die Sie das Leid für einen Augenblick vergessen ließen? Wie hat man sich diese vorzustellen?
HORVATH: Es war zum Mittagessenholen. Ich habe einmal Stubendienst gemacht in Birkenau. Da sagte der Blockälteste: „Wer wird denn

jetzt das Essen holen?“ Von der Kochküche mussten von der ersten bis zur achten Baracke schwere 50-Liter-Kessel mit Essen getragen werden. Zwei Stangen wurden durch eine Eisenhalterung gesteckt und damit hat man diese Kessel getragen. Ich habe zum Blockältesten gesagt: „Das kann ich auch noch machen. Das zeige ich dir!“ Er hat gesagt: „Das wirst du dein Lebtag nie packen!“ Ich habe gesagt: „Wenn ich etwas kriege, dass ich meiner Mutter, meinem Vater und auch den Kindern geben kann, dann schaffe ich das auch noch.“ Meine Mutter hat gesagt: „Mein Kind, das kannst du nicht tragen, das geht doch nicht.“ „Mama, das geht schon“, habe ich gesagt. Ich habe dann tatsächlich die Kessel gemeinsam mit einem jungen Burschen, der 18 Jahre alt war, getragen. Dann hat der Blockälteste gesagt: „Jetzt fällst du aber gleich zusammen!“ „Nein“, habe ich gesagt. Die Mutter hat dafür eine Schüssel Essen gekriegt. Ich habe einen Laib Brot und ein Packerl Butter gekriegt. Das war eine große Freude, weil wir das gekriegt haben. Derjenige, der mit mir getragen hat, hat auch etwas bekommen. Das hat uns der Blockälteste zur Verfügung gestellt.
Ich konnte auch nicht klagen, ich war nicht ganz so schlecht beisammen. Gott sei Dank war ich nicht so oft krank und mich hat nichts erwischt, weil ich immer nur auf das Härteste gearbeitet habe. Wenn du dich im KZ gehen lassen hast, bist du verloren gewesen. Du hast weiterarbeiten müssen, damit du dich wieder aufbaust.

32. Was waren Ihre tagtäglichen Gedanken, als Sie im KZ waren?
HORVATH: Die Gedanken waren nur, dass du wieder weiterleben kannst. Ich habe meistens nur auf meine Geschwister [und] meine Eltern geschaut. Ich war die Einzige, die das gemacht hat, weil meine Geschwister hätten das nie zusammengebracht.

33. Konnten in einem KZ Kinder auf die Welt gebracht werden? Wenn ja, was ist mit diesen Babys passiert?
HORVATH: Ja. Meine Schwester Erna hat entbunden, als wir einen Monat im KZ waren. Sie hatte zuvor schon ein bisschen Kopftyphus erwischt. Sie hat dann einen Kaiserschnitt gekriegt. In einer Baracke war so ein „Labor“ und dort sind die Frauen, die entbunden haben, hineingekommen. Meine Schwester hat ihr Kind gar nicht zu sehen gekriegt. Sie hat immer nur geschrien: „Wo ist mein Kind?“ Das Kind war weg,

es hat aber noch gelebt. Nach der Entbindung ist es gleich weggenommen und getötet worden. Sie hat viel gelitten und ist dann nervlich ein bisschen geschädigt gewesen. Die Schwester war vor der Verhaftung im achten Monat schwanger. Sie hätte heiraten wollen, aber der Vater von dem Kind ist einmal zu seinen Eltern nach Berlin heimgefahren und von dort konnte er nicht mehr zurückkommen. Er hat nur schnell einen Brief geschrieben, dass er mit seinen Eltern weggebracht wird, aber sie wussten noch nicht, wohin. Er ist auch nach Birkenau gekommen und ich habe ihn einmal gesehen.

34. Gab es eine Möglichkeit, Freundschaften mit Gefangenen zu schließen?

HORVATH: Ich bin jung gewesen und auch wenn ich vielleicht mit einem Burschen gern befreundet gewesen wäre, hätte es das nicht gegeben. Das hat dich überhaupt nicht interessiert. Du hast immer nur an dein eigenes Leben denken müssen und an deine Geschwister und Eltern – und sonst an gar nichts.

35. Wer war Ihr bester Freund während dieser schlimmen Zeit und wie hat er Ihnen geholfen?

HORVATH: Was hätten wir dort für Freunde haben sollen? So etwas hat es gar nicht gegeben. Da hat es keine Freunde gegeben. Ich habe nur eine kleine Bekanntschaft gehabt, das war keine enge Freundin. Sie war eine ungarische Zigeunerin und hat Sophie geheißen. Als wir dann alle in andere Lager aufgeteilt wurden, habe ich sie nicht mehr gesehen. Erst nach dem Krieg habe ich sie einmal in Linz getroffen.

36. Was haben Sie zur Erleichterung des Leidens anderer Insassen getan?

HORVATH: Ich habe mich um meine Eltern und Geschwister gekümmert. Als wir in Ravensbrück für Graslitz eingeteilt wurden, bin ich zu einem SS-Arzt gegangen und habe gesagt: „Ich möchte meine zwei Schwestern mithaben.“ Da hat er gesagt: „Wenn ihr alle gesund seid, geht das.“ Ich habe zu meiner Schwester Erna gesagt: „Nimm dich nervlich zusammen. Mach keine Faxen, dass ich dich mitkriege.“ Er hat sie mir alle zwei mitgegeben. Sie konnten keine schweren, sondern nur einfache Arbeiten machen.

37. Gab es unter den Insassen bestimmte Hierarchien?
HORVATH: Der Lagerkapo und die Blockältesten waren über die anderen Häftlinge gestellt. Aber sonst gab es keine Unterschiede.

38. Gab es Unterschiede in der Behandlung zwischen den verschiedenen Gefangenengruppen (religiöse, politische Gefangene)?
HORVATH: Nein, es hat keine gegeben.

39. Welche Krankheiten gab es im KZ?
HORVATH: Bauchtyphus und Kopftyphus. Die Bauchtyphus gekriegt haben, sind meistens draufgegangen. Beim Bauchtyphus räumt es den Magen aus, der Darm wird leer und dann trocknest du aus. Dann schlägt sich das auf den Kopf. Meine Schwester, die Erna, die hat es gehabt, aber sie hat sich wieder erfangen. Ich habe Bauchtyphus nur ganz leicht gekriegt. Ich war vorsichtig und habe nicht alles gegessen. Darum habe ich nicht gleich alles eingefangen, wie die anderen. Ich habe mich von meiner Familie am besten gehalten.

40. Wurden Sie körperlich verwundet?
HORVATH: In Birkenau habe ich beim Essenausteilen einen Schlag auf den Kopf erwischt und ein Teil von einem Zahn ist mir einmal ausgeschlagen worden. Beim Außenkommando ist das Essen in Kesseln gebracht worden. Es waren auch zwei SS-Männer dabei. Vor lauter Hunger wollten die jungen Mädchen nicht mehr arbeiten. Wenn dann der Kessel mit dem Essen gekommen ist, haben sie sich mit den Schüsseln auf den Kessel gestürzt. Ich und etliche andere Frauen sind auf der Seite gestanden, weil wir uns das nicht getraut haben. Jetzt haben die SS-Männer hineingeschlagen und ich habe auch einige erwischt. Ich habe hinten am Kopf *(zeigt hin)* mit der Gummiwurst eine gekriegt. Das Blut ist hinuntergelaufen. Ich habe zu ihm gesagt: „Warum hast du mich jetzt geschlagen? Ich habe ja nichts getan.“ Er war wirklich nicht „z’wider“. Der SS-Mann, ein junger Kerl, hat dann gesagt: „Weil du dort gestanden bist. Ich habe mir gedacht, du bist auch dabei.“ Ich habe gesagt: „Dann musst du besser schauen.“ Dann hat er meine Haare auseinandergetan, hat ein Pflaster genommen und mir die Wunde zugeklebt. Er selbst hat das gemacht.
Meiner Cousine ist in Graslitz etwas Schlimmes passiert. Das muss ich

erzählen. Wir haben gearbeitet und sie wollte die Maschine ausschalten. Sie hat langes Haar gehabt und ist mit den Haarsträhnen vorne in die Maschine hineingekommen und die Maschine ist weitergerollt. Jetzt hat es ihr vom Haaransatz vorne bis zum Hinterkopf die ganze Kopfhaut heruntergerissen. Ich habe neben ihr gearbeitet, es lag nur ein Gang zwischen uns, wo die Aufseherinnen durchgegangen sind. Sie schrie mir, ich soll ihr helfen. Ich wollte die Maschine ausschalten und als ich mich runtergebeugt habe, wäre ich auch fast mit den Haaren hineingekommen. Mein Vorarbeiter ist hereingekommen und hat dann ausgeschaltet. Ich habe ihr nicht helfen können. Sie ist am Boden gelegen und das Blut ist geronnen. Sie hat so geschrien. Sie kam gleich ins Spital. Es wurde ihr vom Schenkel Haut entnommen und am Kopf eingesetzt. Wir durften sie nicht besuchen und freigelassen haben sie sie auch nicht. Sie ist im Bett gelegen, wie sie dann vom Spital herausgekommen ist, hat sie als Schwerkranke mit uns mitmarschieren müssen, als wir dann am Todesmarsch waren. Ich habe aber meine zwei Schwestern gehabt und habe ihr nicht helfen können. Aber es hat ihr eine andere Frau geholfen.

41. Wie viele Kilos wogen Sie, als Sie im KZ waren?
HORVATH: Das kann ich nicht sagen. Ich war in keinem ganz schlechten Zustand.

42. Was bedeutete der Tod für Sie?
HORVATH: Ja, da kriegt man es mit der Angst zu tun. Da denkt man: „Die haben alle sterben müssen, jetzt musst du auch sterben." Wenn du aber die Jugend so vor dir hast, dann kriegt man es mit der Angst zu tun, das ist einmal selbstverständlich. Viele junge Leute haben im KZ sterben müssen, die hätten das Leben gern noch weiterführen wollen, aber sie konnten es nicht mehr. Ich habe mir immer gedacht: „Hoffentlich hilft uns Gott, dass wir hier rauskommen."

43. Wie nahe kamen Sie dem Tod?
HORVATH: Es gab nur eine gefährliche Situation, als in Graslitz bei der Bombardierung ein Splitter in meinen Polster geschossen ist. Aber ich habe den Tod ständig gesehen. In Birkenau war ein Krematorium mit der Gaskammer gleich neben unserer Baracke. Es war nur ein Zaun

dazwischen. Da habe ich gesehen, wie die Kranken, Gelähmten und Schwachen hineingekommen sind und wie die Häftlinge, welche dazu eingeteilt waren, die Toten dann herausgetragen haben. Weil die SS-Männer hätten die nicht angegriffen. Es sind auch immer Transporte mit Juden gekommen, die da hineingebracht worden sind.
Wenn die Leichen zu viel waren und sie sie nicht mehr im Krematorium verbrennen konnten, haben sie einen Scheiterhaufen gemacht, alle dort hinaufgeschmissen und ihn angezündet. Die Leichen haben sich gehoben und sind dann wieder zusammengefallen. Keiner hat aus der Baracke hinausdürfen, wenn die Verbrennungen gewesen sind. Wir haben alles zumachen müssen, aber ich habe immer durch den Spalt bei der Baracke hinausgeschaut. Wenn du so etwas siehst, hast du es Tag und Nacht vor Augen. Auch nachdem ich entlassen worden bin, habe ich es noch jahrelang vor Augen gehabt.

44. Haben Sie irgendwann eine Art „Mauer" gegen die schrecklichen Taten aufgebaut, sodass Sie der Tod eines anderen Häftlings nicht mehr berührt hat?
HORVATH: Das habe ich direkt ausgeschaltet. Ich habe immer gedacht: „Ich mache meine Arbeit, hoffentlich komme ich weiter." Wir haben immer gedacht, entweder du stirbst oder du lebst.

45. Was wurde im KZ mit den Leichen gemacht?
HORVATH: Die Leichen wurden im Krematorium oder am Scheiterhaufen verbrannt. Wenn Menschen verbrennen, dann riecht das so komisch. Ich habe mein ganzes Leben keine Zigarette geraucht und mein Vater sagte zu mir: „Mäderl, schau, wennst irgendwo Zigaretten kriegst, dann rauche!" Ich habe gesagt: „Warum soll ich rauchen?" Er hat gesagt: „Rieche einmal das ‚Gas', das von den Menschen, die verbrennen, entsteht. Du atmest das ein." Dann habe ich gesagt: „Das müssen ja alle. Darum muss ich ja nicht rauchen und von wo soll ich Zigaretten hernehmen?" Es war dort so eine Kantine und die Geld gehabt haben, haben dort Kleinigkeiten kaufen können.
Mein Vater hat noch etliches Geld gehabt, obwohl sie uns vieles schon auf der Gemeinde weggenommen haben. Ich habe auch etliches Geld gehabt. Ein paar hundert Mark habe ich ins KZ hineingeschmuggelt. Das habe ich immer am Hinterkopf unter den langen Haaren versteckt.

Der Häftling, der die Kantine führen musste, ist ein ungarischer Sinto gewesen. Ich habe mich mit seiner Schwester, der Sophie, gut verstanden. Sie ist immer mit mir gegangen und hat gesagt: „Komm, wir gehen zu ihm und holen Zigaretten." Dann habe ich immer zwei, drei Packerl gekauft. Ich habe mir auch welche einfach so genommen *(lacht)* und er hat immer gesagt: „Gell, jetzt hast du wieder Zigaretten genommen." Darauf habe ich gesagt: „Nein, wirklich nicht! Ich habe sie dir bezahlt." Seine Schwester hat mich verteidigt und gesagt: „Das gibt es nicht. Sie nimmt nichts."

46. Gab es für Sie eine Möglichkeit, aus dem Lager entlassen zu werden?

HORVATH: Nein, für mich hat es das nicht gegeben. Den jungen Burschen wurde angeboten: Wenn sie sich zum Militär melden und mit Hitler kämpfen, kommen ihre Eltern frei. Es gab etliche Familien, bei denen sich dann junge Burschen gemeldet haben. Die sind aber erst nach dem Krieg 1947 oder 1948 von der Gefangenschaft heimgekommen. Und die Eltern sind wirklich freigekommen, die haben unten im Burgenland in Unterschützen gelebt.

47. Gab es Fluchtversuche und Fluchtmöglichkeiten? Versuchten Sie zu flüchten?

HORVATH: In Graslitz und in Auschwitz-Birkenau hat es für mich keine Fluchtmöglichkeit gegeben. Der Zaun in Birkenau ist unter elektrischem Strom gewesen. In Ravensbrück hätte ich sowieso nicht davongehen können, weil ich war in der Baracke drinnen und wir haben nicht einmal hinausdürfen. Ich hätte dort noch Verwandte gehabt, aber ich habe sie nicht besuchen dürfen.

In Birkenau waren zwei Männer, die entweder das Leben schon aufgegeben haben oder einen Fluchtversuch machen wollten. Die sind am elektrischen Zaun picken geblieben. Einen, das war ein Sinto, haben sie auf die Bahre gelegt und sind durch die Baracke gegangen. Ohne eine Decke sind sie mit ihm durchgegangen und haben ihn gezeigt. Alle haben ihn gesehen, auch die Kinder. Er hatte offene Wunden und er war stark verbrannt. Zwei SS-Männer sind dabei gewesen und haben gesagt: „Wer das macht, dem passiert das Gleiche." Alle sind schockiert dagestanden und jeder hat geweint.

48. Gab es KZ-Häftlinge, die sich getraut haben, einen Aufstand gegen die KZ-Führer zu machen?

HORVATH: Ich habe keinen erlebt. Das Einzige war, dass ich mich in der Munitionsfabrik aufgeregt habe über das Essen *(lacht)*.

49. Dachten Sie, dass Sie jemals wieder lebendig herauskommen?

HORVATH: Ich habe immer gesagt: „Ich muss wieder raus!"

50. Gab es Zeiten, in denen Sie alle Hoffnung aufgegeben haben? Und wieso war dies so?

HORVATH: Ich habe die Hoffnung nie aufgegeben, obwohl es schon manche Tage gegeben hat, an denen ich verzweifelt gewesen bin. Ich habe wirklich eine schwere Arbeit an der großen Maschine leisten müssen. Ich habe oft in der Nacht die Hände nicht mehr gespürt. Ich habe mir gedacht: „Mein Gott, wenn es doch endlich einmal zu Ende wäre." Weil die Hoffnung haben wir immer gehabt, dass der Krieg doch einmal zu Ende sein wird und wir wirklich einmal befreit werden und endlich einmal die schwere Arbeit aufhört. Wenn das Essen dementsprechend gut gewesen wäre, wären wir ja nicht so verzweifelt gewesen. Aber da gehst du mit einem Stückchen Brot in die Arbeit, kriegst in der Früh einen Tee zum Trinken, musst aber bis Mittag schwer arbeiten und dann kommst hinauf in den Tagesraum und kriegst so eine „Gemüsesuppe" mit zwei, drei Kartoffeln.

51. Beging irgendjemand Selbstmord?

HORVATH: Das kann ich nicht sagen. Der Sinto, den sie dann in der Baracke herumgetragen haben, könnte Selbstmord gemacht haben. Weil alle gewusst haben, wer dort rauswill, der geht in den elektrischen Strom. Dort bist du ja gar nicht hinausgekommen.

52. Haben Sie während des Holocaust je daran gedacht, aus Verzweiflung Selbstmord zu begehen?

HORVATH: Nein, das hätte mir nie einfallen können.

53. An welche Gedanken, Ideen, Hoffnungen, Wünsche oder religiöse Überzeugung haben Sie sich geklammert?

HORVATH: Ich habe nur an Gott geglaubt. So, wie ich heute an Gott glaube, so habe ich es auch im Lager [getan]. „Lieber Herrgott, hilf uns, dass wir wieder rauskommen!“, das war das Einzige, an das du gedacht hast. Du denkst ja nur an Gott, dass er dir hilft.

54. Haben Sie Ihren Glauben an Gott verloren, während Sie im Lager waren?
HORVATH: Nein, nie. Bis heute nicht.

55. Welche Rolle hat Ihre Religion dabei gespielt, wie Sie die Geschehnisse empfunden haben? Warum?
HORVATH: Ja, mir hat sie geholfen. Ich weiß nicht, ob der Herrgott etwas für mich gemacht hat. Das kann ich heute nicht sagen. Aber ich habe es überstanden und bin glücklich rausgekommen.

56. Haben Sie während Ihrer Gefangenschaft gebetet?
HORVATH: Für mich allein habe ich gebetet. Ich habe auch für meine Geschwister und für meine Eltern gebetet, dass wir alle wieder rauskommen, aber leider ist das nicht der Fall gewesen.

57. Hatten Sie je den Gedanken, die Religion (oder Ideologie) zu wechseln? Warum?
HORVATH: Nein.

58. An welchem Datum wurden Sie aus dem Lager befreit?
HORVATH: Mitte April 1945 sind wir von Graslitz weg und auf den Todesmarsch geschickt worden. Ende April 1945 sind wir von den Amerikanern befreit worden.

59. Wie sind Sie aus dem Lager befreit worden bzw. wie sind Sie aus dem Lager herausgekommen?
HORVATH: Die Munitionsfabrik ist bombardiert worden. Jetzt haben die SSler Angst gekriegt. Wir konnten ja nichts mehr arbeiten und sie sind mit uns weggegangen. Die Häftlinge haben ein Ziehwagerl ziehen müssen und sie haben Brot und Lebensmittel hineingelegt, aber gegeben haben sie uns nichts, außer nur Brot. Wurst und das andere haben die SSler gegessen. Das waren sechs oder sieben SS-Frauen. Die haben sich dort zusammengesammelt und sind mit uns dann marschiert.

Dann sind wir in die Tschechei in der Umgebung von Pilsen und Krakau marschiert. Ich weiß nicht mehr genau, wie die Orte alle geheißen haben. Der Marsch ist von der Früh bis am Abend gegangen. Dann sind sie mit uns in eine Scheune bei den Bauern hineingegangen. Die haben dann Kartoffeln gekocht und da haben wir Pellkartoffeln gekriegt und ein Stückerl Brot. In einem Stall nach dem anderen haben wir schlafen müssen. Und dann Ende April haben sie uns in einem Dorf mitten auf einem Hauptplatz stehen gelassen, weil die Amerikaner gekommen sind. Von den SS-Frauen war keine mehr da. Die haben sich Häftlingsgewand genommen und sind mit dem Häftlingsgewand weg. Auch die eine war dabei, die mich im Wasser stehen gelassen hat. Die hätte ich ja gesucht. Wenn ich sie erwischt hätte, hätte ich sie gleich ausgeliefert. Aber es waren auch zwei, drei gemütliche „SS-Madeln" dabei, so zirka 25, 28 Jahre alt. Die waren wirklich lieb. Es ist noch etwas geschehen auf diesem Todesmarsch. Ich bin einmal bei einem Bauern Kartoffeln holen gegangen und meine ältere Schwester, Erna, und meine Cousine, der es die Kopfhaut heruntergerissen hat, sind abgehauen. Ich habe sie gesucht, aber nicht mehr gefunden.

60. Wie wurden Sie von den Befreiern behandelt?
HORVATH: Nicht schlecht. Die Amis haben uns zu essen gegeben. Sie haben uns Packerl gegeben.

61. Was haben Sie nach Ihrer Befreiung als Erstes getan?
HORVATH: Da sind wir in ein Sammellager in Pilsen gekommen und dort habe ich meinen Mann kennen gelernt. Das war bei den Amerikanern. Dann mussten wir auf einen Transport und sind auf einen großen Platz gekommen, wo die Russen gewesen sind. Vor lauter Angst habe ich mir gedacht, dass ich jetzt sterbe, weil die Russen waren ja gefährlich. Da hat sich mein späterer Mann um mich und um die Mädchen, die wir beieinander waren, angenommen. So bin ich mit ihm zusammengekommen. Wir sind zu Fuß weggegangen und haben geschaut, dass wir bis ins Burgenland kommen und dort waren auch die Russen.

62. Gab es ein „Rückkehr-Problem"? Wie reagierte die Umgebung auf Sie?
HORVATH: Es hat keine großen Schwierigkeiten gegeben, weil ja ein

jeder gelitten hat. Nur für die Burgenländer war ich eine Fremde. Dort war ich die Reichsdeutsche und die haben mich nicht mögen.
Es gab wenig Männer und viele Frauen und die waren jetzt eifersüchtig auf mich. Sie haben gelästert: „Warum bringt der Mann gerade die Reichsdeutsche da her?" Es waren nicht alle so, nur die Leute aus Schreibersdorf, dem Dorf, aus dem mein Mann stammte. Die anderen waren ja alle gemütliche Leute.

63. Konnten Sie sich mit Ihrer Familie wieder vereinigen?
HORVATH: Meine Eltern und drei Brüder, Heini, Siegfried und Willi, sind im KZ gestorben. Die anderen Brüder und alle Schwestern haben überlebt. Die Herta ist mit mir ins Burgenland gegangen. Später habe ich erfahren, dass meine Schwester Erna, die beim Todesmarsch abgehauen ist, noch lebt. Sie und die anderen Geschwister haben mich Anfang der 1950er-Jahre mit dem Roten Kreuz suchen lassen und sie hat mich besucht. Auch die jüngste Schwester, Lola, habe ich dann wieder getroffen. Nach dem Krieg hat es lange gedauert, bis ich erfahren habe, was mit allen geschehen ist.

64. Hatten Sie Bekannte, Freunde oder Verwandte im KZ? Haben diese überlebt?
HORVATH: Ja.

65. Was geschah mit Ihrem Eigentum?
HORVATH: Das Haus meiner Eltern in Pommern hat mein Vater vor der Verhaftung verkauft, aber das Gebiet gehört jetzt zu Polen. Wir haben nachher nicht mehr hineingekonnt. Die Deutschen, die noch drinnen waren, sind mit den Familien geflüchtet.

66. Inwieweit wurden Sie für Ihre Inhaftierung entschädigt?
HORVATH: Meine Haftentschädigung habe ich in den 1960er-Jahren von Deutschland gekriegt. In Österreich erhalte ich nur etwas als Hinterbliebene von meinem Mann von der Opferfürsorge.

67. Wie haben Sie Ihre Existenz wieder aufgebaut?
HORVATH: Mein Gott, die habe ich mir armselig aufgebaut. Ich habe keinen Löffel, ich habe keinen Teller, ich habe nichts gehabt. Ich habe

mir das erst erbetteln müssen, dass ich etwas zusammengebracht habe. Später ist es dann gegangen. Dann bin ich nach Linz gekommen, aber unten im Burgenland habe ich überhaupt nichts gehabt, außer mein Gewand. Ich bin zu den Bauern betteln gegangen, dass ich etwas zu essen gehabt habe. Dann haben sie mich ausgelacht, weil ich nach der Schrift geredet habe. Wie es eben ist, wenn ein Fremder kommt. Aber damit haben sie ihre Gaudi gehabt. Sie haben immer gesagt, dass ich zu schade für die Arbeit bin. Dann haben sie gesagt: „Na, dann geben wir ihr etwas." Sie haben mir Lebensmittel gegeben. So habe ich mein Leben gemeistert. In Ebelsberg habe ich dann bei den Bauern auch schon gearbeitet und beim Kartoffelklauben und Zuckerrübenernten geholfen. Mein Mann hat bei der ESG gearbeitet. Dann ist er schwer lungenkrank geworden und war viel im Krankenhaus. Ich war mit meinen Kindern die meiste Zeit allein, aber ich habe meine Kinder super erzogen. Die haben so gefolgt, weil sie gewusst haben, dass ich mit ihnen alleine bin. Sie sind von der Schule heimgekommen und haben sofort Schularbeiten gemacht. Sie haben ihr Essen am Tisch gehabt und sie haben ihre Reinlichkeit gehabt. Ich bin ja unter dem Fürsorgeschutz gestanden, weil ich von der Fürsorge Geld bekommen habe. Meine Kinder waren brav und anständig.

68. Wie lange dauerte es, um nach dem Holocaust zu einem „normalen" Leben zurückzukehren?

HORVATH: Wenn ich im Bett gelegen bin, ist mir das immer wieder untergekommen. Vor allem in der ersten Zeit. Es hat Jahre gedauert, bis ich das „verlieren" konnte. Und bis heute kann ich es nicht „verlieren", weil es kommt mir manchmal wieder etwas unter. Dann studiere ich und denke nach. Solange meine Kinder bei mir sind, geht es ja, aber wenn ich alleine sitze, kommt alles wieder hervor. Ich will aber vergessen. Ich will nicht mehr daran denken, weil es vorbei ist und das Leben weitergeht. Ich habe meine guten Kinder und mehr brauche ich nicht.

69. Wie sah Ihr Leben nach dem Krieg aus?

HORVATH: Nach der Befreiung sind wir von Tschechien ins Burgenland gegangen. Mein Mann hat geglaubt, dass er dort seine Eltern oder Geschwister findet, aber es ist keiner dort gewesen. Alle sind im KZ gestorben. Nur einen Cousin hat er getroffen.

Im Burgenland hat es mir nicht gefallen und wir sind nach Linz in eine frühere Kaserne in der Garnisonsstraße gezogen. Die Amerikaner hatten die Kontrolle darüber. Wir haben ein großes Zimmer gekriegt, wo schon etliche KZ-Häftlinge drinnen gewesen sind. Das waren Sinti. Wir sind von den Amerikanern unterstützt worden und haben Lebensmittelpackerl gekriegt. 1947 ist der Johann auf die Welt gekommen. Wir haben aber keine Wohnung gekriegt und wir wollten von Linz über die Nibelungenbrücke nach Urfahr hinüber. Mein Mann war mit Johann schon drüben und ich bin auf der anderen Seite gestanden zum Hinübergehen. Ich habe einen deutschen Pass gehabt. Die Russen wollten mich aber nicht hinübergehen lassen. Ich habe geweint und geheult und gesagt: „Das ist mein Mann und mein Kind." Dann ist ein Dolmetscher gekommen, der hat den Russen dann gesagt, dass wir drüben heiraten wollen und ich mein Kind und meinen Mann nicht verlieren will. Dann haben sie mich hinübergehen lassen und wir sind ins Obdachlosenheim an der Donau gegangen. Später haben sie das aufgelöst und wir haben eine Wohnung im Bachl-Lager in Urfahr gekriegt. Dort habe ich 1948 den Franz bekommen.

1949 haben wir geheiratet. Dann hat mein Mann bei der ESG zu arbeiten

Abb. 25: Frieda und Johann Horvath, 1949

angefangen und das Bachl-Lager ist wieder aufgelöst worden. Von dort sind wir nach Traun in ein anderes Lager gezogen. 1950 ist in Traun meine Tochter, die Hermine, auf die Welt gekommen. Dann haben sie dort das Lager auch wieder aufgelöst. Dann bin ich nach Ebelsberg ins Marinewald-Lager und von dort in ein Lager in Linz-Kleinmünchen gekommen, bis ich 1971 hier in Linz-Neue Heimat meine erste richtige Wohnung gekriegt habe. Das ist alles so am laufenden Band gegangen. Ich bin mit meinem Mann und den Kindern von einem Lager zum anderen gezogen. 1952 wurde der Martin und 1963 der Renaldo geboren. Ich habe von meiner Jugend praktisch nichts gehabt. Kinder, einen kranken Mann, arbeiten und sonst nichts.
Bis 2003 habe ich nicht einmal eine eigene Dusche und ein eigenes WC in der Wohnung gehabt. Das war alles am Gang draußen. Meine Kinder haben mir dann eine Dusche eingebaut.

70. Wie leben Sie heute? Denken Sie noch viel an jene Zeit zurück?
HORVATH: Jetzt fühle ich mich wohl. Ich habe mein Bad und meine schöne Wohnung. Ich habe meine Kinder um mich. Mehr brauche ich nicht. Mein Leben habe ich, zu essen habe ich und mehr brauche ich nicht. Aber Kochen ist mein Leben! Ich glaube, wenn ich sterbe, nehme ich meinen Ofen mit. Einen Kochtopf, einen Löffel zum Rühren, das müssen sie mir eingraben. Kochen ist mein Leben.

71. Welche physischen und psychischen Narben tragen Sie von dieser Zeit?
HORVATH: Vom Stehen im Wasser habe ich schon viele Leiden in meinen Füßen. Ich habe oft Krämpfe und die Gelenke tun mir weh. Nervlich ist auch etwas zurückgeblieben, aber ich gehe zu keinem Arzt. Einige KZ-Häftlinge haben Probleme, mit der Tätowierung am Arm zu leben. Das stört mich gar nicht. Wenn ich im Sommer mit dem Bus gefahren bin, habe ich es nicht einmal zugeklebt. Manche Sinti haben sich immer Pflaster draufgegeben, aber ich habe mir kein Pflaster draufgeklebt. Bekannte haben oft gefragt: „Ja, sag einmal, Frieda, was hast denn du für eine Nummer?“ „Mei, ich vergesse immer meine Telefonnummer. Darum habe ich sie mir da eintätowieren lassen“, habe ich gesagt. „Ach so“, haben manche gesagt und andere: „Du bist aber gescheit.“ Ich werde doch nicht jedem sagen, dass ich in einem KZ war.

Wenn mich jetzt jemand fragt, dann sage ich, dass ich im KZ war. Ich war einmal im Spital und der Arzt hat meine Nummer gesehen. Er hat mich gefragt: „Frau Horvath, was haben denn Sie für eine Nummer?“ Darauf habe ich gesagt: „Herr Doktor, ich war vor so und so vielen Jahren im KZ.“ „Das hätte ich gar nicht geglaubt“, hat er gesagt. „Ja“, habe ich gesagt, „wenn ich Ihnen alles erzählen würde, was ich mitgemacht habe, dann würden Sie anders mit mir umgehen!“ „Ich gehe aber nicht schlecht um mit Ihnen“, hat er gesagt. „Nein, nein“, habe ich gesagt, „es war ja nur ein Spaß.“

72. Hatten Sie moralischen Beistand, um sich psychisch und sozial zu erholen?

HORVATH: Nein, habe ich nicht gehabt.

73. Haben Sie seitdem eine andere Weltanschauung?

HORVATH: Nein.

74. Können Sie Ihren Erfahrungen irgendetwas Positives abgewinnen?

HORVATH: Vielleicht, dass ich gelernt habe, mich nicht gehen zu lassen, damit ich weiterleben kann. Das ist auch heute noch so. Wenn ich Schmerzen habe, sage ich: „Ich lass mich nicht gehen. Ich will weiterleben.“

75. Haben Sie später in Ihrem Leben die Konzentrationslager jemals wieder besucht und welche Gefühle hatten Sie?

HORVATH: Nein, das konnte ich nicht. Die Kinder sind nach Auschwitz gefahren und ich hätte mitfahren können, aber ich bin nicht mitgefahren. Ich wäre umgefallen, wäre tot gewesen. Weil da kommt ja dann alles hoch, wenn ich das wieder sehe. Da hätte ich meine ganzen Geschwister und meine Eltern gesehen. Ich wäre zusammengebrochen, das wäre nicht gegangen. Ich bin auch oft nach Ravensbrück eingeladen worden. Aber ich fahre nicht hin.

76. Haben Sie immer noch Kontakt zu Ihren Mithäftlingen aus den Konzentrationslagern?

HORVATH: Es lebt nur noch die jüngste Schwester, die Lola, in

Deutschland, aber wir schaffen die weite Reise nicht mehr und können uns nicht mehr besuchen. Manchmal telefonieren wir.

77. Was haben Sie Ihren Angehörigen über die Zeit damals erzählt? Wie haben Ihre Angehörigen auf Ihre Erzählungen reagiert?

HORVATH: Meinen Kindern habe ich viel erzählt. Sie wissen, was ich mitgemacht habe. Ich habe immer gesagt, sie sollen daran denken, was ich schon mitgemacht habe. Als Kinder haben sie das noch nicht so richtig erfasst, was das bedeutet. Aber jetzt, wo sie älter sind, verstehen sie es, was das heißt.

78. Fällt es Ihnen schwer, über diese Zeit zu reden?

HORVATH: Es ist für mich schon schwer, wieder alles im Gedächtnis aufzufrischen. Wenn du dann im Bett liegst, kommt alles wieder hervor und dann kann ich nicht mehr schlafen.

79. Welcher Moment aus dieser Zeit hat sich am meisten in Ihrem Gedächtnis eingeprägt?

HORVATH: Das Schlimmste war, dass ich meine Eltern und Brüder verloren habe. Das war das Ärgste. Das waren die schwersten Zeiten für mich.

80. Haben Sie Hitler jemals gesehen bzw. getroffen?

HORVATH: Nein.

81. Was dachten Sie damals über Hitler und wie denken Sie heute über ihn?

HORVATH: Wir haben ja gar nicht wahrgenommen, was Adolf Hitler vorgehabt hat. Die Buben und Mädchen mussten alle zur Hitlerjugend oder zur SS gehen. Aber dass ein Krieg geplant war, das haben wir alle noch nicht gewusst.

Die Buben haben so gerne Fußball gespielt. Wenn sie gewonnen haben, haben sie ein Hitlerbild gekriegt. Ich habe gesagt: „Was machen wir mit dem Bild?“ Da haben die Kinder gesagt: „Das müssen wir beim Fenster hinstellen.“ Wir haben den Hitler dort hinstellen müssen. Wie wir verhaftet worden sind, habe ich gesagt: „Siehst du, der Hitler steht beim Fenster und jetzt sperren sie uns sein.“ Wenn ich ihn heute erwischen würde, täte ich ihm den Kragen umdrehen. Ich würde ihn umbringen.

82. Angenommen, Adolf Hitler würde noch leben und Sie hätten fünf Minuten alleine mit ihm, was würden Sie sagen oder tun?
HORVATH: Ich würde sagen: „Nehmen Sie ihn am Galgen und martern Sie ihn. Schneiden Sie ihm Stück für Stück heraus, so wie er es mit den anderen Armen gemacht hat."

83. Sind Sie nach dem Krieg noch einmal einem Ihrer Peiniger begegnet?
HORVATH: Nein, gar keinem.

84. Was halten Sie von den Strafen, die die Nazis nach dem Krieg bekamen, zum Beispiel bei den „Nürnberger Kriegsverbrecherprozessen"?
HORVATH: Ja, was soll ich davon halten? Mein Bruder, der Waldemar, hat dabei als Zeuge aussagen müssen. Ich habe mich mit den Prozessen nicht so befasst und habe sie auch im Fernsehen nicht angesehen. Wenn ich ein Richter gewesen wäre und so einen SS-Mann vor mir gehabt hätte, hätte ich ihn gleich hängen lassen. Weil gelitten haben wir und nicht sie.

85. Haben Sie Ihren Peinigern verziehen?
HORVATH: Nein. Ich würde ihm aus dem Weg gehen und ihn noch dazu anspucken. Das wäre meine Rache. Mir sollte so einer nicht unterkommen.

86. Wie denken Sie über Neo-Nazis?
HORVATH: Hoffentlich wird die Hitlerzeit nicht wiederkommen. Die Neo-Nazis sind zu faul, um in die Arbeit zu gehen. Sie sollen etwas lernen! Sie sollen arbeiten gehen, dann brauchen sie nicht so ein Theater machen. Die sind ja richtige Nazis und die hassen auch die Zigeuner.

87. Was tun Sie, um Menschen über den Holocaust aufzuklären?
HORVATH: Was soll ich denn aufklären? Die dürfen das einfach nicht mehr machen! Ich war schon in einer Schule mit Flüchtlingen in Wien. Ich habe ihnen erzählt, wie alt ich war und was ich alles mitgemacht

habe. Ich habe ihnen auch gesagt, dass sie es sich zu Herzen nehmen sollen. Und niemanden in der Schule als Zigeuner oder Ausländer beschimpfen. Ich habe gesagt: „Ihr müsst zusammenhalten!“ Mein Enkel, der Christoph, hat seinen Zivildienst in der KZ-Gedenkstätte Mauthausen gemacht. Er hat Besucher durch das KZ geführt und ihnen von dieser Zeit erzählt. Mein Sohn, der Renaldo, ist Obmann von dem Verein „Ketani“, der sich um Sinti und Roma kümmert.

88. Wie können Sie sich aus der Sicht der Dinge heute erklären, dass „normale Menschen“ zu solchen Gräueltaten fähig waren?

HORVATH: Wie kann man das machen? Ich weiß es auch nicht. Das weiß keiner. Viele glauben es ja gar nicht, was unsereins mitgemacht hat.

89. Was genau geht in Ihnen vor, wenn Sie hören, dass es immer noch Menschen gibt, die behaupten, den Holocaust hätte es nie gegeben?

HORVATH: Da denke ich mir, dass die nicht normal sind, weil die haben ja im Fernsehen sicher auch schon etwas gesehen. Die haben doch gesehen, dass in der Hitlerzeit die KZler erschossen worden sind. Solche Menschen finde ich nicht normal, weil die müssten sich normalerweise ein Beispiel nehmen und sich auch der Wahrheit anschließen. Das kann keine Lüge sein, wenn jemand es erzählt, der es selbst erlebt hat.

90. Welche Konsequenzen hatte der Beschluss der „Nürnberger Rassengesetze“ am 15. September 1935 für Sie?

HORVATH: Ein Zigeuner hat sich keine deutsche Frau nehmen dürfen. Wenn sie heimlich miteinander gegangen sind, ist es etwas anderes gewesen. Meine Brüder haben auch deutsche Frauen gehabt und keine Zigeunerfrauen, aber erwischen haben sie sie nicht dürfen. Sie sind immer heimlich tanzen gegangen oder haben sich irgendwo getroffen, zum Beispiel heimlich in der Wohnung. Aber ganz früher ist es auch unter den Sinti Sitte gewesen, dass sich die Männer keine deutsche Frau nehmen durften. Heute hält sich niemand mehr an diesen Brauch.

91. Wie haben Sie die „Reichskristallnacht“ am 9./10. November 1938 erlebt?

HORVATH: Die war auch bei uns daheim in Pommern. Da haben sie den Juden alles kaputt gemacht, sie ausgeraubt und sie geschlagen. Und dann sind alle weggekommen. Das haben wir gesehen, weil die Geschäfte alle ringsherum gewesen sind. Ich bin immer zu den Juden einkaufen gegangen. Die Geschäfte sind vernichtet worden und was drinnen war, haben sie in Beschlag genommen. Das waren ja reiche Juden gewesen. Damals haben wir noch nicht gedacht, dass uns das auch passiert. Vielleicht hat mein Vater schon etwas gewusst, aber wir nicht.

92. Wie haben Sie den Kriegsbeginn 1939 miterlebt?
HORVATH: Ich habe gar nichts mitkriegt. Wir haben so einen kleinen Volksempfänger gehabt, aber da hat nur der Vater zugehorcht, weil wir sind ja in der Schule gewesen. In der Schule ist auch überhaupt nichts davon geredet worden.

93. Haben Sie davon erfahren, dass die Nationalsozialisten bei der Wannseekonferenz am 20. Januar 1942 die „Endlösung der Judenfrage“ – die europäischen Juden systematisch zu vernichten – beschlossen hatten? Wenn ja, wann und wie?
HORVATH: Nein. Wir haben das nicht mitgekriegt. Vielleicht die Älteren, aber uns Jungen haben sie so etwas nicht gesagt.

94. Welche Gefühle hatten Sie, als Sie vom Ende des Zweiten Weltkrieges erfuhren?
HORVATH: Da habe ich mir gedacht: „Gott sei Dank, dass er zu Ende ist und wir in unsere Freiheit kommen.“ Das war mein einziger Wunsch.

95. Glauben Sie, dass die Menschheit etwas gelernt hat?
HORVATH: Ich hoffe doch, dass sie etwas aus der Kriegszeit gelernt hat und dass sie sich ein Beispiel nimmt. Sie müssen zurückdenken, wie wir früher gelitten haben. Aber wenn die Menschen heute ein bisschen mehr besitzen, denken sie nicht mehr an die schlechten Zeiten zurück.

96. Sollen die Gräuel vergessen und soll nicht mehr darüber gesprochen werden, wie manche es sich wünschen?
HORVATH: Gerade die Kinder sollen aufgeklärt werden. Die Kinder sollen das erfahren, damit aus ihnen keine Banditen werden. Aber

man soll auch nicht immer wieder aufwühlen, was man schon lange vergessen hat. Ganz vergessen kann man sowieso nicht. Es bleibt immer etwas im Herz drinnen.

97. Was haben Sie für die Zukunft noch geplant?
HORVATH: Leben möchte ich noch ein bisschen länger, weil ich noch tanzen gehen will.

98. Wie möchten Sie in Erinnerung bleiben?
HORVATH: Gut, ja nicht schlecht, weil ich bin zu jedem Menschen gut. Wenn ein Armer kommt, kriegt er von mir etwas. Weil ich habe selber gelitten und wenn ich sehe, dass einer Hunger hat, kriegt er genauso zu essen. Egal ob er jetzt ein Verwandter oder ein Fremder ist.

99. Was möchten Sie uns noch sagen? Welche Frage wurde nicht gestellt?
HORVATH: Was hätte ich denn noch zu sagen? Meine Enkelkinder und meine eigenen Kinder sind alle gut erzogen worden und besuchen mich jeden Tag. Ich bin sehr glücklich mit ihnen.

100. Nach allem, was Sie erlebt haben, was für einen Rat können Sie uns jungen Menschen geben?
HORVATH: Wenn er aus der Schule kommt, soll er eine Lehrstelle ausüben, soll seine Prüfungen schön machen [und] soll lernen. Dann später, wenn er ausgelernt hat, soll er sich eine Arbeit suchen, soll vernünftig sein [und] soll den Eltern folgen.

Josef Jakubowicz: Als Leiche überlebt

Josef Jakubowicz, geb. 10. Oktober 1925
Verfolgungsgrund: Jude
Dauer des Freiheitsentzuges: 5 Jahre, 2 Monate
Land: Deutschland

Abb. 26: Josef Jakubowicz, 1946

Abb. 27: Josef Jakubowicz, 2008

Josef Jakubowicz wurde am 10. Oktober 1925 in Auschwitz, Polen, in eine jüdische Familie geboren. Als 14-Jähriger musste er bei der Errichtung des KZ-Stammlagers Auschwitz I arbeiten, ohne zu wissen, welchem Zweck dieses Lager dienen sollte. Damit er an Stelle seines Vaters

bei diesem Arbeitseinsatz arbeiten konnte, ließ er seine Geburtsurkunde fälschen, um als vier Jahre älter zu gelten.
Aufgrund seiner jüdischen Abstammung war er von 1940 bis zu seiner Befreiung im KZ Bergen-Belsen am 15. April 1945 insgesamt in elf verschiedenen Konzentrations-, Zwangsarbeits- und Durchgangslagern. Er kam in die Lager Sakrau, Annaberg, Rawa-Ruska, Groß-Masselwitz, Breslau-Neukirch und Markstädt sowie in die Konzentrationslager Fünfteichen, Groß-Rosen, Flossenbürg, Mittelbau-Dora und Bergen-Belsen. Bei einem Transport floh er in der Nähe von Prag 1944 zu einem Bauernhof. Der Fluchtversuch scheiterte, da er einen Tag später wieder festgenommen wurde. Die Eltern und die meisten seiner Familienangehörigen wurden während des Holocaust ermordet. Josef Jakubowicz überlebte und gründete eine Familie. Er baute sich in Nürnberg eine Existenz auf und führte ein Juweliergeschäft. Obwohl es ihm sehr schwerfällt und ihn emotional sehr belastet, spricht er auch an Schulen über seine Erlebnisse und hat diese in seiner Autobiografie „Auschwitz ist auch eine Stadt" festgehalten. Josef Jakubowicz lebt in Deutschland.

Die Interviews wurden am 21.12.2008, 12.8.2011 und 4.10.2011 geführt.

1. Wann wurden Sie geboren? Wie war Ihr Vater? Wie war Ihre Mutter?

JAKUBOWICZ: Ich wurde am 10. Oktober 1925 in Auschwitz in Polen in eine jüdische Familie geboren. Auschwitz ist in Oberschlesien und heißt auf Polnisch Oświęcim. Unser Haus war ungefähr 500 Meter vom späteren Stammlager Auschwitz I entfernt.
Mein Vater Jehuda war ein sehr musikalischer, lustiger und guter Mensch. Er war bekannt in der Stadt und war in verschiedenen Kulturämtern, auch in Synagogenvereinen, dabei.
Die Mutter Ernestine war eine sehr gute Geschäftsfrau und hat sich um die Ausbildung der Kinder in Religion, Sprachen und an Handelsschulen gekümmert. Sie hat sich sehr viel mit den Kindern abgegeben und hat mit meinem Vater unser Familiengeschäft in Kattowitz geführt. Das war ein Tierdarmhandel, wo Metzger Tierdärme zur Wurstherstellung kauften. Ich hatte drei Schwestern, Helene, Felizia und Mathilde, und einen Bruder, der hieß Samuel.

2. Was ist Ihre früheste Kindheitserinnerung?

JAKUBOWICZ: Mit vier Jahren bin ich in eine jüdische Vorschule gebracht worden. Ich kann mich noch genau an diesen Tag erinnern. An den Schulweg und dass ich einen Marineanzug mit Mütze anhatte. In der Schule hat mich „Klein-Rebbele“ empfangen, was „Kleiner Lehrer“ heißt. Er war wirklich sehr klein, ungefähr einen Meter fünfzig groß. Ich kann mich auch noch an ein anderes Erlebnis erinnern, da war ich acht Jahre alt, als bei uns in der Stadt eine sehr große Feier stattgefunden hat. Es wurde ein großer gelehrter Rabbiner aus Galizien empfangen. Das war Rabbi Shlomo Halberstam aus Bobov. Der ist sehr bekannt gewesen. Seine Anhänger leben heute noch in London, in Antwerpen und in Amerika. In New York gibt es noch ein paar tausend Anhänger. Er ist mit dem Zug angekommen und dann hat man ihn mit einer Kutsche mit weißen Pferden in die Stadt gebracht. Sie haben ihn mit Lampions empfangen und sind vom Bahnhof bis zum Tempel, wo er abgestiegen ist, zweieinhalb Kilometer Spalier gestanden. Auch die Christen standen dabei. Mit Gesang und Musik hat man ihm vom Bahnhof in die Stadt gebracht. Die ganze Straße war schwarz vor Menschen. Als Kind war das für mich ein sehr großes Erlebnis. Er hat einen Vortrag gehalten, der überall übertragen wurde. Er hat viel aus Büchern, aus dem Talmud und von Gelehrten zitiert, die sich mit Religion beschäftigt haben, und auch auf sozialem Gebiet hat er an die Leute appelliert. Sie sollen armen Leuten Hilfe leisten usw. Das gehört sich so. Das ist ein Gebot, ein sehr großes Gebot bei Juden. Das war eine sehr lustige Feier und ist sehr lange in meinem Gedächtnis geblieben.

3. Wie verlief Ihre Kindheit?
JAKUBOWICZ: Meine Kindheit war eine sehr lustige Zeit. Unbeschwert. Ich habe mit vielen Kindern gespielt, Sport getrieben und war Schwimmen im Fluss. Bei uns war ein schöner Fluss. Da bin ich oft mit sehr vielen Kameraden zusammengekommen und habe gespielt. Die Deutschen waren noch nicht an der Macht in Polen. Es wurde erst 1939 besetzt. Bis 1939 war es eben noch eine lustige Zeit für uns Kinder.

4. Welche Schulbildung haben Sie?
JAKUBOWICZ: Ich bin mit vier Jahren schon in die jüdische Vorschule gekommen. Ich habe sehr eifrig gelernt und habe die Schule gern besucht. Das Erste, was wir gelernt haben, war das Morgengebet, das Abendgebet und das Nachtgebet. Dort habe ich die hebräische Sprache gelernt. Mit sechs Jahren bin ich in die christliche Volksschule gekommen, 1933 in die jüdische Vormittagsschule und ab 1935 habe ich ein hebräisches Gymnasium in Auschwitz besucht. Meine Eltern wollten, dass ich eine hebräische Schule besuche. Es waren sehr gute Lehrkräfte dort. Diese Schule habe ich bis zum Kriegsausbruch 1939 besucht. Ich habe dort das Lyzeum gemacht, das heißt die mittlere Reife, und dann habe ich eben durch den Krieg und die Ausschaltung aller jüdischen Einrichtungen durch die Nationalsozialisten keine Schule mehr gehabt.

5. Wie war Ihre Jugendzeit? Welchen Beruf haben Sie erlernt und was haben Sie gearbeitet?
JAKUBOWICZ: In der Jugendzeit habe ich bis zum 14. Lebensjahr nur die Schule besucht. Dann ist im September 1939 der Krieg ausgebrochen. Und die Verfolgungen und die Anweisungen gegen die Juden hatten schon angefangen. Gleich nach dem Einmarsch der deutschen Truppen hat man gemerkt, wie sich die Sache verhält. Dass es stimmte, was die Leute schon vorhergesagt haben. Und man hat sich Sorgen gemacht. Es war eine kleine Panik in der Stadt ausgebrochen. Und die

deutsche Regierung, die hat einen Bürgermeister bei uns in der Stadt eingesetzt. Es war nicht üblich, in den anderen Gebieten in Polen wurden Kommandanturen eingesetzt. Aber die Stadt Auschwitz wurde nach Einmarsch der deutschen Truppen sofort an das alte Reich angeschlossen und die haben einen Bürgermeister eingesetzt. Und der hat plakatiert und hat verschiedene Verordnungen bekannt gemacht, dass die Juden ihren Schmuck, ihr Gold, ihre Devisen, die Radios und Pelze bringen und abgeben müssen. So hat es angefangen nach dem Einmarsch der deutschen Truppen.

Dann haben sie von unserer jüdischen Gemeinde verlangt, arbeitsfähige Leute zwischen 18 und 45 Jahren zur Verfügung zu stellen. Die SS hat sie abgeholt zur Zwangsarbeit in der Kaserne. Das heißt, die haben angefangen, das Konzentrationslager Auschwitz [I] zu bauen. Zäune mit Stacheldraht, Wachtürme, Straßen im Lager drinnen und Baracken. Das war außerhalb der Stadt, etwa zweieinhalb Kilometer vom Stadtkern. Da mussten die Leute ungefähr um sechs Uhr in der Früh antreten, dann haben sie sie abgeholt zum Arbeiten und abends wieder zurück in die Stadt gebracht. Man hat sie dort bei der Arbeit gefoltert, auch geschlagen. Manche erschlagen. Manchmal wurden abends ein paar Tote zurückgebracht. Die SS hat sie dort eben totgeschlagen.

Mein Vater wurde ein paar Mal zu dieser Arbeit eingeteilt und da hat meine Mutter gemeint, dass es besser wäre, wenn ich an Stelle meines Vaters gehen würde. Sie hat vorausgedacht und geahnt, dass ich ansonsten deportiert worden wäre. Das ging aber nicht, denn ich war 14 Jahre und erst ab 18 hat man die Arbeit antreten können.

Meine Mutter hat gehört, dass ein gewisser Dr. Juliusz Grünweller Bürgermeister ist und am Schloss amtiert. Dann ist sie zu ihm hingegangen. Der Bürgermeister stammte aus derselben Stadt wie meine Mutter und sie haben dieselbe Schule besucht. Das war ein Zufall. Sie hat ihn erkannt, er hat sie erkannt und dann hat er ihr einen Gefallen gemacht. Er hat mir eine Geburtsurkunde ausgestellt, dass ich 1921 anstatt 1925 geboren bin. Deswegen konnte ich ab Februar 1940 anstatt meines Vaters antreten und ich bin mit in diese Kaserne. Wir haben dort gebaut, wir haben aber nicht gewusst, was das wird. Es waren nur Arbeiten wie zum Beispiel Straßenbau, Barackenbau, mit Stacheldraht umzäunen, und dann hat man elektrischen Draht in ein Rechteck gezogen und verschiedene Arbeiten gemacht, Zwangsarbeit. Und alles war unter Druck

von der SS. Die waren sehr sadistisch veranlagt. Bei jeder falschen Bewegung oder nicht richtigem Zugreifen haben sie geschlagen und die Leute schikaniert. Am Abend sind wir wieder heim. Und das war so bis Mitte 1940. Mitte 1940 haben sie die ersten Häftlinge gebracht. Als wir zur Arbeit gekommen sind, sahen wir, dass Männer in gestreiften Anzügen herumliefen. Wir wussten aber nicht, warum, da wir keinen Kontakt haben durften. Wir waren abgeschirmt von denen und haben das nach ein paar Tagen erfahren. Wir glaubten, das sind vielleicht Leute aus dem Sanatorium, Leute vom Krankenhaus oder vom Irrenhaus. Sie waren besonders gekleidet mit gestreiften Anzügen. Dann haben wir erst festgestellt, das sind die ersten Häftlinge, die sie aus dem Protektorat gebracht haben, aus dem besetzten Polen. Warschau, Lodz, Tschenstochau, Lublin, von überall aus dem besetzten Gebiet. Und das waren Leute wie Intellektuelle, Ärzte, Pfarrer, Rabbiner, Schriftsteller, Journalisten und polnische Nationalisten. Die hatten irgendwo Listen gehabt und die haben alle eingesammelt und ins Lager gebracht.
Eines Abends wurden wir anstatt nach Hause zum Bahnhof gebracht. Man hat uns in Viehwaggons gesteckt und nach Schlesien in ein Städtchen gefahren, das Annaberg geheißen hat. Das war das erste Arbeitslager, in das ich eingeliefert wurde. Sofort von der Arbeitsstelle in Auschwitz über das Sammellager Sakrau nach Annaberg. Wir sind nicht mehr nach Hause gekommen und konnten nichts mitnehmen.

6. Was können Sie von Ihrer Familie erzählen?
JAKUBOWICZ: Nach dem Krieg habe ich 1947 Jente Schwarzberg geheiratet, ich habe zwei Kinder, einen Sohn und eine Tochter, Jehuda und Ernestine. Meine Frau wurde mit ihrer Familie 1940 in das Ghetto Sosnowitz gesteckt. Sie wurde von ihrer Familie getrennt und hat in einer Flachsfabrik im Zwangsarbeitslager Gräben arbeiten müssen. Sie ist dann zum Skelett abgemagert in eine Krankenstation in Bergen-Belsen gekommen. Dort habe ich sie getroffen und sie hat mir erzählt, dass ihre Eltern auch umgekommen sind. Nach der Befreiung bin ich mit Jente dann von der englischen Zone in die amerikanische gewechselt, weil es geheißen hat, dass dort Juden besser behandelt werden. So bin ich nach Bayern gekommen und ich bin hier geblieben. Und hier habe ich geheiratet. Meine Frau ist 1991 gestorben. Ich habe drei Enkelkinder und ein Urenkelkind.

Jetzt lebe ich mit meiner Lebensgefährtin Rose Wanninger in Nürnberg.

7. Haben Sie mit „Heil Hitler!“ gegrüßt?
JAKUBOWICZ: Vor wem hätte ich das grüßen sollen? Wir sind nicht mit Deutschen zusammengekommen, wo man das benützen sollte. Gleich nach dem Einmarsch wurden wir sowieso separiert. Wir haben in gewissen Straßen wohnen müssen und gewisse Straßen waren gesperrt. Da hat es keine Leute zu grüßen gegeben.

8. Warum wurden Sie von den Nationalsozialisten verfolgt?
JAKUBOWICZ: Weil ich jüdischer Abstammung bin und nach den Rassengesetzen ist bekannt geworden, was man vorhat mit den Juden. Denn der Hitler, der Goebbels und der Göring haben Reden gehalten. Jede Rede hat angedeutet: Die Juden in Europa müssen ausgerottet werden. Und da hat man schon gewusst, was passiert. Aber das ist systematisch gekommen, weil die haben erst die Leute zusammengetrieben, konzentriert, damit sie sie alle unter Kontrolle haben – in Ghettos in gewissen Stadtteilen – und von dort aus hat man sie alle in die Lager deportiert. Die arbeitsfähigen Leute haben sie gebraucht. Sie haben uns in Arbeitslager verschickt, in Zwangsarbeitslager. Wir haben gearbeitet bei der Reichsautobahn, bei der Reichsbahn, auf Baustellen für die Krupp-Rüstungswerke; wo sie eben die Leute gebraucht haben. Und die Leute, die nicht arbeitsfähig waren, hat man in die Vernichtungslager gebracht. Es hat KZ-Arbeitslager und Vernichtungslager gegeben. Die Vernichtungslager waren: Majdanek, Treblinka, Belzec, Sobibor und natürlich Auschwitz und Auschwitz-Birkenau. Frauen, Kinder und alte Leute hat man dort sofort in die Gaskammern gebracht und die Arbeitsfähigen hat man arbeiten lassen, solange sie noch leistungsfähig waren und wenn sie nicht mehr arbeiten konnten, hat man sie auch umgebracht. Und das, was sie auf die Tore geschrieben haben, „Arbeit macht frei!“, war falsch.

9. Wann wurden Sie verhaftet?
JAKUBOWICZ: Das war eigentlich keine richtige Verhaftung. Ich wurde statt meines Vaters zur Zwangsarbeit in die Kaserne in Auschwitz geschickt. Das war im Februar 1940. Von der Zwangsarbeitsstelle in Auschwitz bin ich über Sakrau in das Zwangsarbeitslager in Annaberg gebracht worden, dort war ich ab Februar 1941.

10. Warum wurden Sie interniert?
JAKUBOWICZ: Wegen meiner jüdischen Abstammung.

11. Wie wurden Sie gefangen genommen?
JAKUBOWICZ: Ich wurde nicht gefangen genommen. Sie haben das so begründet: Es herrscht Krieg und wir müssen für die Rüstung arbeiten, denn viele Männer sind in die Wehrmacht eingezogen. Nach einer gewissen Zeit wird man uns wieder entlassen! So haben sie uns das weisgemacht.

12. Wusste man von Anfang an, was in den Lagern passiert? Bevor Sie abgeholt wurden, wussten Sie, was passieren würde?
JAKUBOWICZ: Bevor man abgeholt wurde, hat man gar nichts vom Lager gewusst. Wir haben erst erfahren, wo man uns hingebracht hat, dass es so was gibt. Früher hat man das nicht gewusst. Die wurden erst eingerichtet. Aber die erste Zeit hat man gar nichts gewusst. Erst nach ein bis zwei Jahren hat man erfahren, dass es mehr Lager gibt und was passiert, hat man auch gewusst. Durch verschiedene Informationsquellen hat man das mitbekommen.

13. In wie vielen verschiedenen Lagern waren Sie? Wie viele Jahre verbrachten Sie dort?
JAKUBOWICZ: Nachdem ich ab Februar 1940 beim Aufbau vom KZ Auschwitz [I] habe arbeiten müssen, bin ich in elf verschiedenen Zwangsarbeitslagern und Konzentrationslagern gewesen. Das erste war das oberschlesische Zwangsarbeitslager Annaberg. Davor bin ich kurz im Durchgangslager Sakrau gewesen.
Dann bin ich in den Osteinsatz nach Rawa-Ruska gekommen. Die Reichsbahn hat 1941 Leute gebraucht, als der Krieg mit Russland ausgebrochen ist. Wir mussten Gleise verlegen. Der Ort war wenige Kilometer hinter Lemberg und es gab kein Lager mehr dort. Wir haben auf offenen Waggons gelebt, den ganzen Winter, ohne Heizung, ohne Bad, ohne richtige Verpflegung und wir haben bei der Reichsbahn gearbeitet. Dann mussten wir alles aufgeben, denn es ist eine Typhus-Epidemie ausgebrochen und die Aufseher haben Angst bekommen und haben uns nach Deutschland zurückgebracht. Ich bin nach Groß-Masselwitz und ein paar Wochen später wieder nach Annaberg gekommen. Anschlie-

ßend kam ich nach Breslau-Neukirch. Da habe ich dann weiter bei der Reichsbahn gearbeitet.
Dann habe ich bei einer Großbaustelle gearbeitet. Da haben 45.000 Leute gearbeitet. Das war in Markstädt bei Breslau. Da wurde eine Krupp-Fabrik errichtet, für die Produktion von Luftabwehrkanonen. Manche haben beim Bau und manche bei der Produktion bei Krupp gearbeitet. Dann kam ich von Januar bis Oktober 1944 ins KZ Fünfteichen.
Da war ich so lange, bis die Russen die Deutschen zurückgeschlagen haben und immer tiefer auf das deutsche Gebiet gekommen sind. Danach fing eine Evakuierung der Lager an, weil die meisten Zwangsarbeiter im KZ waren in Niederschlesien und die haben die Leute nicht in russische Hände fallen lassen wollen, wenn sie einmarschieren, und haben sie durch Todesmärsche weiter in den Westen getrieben.
Und da bin ich eben für ein paar Wochen ins KZ Groß-Rosen gekommen. Dann mussten wir in Richtung Sudetendeutschland marschieren. In den Städten Parschnitz und Tratenau haben uns die Zivilleute angespuckt und geschrien: „Ihr Kriegsverbrecher." Da sind wir viel zu Fuß gelaufen, manches Mal einwaggoniert. Dann konnten die Züge nicht mehr richtig laufen, denn die Brücken waren gesprengt oder es gab andere Hindernisse. Dann bin ich durch ein paar Transporte mit Zug und zu Fuß ins KZ Flossenbürg in Bayern gekommen. Dort war ich von Dezember 1944 bis Februar 1945. Dann bin ich in das KZ Mittelbau-Dora gekommen. In Dora hat man uns zum Steinbruch gebracht. Das war eine gefährliche Sache. Dort hat man auch die V2- und V1-Raketen fabriziert, aber wir haben nicht dabei mitgearbeitet. Wir haben im Stollen gearbeitet. Im Berg wurde gesprengt, damit die Tunnel größer wurden. Wir mussten die ganze Masse raustragen. Das war Schwerstarbeit. Die Verpflegung wurde jeden Tag weniger und viele Häftlinge sind gestorben. Die Toten haben wir immer ins Lager tragen müssen. Mein Freund Jasny Leizer und ich haben dann gesagt: „Wir müssen etwas unternehmen. Wenn wir hier bleiben und jeden Tag im Steinbruch arbeiten, werden wir das nicht lange überleben." An einem Abend sind wir von der Arbeit ins Lager zurückgekommen und da stand eine Kolonne Häftlinge bereit zum Ausmarschieren. Dann sind wir schnell zu dieser Gruppe auf die andere Seite der Straße rübergelaufen. Da uns niemand gesehen hat, konnten wir mit dieser Kolonne ausmarschieren und sind an einem kleinen Bahnhof einwaggoniert worden. Wir wussten nicht, wohin es geht,

aber wir waren froh, aus Dora herausgekommen zu sein. Dann kamen wir in das KZ Bergen-Belsen. Das war Mitte Februar 1945. In Bergen-Belsen wurde ich am 15. April 1945 befreit.

14. Waren Sie allein oder mit Familie und Freunden im Konzentrationslager? Hatten Sie Kontakt mit ihnen?
JAKUBOWICZ: Ich habe nur ein paar Freunde gehabt, aber mit der Familie war ich nicht im KZ. Zur Familie hatte ich keinen Kontakt.

15. Was passierte unmittelbar nach Ihrem Eintreffen im KZ?
JAKUBOWICZ: Als ich im ersten KZ, das war in Fünfteichen, angekommen bin, hat man uns eine Nummer gegeben. Wir wurden nicht tätowiert, sondern ich bekam die Nummer 24327. Die musste man annähen an die Brust und an die Hose und der Name war weg. Früher in den Zwangsarbeitslagern hat man noch einen Namen gerufen. Nachdem man uns im KZ die Nummer gegeben hat, waren wir nichts mehr, nur eine Nummer. Man hat von dem Mithäftling nicht gewusst, wie er heißt. Man hat nur die Nummer gewusst *(weint)*. Und die Nummer hat man getragen bis zum Schluss.
Einen Winkel haben wir nicht gehabt. Die Juden bekamen ein gelbes Minuszeichen vor der Nummer. Wobei die Politischen, Zeugen Jehovas, Saboteure oder Homosexuelle hatten einen Winkel. Schwerverbrecher hatten einen grünen Winkel mit dem Spitz nach unten und bei „einfachen" Verbrechern war der Spitz nach oben. Politische hatten einen roten Winkel gehabt. Und ich glaube, die Zeugen Jehovas haben einen lila Winkel gehabt.
Den Judenstern hat man vorher getragen und nachher hat man uns die Nummer gegeben. Ich wurde nicht tätowiert. Nicht nur ich war nicht tätowiert. Man hat nicht in jedem Lager tätowiert.

16. Warum wurden die Köpfe der Gefangenen geschoren?
JAKUBOWICZ: Entweder wegen Fluchtgefahr oder wegen der Läuse. Weil die haben Angst gehabt, dass die Läuse verschiedene Bakterien übertragen und in den Haaren halten sich die Läuse. Die Köpfe wurden kahl geschoren und dann wurde in die Mitte ein Fluchtstreifen rasiert, zwei Finger breit. Und das war wegen der Fluchtgefahr, dass man erkennen kann, dass das ein KZler ist und ausgebrochen ist.

17. Zu welcher Gruppe der KZ-Häftlinge gehörten Sie?
JAKUBOWICZ: Juden.

18. Wie war der Tagesablauf im KZ?
JAKUBOWICZ: Früh, um halb vier hat man uns geweckt und man wurde von der Baracke auf die Straße rauskatapultiert und musste draußen stehen. Wir haben so eine Schüssel mit heißem Wasser, da war manches Mal so ein Kaffeesatz oder Teesatz drinnen, und 250 bis 300 Gramm Brotdreiecke bekommen. Und ein Stückchen Margarine oder Kunsthonig. Dann mussten wir zum Appell und der hat lange gedauert, weil manches Mal irgendjemand gefehlt hat. Vielleicht ist einer umgefallen irgendwo unterwegs oder etwas hat nicht gestimmt. Manches Mal passierte es, dass ein Häftling in die Latrine reingefallen ist. Er ist eingeschlafen vor Schwäche und dann haben sie ihn suchen müssen, bis man ihn gefunden hat. Dann hat man so lange gezählt, bis man ihn gefunden hat. Solange die Anzahl nicht gestimmt hat, bis auf eine Person, so lange ist man auf dem Appellplatz gestanden. Und um halb sieben ist man rausmarschiert in Richtung Baustelle zur Arbeit. Den ganzen Tag waren wir auf der Baustelle. Eine Mittagspause gab es, aber Essen nicht. Nur das Brot, das sie uns morgens mitgegeben haben. Entweder hat man es gleich aufgegessen oder aufgehoben.
Auf der Baustelle hat man wieder die Leute gezählt. Jeder Häftling war einer Kolonne zugeteilt und die hat für verschiedene Firmen gearbeitet, die für die Deutschen den Reichsautobahnbau, Gleisbau, Kanalbau und andere Bauten gemacht haben. Es gab einen Kolonnenführer und eine Kolonne war bei dieser Firma, eine bei der anderen. Es waren viele Firmen, meist Baufirmen, die dort in Markstädt und Fünfteichen gearbeitet haben. Zum Beispiel Wayss & Freytag, Beton & Monier, Grün u. Bilfinger, Kreutz u. Lesch und wie sie alle geheißen haben. Ich habe bei der österreichischen Dachdeckerfirma Hell & Köhler aus Mödling gearbeitet. Es waren sehr gute Leute dort. Die haben mich gerettet. Der Bauleiter hat Hautmann geheißen. Wir haben von sieben Uhr früh bis um sieben Uhr abends gearbeitet. Und dann hat man die Leute heimgebracht, zurück auf den Appellplatz und wenn wir Glück gehabt haben, ist man abends vor dem Appellplatz in die Baracken gekommen; wenn was nicht stimmte, haben wir Strafübungen gemacht auf dem Appellplatz. Kniebeugen und Rollen und verschiedene Strafen. Eine Stunde,

zwei Stunden lang. Dann hat man uns gehen lassen, da haben wir die Teller mit „Gemüsesuppe“ bekommen. Das war Trockengemüse mit Wasser gekocht. Das war kein Essen. Das haben die Leute gegessen und wurden dann in die Baracken getrieben. Das war so gegen acht, neun Uhr abends.
Sonntag war allgemein ein freier Tag, aber viele mussten raus. Wenn Waggons angekommen sind zum Abladen, musste man Sonntag auch arbeiten.

19. Was war das Schlimmste am täglichen Ablauf?
JAKUBOWICZ: Sehr schlimm waren die Appelle. Wenn man in sehr schäbiger Kleidung und [mit] schlechten Schuhen stundenlang stehen musste. Ob [im] Winter oder [bei] Regen, man musste stehen, so lange, bis der Appell aufgelöst wurde. Das war das Schlimmste.
Bei der Arbeit habe ich Glück gehabt, dass ich eben in eine Firma reingekommen bin wie die aus Mödling.

20. Schweißte der Alltag eher zusammen oder versuchte man alleine zurechtzukommen?
JAKUBOWICZ: Ja, klar hat man immer zusammengehalten, aber was konnte man schon für den anderen tun. Jeder war in Bedrängnis. Jeder hat dasselbe Problem gehabt. Das größte Problem war der Hunger und die Kälte im Winter.

21. Welche Möglichkeiten gab es für Sie, sich von dem grausamen Alltag abzulenken (Musik etc.)? Was hat Ihnen Kraft gegeben?
JAKUBOWICZ: Ja, mir hat Kraft gegeben, dass ich mich die ganze Zeit beschäftigt habe mit dem „Organisieren“. „Organisieren“ heißt etwas zu erwischen vom Essen oder irgendetwas anderes, das man dann tauschen konnte. Und das hat mir großen Antrieb gegeben, denn ich habe mich mit dem sehr beschäftigt. Ich war so in einem Rausch von dem Handel, von dem Tausch, dass ich vergessen habe, dass ich im Lager war. Ich habe alles Mögliche „organisiert“. Ich habe bei der Baufirma Hell & Köhler auch mit Tschechen zusammengearbeitet. Und die Tschechen waren Zwangsarbeiter, die aber nicht im KZ waren. Sie haben alle 14 Tage bis drei Wochen nach Hause fahren können und haben Schnaps mitgebracht. Sie haben Zwetschgenschnaps gemacht, Slibowitz heißt

er. Mit dem haben sie mich beliefert und den habe ich ins Lager zum Tauschen geschmuggelt. Wenn wir nach der Arbeit ins Lager zurückgegangen sind, habe ich immer zwei Flaschen am Bauch versteckt. Aber ich habe auch ein paar Leute gehabt, die für mich die Flaschen getragen haben. Die sind in derselben Reihe gegangen wie ich. Der Lagerälteste hat das gewusst und die Reihe wurde nicht kontrolliert. Bei ihm habe ich ja das meiste abgeliefert.
Ich habe den Schnaps an die prominenten Häftlinge im Lager, die Schläger, die Kapos geliefert. Und die haben mich dafür auch verschont.

22. Wie waren die Lebensbedingungen in den Baracken (Aufteilung, Verpflegung, Hygiene, Kleidung etc.)?

JAKUBOWICZ: Bei Tag waren wir nie in den Baracken. Die Baracken haben wir um halb vier verlassen, nachdem wir geweckt wurden, und wir sind bei Nacht wieder in die Baracken reingekommen, nach dem Appell. In den Baracken waren wir nur zum Schlafen. Das waren Pritschen, stockweise aufgebaut, mit einer Decke und einem Strohsack. Und das war alles. Rein zum Hinlegen und in der Früh sind wir geweckt worden. Toiletten gab es im anderen Bau, aber nachts durfte man von den Baracken nicht raus. Da hat man so große Kübel hingestellt, wo die Leute ihre Notdurft verrichten konnten und es hielten immer zwei Mann Nachtwache. Wenn der Eimer voll war, haben sie den ausgeleert und wieder hingestellt. Jeder in der Baracke ist einmal eingeteilt worden für die Nachtwache. Und die sind immer bei diesem Eimer gesessen und haben aufgepasst, dass er auf alle Fälle voll war, bevor er ausgeleert wurde.
Zu essen haben wir abends nur einen Teller Suppe bekommen und in der Früh ein Stück Brot und so eine Wasserbrühe, einen Tee oder Ersatzkaffee. Das war das Essen. Das war gar nichts.
Duschen mussten wir barackenweise. Jeden Tag eine andere Baracke. Das hat nicht geheißen „duschen“, das hat geheißen „Entlausung“. Da musste man sich vor der Baracke ausziehen, die Sachen am Boden hinlegen, zur Straße gehen und dann hat man uns reingetrieben in die Baracke. Dann haben sie das Wasser aufgedreht und beim Rausgehen wurden wir kontrolliert, ob wir Läuse haben. Da waren so spezielle Leute da, die das angeschaut haben. Unter den Armen und im genitalen Bereich, auf dem Kopf usw. haben sie geschaut, ob die Leute verlaust waren.

23. Welche Arbeiten mussten Sie verrichten? Wie lange mussten Sie arbeiten?

JAKUBOWICZ: Ich habe verschiedene Arbeiten gemacht. Ich habe zeitweise bei der Reichsautobahn, bei der Reichsbahn gearbeitet und dann bei der österreichischen Firma Hell & Köhler. In Fünfteichen wurden Hallen gebaut und die Firma Hell & Köhler hat das Dach gemacht. Wir haben die Dächer mit Asbestplatten gedeckt. In Bergen-Belsen gab es keine Arbeit. Da haben wir nur die Toten zum Verbrennen geschleppt. Normal dauerte die Arbeit von sieben Uhr in der Früh bis sechs Uhr abends; zehn oder elf Stunden.

24. Wie wirkte auf Sie der Spruch „Arbeit macht frei“?

JAKUBOWICZ: Ich habe ihn gar nicht so ernst genommen. Für uns war es nur einfach hingeschrieben. Aber dieser Spruch hätte sein müssen: „Tod durch Arbeit!“ Die haben eben die Leute so lange arbeiten lassen und am Leben lassen, so lange sie arbeiten konnten. Die Unfähigen, die Arbeitsunfähigen haben sie umgebracht.

25. Wie waren die Aufseher im Lager? Waren alle schlecht?

JAKUBOWICZ: Die meisten Aufseher waren Sadisten. Die meisten wurden aus Zuchthäuslern rekrutiert. Man hat die Schwerverbrecher und Mörder von den Zuchthäusern rausgenommen und zur Ausbildung nach Auschwitz gebracht. Da waren Blockälteste, die den Block angeführt haben, und Lagerkapos. Meistens waren es Schläger, es waren viele Deutsche dabei. Die wurden von den Zuchthäusern in die KZs gelassen und haben die Torturen ausgeführt, die ihnen die SS befohlen hat. Die SS-Leute waren im Lager und auf der Baustelle außerhalb des Lagers zur Wache eingeteilt. Ich habe nie etwas Böses erlitten von den Wachposten.

Im Lager selbst wurde die Aufsicht der Häftlinge hauptsächlich durch die Häftlinge selbst durchgeführt. Es hat auch einen Lagerältesten gegeben. In Fünfteichen war das ein Schwerverbrecher aus Berlin. Ich habe ihn sehr gut persönlich gekannt, weil ich mit ihm diese Tauschgeschäfte gemacht habe. Zum Essen haben diese alle genug gehabt, sogar sehr viel, weil sie alles gestohlen haben, was die Häftlinge hätten kriegen sollen. Aber sie brauchten auch Alkohol. Und den Alkohol habe ich ihnen von der Baustelle ins Lager geschmuggelt. Darum bin ich beim

Lagerältesten sehr gut gestanden und er hat mich von verschiedenen Strafübungen verschont.
Auch ein SS-Mann war mir gutgesinnt. Der war auch aus Schlesien und er war irgendwo im Osten bei Stalingrad schwer verwundet worden. Man hat ihn nicht mehr zur Front geschickt und dann ist er als Bewacher ins KZ Fünfteichen gekommen. Er hat von meiner Tätigkeit gewusst, hat mich geschützt und sogar mitgemacht mit mir, weil er selber auch was gebraucht hat. Zigaretten zum Beispiel.

26. Gab es Kontakte zwischen den Häftlingen und der Bevölkerung?

JAKUBOWICZ: Nur mit Leuten, die auf den Baustellen gearbeitet haben. Mit Leuten, die in den Ortschaften gewohnt haben, war kein Kontakt.
Es waren deutsche Firmen, wo die Häftlinge zugeteilt wurden zur Arbeit, und ich habe Glück gehabt, dass ich in die Firma Hell & Köhler reingekommen bin. Der Bauleiter von der Firma hat Hautmann geheißen. Und da waren ein gewisser Josef Weiss und Franz Binder. Das waren die Meister von der Firma. Die drei waren aus Mödling. Sie waren sehr nette Leute, die haben mich gut behandelt. Sie haben alle Häftlinge, die bei dieser Firma gearbeitet haben, einmalig behandelt im Vergleich zu anderen Firmen. Bei den anderen Baufirmen hat man die Leute geschlagen, man hat sie gefoltert, man hat ihnen schwer zugesetzt. Aber Herr Hautmann hat mir sogar immer Nachrichten überbracht und Mut gemacht, dass man durchhalten soll: „Das wird nicht immer so bleiben." Und hat uns über alles informiert und viel geholfen.

27. Wussten Sie über den Kriegsverlauf in der Außenwelt Bescheid?

JAKUBOWICZ: Ja, ich habe sehr gute Quellen gehabt. Der Bauleiter Hautmann von der Firma Hell & Köhler hat mich immer informiert. Er hat mir erzählt, dass er BBC gehört hat. Wenn jemand BBC gehört hat, stand darauf Todesstrafe oder KZ.
Der Hautmann hat gesagt: „Ich habe jede Nacht BBC gehört. Die Russen sind schon auf dem Vormarsch und stehen schon rund 120 Kilometer vor dem Lager Fünfteichen." Darum wurden wir auch weggebracht. Ich habe dies immer an die anderen Häftlinge weitergegeben, damit sie Mut bekommen, dass es nicht immer so bleibt und sie überleben sollen.

Das hat viel geholfen. Der Mut und die Hoffnung, ohne die konnte man nicht überleben.

28. Durften Sie im KZ Briefe, Lebensmittel, ... empfangen?
JAKUBOWICZ: Nein, im KZ durften wir keine Lebensmittel und Briefe erhalten. Nur im ersten Jahr, als ich im Zwangsarbeitslager Annaberg war, konnte ich Postkarten bekommen und die wurden zensuriert.

29. Welche Folterungen mussten Sie über sich ergehen lassen?
JAKUBOWICZ: Ich habe einmal Schläge bekommen. Ich weiß nicht, wie viele, aber Hiebe am Hinterteil. Das heißt, man hat mich in so eine Bank reingeschoben und die wollten mich erpressen. Ich sollte sagen, von wo ich einmal ein Brot gehabt habe, das nicht Lagerbrot war. Jemand hat mich angezeigt und dann hat man mich im Lager Markstädt beim Heimkommen von der Arbeit ausgefragt, von wo ich das habe. Ich wollte es nicht sagen, von wem ich es bekommen habe. Da haben sie mich geschlagen. Zwei Mann, rechts und links ist einer gestanden, und haben reingedroschen. Es waren Lagerkapos. Da wurde ich total niedergemacht und konnte nicht einmal laufen. Da haben mich jeden Tag in der Früh meine Mithäftlinge und meine Kollegen unterm Arm zwei Kilometer zur Arbeit geschleppt. Als ich bei Hell & Köhler zur Arbeit gekommen bin, hat mir der Hautmann erlaubt, in der Bude zu bleiben und ich wurde nicht zur Arbeit eingeteilt, weil ich nicht arbeiten konnte. Der Hautmann hat mir sehr viel geholfen.

30. Was war der schrecklichste Moment für Sie?
JAKUBOWICZ: Der schlimmste Moment im Lager, das war in Bergen-Belsen, vor der Befreiung, als wir angekommen sind. Das war das Schlimmste. Bis Bergen-Belsen konnte ich noch einigermaßen durchstehen und habe mich vor jeder Situation noch retten können. In Bergen-Belsen war ein Zustand; man kann es gar nicht schildern. Kein Wasser. In den Waschbaracken gab es kein Wasser zum Waschen und zum Trinken. Wir haben Eiszapfen vom Dach runtergeholt. Den ganzen Tag gab es Zählappelle und es war gefährlich wegen Typhus. Die Menschen sind im Gehen, im Sitzen, im Stehen umgefallen und gestorben. Das war das Gefährlichste, was es gibt. Tausende von Toten auf Bergen, die sie nicht mehr verbrennen konnten. Und wir, die Häftlinge, haben einen

leeren Anhänger von einem Lastzug geschoben und immer die Toten aufgeladen und zum Verbrennen hingebracht. Die Krematorien konnten das nicht mehr bewältigen. Dann haben sie einen Graben, einen großen Graben ausgeschachtet und haben die Toten reingeschmissen, haben alte Eisenbahnholzschwellen mit reingeschmissen und haben alles begossen mit Rohöl und Benzin. Tag und Nacht hat es gebrannt. Das ganze Lager war schwarz. Ein Häftling hat den anderen von drei Metern nicht erkennen können, so dicht war der Rauch und starker Gestank. Und wir haben den ganzen Tag von früh bis abends diese Häftlinge aufgeladen, auch im Frauenlager, die toten Frauen, toten Männer, Kinder, die noch gekommen sind, von anderen Lagern. Das war so ein Sammelsurium von verschiedenen Lagern, die zum Ende des Krieges von den Fußmärschen, den Todesmärschen, angekommen sind und die sind alle gestorben, wurden umgebracht oder sind verhungert. Die sind alle gestorben und vor den Baracken ganze drei Stock hoch gelegen. Berge von toten Menschen, alles Skelette. Die hat man auf die Wägen aufladen müssen und 50, 60 Mann haben sie geschoben. Mit der letzten Kraft haben wir den Anhänger über die Straße zum Krematorium geschoben und dort wieder ausgeladen.

Eine Episode muss ich Ihnen noch erzählen:

Als wir in Flossenbürg angekommen sind, mussten wir rein in die Baracken zum Baden und zur Entlausung. So hat es geheißen. Alle mussten sich vorher draußen auf der Straße ausziehen. Die Kleider haben wir liegen lassen. Jeder hat sie auf einen Platz hingelegt und wir sind reingegangen. Da haben die Leute Angst gehabt beim Reingehen. Sie haben gemeint, das ist eine Gaskammer. Sie haben irgendwas gehört von Gaskammern, mit Duschen, und die Häftlinge haben sich gewehrt reinzugehen ins Bad. Dann kamen die Kapos und haben die Leute mit Stöcken und Knüppeln reingeprügelt. Als wir drinnen waren, haben sie zuerst eiskaltes Wasser und dann kochendes Wasser heruntergelassen. Als ich wieder rausgekommen bin, war meine Jacke mit der Nummer weg. Jemand hat seine Jacke verwechselt und hat meine genommen. Dann habe ich eine andere Jacke und eine andere Nummer gehabt. Und so habe ich zwei Nummern gehabt. Eine richtige und eine von der fremden Jacke. Als ich in Bergen-Belsen angekommen bin und wir die Toten ausgeladen haben, habe ich einen Toten gefunden mit meiner Jacke. Ich habe ihm die Jacke ausgezogen und sie mir wieder angezogen. Beim

Reinschmeißen der Toten habe ich also meine Nummer wieder erwischt. Den Toten mit meiner Nummer. Was sagen Sie dazu?

31. Gab es humorvolle Momente, die Sie das Leid für einen Augenblick vergessen ließen? Wie hat man sich diese vorzustellen?

JAKUBOWICZ: Nein. Die Leute waren immer angespannt vor lauter Angst. Nur die Angst. Die Angst war so groß. Das Gefährlichste war, wenn jemand geprügelt wurde und Schläge bekommen hat. Der hat nicht mehr überlebt. Ich habe Glück gehabt, dass gerade, wo ich geschlagen wurde und der Hautmann und der Weiß und Binder. Die *(weint)* – es war schrecklich, schrecklich – die haben mich gerettet.

32. Was waren Ihre tagtäglichen Gedanken, als Sie im KZ waren?

JAKUBOWICZ: Für mich war es nicht so schlimm, aber die Leute haben den ganzen Tag im Sinn gehabt, wo sie irgendeine Kartoffel oder Kartoffelschale oder ein Stückchen Brot erwischen konnten. Das war alles. Man hat sich nichts mehr gewünscht. Die Leute haben sich gar nichts mehr wünschen können, weil der Hunger so groß war.

Für mich ging es nur um das Überleben. Ich habe so ein Temperament und so einen Lebenswillen gehabt, dass ich so gekämpft habe. Ich habe mir gesagt, ich muss überleben. Und nachdem ich immer Nachrichten von draußen bekommen und gewusst habe, wie die Sache steht, habe ich gehofft und gebetet, dass wir schnellstens befreit werden; weil in Bergen-Belsen war es nicht mehr zum Aushalten.

33. Konnten in einem KZ Kinder auf die Welt gebracht werden? Wenn ja, was ist mit diesen Babys passiert?

JAKUBOWICZ: Also in den Lagern, in denen ich war, waren keine Frauen und ich weiß nicht, ob sie Kinder bekommen konnten. In einem Lager waren auch Frauen. Das war in Markstädt, aber die waren separiert und es waren nicht viele, vielleicht 20 oder 25 Frauen. Die waren total separiert und sie haben Näharbeiten gemacht oder in der Küche gearbeitet. Aber in den anderen Lagern waren keine Frauen.

34. Gab es eine Möglichkeit, Freundschaften mit Gefangenen zu schließen?

JAKUBOWICZ: Ja. Die Gefangenen haben sich immer irgendwie so zusammengruppiert, wo sie Freundschaft geschlossen haben. Aber was war das für eine Freundschaft? Einer konnte dem anderen nicht helfen.

35. Wer war Ihr bester Freund während dieser schlimmen Zeit und wie hat er Ihnen geholfen?

JAKUBOWICZ: Das war ein gewisser Leizer Jasny. Er ist ein paar Tage vor der Befreiung in Bergen-Belsen gestorben.

36. Was haben Sie zur Erleichterung des Leidens anderer Insassen getan?

JAKUBOWICZ: Ich habe Essen organisiert und verteilt. Ich habe die Gelegenheit auf der Baustelle gehabt, gerade beim Hautmann. Der hat mir erlaubt, Verschiedenes zu machen, was nicht erlaubt war. Ich habe für die Mithäftlinge jeden Tag gegen Mittag Reste vom Essen gebracht und an die Leute verteilt.

37. Gab es unter den Insassen bestimmte Hierarchien?

JAKUBOWICZ: Ja, im Lager schon. Das heißt, die prominenten Häftlinge haben anders gelebt als wir. Das waren Privilegierte, die haben Zugang gehabt zu allem. Die haben es nicht so schwer gehabt wie wir mit Lebensmitteln. Auch wenn sie krank waren, haben sie Hilfe gehabt, aber die normalen Häftlinge nicht. Das war die Lagerprominenz, die hat sich gebildet aus den Lagerkapos, Blockältesten, Blockführern und Lagerältester eins und Lagerältester zwei. Aber das waren meistens deutschsprachige Häftlinge.

38. Gab es Unterschiede in der Behandlung zwischen den verschiedenen Gefangenengruppen (religiöse, politische Gefangene)?

JAKUBOWICZ: Nein, keine Unterschiede. Nur die Prominenten, das heißt die Schläger, die Kapos und Blockführer, die wurden besser behandelt. Klar, die haben sich untereinander gut behandelt. Die wurden von niemandem gefoltert.

39. Welche Krankheiten gab es im KZ?

JAKUBOWICZ: Im KZ gab es meistens Ruhr, die Leute hatten Durchfall, starke Erkältungen, Verletzungen bei der Arbeit und so weiter. Von anderen Krankheiten wusste man nichts, weil man mit den Kranken nicht zusammengekommen ist. Da war ein Revier, von wo man die Leute nach drei Tagen in die Gaskammer gebracht hat. Wenn jemand krank war, ist er auf das Revier gekommen. Er war arbeitsunfähig. Und wenn er länger als drei Tage im Revier geblieben ist, dann ist der schwarze Bus gekommen, wie man gesagt hat, und man hat ihn weggefahren und umgebracht. Für Arbeitsunfähige waren keine 250 Gramm Brot übrig.

40. Wurden Sie körperlich verwundet?
JAKUBOWICZ: Ja, durch diese Schläge von den Kapos war ich ein paar Monate arbeitsunfähig. Die haben mir alles zerschlagen, das ganze Kreuz, alles war verwundet. Ich hatte Furunkel auf den Stellen, wo ich die Schläge bekommen habe. Und dann habe ich durch den Hautmann so ein Gipskorsett bekommen für ein paar Monate. Das hat später ein Tscheche mit der Säge aufgeschnitten. Ich hätte beim Arbeiten nicht durchgehalten, aber der Hautmann hat mich gerettet, indem ich in der Bude bleiben konnte.

41. Wie viele Kilos wogen Sie, als Sie im KZ waren?
JAKUBOWICZ: Im KZ weiß ich es nicht, aber nach dem KZ habe ich 41 Kilo gewogen in Bergen-Belsen. Das ist schriftlich belegt, weil mich für das Attest des Roten Kreuzes die Engländer gewogen haben. 41 Kilo.

42. Was bedeutete der Tod für Sie?
JAKUBOWICZ: Ich hatte mich so daran gewöhnt gehabt an tote Menschen, weil ich laufend mit Toten zu tun gehabt habe. Überall auf dem Weg, auf dem Fußmarsch sind Leute umgefallen oder konnten nicht laufen. Sie bekamen einen Genickschuss und dann hat man sie in den Graben geschmissen. Tote waren für mich fast gar nichts Außergewöhnliches mehr. Wir haben die Toten so wie irgendein Bündel Holz geschleppt. Anfangs war es erschreckend und später hat man sich so daran gewöhnt, dass ein Toter gar nichts war, überhaupt nichts. Man hat sich gar nichts draus gemacht.

43. Wie nahe kamen Sie dem Tod?
JAKUBOWICZ: Zum Schluss, wo ich mich versteckt habe zwischen den Toten, weil ich bin ja ... ich wollte nicht mehr zum Appell. Ich

wollte nicht mehr raus. Die haben doch in Bergen-Belsen alle, die noch stehen und gehen konnten, zusammengesammelt und wollten sie noch irgendwohin bringen. Und ich wollte nicht mitgehen. Da habe ich mich hingelegt bei den Toten. Ich war nicht nur nahe. Ich bin mit den Toten aufgestanden.
Aber nahe am Tod war es auch gewesen, wenn – als ich geflüchtet bin – der Hauptwachtmeister gesagt hätte: „Du bist geflüchtet." Der hätte mich erschießen können. Entweder er hat mir geglaubt oder er hat mir das Leben geschenkt. Normalerweise, wenn ein Häftling irgendwo in ein Bauernhaus geflüchtet ist, wurde er gefragt: „Wo kommst du her?" oder „Wie kommst du da her?" und dann wurde er erschossen. Da war ich auch nahe am Tod.

44. Haben Sie irgendwann eine Art „Mauer" gegen die schrecklichen Taten aufgebaut, sodass Sie der Tod eines anderen Häftlings nicht mehr berührt hat?
JAKUBOWICZ: Es ist tatsächlich so gewesen. Jeden Moment hat man Tote um sich gehabt. Den ganzen Tag, immer. Beim Fußmarsch, beim Todesmarsch und später, zum Schluss, da wurde zwischen den Toten und den Lebenden gar kein Unterschied mehr gemacht.

45. Was wurde im KZ mit den Leichen gemacht?
JAKUBOWICZ: Die wurden verbrannt oder kamen in Massengräber. Das war alles.

46. Gab es für Sie eine Möglichkeit, aus dem Lager entlassen zu werden?
JAKUBOWICZ: Nein. Entlassen zu werden, nein.

47. Gab es Fluchtversuche und Fluchtmöglichkeiten? Versuchten Sie zu flüchten?
JAKUBOWICZ: Nicht viele, aber einige haben es versucht. Sehr wenigen ist es gelungen und manche hat man eben erwischt. So auch mich bei meinem Fluchtversuch im Winter 1944/45. Das war auf dem Weg von Groß-Rosen nach Flossenbürg. Wir waren teilweise zu Fuß und teilweise mit Viehwaggons unterwegs, weil die Züge nicht mehr richtig laufen konnten, denn die Brücken waren gesprengt oder es gab andere

Hindernisse. Die Leute sind in den Waggons wie Fliegen gestorben. Wir mussten zusammengepfercht am Boden sitzen, die Schuhe ausziehen, es gab kein Essen, keine Toilette und die Leute haben in die Hose gemacht. Es hat so gestunken. Als die Züge gehalten haben, hat man jeden Tag die Türen der Waggons aufgemacht und die Toten rausgelegt. Ich und ein Freund von mir haben uns unterhalten und wir haben gesagt, dass wir es nicht überleben werden. Aber wir wollten überleben. Ich habe so einen Löffel dabei gehabt, wo der Stiel als Säge präpariert wurde. Das hat mir ein Tscheche gemacht. Ich habe vom Waggon zwei Bretter rausgesägt. Als der Zug angehalten hat, habe ich mich vom Waggon rausgemacht und bin auf dem Puffer gestanden. Das war fünf Kilometer vor Prag. Jetzt habe ich gewartet und als der Zug angefangen hat sich zu bewegen, bin ich von diesem Waggon in den Schnee gesprungen. Es war mitten in der Nacht. Es war Winter und ich bin ohne Schuhe im Wald rumgeirrt. Dann habe ich Licht gesehen und bin in ein Bauernhaus rein und so bin ich bei den Tschechen angekommen. Sie haben mich angeschaut und haben sich erschrocken. Ich war im Sträflingsanzug und ohne Schuhe, mit rasiertem Kopf und Fluchtstreifen. Sie haben mich aufgenommen und mir etwas zu essen und zu trinken gegeben. Sie haben mich gefragt, woher ich komme und ich habe es ihnen erzählt. Trotzdem haben sie Angst bekommen. Und vormittags um zehn Uhr kam ein Motorrad der deutschen Feldpolizei und ich wurde abgeholt. Die Bauersleute haben mich wahrscheinlich aus Angst verraten oder gemeldet. Dann wurde ich auf die Kommandantur in einer kleinen Ortschaft gebracht. Den Namen weiß ich nicht mehr. Das war so ein kleines Haus mit einem Hof.
Ich weiß nur, dass der Nachbar von dieser Kommandantur ein Bäcker war. Ich wurde nämlich zum Holzhacken in den Hof gestellt und auf der anderen Seite des Zauns war eine Bäckerei und die Bäckerei hat extra Brot hingelegt, damit ich etwas erwischen kann.
Als sie mich dem Wachhabenden von dieser Polizei vorgestellt haben, hat er mich vernommen und gefragt, wieso ich in das Haus gekommen bin. Ich habe ihm gesagt, dass man mich mit den Toten vom Waggon auf den Gehsteig rausgeladen hat. Der Zug ist weggefahren; ich bin zurückgeblieben und habe nicht gewusst, wohin ich soll. Ob er es geglaubt hat, weiß ich nicht, aber er war sehr zugänglich zu mir. Er war nach dem Dialekt auch ein Schlesier. Er hat mich gefragt, aus welcher Stadt ich stamme und so weiter. Dann sagte er, dass nächsten Tag ein Transport

von hier geht. Ein Fußtodesmarsch mit Häftlingen. Er wird mich dort abliefern und ich muss mit dem anderen Transport weitergehen. Und so bin ich nach Flossenbürg gekommen.

48. Gab es KZ-Häftlinge, die sich getraut haben, einen Aufstand gegen die KZ-Führer zu machen?
JAKUBOWICZ: Ich habe so etwas nicht mitbekommen.

49. Dachten Sie, dass Sie jemals wieder lebendig herauskommen?
JAKUBOWICZ: Ich habe sehr viel Hoffnung gehabt.

50. Gab es Zeiten, in denen Sie alle Hoffnung aufgegeben haben? Und wieso war dies so?
JAKUBOWICZ: Nein, habe ich nicht. Ich habe immer Hoffnung gehabt.

51. Beging irgendjemand Selbstmord?
JAKUBOWICZ: Ja, viele haben sich das auf der Baustelle angetan oder sind in den elektrischen Zaun gelaufen.

52. Haben Sie während des Holocaust je daran gedacht, aus Verzweiflung Selbstmord zu begehen?
JAKUBOWICZ: Nein, nie. Ich habe nie daran gedacht. Das ist mir nie eingefallen.

53. An welche Gedanken, Ideen, Hoffnungen, Wünsche oder religiöse Überzeugung haben Sie sich geklammert?
JAKUBOWICZ: Die erste Zeit habe ich noch viel geglaubt und viel gebetet. Nachdem ich erfahren habe, dass meine Eltern … *(weint)*… nach Auschwitz gekommen sind, habe ich das Glauben aufgegeben; konnte ich nicht mehr glauben. Das war 1943 im August, ich habe eine Nachricht bekommen, zufällig durch einen von der Hitlerjugend, mit dem ich von der Baustelle gut bekannt war. Der ist in meine Stadt gefahren. Ich habe ihn geschickt, sich zu erkundigen. Und er ist gekommen und hat mir gesagt, dass die Stadt ausgesiedelt wurde und die Eltern. Das Haus ist leer.
Vater, Mutter, Schwester und ihre vier Kinder wurden umgebracht.

Sie wurden von Auschwitz in andere Städte gebracht, nach Sosnowitz und Bendsburg. Die Nazis haben die Leute immer von kleinen Städten in große und dort in Ghettos gebracht. Ich war da schon im Lager drinnen.
Aber ich habe auf der Baustelle mit einem von der Hitlerjugend, der nicht eingezogen wurde zum Militär, weil er von Geburt an einen kürzeren Fuß gehabt hat, guten Kontakt gehabt. Er war gehbehindert und hat bei der Vermessung gearbeitet. Hans Feil hat er geheißen. Er war vielleicht 17 Jahre alt, als ich ihn gebeten habe, sich wegen meiner Eltern zu erkundigen. Er sagte: „Ich muss meine Mutter fragen.“ Dann ist er nächsten Tag gekommen und hat gesagt, dass die Mutter gesagt hat, er soll es machen. Warum? Weil sein Großvater Sozialdemokrat war und die Nazis haben ihn 1937 in Sachsenhausen eingesperrt.

54. Haben Sie Ihren Glauben an Gott verloren, während Sie im Lager waren?
JAKUBOWICZ: Ja, damals, als ich erfahren habe, dass man meine Eltern weggebracht hat. Aber nach dem Krieg habe ich den Glauben wieder angenommen.

55. Welche Rolle hat Ihre Religion dabei gespielt, wie Sie die Geschehnisse empfunden haben? Warum?
JAKUBOWICZ: Ich habe immer gefragt, warum der Herrgott so etwas zulässt. Aber niemand konnte es beantworten. Ich habe andere Leute, die im Lager waren, auch Gelehrte und Rabbiner, gefragt. Sie konnten darauf keine Antwort geben. Ich weiß es nicht.

56. Haben Sie während Ihrer Gefangenschaft gebetet?
JAKUBOWICZ: Ja, die erste Zeit bis 1943. Bis man meine Eltern umgebracht hat, ins Lager [Auschwitz] gebracht hat.

57. Hatten Sie je den Gedanken, die Religion (oder Ideologie) zu wechseln? Warum?
JAKUBOWICZ: Nein.

58. An welchem Datum wurden Sie aus dem Lager befreit?
JAKUBOWICZ: Am 15. April 1945 aus dem KZ Bergen-Belsen.

59. Wie sind Sie aus dem Lager befreit worden bzw. wie sind Sie aus dem Lager herausgekommen?

JAKUBOWICZ: Erst ein paar Tage zuvor haben die Engländer von den Flugzeugen Flugzettel geschmissen und es hat geheißen, niemand darf das aufheben, aber trotzdem tat man das. In ein paar Sprachen waren die. Und da stand drinnen, sie [Häftlinge] sollen durchhalten, dass sie in den nächsten Stunden befreit werden. Und dann nachmittags, auf einmal, sind von den Wachtürmen die Posten – die oben auf den Wachtürmen standen, die SS – weg und haben mit Häftlingen gewechselt, die weiße Mützen bekamen. Das waren deutsche Häftlinge vom Lager. Und die [SS] sind runter von den Türmen und es hat geheißen: „Alle antreten!" Und alle, die noch laufen konnten, sind angetreten. Ich habe gesagt: „Ich gehe nicht mehr! Ich habe genug! Transporte und Fußmärsche und Todesmärsche. Ich gehe nicht!" Und nachdem ich gemerkt habe, was los ist, dass es nur Stunden und nicht lange dauert, da habe ich mich hingelegt bei so einem Berg von Toten, mit dem Kopf nach unten, mit dem Gesicht, auf die Hauptstraße vom Lager. Und da bin ich liegen geblieben – das war abends vielleicht um vier, halb fünf – bis zum nächsten Tag.

Am nächsten Tag zwischen drei, halb vier nachmittags sind die Engländer reinmarschiert. Und auf einmal sind sie reinmarschiert und da habe ich gemerkt, nur gesehen – aber ich habe nicht erkennen können – die Panzerwägen und die Zeichen. Ich habe noch nicht gewusst, sind das Deutsche oder nicht. Also habe ich Angst gehabt und bin liegen geblieben. Ich habe nur gesehen [aber nicht erkannt]. Und dann auf einmal sehe ich, da laufen rum Soldaten mit anderer Uniform und – Feldbetten haben sie gehabt – mit den Feldbetten sind sie rumgelaufen und haben noch Lebende gesucht, ob noch Lebende da sind. Und sie sind bei mir vorbeigelaufen und ich habe mich bewegt und sie sind erschrocken, weil das war ein Berg von Toten. Und sie haben mich sofort genommen – alles runtergenommen, die Kleider – und raufgeschmissen auf das Bett, nackt, und haben mich in ein Auto, in eine Ambulanz, und haben mich weggefahren. Und irgendwo nach ein paar Kilometern, da war ein Feldlazarett und da hat man mir schnell Blut abgenommen und mich gewogen.

Darum gibt es dieses Attest aus Bad Arolsen vom Internationalen Roten Kreuz.

60. Wie wurden Sie von den Befreiern behandelt?
JAKUBOWICZ: Gut, sehr gut. Die haben sich bemüht, sie haben alles gemacht, was sie konnten.

61. Was haben Sie nach Ihrer Befreiung als Erstes getan?
JAKUBOWICZ: Ich habe gesucht, ob noch jemand von meiner Familie oder Bekannte am Leben geblieben sind. Da habe ich versucht Kontakt aufzunehmen, bin überall rumgefahren und habe gesucht.

62. Gab es ein „Rückkehr-Problem“? Wie reagierte die Umgebung auf Sie?
JAKUBOWICZ: Ich konnte nicht zurückkehren, weil ich in der englischen und amerikanischen Zone war und in Auschwitz waren die Polen. Ich habe kein Interesse gehabt, zurück in die Stadt zu fahren. Ich wollte das nicht mehr sehen. Ich wollte nicht zurück nach Auschwitz.

63. Konnten Sie sich mit Ihrer Familie wieder vereinigen?
JAKUBOWICZ: Nein, ich habe keine. Ich bin alleine geblieben. Der Einzige, der den Nazis entkommen ist, war mein Bruder Samuel. Er ist am Tag des Einmarsches der Deutschen in Polen in die Sowjetunion geflüchtet. Ich weiß nicht, was aus ihm geworden ist. Ich habe nach dem Krieg keinen Kontakt mehr zu ihm herstellen können.

64. Hatten Sie Bekannte, Freunde oder Verwandte im KZ? Haben diese überlebt?
JAKUBOWICZ: Ja, einige haben überlebt. Einige Verwandte – Cousins – haben überlebt.

65. Was geschah mit Ihrem Eigentum?
JAKUBOWICZ: Ich selber hatte kein Eigentum, weil ich noch zu jung war.

66. Inwieweit wurden Sie für Ihre Inhaftierung entschädigt?
JAKUBOWICZ: Ich habe als Haftentschädigung 150 D-Mark pro Monat Haft bekommen. Das ist alles.
Jetzt bekomme ich eine Rente für Schäden, die sind verfolgungsbedingt und wurden durch Gutachten von Ärzten festgestellt.

67. Wie haben Sie Ihre Existenz wieder aufgebaut?
JAKUBOWICZ: Ich habe mich bemüht, nachdem ich durch die Verfolgung keinen Schulabschluss und Berufsabschluss gehabt habe, mich geschäftlich zu betätigen und habe Erfolg gehabt dabei, davon habe ich gelebt. Ich habe ein Juweliergeschäft gehabt.

68. Wie lange dauerte es, um nach dem Holocaust zu einem „normalen“ Leben zurückzukehren?
JAKUBOWICZ: Noch bis heute nicht. Geht nicht. Man kann nicht mehr. Es sind solche psychischen Schäden entstanden, die man nicht heilen kann.

69. Wie sah Ihr Leben nach dem Krieg aus?
JAKUBOWICZ: Was kann man da schildern? Es war nicht angenehm, denn man stand ohne Familie, ohne Freunde da. Wurde abgeschnitten von allem.
Man stand allein wie ein einziger Baum im Wald. Aber man musste weiterleben. Ich habe eine Familie, geheiratet und zwei Kinder. Beide sind approbierte Zahnärzte, die Tochter und mein Sohn. Gott sei Dank geht es ihnen auch gut und [sie] stehen in guten Beziehungen. Und das hat mich noch ein bisschen am Leben erhalten, dass ich zwei Kinder habe, die ich mit meiner Frau aufgezogen habe.
Viele haben während der Haft oder kurz danach Typhus bekommen. Bei mir ist der Typhus ausgebrochen, ungefähr zwei Wochen nach der Befreiung.

Abb. 28: Josef Jakubowicz mit seiner späteren Ehefrau Jente Schwarzberg, 1946

Ich war auf der Straße und wurde ohnmächtig. Dann haben sie mich in ein Krankenhaus reingebracht und nachdem ich kein Deutscher war, habe ich so eine „DP-Karte" gehabt von den Engländern. Wissen Sie, was „DP" heißt? – „Displaced Person".
Dann haben sie bei mir in der Tasche diese Karte gefunden und haben mich zu den Engländern gebracht, die eine Abteilung für „DPs" gehabt haben und dort bin ich eben stationiert worden. Das war in Celle bei Bergen-Belsen.
Ich war in der englischen Zone. Hannover, Bergen-Belsen, Hamburg war englische Zone. Alle haben gesagt, dass man die ehemaligen Holocaustleute in der amerikanischen Zone besser behandelt. Es war tatsächlich so, dass uns die Amerikaner besser behandelt haben als die Engländer.
Darum bin ich nach Bamberg und Fürth und schließlich nach Nürnberg gekommen. Ich habe erst in Fürth gewohnt und im Herbst 1945 bin ich auf der Straße zusammengebrochen. Irgendeine Streife hat mich ins Krankenhaus gebracht und dort wurde festgestellt, dass ich offene Tuberkulose habe. Dann haben sie mich in Quarantäne gesetzt, da es ansteckend war, und mich in die Lungenheilstätte in Georgensgmünd gebracht und dort bin ich etwa drei Jahre geblieben.

70. Wie leben Sie heute? Denken Sie noch viel an jene Zeit zurück?
JAKUBOWICZ: Na ja, ich denke nicht, aber es sind sehr schwere Nächte. Manches Mal kommen mir Albträume und Verfolgungsträume und verschiedene Geschehnisse, die ich miterlebt habe, die kommen wieder. Es ist sehr schwierig. Es sind Schäden, die man nicht reparieren kann.
Was ich jetzt mache? Ich bin Dialyse-Patient. Ich muss dreimal in der Woche zur Dialyse. Ich habe Nierenschäden, die arbeiten nicht mehr. Das ist alles. Gesundheitlich bin ich in einem sehr schlechten Zustand. Das macht das Alter und die Verfolgungsleiden.

71. Welche physischen und psychischen Narben tragen Sie von dieser Zeit?
JAKUBOWICZ: Vom Lager habe ich eben sehr starke psychische Schäden bekommen. Und körperliche auch. Ich habe eine chronische Bronchitis.

72. Hatten Sie moralischen Beistand, um sich psychisch und sozial zu erholen?

JAKUBOWICZ: Nicht viel. Nicht viel. Ich weiß nicht, von wem soll ich das bekommen? Moralisch? Moralisch kann sich niemand das vorstellen. Und psychisch? Psychisch habe ich nichts erwartet. Nach dem Krieg, wo ich lungenkrank war, habe ich im Krankenhaus einmal eine psychologische Betreuung gehabt. Aber es war sinnlos, die ganze Sache.

73. Haben Sie seitdem eine andere Weltanschauung?

JAKUBOWICZ: Eine andere Weltanschauung habe ich nicht, nein. Ich habe nur eines: kein Verständnis für jetzt, was politisch passiert. Jetzt ist auch keine schöne Zeit. Wenn man so hört, was in der Welt passiert, ist es nicht so schön.

74. Können Sie Ihren Erfahrungen irgendetwas Positives abgewinnen?

JAKUBOWICZ: Ich habe Lebenserfahrungen und von den Lebenserfahrungen kann man schon positive Schlüsse ziehen.

75. Haben Sie später in Ihrem Leben die Konzentrationslager jemals wieder besucht und welche Gefühle hatten Sie?

JAKUBOWICZ: Einige. Ich habe Auschwitz, Flossenbürg und Annaberg besucht. Die anderen habe ich nicht besucht. Und in Bergen-Belsen war ich ein paar Mal. Die Gefühle waren nicht besonders gut. Zitternde Knie habe ich gehabt beim Reingehen.

76. Haben Sie immer noch Kontakt zu Ihren Mithäftlingen aus den Konzentrationslagern?

JAKUBOWICZ: Zurzeit nicht mehr, denn viele leben nicht mehr.

77. Was haben Sie Ihren Angehörigen über die Zeit damals erzählt? Wie haben Ihre Angehörigen auf Ihre Erzählungen reagiert?

JAKUBOWICZ: Ich habe den Angehörigen nichts erzählt, denn ich hatte keine Angehörigen mehr. Meine Kinder wollte ich später nicht belasten. Es war sehr schwierig. Als meine Tochter einmal vom Kindergarten nach Hause gekommen ist, hat sie gefragt: „Warum hat jeder eine

Oma und nur ich habe keine?“ Was hätte ich sagen sollen? Meine Kinder sind ohne Onkel, Tante und Großeltern aufgewachsen. Meine Kinder haben gewusst, dass ich verfolgt wurde, im KZ war und dass meine Familie umgekommen ist. Aber ich habe keine Kraft gehabt, ihnen alle Einzelheiten zu erzählen.

78. Fällt es Ihnen schwer, über diese Zeit zu reden?

JAKUBOWICZ: Ja, sehr. Manche Sachen kann ich erzählen, aber bei manchen bin ich sehr empfindlich, sie zu erzählen. Was meine Familie betrifft, fällt es mir sehr schwer. Es ist sehr anstrengend, über die ganze Vergangenheit und das Überleben zu sprechen. Sehr, sehr, sehr anstrengend.

79. Welcher Moment aus dieser Zeit hat sich am meisten in Ihrem Gedächtnis eingeprägt?

JAKUBOWICZ: Am meisten hat sich bei mir eingeprägt, als ich in Annaberg war und man die ganzen Westjuden gebracht hat. Das heißt Juden aus Belgien, Holland, Frankreich. Man hat sie ausgeladen am Bahnhof. Die Frauen blieben in den Waggons mit den Kindern und die Männer hat man zu uns nach Annaberg gegeben. Annaberg wurde ein Durchgangslager für Westjuden. Sie wurden registriert und dann wurden sie verschickt in verschiedene andere Lager. Und die von zu Hause gekommen sind, haben sehr viel bei sich getragen: Gold und Brillanten und alles Mögliche. Ich war ein Kind mit 15 Jahren und habe mich nur gewundert, wie viel die Leute so mit sich rumtragen. Der Lagerführer und der SS-Obersturmbannführer haben gesagt, sie sollen alles in drei Tonnen am Hof am Appellplatz reinschmeißen. Hier Devisen, hier die Pässe, hier das. Und die Leute haben Angst gehabt, an die Fässer ranzugehen.

Da haben sie es vor sich auf den Boden geschmissen und mit dem Fuß im Boden verscharrt. Weil sie Angst gehabt haben, dass die bei den Fässern stehen sehen, was sie bei sich haben. Das hat mich als Jugendlicher sehr beeindruckt. Ich habe viel profitiert davon, weil ich dadurch später mein Leben gerettet habe. Was die verscharrt haben, habe ich später – als sie alle weg waren – alles aufgehoben. Ich habe viel rausholen können und mit dem habe ich mich immer wieder retten können, wie z. B. etwas zu bekommen. Beim Lagerführer Lehmann habe ich mir

auch gewisse Freiheiten erkauft. Der Lehmann war mir wohlgesinnt und ein humaner Mensch.
Als ich 1941 von der Umsiedlung meiner Familie in die Ghettos Sosnowitz und Bendsburg erfahren habe, hat Lehmann mir sogar einen Passierschein für drei Tage ausgestellt und mir Geld für die Bahnkarte gegeben. Ich habe meine Eltern und Schwestern kurz besucht und die Wiedersehensfreude war groß. Es war das letzte Mal, dass ich sie gesehen habe.
Der Lehmann hat von mir auch profitiert. Ich habe noch zwei Jahre lang verschiedene Sachen dabei gehabt. Ich habe sie auch in andere Lager mitgeschleppt. Es ist zwar kontrolliert worden und es war eine Kunst, nicht aufzufliegen, aber es ist mir gelungen. Ich habe die Hose unten zugebunden und habe es am Bauch getragen. Wenn ich in einem Lager angekommen bin, dann habe ich eine Zeit lang auf der Baustelle den Baustellensanitäter gemacht und ich habe Verbände gemacht, wenn jemand verwundet wurde. Dann habe ich die Tasche später mit Gold und anderem vollgeladen und die habe ich mitgeschleppt. Von einem Lager ins andere habe ich noch Reste durchgeschmuggelt, weil ich die Kontrolleure bestochen habe. Verstehen Sie? Ich habe die Kontrolleure, die auch Häftlinge waren, bestochen. „Organisieren" habe ich es genannt.

80. Haben Sie Hitler jemals gesehen bzw. getroffen?
JAKUBOWICZ: Nein.

81. Was dachten Sie damals über Hitler und wie denken Sie heute über ihn?
JAKUBOWICZ: Ich denke dasselbe, damals wie heute, dass er ein schizophrener Verbrecher war.

82. Angenommen, Adolf Hitler würde noch leben und Sie hätten fünf Minuten alleine mit ihm, was würden Sie sagen oder tun?
JAKUBOWICZ: Umgebracht. Ich hätte ihn sofort umgebracht mit den letzten Kräften, die ich habe.

83. Sind Sie nach dem Krieg noch einmal einem Ihrer Peiniger begegnet?
JAKUBOWICZ: Nein, niemandem.

84. Was halten Sie von den Strafen, die die Nazis nach dem Krieg bekamen, zum Beispiel bei den „Nürnberger Kriegsverbrecherprozessen“?

JAKUBOWICZ: Ich war selber ein paar Mal bei den Prozessen in Nürnberg dabei. Ich habe ja in Nürnberg gewohnt. Die Todesstrafen waren richtig. Von den Freisprüchen und langfristigen Strafen bin ich nicht begeistert. Weil das waren die gleichen Mörder wie die anderen.

85. Haben Sie Ihren Peinigern verziehen?

JAKUBOWICZ: So was kann man nicht verzeihen.

86. Wie denken Sie über Neo-Nazis?

JAKUBOWICZ: Was ich denke? Ich denke so: Das sind Menschen, die stammen aus Familien und die Familien haben in dieser Familie Riesen-Verbrechen begangen gegen die Menschlichkeit und die haben sie mitgeerbt. Und was sie jetzt denken und tun, ist nicht normal. Ich halte sie für schwer kranke Leute. Die muss man heilen.

87. Was tun Sie, um Menschen über den Holocaust aufzuklären?

JAKUBOWICZ: Ich gehe seit einigen Jahren in die Schulen und will sie davon abhalten, dass sie sich anstecken lassen von diesen Agitatoren, von dieser braunen Pest. Die auch versuchen, die Jugend an sich heranzuziehen. Ich habe in zwei Jahren 80 Schulen gemacht.

88. Wie können Sie sich aus der Sicht der Dinge heute erklären, dass „normale Menschen“ zu solchen Gräueltaten fähig waren?

JAKUBOWICZ: Das kann ich tatsächlich nicht. Ich kann mir nicht vorstellen, dass Menschen mit einem normalen Verstand so was machen können. Das können nur psychisch kranke Menschen oder Bestien machen, aber ein normaler Mensch macht so was nicht.

89. Was genau geht in Ihnen vor, wenn Sie hören, dass es immer noch Menschen gibt, die behaupten, den Holocaust hätte es nie gegeben?

JAKUBOWICZ: Entweder sie wollen das nicht wissen oder sie wollen es nicht wahrnehmen.

Denn es steckt etwas dahinter. Diese Leute stammen von solchen Familien oder von solchen Gruppen, die eben mit dem ganzen Gräuel mitgemacht haben.

90. Welche Konsequenzen hatte der Beschluss der „Nürnberger Rassengesetze" am 15. September 1935 für Sie?

JAKUBOWICZ: Ich war nicht auf deutschem Gebiet. Von den Erzählungen der älteren Leute hat man schon seit 1935 von den Nürnberger Gesetzen gehört. Man hat das auch als Kind mitbekommen und gewusst, was die Nationalsozialisten vorhaben: die Vernichtung der Juden. Im deutschen Gebiet haben sie den Davidstern tragen müssen. Aber bei uns ist alles erst 1939 nach dem Einmarsch der deutschen Truppen gekommen. Da hat man sofort eingeführt, dass die Juden eine weiße Armbinde mit blauem Davidstern tragen müssen. Und dann hat man den gelben Judenstern gemacht. Alles wurde sukzessiv gemacht. Ein paar Monate wurde so befohlen und dann hat es geheißen: „Nicht die Binden, sondern nur den Judenstern tragen!" Und den haben wir getragen, bis wir von der SS übernommen wurden. Dann hat man uns die gestreiften Anzüge gegeben und wir haben eine Häftlingsnummer bekommen.

91. Wie haben Sie die „Reichskristallnacht" am 9./10. November 1938 erlebt?

JAKUBOWICZ: Die war nur in Deutschland. Bei uns war keine Reichskristallnacht, wir waren noch nicht besetzt von den Deutschen. Gehört haben wir schon davon. Wir haben aus Zeitungen und Radio mitbekommen, dass sie die Läden geplündert haben, Fenster eingeschlagen, Wohnungen ausgeraubt und die Juden rausgeschmissen und verhaftet haben.

92. Wie haben Sie den Kriegsbeginn 1939 miterlebt?

JAKUBOWICZ: Um sechs Uhr in der Früh sind die ersten Bomber gekommen. Die haben bei uns den Bahnhof bombardiert und die Züge sind nicht mehr gefahren. Ich war noch ein Kind, wollte in der Früh zum Bahnhof und da war schon polnisches Militär und hat alles abgesperrt. Das war nichts Besonderes. Aber wir haben schon Angst bekommen. Wir haben schon viel Angst gehabt. Wir haben gewusst, wenn die Deutschen einmarschieren, dann kommen wir dran. Die Angst war schon da. Sehr große Angst.

93. Haben Sie davon erfahren, dass die Nationalsozialisten bei der Wannseekonferenz am 20. Januar 1942 die „Endlösung der Judenfrage“ – die europäischen Juden systematisch zu vernichten – beschlossen hatten? Wenn ja, wann und wie?

JAKUBOWICZ: Ja, wir haben es erfahren. Ich habe es erfahren. Viele andere haben es auch gewusst, weil es sich schnell rumgesprochen hat. Ich habe es in Annaberg vom Judenältesten erfahren. Er hat gesagt: „Die haben eine Endlösung beschlossen!“

94. Welche Gefühle hatten Sie, als Sie vom Ende des Zweiten Weltkrieges erfuhren?

JAKUBOWICZ: Das hat mich sehr gefreut und ich habe nur gehofft, dass ich noch jemanden von meiner Familie treffen werde. Aber es war sinnlos. Ich selber habe mich schon gefreut darüber.

Aber ich habe nur Probleme mit meiner Gesundheit gehabt. Ich konnte nicht laufen, konnte gar nichts. Ich habe keine Kraft gehabt. Ich habe erst den Typhus bekommen und dann die Tuberkulose.

95. Glauben Sie, dass die Menschheit etwas gelernt hat?

JAKUBOWICZ: Ich glaube, dass sie noch nichts gelernt hat. Denn heutzutage spielen sich auch grausame Sachen ab in der Welt und auch bei uns in Deutschland.

96. Sollen die Gräuel vergessen und soll nicht mehr darüber gesprochen werden, wie manche es sich wünschen?

JAKUBOWICZ: Nein, man soll das nicht vergessen. Man muss darüber reden, dass man es nicht vergisst und nicht zulässt, dass es nochmals passiert.

97. Was haben Sie für die Zukunft noch geplant?

JAKUBOWICZ: Meine Zukunft? Ich habe keine Planung für die Zukunft. Ich hoffe nur, dass ich von weiteren Krankheiten verschont werde.

98. Wie möchten Sie in Erinnerung bleiben?

JAKUBOWICZ: Dass er auch gute Taten gemacht und getan hat. Ich habe sehr vielen Menschen in dieser schlechten Zeit geholfen.

99. Was möchten Sie uns noch sagen? Welche Frage wurde nicht gestellt?

JAKUBOWICZ: Ich glaube, die Fragen, die gestellt wurden, sind ausreichend. Ob sich viele ein genaues Bild von mir machen können, weiß ich nicht, denn so eine Sache kann man in Stunden oder in Tagen nicht vollständig durcharbeiten.

Ich werde auch manchmal nach Anne Frank gefragt, die ja damals auch im KZ Bergen-Belsen war. Aber ich habe während der Zeit im Lager nichts von Anne Frank gewusst und bin ihr auch nicht begegnet. Ich habe von Anne Frank erst nach der Befreiung erfahren.

100. Nach allem, was Sie erlebt haben, was für einen Rat können Sie uns jungen Menschen geben?

JAKUBOWICZ: Dass er andere Menschen akzeptiert, toleriert und Verständnis haben und hilfsbereit sein soll, dass er nicht nur alleine auf der Welt leben kann. Ja, ich wünsche nur, dass es ein friedliches und gutes Zusammenleben zwischen den Menschen gibt.

Simone Liebster: Die geschlossenen Läden

Simone Liebster, geborene Arnold, geb. 17. August 1930
Verfolgungsgrund: Zeugin Jehovas
Dauer des Freiheitsentzuges: 1 Jahr, 10 Monate
Land: Frankreich

Abb. 29: Simone Liebster, 1941

Abb. 30: Simone Liebster, 2008

Simone Liebster, geborene Arnold, wurde am 17. August 1930 in Hüsseren-Wesserling im Elsass in Frankreich in eine katholische Familie geboren. 1938 schloss sich die Familie den Zeugen Jehovas an. Nach der Besetzung des Elsass durch die Deutschen im Jahr 1940 war sie mit ihren Eltern im Untergrund tätig und verteilte Übersetzungen verbotener Literatur der Zeugen Jehovas. Ihre Eltern wurden verhaftet und kamen in verschiedene Lager und Konzentrationslager. Simone Liebster verweigerte den Hitler-Gruß und jegliche Kriegsunterstützung. Sie wurde am 8. Juli 1943 von ihrer Mutter getrennt und kam in die Wessenberg'sche Erziehungsanstalt für Mädchen in Konstanz. Sie blieb standhaft und wurde am 26. April 1945 befreit. Als sie von ihrer Mutter abgeholt wurde, erkannte Simone Liebster die von der Lagerzeit entstellte Mutter nicht mehr.

Nach dem Krieg half Liebster als Missionarin Menschen, die Bibel kennen zu lernen, und heiratete den jüdischen Holocaust-Überlebenden Max Liebster, der während seiner Zeit in den Konzentrationslagern ein Zeuge Jehovas geworden war. Gemeinsam mit ihrem Mann reiste sie als Zeitzeugin in viele Länder Europas und Amerikas. Sie ist nach wie vor sehr aktiv und führt regelmäßig Videokonferenzen per Skype mit Schulen in den USA. Ihre Erlebnisse beschrieb sie in der Autobiografie „Allein vor dem Löwen", die in viele Sprachen übersetzt worden ist. Simone Liebster lebt in Frankreich.

Die Interviews wurden am 16.10.2008, 6.2.2009, 9.8.2011, 30.8.2011 und 10.10.2011 geführt.

1. Wann wurden Sie geboren? Wie war Ihr Vater? Wie war Ihre Mutter?

LIEBSTER: Ich wurde am 17. August 1930 in Hüsseren-Wesserling im Elsass in Frankreich geboren. Das war damals unter französischer Herrschaft. Ich war das einzige Kind. Mein Vater Adolphe Arnold war ein ruhiger Mann und ein Kunstmaler. Er hat für eine Stoffdruckerei Stoffzeichnungen gemacht. Meine Mutter Emma, geborene Bortot, war eine sehr liebe und fleißige Frau. Am Anfang ihrer Ehe waren meine Eltern sehr arm, aber sie haben sich schön hinaufgearbeitet. Wir hatten ein wunderbares Familienverhältnis. Mein Vater hat abends viel vorgelesen, während Mama strickte und ich mit meiner Hündin Zita, die meine Spielkameradin gewesen ist, spielte. Manchmal hat Papa auch Geige gespielt. Wir hatten ein liebevolles Familienleben.

2. Was ist Ihre früheste Kindheitserinnerung?

LIEBSTER: Das ist schon ein sehr komisches Erlebnis. Da war ich noch sehr klein, vielleicht zweieinhalb Jahre alt. Es war im Frühling. Wir hatten so einen Abhang hinter dem Haus. Dort waren oben schöne blaue Blumen und die wollte ich holen. Ich hätte aber schon dringend auf die Toilette gehen sollen. Ich war damals schon ein sauberes Kind. Die Blumen waren mir aber wichtiger. Ich bin da hoch und dann ist halt passiert, was passieren sollte.
Als ich mit meinen Blumen nach Hause kam, hat Mutter gesagt: „Jetzt bist du wieder ein Baby geworden." Sie hat mich auf den Brunnen gestellt und hat mich mit kaltem Wasser und der Waschbürste runtergebürstet. Dann hat sie mir wieder Windeln angelegt, mich ins Bett gelegt und mit sanfter Stimme gesagt: „Ja, ein Baby bist du jetzt, gell?" Dies hat mich noch eine gewisse Zeit beschäftigt. Ich habe es sehr ernst genommen, dass ich wieder ein Baby war und es hat mir dann leidgetan. Mutter war sehr lieb, aber auch streng.

3. Wie verlief Ihre Kindheit?

LIEBSTER: Ich hatte eine schöne Kindheit. Mein Vater hat sich viel um mich gekümmert, meine Mutter hat mir schöne Kleider genäht und wir gingen viel zu den Großeltern, die hoch auf dem Berg wohnten. Ich habe auch viel mit meiner Hündin Zita gespielt. Sonntags gingen wir zusammen in die Kirche. Wir waren streng katholisch. Wir wohnten in

Mülhausen im Elsass. Aber dann kam eine Wendung, als eine Bibel ins Haus kam. Ich war damals acht Jahre alt. Papa sah dies nicht gern, aber Mama hat mir jeden Tag einen Bibeltext vorgelesen und den habe ich sehr ernst genommen. Darum wollte ich nicht mehr mit Vater zur Messe gehen. Papa wollte dem ein Ende machen und ging der Sache nach. Er hat die Bibel selbst gelesen und schließlich ist er zum Schluss gekommen, dass die Bibel auch seine Richtlinie werden würde. Somit waren wir alle drei Zeugen Jehovas, als die deutsche Armee 1940 das Elsass besetzte.

4. Welche Schulbildung haben Sie?

LIEBSTER: Als Sechsjährige bin ich zuerst in die französische Volksschule gegangen. Meine Eltern hatten damals das Geld nicht, mich in ein Lycée zu schicken. Nach drei Jahren Volksschule habe ich 1939 eine Prüfung bestanden, die mir die Tür zur Mittelschule geöffnet hat, ohne dafür bezahlen zu müssen. Ein Jahr später wurden wir von den Deutschen besetzt. Von da an durfte man nur noch Deutsch sprechen. Die französische Sprache war strengstens verboten. 1940 war ich zehn Jahre alt. Von der Zeit an habe ich bis zum Ende des Krieges keine Schulbildung mehr gehabt. Ich bin zwar in die Schule gegangen, aber die Lehrer haben mich nicht mehr unterrichtet, weil ich nicht mit dem „Hitler-Gruß" gegrüßt habe.

5. Wie war Ihre Jugendzeit? Welchen Beruf haben Sie erlernt und was haben Sie gearbeitet?

LIEBSTER: 1945 nach dem Krieg kam ich wieder nach Hause und da begann erst meine Jugendzeit. Ich hatte keinen Schulabschluss, konnte aber in der Zeichenschule denselben Beruf erlernen wie mein Vater. Nachdem ich zwei Jahre gearbeitet hatte, indem ich Zeichnungen für Druckstoffe gemacht habe, begann ich als Missionarin Menschen zu helfen, die Bibel kennen zu lernen.

6. Was können Sie von Ihrer Familie erzählen?

LIEBSTER: 1950 ging ich nach Amerika. Dort habe ich Max Liebster kennen gelernt. Er war ein Jude, der im Konzentrationslager Zeuge Jehovas geworden ist. Er hatte fast sechs Jahre in Konzentrationslagern mitgemacht. Er war in fünf verschiedenen Lagern: Sachsenhausen,

Neuengamme, Auschwitz-Birkenau, Buna und Buchenwald. Wir haben 1956 in Paris geheiratet, Kinder haben wir keine. Leider ist Max am 28. Mai 2008 in seinem 94. Lebensjahr gestorben. Wir waren gemeinsam als Holocaust-Zeitzeugen sehr tätig. Mein Vater ist 1977 gestorben und meine Mutter 1979. Mein Mann und ich haben beide bis zum Tod gepflegt.

7. Haben Sie mit „Heil Hitler!" gegrüßt?
LIEBSTER: Mir war bewusst, dass das „Heil" nur Jesus gehört und ich würde es nie jemandem geben. Das hatte nicht einen politischen Sinn. [Wenn] irgendein Mensch verlangt hätte, mit „Heil" angesprochen zu werden, hätte ich verweigert. Und das habe ich auch getan.

8. Warum wurden Sie von den Nationalsozialisten verfolgt?
LIEBSTER: Der Grund war, dass ich den „Hitler-Gruß", aber auch jegliche Beteiligung an irgendeiner Kriegsvorbereitung verweigert habe.

9. Wann wurden Sie verhaftet?
LIEBSTER: Man hat mich am 8. Juli 1943 von meiner Mutter getrennt.

10. Warum wurden Sie interniert?
LIEBSTER: Ich wurde interniert, weil ich öffentlich den „Hitler-Gruß" verweigert habe und mich geweigert habe, in den Ferien in ein Mädchenlager zu gehen. Ich habe auch verweigert, Kriegsmaterial zusammenzusuchen. Ich sollte von Haus zu Haus gehen und jede Woche zwei Kilogramm Metall, Knochen, Papier und Lumpen (alte Kleidung), die für Kriegszwecke benutzt wurden, einsammeln und in die Schule bringen. Dies habe ich verweigert und deshalb kam ich vor den Jugendrichter.

11. Wie wurden Sie gefangen genommen?
LIEBSTER: Meine Mutter musste mich zum Bahnhof bringen. Zwei Fürsorgerinnen haben mich im Zug nach Konstanz in die Wessenberg'sche Erziehungsanstalt für Mädchen gebracht. Mama ist in denselben Zug eingestiegen, um zu wissen, wo sie mich hinbringen.

12. Wusste man von Anfang an, was in den Lagern passiert? Bevor Sie abgeholt wurden, wussten Sie, was passieren würde?

LIEBSTER: Was die Konzentrationslager betrifft, wussten wir, was vorging. Denn wir hatten das Buch „Kreuzzug gegen das Christentum", das 1938 freigegeben wurde, gelesen. In dem Buch waren viele Berichte, die aus Lagern herausgeschmuggelt wurden. Wir wussten ganz genau, was der Vater durchmachen musste, aber wir hatten keine Ahnung, was auf mich zukommen würde. Es hieß nur, dass es eine Anstalt sei. Die Konstanzer Anstalt, die im Jahre 1855 für die Rettung sittlich verwahrloster Kinder durch Herrn von Wessenberg errichtet wurde, war ein „Erziehungsheim" und die Kinder wurden Zöglinge genannt.

13. In wie vielen verschiedenen Lagern [„Erziehungsheimen"] waren Sie? Wie viele Jahre verbrachten Sie dort?

LIEBSTER: Ich war von Juli 1943 bis April 1945 in der Wessenberg'schen Erziehungsanstalt. Es war vorgesehen, dass ich so lange in Konstanz bleibe, bis ich 14 Jahre alt werde. Nachdem ich fünf Monate in Konstanz gewesen war, kam ich noch einmal vor Gericht, um zu sehen, wie ich mich verhalte. Wiederum habe ich nicht nachgegeben. Es wurden mir zwei Papiere vorgelesen. Das eine besagte, dass ich, falls ich bei meiner Entscheidung bleibe, ins Konzentrationslager geschickt werde. Das andere bestätigte, dass ich meinem Glauben abschwöre und frei werde. Dann sagte der Richter: „Auf dem Tisch dort drüben liegen zwei Stapel Papiere. Wähle und unterschreibe." Ich nahm das Schreiben mit meiner Verurteilung und kam damit zurück, um es an seinem Tisch zu unterschreiben. „Die Gerissene!", schrie der Richter wütend. Deshalb warf ich nochmals einen Blick auf die zurückliegenden Papiere und habe gesehen, dass die Unterlage nicht denselben Text hatte wie meine Papier, das ich in der Hand hatte. Handelte es sich um die Abschwörung? Hätte man damit meinem Vater sagen können, deine Tochter hat unterschrieben, wir haben sie gewonnen? Irgendwie stellte sich die Frage, warum der Richter fuchsteufelswild geworden war. Es ist üblich gewesen, dass mein Vater im Lager wegen mir zur Kommandantur gerufen wurde und er musste darunter leiden. Ich bin dann bis zum Kriegsende in dieser Anstalt geblieben. Der Krieg hat es nicht mehr erlaubt, mich in ein Konzentrationslager zu bringen. Sie hatten andere Sorgen. Ich blieb in der Anstalt, bis die französische Armee kam.

14. Waren Sie allein oder mit Familie und Freunden im Konzentrationslager [„Erziehungsheim"]? Hatten Sie Kontakt mit ihnen?

LIEBSTER: Ich war allein in dem Heim. Während der ersten neun Monate war ich total isoliert. Kontakt mit meinen Eltern gab es nur, weil ich eine Tante [Eugenie Walter] hatte, die in Freiheit war, und ihr konnte man schreiben.

15. Was passierte unmittelbar nach Ihrem Eintreffen im KZ [„Erziehungsheim"]?

LIEBSTER: Ich kann es kaum erklären, ich war so niedergeschlagen, dass ich überhaupt nicht verstand, was vorging. „Maria" wurde ich genannt und ich bekam die Nummer 1. Auf einmal stand ich da in einem anderen Rock, meine Haare wurden zusammengebunden und die Schuhe wurden mir weggenommen, weil alle von April bis November barfuß gehen mussten. Ich habe überall nur „Geister" gesehen, die stumm im Haus herumliefen, weil die Kinder nicht sprechen durften. Mir war ganz komisch. Beim Essen bin ich zusammengebrochen und habe unaufhörlich geweint und geschluchzt.

Die drei Paar stark zerrissenen Socken, die ich bis zum Abendessen flicken sollte, da es sonst kein Abendessen geben würde, konnten mich nicht beruhigen. Den ganzen Nachmittag habe ich geweint. Meine Socken waren nass von den Tränen. Weinend ging ich ins Bett und habe die Nacht durchgeweint. Am Morgen fand ich mit Schrecken einen Blutfleck im Bett. Das war meine zweite Menstruation. Sobald ich die erste Lehrerin, Fräulein Messinger, sah, habe ich mich gemeldet. Sie rief sofort einen Zögling und sagte: „Zeig der Maria, wie sie ihr Laken waschen kann." Dann stand ich da mit nackten Füßen auf dem Steinboden mit starken Bauchschmerzen und einer mit kaltem Wasser gefüllten Butte. Der Fleck wollte nicht weggehen. Meine Hand brannte wegen der aufgerissenen Haut und den salzigen Tränen.

Als Fräulein Messinger, eine große, mächtige Frau, zur Kontrolle kam, sagte sie höhnend: „Haha, du weinst. Sag doch deinem Jehova, er soll dir dein Laken waschen!" Ich habe sie empört angeschaut, meine Tränen weggewischt und habe nie mehr in dieser Anstalt geweint. Ich habe mir gesagt: „Das gibt es nicht, dass sie durch mein Weinen jetzt Jehova verachten!" In der Anstalt konnte mich niemand mehr zum Weinen bringen.

16. Warum wurden die Köpfe der Gefangenen [Zöglinge] geschoren?

LIEBSTER: Wir waren nur Mädels mit Zöpfen, die ein Mal im Jahr gewaschen wurden. Nachts hatten wir Mützen auf, die ganz schwarz waren, weil die Haare so fettig waren. Die Mützen wurden so ungefähr alle drei Monate gewaschen. Solch schwarze Mützen habe ich überhaupt nie gesehen.

17. Zu welcher Gruppe der KZ-Häftlinge [Zöglinge] gehörten Sie?

LIEBSTER: In der Anstalt gab es keinen Unterschied. Alle sind im selben Raum gesessen und hatten dieselbe Behandlung. In die Schule, die im Haus war, gingen die Größeren morgens in die Klasse und die Kleinen nachmittags. Ich war natürlich bei den Größeren. Der einzige Unterschied war die Arbeitszuteilung. Ich war die Einzige, die extra Zuteilungen erhalten hat. Ich musste eine Fünfjährige betreuen und mit ihr mitten in der Nacht aufstehen und sie zur Toilette bringen, weil sie Bettnässerin war. Wenn das Bett dann trotzdem nass geworden ist, wurde ich bestraft und musste es am Morgen reinigen, nicht das Kind. Ich hatte keine Uhr zum Aufstehen. Da gab es nur Selbstdisziplin. Im Sommer war ich die Einzige, die abends Wasser schleppen musste, um Tomaten und Bohnen im Garten zu gießen.

18. Wie war der Tagesablauf im KZ [„Erziehungsheim"]?

LIEBSTER: Im Sommer hieß es um 5:30 Uhr aufstehen und im Winter um 6:00 Uhr. Alles, was im Schlafsaal stattfand, war einem genauen Ritual unterworfen. Zum Ausziehen oder Anziehen durfte der Körper nicht angesehen werden. Im Bett mussten die Arme gekreuzt über die Brust gelegt werden und die Hände auf die Schultern. Am Morgen waren wir alle im Unterrock, wenn die Fenster sogar bei großer Kälte aufgemacht wurden. Im Unterrock ging es in einen kalten Waschraum. Das war auch ein Ritual. Mit kaltem Wasser musste die Nachbarin den Rücken ihrer Nebenstehenden waschen. Nur das Intime durfte nicht angerührt werden. Das war verboten.

Dann ging es zurück zum Schlafsaal. Die ausgelüfteten Matratzen aus Kleie mussten ganz glatt gemacht werden und das Hemd sowie die Mütze so zusammengelegt werden, als wären sie für Geschäftsregale bestimmt. Jeder Zögling hatte eine Arbeitszuteilung im Hausputz. Und

wenn man sagt, geputzt, war das tatsächlich geputzt. Zuerst putzte ich ein Toilette, Abort genannt, und anschließend Fräulein Messingers Privatzimmer. Um 8:00 Uhr war dann der Hausputz fertig und wir waren immer noch nüchtern.
Dann gab es zwei Teller Brotsuppe, manchmal mit kleinen Würmern, die man essen musste. Nachmittags haben die 10- bis 14-Jährigen die ganze Wäsche gewaschen, gebügelt, geflickt, gestrickt und den Garten betreut. Am Abend gab es dann wieder einen Teller Suppe. Vor dem Bettgehen gab es ein Fußbad, weil wir ja barfuß gingen, und ein Abendgebet. Dann ging es in voller Stille wieder ins Bett. Da hat man kein einziges Wort gehört.

19. Was war das Schlimmste am täglichen Ablauf?
LIEBSTER: Arbeit war nicht das Schlimmste. Ich liebte die Arbeit. Das Schlimmste war, wie sich die Kinder gegenseitig mit Schadenfreude verraten haben. Auch zusehen zu müssen, wie ein Kind geschlagen wird, war schlimm. Immer wurde mit einem Stock wuchtig auf die Hände geschlagen und diese wurden dann oft dick und geschwollen. Ein bestraftes Kind musste beim Abendessen, während sein Teller durchgereicht wurde und beim Suppentopf ankam, laut sagen: „Danke schön, ich darf nicht essen, ich bin gestraft!“ Dabei musste es aufstehen und die Hände auf den Rücken geben. Es musste aber am Tisch bleiben, bis alle gegessen hatten. Ein Schlag auf jeder Hand bedeutete einen Abend ohne Essen, zwei Schläge zwei Abende und bei sieben Schlägen gab es eine ganze Woche kein Abendessen. Die Kleine, die ich da betreut hatte, suchte immer eine Gelegenheit, damit ich bestraft werde. Da musste ich immer schwer aufpassen. Zum Beispiel hatten wir einmal Kontrolle unserer Strümpfe. Die hingen im Speicher. Ihr Strumpf war in Ordnung, aber die Kleine hat dann den Strumpf aufgebissen und er war nass von ihrem Speichel. Das konnte man sehen. Aber Fräulein Annemarie, die Näherin, die mich nicht mochte, hat mir die Suppe entzogen, weil der Strumpf nicht geflickt war. Ich kriegte dann abends nichts zu essen. Das war so ungerecht, dass ich die Suppe der Kleinen in zwei teilte, um auch etwas zu haben. Das löste ein Geschrei aus. Das Hausmütterchen Fräulein Lederle, die so genannt wurde, weil sie die Vorsteherin war, ist gekommen, um zu sehen, woher das Geschrei kam, aber sie ließ es dabei sein.

20. Schweißte der Alltag eher zusammen oder versuchte man alleine zurechtzukommen?

LIEBSTER: In der Anstalt war es nicht möglich, sich zusammenzuschließen. Es wurde gesagt, im Schlafzimmer darf man nicht reden, wenn man arbeitet, darf man nicht reden, in der Schule wird nicht geredet und am Tisch wird auch nicht geredet. Ja, was bleibt dann übrig? In einem Heim, wo Kinder nicht reden können, kann sich nichts zusammenschweißen. Da bleibt man im Schweigen. Wenn ein Kind angetroffen wurde, weil es geheim mit einer anderen gesprochen hatte, dann gab es Schläge und nichts zu essen. Eine Spielzeit gab es nur in der Weihnachtswoche, sonst nie.

21. Welche Möglichkeiten gab es für Sie, sich von dem grausamen Alltag abzulenken (Musik etc.)? Was hat Ihnen Kraft gegeben?

LIEBSTER: Außerhalb der Schule, wo man nur das Allerwichtigste lernte, gab es in Konstanz keine Bücher, kein Gespräch, keine Musik, nichts. Ich bin nach Konstanz gekommen mit einem persönlichen Gedankengut, welches von meinem Vater kam. Er hat immer wieder gesagt: „Kind, du hast in deinem Kopf eine Möglichkeit, dir eine private Bibliothek aufzustellen. Was du da reintust, kann dir niemand wegnehmen!" Diese wurde meine Kraft sowie die damit verbundenen Gebete. Mit der Zeit aber wurde ich so müde und ausgelaugt, dass ich mehr wie ein Automat handelte.

22. Wie waren die Lebensbedingungen in den Baracken [„im Erziehungsheim"] (Aufteilung, Verpflegung, Hygiene, Kleidung etc.)?

LIEBSTER: Ich würde sagen, die Lebensbedingungen in dem Heim sind so geblieben, wie es im Mittelalter war. Im Mittelalter wurde man ja auch nicht viel gebadet. Es wurde dann gesagt: „So wird ausgezogen! Du nimmst das Nachthemd, machst die Ärmel runter und nimmst das Nachthemd unter das Kinn. Und dann nimmst du das andere Hemd, ziehst es an und wenn es runterkommt, lässt du das Nachthemd fallen!" Und dann, wenn es zum Waschbecken ging, fing das wieder an: Dann geht das Hemd über die Achsel weg, dann wird das aufgehoben und dann hat diejenige, die nebenan war, den Rücken gewaschen. Das Einzige, was gewaschen wurde, war der Rücken, das Gesicht, die Hände, die Arme und am Abend die Füße. Aber das andere war tabu. Das durfte

man weder sehen noch in die Hand nehmen. Also das war tabu.
Die Lebensbedingungen hatten sich seit der Gründung dieser Anstalt im Jahr 1855 nicht verändert. Früher hat man nicht viel gebadet, wenig Unterwäsche ausgetauscht und der bloße Körper durfte auch nicht angesehen werden. Beim jährlichen Bad wurde unter dem Nachthemd gewaschen. So blieb alles, wie es damals war. Die Wäsche wurde nur einmal in der Woche gewechselt. Und wenn da irgendwas schmutzig war, war die Strafe eine Woche lang Obstentzug. Zum Abendessen gab es einen Teller Kartoffelsuppe, einen halben Apfel oder eine kleine Tasse Beeren mit einem kleinen Stück Brot. Die Kleidung und Strümpfe wurden ganz wenig gewaschen. Es gab ein Sonntagskleid für Kirchgänger. Die Kleider gingen von einem Kind zum anderen.

23. Welche Arbeiten mussten Sie verrichten? Wie lange mussten Sie arbeiten?

LIEBSTER: Der Hausputz wurde nüchtern gemacht. Anfangs hatte ich das Zimmer von Fräulein Messinger zu putzen und dies gab mir die Möglichkeit, ein wenig die Bibel zu lesen, denn ich sollte jeden Tag unter das Bett kriechen, um die Stahlfedern zu putzen. Dort hatte ich meine eingeschmuggelte kleine Bibel versteckt. Nach ein paar Monaten bekam ich die große Verantwortung, das Hauptbüro, wo alle schriftlichen Gerichtsunterlagen waren, zu betreuen und auch drei Mal am Tag den Tisch für die vier Lehrerinnen mit feinem Porzellangeschirr zu decken. Es wurde mir ganz streng gesagt: „Sollten wir dich einmal mit einer Unterlage in der Hand treffen, dann gehst du ins Gefängnis! Denn das dulden wir nicht.“ Montags war Waschtag. Ungefähr acht bis zehn Zöglinge von den 36 hatten die wöchentliche Wäsche von allen zu waschen, zu flicken und zu bügeln. Jeden Tag gab es spätnachmittags Kartoffelschälen, weil wir meistens Kartoffeln gegessen haben. Das war auch so eine schlimme Sache. Waren die Schalen dick, dann hatte das Kind am Abend nichts zu essen. Es hieß nämlich: „Die Kartoffel an der Schale war dein Essen, diese ist jetzt weg!“ Ich war Vorsteherin und musste die Kinder kontrollieren, da sonst ich die Verantwortung übernehmen musste, wenn bei der Kontrolle dicke Schalen gefunden wurden. Der zweite Winter brachte sehr schwere Arbeit. Die Anstalt lag an der deutsch-schweizerischen Grenze und hatte etliche hundertjährige Eichen und Buchen. Wegen Fluchtmöglichkeiten von eventuellen

Spionen wurden sie gefällt. Auf diesem gewonnenen Boden sollten wir im Frühjahr Kartoffeln setzen. Mit drei anderen 14-Jährigen haben wir uns darangemacht, die hundertjährigen Baumstümpfe aus diesem harten Boden zu entfernen. Das bedeutete aushöhlen, Wurzeln freimachen, durchsägen und entfernen. Danach wurden auch noch große Baumäste durchgesägt und anschließend aufgestapelt. Das war keine Kleinigkeit. Das war eine ziemlich schwere Arbeit. Wir waren aber stolz, weil wir „Jungs" waren und dabei gedacht haben, wir sind stark. Dafür haben wir ein extra Stück Brot bekommen. Nach vier Stunden Arbeit am Nachmittag von halb zwei bis halb sechs waren wir erschöpft. Bis heute habe ich ein besonderes Gefühl, wenn ich einen Baumstumpf sehe.

24. Wie wirkte auf Sie der Spruch „Arbeit macht frei"?
LIEBSTER: Im Elsass, als die Nazi-Ideologie in der Schule das Hauptthema war, wurde behauptet, dass Arbeit frei macht. Ich selbst liebte Arbeit. Aber der Sinn dieses Spruchs war nicht, die Arbeit lieben zu lernen, sondern es wurde gemeint: Wenn jemand schwer arbeitet, dann kann er nicht unter falsche Ideologien kommen, weil er keine Zeit dafür hat, und er würde durch Arbeit seine Ehre wieder zurückgewinnen. Ich hatte eine ganz andere Ansicht. Mir wurde immer gesagt, dass Arbeit ein Teil des Menschenlebens ist und man Arbeit ehren und sie nicht als eine Strafe ansehen soll. Also habe ich die Arbeit nie als eine Strafe angesehen.

25. Wie waren die Aufseher im Lager [„Erziehungsheim"]?
LIEBSTER: Im Unterricht, der in der Anstalt gehalten wurde, ist darauf hingewiesen worden, dass wir Groß-Deutschland sind und alle anderen Länder weit zurück waren. Aber wir als asoziale Kinder waren eben auch minderwertig. Wir sollten dem Staat und der Stadt sehr dankbar sein, dass wir überhaupt in diese Anstalt aufgenommen wurden.
Die Lehrerin Fräulein Messinger, die ungefähr 35 Jahre alt war, hat sich stark vom Nationalsozialismus beeinflussen lassen. Die ungefähr 65-jährige Vorsteherin Fräulein Lederle war sehr streng, aber neutral und irgendwie gerecht. Die gleichaltrige streng katholische Nähaufseherin Fräulein Annemarie war sehr kalt und sogar ungerecht zu mir. Fräulein Anna war eine stumme, zurückgezogene Köchin. Diese vier Erwach-

senen führten alleine das Haus. Den ersten Sonntag im Haus bat ich Fräulein Lederle um Erlaubnis, die Bibel, die im Schulschrank war, lesen zu dürfen, während ein paar katholische Zöglinge in die Kirche gingen und der größte Teil in den protestantischen Tempel. Dies wurde mir bewilligt, als aber Fräulein Messinger vorbeikam und mich sah, schrie sie: „Was macht denn die? Bibel lesen? Das kommt nicht in Frage, von jetzt an macht sie die Küche!" Und da habe ich vom zweiten Sonntag an für 36 Kinder und die vier Lehrerinnen gekocht. Am Anfang hat mir Fräulein Anna geholfen. Später hat sie mich alleine gelassen und ist auch in die Kirche gegangen. Und anstatt dann einen Ruhetag zu haben, wurde die „Maria" die Köchin für 36 Kinder und für die Aufseherinnen. Ich war damals 13 Jahre alt.

26. Gab es Kontakte zwischen den Häftlingen [Zöglingen] und der Bevölkerung?

LIEBSTER: Nach einem Jahr in der Anstalt durfte ich zu unserem Bäcker und Metzger gehen, um die Monatsrechnung zu bezahlen. Die Bevölkerung hätte nie ein barfuß gehendes und mit Anstaltskleidern angezogenes „Wessenberg-Kind" angesprochen. Mit „asozialen" Kindern, die „stehlen und lügen", wollte ja niemand etwas zu tun haben. Also ein Gespräch mit Außenstehenden gab es nie.

27. Wussten Sie über den Kriegsverlauf in der Außenwelt Bescheid?

LIEBSTER: Ja, ein wenig. Sobald ich Rechnungen zahlen konnte. Es war immer eine Rennerei, da ich für den betreffenden Ausgang eine festgelegte Zeit hatte. Dabei habe ich Leute gesehen, die Schlange gestanden sind, die manchmal miteinander sprachen. Ich habe mich kurz in ihre Mitte gestellt und die Ohren gespitzt, um zu hören, ob sie etwas über den Krieg sagten. Und so habe ich den Kriegsverlauf mitbekommen, besonders an der französischen Seite. Es hat mich darum interessiert, weil ich ja wusste, dass dadurch die Freiheit kommen könnte.

28. Durften Sie im KZ [„Erziehungsheim"] Briefe, Lebensmittel, … empfangen?

LIEBSTER: Nach neun Monaten durfte ich Briefe empfangen. Die Briefe wurden mir vorgelesen und weggenommen. Ich habe sie nicht in die Hand bekommen. Meiner Tante Eugenie, die in Freiheit war, konnte ich schreiben. Sie erhielt die wenigen Briefe, die meine Eltern aus den Lagern geschrieben haben. Sie konnte mir ab und zu Nachrichten über meine Eltern schreiben und durfte mich etliche Male unter Kontrolle besuchen. Als meine Tante erfahren hatte, dass ich keine Pakete empfangen konnte, weil alles, was geschickt wurde, nicht zu mir, sondern zu der Anstalt ging, hat sie aufgehört, irgendetwas zu schicken.

29. Welche Folterungen mussten Sie über sich ergehen lassen?

LIEBSTER: Es gab psychische und körperliche. Es fing an, als ich verweigerte, mit „Heil Hitler!" zu grüßen. Ich wurde vom Schuldirektor Gasser gerufen. Es war Samstag und er meinte, dass er sich am Wochenende etwas überlege. Bis Montag hatte er sich etwas ausgedacht. Er hatte ein Rundschreiben bereit, das besagte, dass es eine Schülerin gibt, die sich weigert, sich der Schulordnung zu unterwerfen und dass man einer solchen Schülerin keinen Unterricht geben kann. Dies sei eine Warnung für die betreffende Schülerin – ohne meinen Namen zu nennen – und sollte sie sich nicht einreihen, müsste die Betreffende die Schule verlassen. Er hat mir den Text vorgelesen und gab mir den Befehl, damit in alle 48 Klassen zu gehen, damit dieses Rundschreiben vorgelesen wird. Dies bedeutete für mich, dass ich jede Klasse mit dem „Hitler Gruß" zu betreten hatte, was ich aber nicht getan habe. Eine ganze Woche hatte ich diese Konfrontation. Am Samstagmorgen war kein Lehrer da. Plötzlich stampfte der Stadtrektor begleitet vom Schuldirektor Gasser und von meinem Lehrer, Herrn Zipf, in die Klasse. Alle drei stiegen auf die Bühne. Der Stadtrektor ging ans Pult und schaute sich die Schüler an, las dann das Rundschreiben vor und sagte: „Die Schülerin, die sich erkennt, stehe auf!" Ich bin aufgestanden. Es gab dann einen nationalsozialistischen Vortrag und anschließend wurde ich zur Bühne vor das Bild von Adolf Hitler gerufen. Dann hieß es: „Hier ist Hitler und hier wirst du grüßen. Wenn nicht, liegen hier deine Entlassungspapiere. Nimm sie und raus mit dir aus der Schule! Aber das ist eine Entscheidung, die deine ganze Zukunft bestimmt. Deshalb geben wir dir noch fünf Minuten." Er zog seinen Ärmel hoch, um seine Armbanduhr anzuschauen. Das waren echte fünf Minuten. Das ist fürchterlich lang gewesen. Da ist es mir bange geworden, da ist mein Kopf so geschwollen und meine Füße sind ganz verkrampft. Ich wiederholte immer wieder leise meine Entscheidung: „Du willst die Papiere, die Papiere, die Papiere, ..." Auf einmal

schnellte sein Arm hoch zu einem dreifachen „Heil Hitler!" Die ganze Klasse und die zwei Lehrer reagierten augenblicklich und machten mit. Ich aber packte meine Papiere und rannte aus der Klasse. Am Montag musste ich zurück in die Volksschule, wo mir verboten wurde, zu sagen, warum ich aus der Mittelschule ausgewiesen wurde. Ich wurde gefragt: „Ja, warum bist du hier? Hast du gestohlen? Hast gelogen? Warst du ein Faulpelz? Was ist da passiert?" Ich musste aber schweigen. Das war sehr, sehr hart. Also das war psychologischer Druck.
Anschließend wurde ich zu einer psychologischen Prüfung gerufen. Zwei in weiße Kittel gekleidete Männer saßen hinter einem L-förmigen Tisch. In der Ecke war eine große Verhörlampe und mein Stuhl war im grellen Lichtstrahl. Weit hinter mir saß meine Mutter, die nicht reden durfte. Dann hagelten Fragen auf mich ein. Beide sprachen zur gleichen Zeit und verlangten sofortige Antworten. Der eine stellte allgemeine Fragen über Natur, Rechnung, Geographie, der andere wollte etwas über geheim gehaltene Bibelstudien und verbotene Literatur erfahren und ich sollte sogar Namen von Zeugen Jehovas bestätigen. Dies war ein schrecklicher Wirrwarr und ging eine ganze Stunde lang. Zum Glück sind die zwei dann aus dem Haus gerufen worden und dann war Schluss mit der psychologischen Untersuchung, die eher einem Gestapoverhör gleichkam. Das war schon eine schlimme Sache. Mutter beruhigte mich: „Kind, du hast niemanden und nichts verraten."
Während der gleichen Zeit sollte jede Schülerin zwei Kilogramm Ware pro Woche in die Schule bringen. Knochen, Metall, Papier und Lumpen, um den Krieg zu unterstützen. Dies habe ich nie getan. Eines Tages wurde ich zu diesem Haufen gebeten, um zu sortieren, ich verweigerte dies: „Ich arbeite nicht für den Krieg!" Der Schulrektor Ehrlich hat mir mit der Kante seiner großen knochigen Hand einen so starken Schlag in den Nacken gegeben, dass ich ohnmächtig im stinkenden, mit Würmern bedeckten Knochenhaufen landete. Kinder hatten mich dann nach Hause gebracht und ich bekam meine erste Menstruation. Mutter hat mich dann zum Arzt gebracht, der mir drei Ruhetage verschrieb. Am nächsten Tag kam die Polizei und hat von meiner Mutter 500 Mark Strafgeld verlangt und sie bekam den Befehl, mich sofort in die Schule zu schicken. Mutter ging nochmals zum Arzt. Der hat sie an der Tür empfangen und gesagt: „Bitte kommen Sie nicht mehr zu mir. Ich hatte die Gestapo hier und die haben gesagt: ‚Wenn Sie dem Ungeziefer noch einmal etwas

verschreiben, kommen Sie ins KZ!'" Diese Ereignisse sind nur ein Teil meiner Erfahrungen. Also, es gab psychologischen und körperlichen Druck, der psychologische Druck war anhaltend. Es begann 1941 und es war immer was los.

30. Was war der schrecklichste Moment für Sie?

LIEBSTER: Es waren zwei. Der erste war: Es hat einmal geläutet um zwei Uhr nachmittags am 4. September 1941. Dann hat Mami gesagt: „Mach dem Vater die Türe auf!" Und da bin ich gegangen, [hab] die Türe aufgemacht und halt meinem Vater um den Hals gesprungen und da kam ein „Heil Hitler!" raus. Das waren zwei Gestapomänner. Und ich hing an einem ganz steifen Mann, der gar nicht wusste, was ihm da passierte, weil das Kind da ihm am Hals hing. Dann hat er mich ins Zimmer geschickt. Da hat er gesagt: „Jetzt gehst du in dein Zimmer." Und da habe ich mich gewundert und gedacht: „Na ja, wie weiß der überhaupt, dass ich ein Zimmer habe? Viele Kinder haben überhaupt kein eigenes Zimmer." Und da habe ich die *Elberfelder Bibel* gesehen auf dem Regal. Ich habe gedacht, wenn sie die sehen, dann werden wir verhaftet. Die sind nämlich gegen die *Elberfelder Bibel* wegen dem Namen Jehova ganz hart vorgegangen. Also ich habe dann verlangt: „Kann ich rausgehen, um ein Schreibheft zu kaufen? Ich muss meine Aufgaben machen." „Ja", sagte der Gestapomann, „du gehst raus und kommst wieder zurück." Mutter sagte: „Ich werde später zahlen." Ich habe eine Tasche genommen, die Bibel reingetan und die Bibel beim Nachbarn im Garten unter einen Tomatenstrauch geworfen. Habe mein Heft [gekauft] und habe dann die Garage aufgemacht und das Fahrrad von meinem Vater gesehen. Das war eine Erlösung für mich. Ich bin dann froh nach Hause und habe gesagt: „Der Papa ist daheim, da kann nichts passieren!" Ich kam nach Hause und Papa war nicht da. Und das war wie ein Schlag. Da bin ich fast ohnmächtig geworden. Die Verhörung von meiner Mutter ging dann drei Stunden. Die habe ich mitbekommen, ich war ja im Nebenzimmer. Und am Schluss hat dann die Gestapo gesagt: „Wenn Sie Ihren Mann sehen wollen, dann kommen Sie zu uns. Und überhaupt werden wir Sie holen, Sie und Ihr Kind!" Und von dem Tag an kam der Druck der Verhaftung. Wenn jemand die Treppe hochkam, bin ich in die Schürze von meiner Mama gesprungen. Das war die schrecklichste Zeit, diese Zeitspanne.

Und dann eines Tages ist meine Mutter nicht frühzeitig nach Hause gekommen. Ich hatte Fieber und lag im Bett. Sie war ausgegangen und hat die Straßenbahn verpasst und kam dann später nach Hause. Als ich das merkte, habe ich mit hohem Fieber meine Schuhe angezogen, den Mantel über das Nachthemd und bin zur Polizei. Und ich habe bei der Polizei an jeder Türe gelauscht, ob Mama da im Verhör war. Und natürlich, sie war nicht dort. Als ich runterkam, kam dann die Straßenbahn und Mama kam aus der Straßenbahn heraus.
Also diese zwei Sachen waren mein Lebensschreck. Nachher war ich bereit, irgendetwas auf mich zu nehmen. An den zwei betreffenden Tagen, die sind nicht weit voneinander, vielleicht drei Monate, habe ich so irgendwie ein Todesurteil in mir bekommen: „Von jetzt an bist du eine Erwachsene, musst du alleine stehen und musst vorwärts gehen." Das war der Wendepunkt. Da war ich, 1941, elf Jahre alt.
Nachträglich haben wir erfahren, dass die Gestapo meinen Vater an seinem Arbeitsplatz abgeholt hatte. Er musste vor dem Gestapowagen bis nach Hause radeln, genau zu der Zeit, als meine Mutter täglich weg war, um ihre Milchration zu holen, und ich selbst in der Schule war. Sie haben das Haus durchsucht, aber alles wieder schön zurechtgemacht, damit Mama nichts sieht. Und so kam es, dass sie nicht einmal gemerkt hat, dass die Gestapo durch das Haus gegangen war.

31. Gab es humorvolle Momente, die Sie das Leid für einen Augenblick vergessen ließen? Wie hat man sich diese vorzustellen?

LIEBSTER: In der Anstalt gab es während der Schulpause um zehn Uhr „Kinderringe". Wir haben manchmal so hin und her getanzt, nur damit wir Bewegung haben. Aber alles unter Kontrolle und ohne Lachen. Ich kann mich nicht erinnern, dass ich die Kinder jemals lachen gehört habe.
Für die Weihnachtswoche wurden Spielzeuge ausgepackt. Sonst gab es das ganze Jahr kein Spiel und kein Lachen. Sonntagnachmittags wurde gestickt. Nach neun Monaten Haft konnte mich meine Tante Eugenie etliche Male besuchen.
Mit der Zeit erhielt sie sogar die Erlaubnis, mit mir ein paar Stunden aus der Anstalt zu gehen. Dies gab mir die Möglichkeit, etwas von der Bibel zu lernen sowie Nachrichten von meinen Eltern aus den Lagern zu erfahren.

32. Was waren Ihre tagtäglichen Gedanken, als Sie im KZ [„Erziehungsheim“] waren?

LIEBSTER: Da ich mir bewusst war, warum ich in der Anstalt war, habe ich mir die Ratschläge meiner Mutter sehr zu Herzen genommen und diese wurden meine täglichen Gedanken: „Pass auf, dass das, was du tust, immer zu Ehren Gottes gereicht. Dass das nie gegen Jehova verwendet werden kann! Kind, du darfst nicht ‚Nein‘ sagen, nur weil du ein Trotzkopf bist. Wenn du ‚Nein‘ sagst, muss es eine religiöse Grundlage haben und nur dann, wenn es sich um Gehorsamkeit Gott gegenüber handelt. Sei immer höflich, auch wenn du ‚Nein‘ sagst. Da wirst du viel besser durchkommen.“ Und Mutter hat auch immer gesagt: „Guck nie jemanden an mit scharfen Augen, denn wenn du das tust, dann kriegst du das zurückbezahlt. Du musst immer demütig vorgehen!“ Diese Ratschläge waren halt meine täglichen Gedanken. Mit Gottes Segen ist es mir gelungen, diese Ratschläge umzusetzen, denn ich war temperamentvoll. Der Bericht über mich von Fräulein Lederle, den ich vor ein paar Jahren in die Hand bekommen habe, lautete: „Sie hat sich immer tadellos verhalten.“

33. Konnten in einem KZ [„Erziehungsheim“] Kinder auf die Welt gebracht werden? Wenn ja, was ist mit diesen Babys passiert?

LIEBSTER: Wäre ein Zögling schwanger geworden, hätte man sie sofort in ein Gefängnis für Jugendliche überwiesen. In der Anstalt konnte kein Baby geboren werden.

Ich habe nach dem Krieg erfahren, dass ein Mädel schwanger wurde, als die Franzosen nach Konstanz kamen. Die Gartenarbeit wurde außerhalb der Mauer gemacht und irgendwie ist da was passiert. Es ist gesagt worden, dass das Mädel sofort in ein Gefängnis gebracht wurde und dann mit dem Kind, das schwarz war, Selbstmord begangen hat, weil es für sie eine unerträgliche Lage war.

34. Gab es eine Möglichkeit, Freundschaften mit Gefangenen [Zöglingen] zu schließen?

LIEBSTER: Wenn man nicht reden kann, kann man auch keine Freundschaft schließen. Aber an einem Abend hat meine Bettnachbarin Sophie ihr Kissen auf den Hocker, der unsere Betten trennte, gelegt und mich gefragt: „Warum bist denn du eigentlich hier? Du bist so grundverschieden von allen anderen." Ich war so froh, ihr von der Wahrheit der Bibel erzählen zu können. Am zweiten Abend wollten wir weitermachen. Dann wurden wir aber von Hilde verraten, die im nächsten Bett lag. Fräulein Lederle befahl uns runterzukommen, um Rechenschaft abzulegen. Wir haben vom Evangelium gesprochen, sagten wir beide. Fräulein Lederle holte sich ihre lange Lederschürze und den Stock und verlangte, dass Sophie ihre Hand ausstreckt. Der Stock pfiff durch die Luft, krachte auf ihre Hand und knallte auf die Lederschürze. Dann folgte die andere Hand und nochmals und nochmals. Sieben Schläge auf jede Hand und demnach sieben Tage kein Abendessen. Sophie wurde mit ganz schmerzenden Händen fortgeschickt. Dann musste ich vortreten.

Mir wurde bange, weil man ja nicht schreien durfte, sonst zählte der Schlag nicht. Ich streckte meine zitternde Hand aus. Fräulein Lederle guckte mich an. Auf einmal ging der Stock wieder weg und sie hat gesagt: „Du mit deiner Religion verlierst immer alle Maßstäbe. Diesmal geht es vorüber. Aber das nächste Mal wird es doppelt eintreten!" Traurig bin ich zurück ins Bett.

Den nächsten Abend bei der Suppenausteilung stand Sophie auf. Ihr Tisch wurde als zweiter bedient, meiner als dritter. Strammstehend, ihre Hände auf dem Rücken, sagte sie mit lauter Stimme: „Danke schön, ich darf nicht essen, ich bin gestraft!" Und als dann mein Teller hochging, bin ich auch aufgestanden, habe Fräulein Lederle angeschaut und gesagt: „Danke schön, ich darf nicht essen, ich bin gestraft!" Überrascht sagte sie: „Gib den Teller zurück. Sophie, komm her, ich will von dieser Sache nichts mehr hören." Als wir uns einmal im Treppenhaus kreuzten, versuchte Sophie zu erfahren, warum es so ausging. Aber ich habe meinen Finger auf meinen Mund gelegt und habe nie mehr versucht, das Sprechverbot zu übertreten.

35. Wer war Ihr bester Freund während dieser schlimmen Zeit und wie hat er Ihnen geholfen?

LIEBSTER: Ich hätte Freunde gehabt, aber mit denen durfte ich nicht in Kontakt treten. Die Verbindung mit der Außenwelt beschränkte sich auf meine Tante. Wenige Briefe von meinem Vater in Dachau oder meiner Mutter in Schirmeck-Vorbruck kamen bis zu ihr. Meine Freunde konnten mich auch nicht ermuntern. Ich war isoliert.

Mein bester Freund war immer Jehova Gott. Er hat mich wie bei einer Hand geführt. Das habe ich immer und immer wieder verspürt, wenn ich in eine schwierige Situation kam. Und jedes Mal, wenn ich so etwas verspürt hatte, gab mir das die Kraft weiterzumachen. Na ja, dann läuft man eben so Hand in Hand. Man spürt Jehova viel stärker, wenn man ganz alleine, mutterseelenallein ist. Er war es, mit dem ich gesprochen habe.

36. Was haben Sie zur Erleichterung des Leidens anderer Insassen [Zöglinge] getan?

LIEBSTER: Es gab nicht viele Möglichkeiten. Ich habe es aber vermieden, jemanden zu verraten, obwohl ich Sachen gesehen habe, die nicht korrekt waren. Die Strafen waren ja meistens viel zu groß im Verhältnis zu dem, was passiert war.

Da gab es eine besondere Geschichte. Wenn wir ausgingen, um beim Metzger eine Rechnung zu bezahlen, kam es vor, dass man ein Stückchen Wurst bekam. Die durften wir nicht essen, die musste man nach Hause bringen. Die wurde auf ein Regal gelegt, um am anderen Tag ein Essen zu ersetzen. Einmal wurde so eine Wurst gestohlen und niemand hat es zugegeben. Die ganze Klasse musste mit den Händen über dem Kopf den ganzen Tag absitzen, bis sich die Betreffende angeklagt hätte. Und dann hat Fräulein Messinger gesagt: „Die Maria macht nicht mit, die stiehlt sowieso nicht. Maria macht irgendeine Schularbeit. Wir wissen, dass du nicht stiehlst!" Das ging drei Tage mit den Händen stundenlang über dem Kopf. Die Kleinen weinten vor Schmerzen. Ich habe von Anfang an am Gesicht gemerkt, wer dies getan hatte und habe die Lehrerin um Erlaubnis gefragt, das betreffende Kind ansprechen zu dürfen. Ich habe dann mit Erna gesprochen und zu ihr gesagt, dass sie es zugeben soll, weil es keinen Zweck hat und alle für sie leiden müssen. Ich konnte sie erweichen. Es war eine Erlösung für alle, aber für Erna war es bitter. Wir haben sie für etliche Tage nicht mehr gesehen.

37. Gab es unter den Insassen [Zöglingen] bestimmte Hierarchien?

LIEBSTER: Die Hierarchie war vom Alter bestimmt. Da war ein Unterschied zwischen 6- bis 10-Jährigen und 10- bis 14-Jährigen. Die Behandlung war für die zwei Gruppen die gleiche, aber bei der Arbeitszuteilung war ein Unterschied. Wir hatten ein großes Schlafzimmer, wo 25 Eisenbetten mit Matratzen aus Kleie standen. Ich war im kleineren

Schlafzimmer mit zehn Betten und war die Einzige, die die Verantwortung hatte, eine fünfjährige Bettnässerin in der Mitte der Nacht zur Toilette zu bringen. Aber die wilde, widerspenstige Hanna war immer darauf bedacht, es mir irgendwie zurückzuzahlen, wenn ich sie aus dem Bett geholt hatte. Öfters pinkelte sie noch eilig ins Bett, wenn sie sah, dass ich reinkam. Ich musste nachher immer ihr Bettlaken waschen. Das war eine Geschichte. Der Strohsack war nass und musste getrocknet werden. Einmal hatte ich es so satt mit der Kleinen: Ich musste ja die Bettlaken waschen, ich wurde ja gestraft. Ich habe die Hanna genommen, habe sie mit meinen zwei Knie gefangen gehalten, gegen das Waschbecken gezwängt, ihre Hände ins kalte Wasser gesteckt und darüber das Bettlaken gewaschen.
Sie hat geschrien, als wenn ich sie umbringen würde. Und dann ist Fräulein Lederle gekommen und hat gefragt: „Was ist denn da eigentlich los?" Ich habe gesagt: „Sie hat willentlich das Bett nass gemacht. Und ich werde jetzt gestraft. Sie muss auch gestraft werden. Das geht eben nicht!" Fräulein Lederle hat mir schließlich Recht gegeben. Das war keine kleine Sache. Alles, was das Kind getan hat, wurde mir zugeschrieben. Ich war die Einzige, die den Auftrag hatte, ein Kind zu erziehen.

38. Gab es Unterschiede in der Behandlung zwischen den verschiedenen Gefangenengruppen [Zöglingen] (religiöse, politische Gefangene)?
LIEBSTER: Es könnte sein, aber ich habe nicht genügend Einsicht in diese Sachlage gehabt. Wenn man nicht spricht, weiß man auch nicht viel.

39. Welche Krankheiten gab es im KZ [„Erziehungsheim"]?
LIEBSTER: Ich selber habe viel Schmerzen beim „Wasserlassen" gehabt, aber das hatte mit dem nervlichen Druck zu tun. Einmal musste ich die kleine Zila pflegen. Sie hatte ein böses Geschwür im Hals und hatte ganz hohes Fieber. Mit heißen Kartoffelwickeln musste ich sie betreuen und hatte die Verantwortung für ihre Genesung.

40. Wurden Sie körperlich verwundet?
LIEBSTER: Nein, nie.

41. Wie viele Kilos wogen Sie, als Sie im KZ [„Erziehungsheim"] waren?

LIEBSTER: Also, ich weiß die Kilos nicht mehr, aber eines weiß ich: dass ich keinen Zentimeter gewachsen bin während zwei Jahren und dass ich eher weniger gehabt habe beim Rausgehen als beim Reinkommen. Ich habe noch dieselben Kleider getragen, als ich rauskam mit 15, wie ich reinkam mit 13. Nichts hatte sich geändert. Stillstand.

42. Was bedeutete der Tod für Sie?

LIEBSTER: Der Tod bedeutete für mich, dass ich treu geblieben bin. Tod wegen Treue war ein Sieg. Und dass uns der Tod trennen könnte, war mir bewusst. Als ich meine letzte Nacht mit meiner Mutter in Meersburg verbrachte, gingen wir in einem Rebland beten und sangen leise ein Auferstehungslied. Wir waren uns bewusst, dass wir uns eventuell nicht mehr treffen. Ich bin mit diesem Gedanken ins Heim gegangen.

43. Wie nahe kamen Sie dem Tod?

LIEBSTER: Glücklicherweise wurde Konstanz nicht bombardiert und es kam nicht mehr so weit, dass mein Los in einem Konzentrationslager endete. Mein Jugendfreund Marcel Sutter, der den Wehrdienst verweigert hatte, wurde im November 1943 in Torgau enthauptet. Fräulein Messinger hat mir diese Nachricht mit einer sichtbaren Genugtuung übermittelt. Aber das hat bei mir gerade das Gegenteil bewirkt. Keine Ängste, sondern ich war stolz auf seinen Glauben. Für mich aber war Marcels Tod der Beweis seiner Treue und er wurde für mich ein Vorbild.

44. Haben Sie irgendwann eine Art „Mauer" gegen die schrecklichen Taten aufgebaut, sodass Sie der Tod eines anderen Häftlings [Zöglings] nicht mehr berührt hat?

LIEBSTER: Eigentlich nicht, denn ich war ja nicht in dieser Lage, dass Tote um mich herumlagen. Aber ich selbst war auf den Tod gefasst.

45. Was wurde im KZ [„Erziehungsheim"] mit den Leichen gemacht?

LIEBSTER: Ich habe keine gesehen. Das weiß ich nicht.

46. Gab es für Sie eine Möglichkeit, aus dem Lager [„Erziehungsheim"] entlassen zu werden?
LIEBSTER: Ja, für mich persönlich schon. Damals, als ich das zweite Mal vor den Richter kam und er mir wieder die gleiche Frage stellte, ob ich Bibelforscher bleiben will und „Heil Hitler!" verweigern werde oder nicht.
Eines würde Freiheit bedeuten, das andere Konzentrationslager. Also da hätte ich natürlich eine Möglichkeit gehabt zu unterschreiben, habe ich aber nicht getan.

47. Gab es Fluchtversuche und Fluchtmöglichkeiten? Versuchten Sie zu flüchten?
LIEBSTER: Ich habe nie an Flucht gedacht. Mir war klar, dass mich der Staat dorthin gebracht hat und als Christ musste ich mich dem Gesetz unterwerfen. Aber wir hatten einen Fall, wo ein Mädel flüchten wollte. Das wurde gefasst und ins Gefängnis gebracht.

48. Gab es KZ-Häftlinge [Zöglinge], die sich getraut haben, einen Aufstand gegen die KZ-Führer [Aufseherinnen] zu machen?
LIEBSTER: Ich sah nur, dass die Aufseherinnen manchmal Schwierigkeiten hatten mit schwer erziehbaren Zöglingen. Kinder, die nicht nachgegeben haben. Aber warum diese so handelten, kann ich nicht sagen.

49. Dachten Sie, dass Sie jemals wieder lebendig herauskommen?
LIEBSTER: Eigentlich nicht, denn es war ein gemischtes Gefühl. Ich hatte gar keine Ahnung mehr, wo meine Familie war und kam zu der Schlussfolgerung, dass sie eventuell gestorben sind. Durch diese Unsicherheit fühlte ich mich schon als ein Waisenkind und dachte, bis zu meinem Tod eine Gefangene bleiben zu müssen. Ich erwartete während der letzten Kriegszeit keine Änderung.

50. Gab es Zeiten, in denen Sie alle Hoffnung aufgegeben haben? Und wieso war dies so?
LIEBSTER: Also Hoffnung auf Leben im irdischen Paradies nie. Als Christ habe ich diese Hoffnung nie aufgegeben. Aber die Hoffnung, in ein normales Leben zurückzukommen, begann zu schwinden, weil wir

so weit weg vom realen Leben waren und wir vollständig von der Außenwelt getrennt lebten.

51. Beging irgendjemand Selbstmord?
LIEBSTER: Ich denke, nicht.

52. Haben Sie während des Holocaust je daran gedacht, aus Verzweiflung Selbstmord zu begehen?
LIEBSTER: Ich war nie verzweifelt. Nie. Obwohl ich die erste Nacht geweint habe, aber ich war nicht verzweifelt. Tränen kamen nur hoch, weil es so geschmerzt hat, meine liebe Mama zu verlieren. Es war schlimm und ich fühlte mich so trostlos, bis Fräulein Messinger Jehova verhöhnte. Das brauchte ich und es zog mich vollständig aus meinem Selbstmitleid heraus.

53. An welche Gedanken, Ideen, Hoffnungen, Wünsche oder religiöse Überzeugung haben Sie sich geklammert?
LIEBSTER: Meine starke Überzeugung, dass die Erde einmal ein Paradies sein wird, war mir sehr klar. Ich habe Pläne gemacht, wie es da aussehen würde, wenn ich einen schönen Garten und Kinder hätte, die spielen und was ich ihnen beibringen würde. Wir hatten vorm Haus einen schönen Park. Den durften wir überhaupt nicht betreten. Aber es ergab sich, dass mein Bett am Fenster war und ich musste das Fenster aufmachen. Da habe ich jeden Tag einen kurzen Blick auf diesen Park geworfen. Dies erneuerte meine Vorstellungen und nährte meine Hoffnung. Ich habe sehr, sehr viele zukünftige Baupläne ausgedacht: ein Haus mit vielen Zimmern und großen Fenstern sowie einen Bauernhof, die ich jetzt immer noch im Kopf habe. Es kam vor, dass sich beim Nähen oder Flicken meine Hände gar nicht mehr bewegten, weil ich so stark geträumt habe. Dann kam die Lehrerin Fräulein Annemarie und schrie: „Maria, wach auf!“ Dann habe ich wieder angefangen zu nähen. Aber mir war auch bewusst, dass dieses Leben im Paradies eventuell erst durch den Tod und die Auferstehung kommen könnte.

54. Haben Sie Ihren Glauben an Gott verloren, während Sie im Lager [„Erziehungsheim“] waren?
LIEBSTER: Es war das Umgekehrte, denn ich habe Gott überall ver-

spürt. Er war ja meine Rettung gewesen. Mein Gedankengut war ja auf ihn gerichtet und was ich in meinem Herzen hatte, kam ja von ihm. Und deshalb ist mein Glaube stärker geworden. Ich vergleiche das öfters, wenn man mich das fragt: Es gibt Weizen, den man im Herbst sät. Und dann macht er nichts. Den ganzen Winter ist er nur so [ein paar Zentimeter] hoch. Aber er macht Wurzeln. Und das war ich. Ein kleiner Glaube, wie ein Kind, das zwölf Jahre alt ist. Aber ich habe ganz tiefe Wurzeln geschlagen, während dieser zwei Jahre, und bin viel stärker rausgekommen als rein. Grad umgekehrt als das, was die Nazis gedacht hatten.

55. Welche Rolle hat Ihre Religion dabei gespielt, wie Sie die Geschehnisse empfunden haben? Warum?

LIEBSTER: Irgendwie habe ich eine Selbstgenugtuung gehabt, zu sehen, dass mir Gott die Möglichkeit gegeben hat, in verschiedenen Lagen treu zu bleiben. Ich war kein Riese. Das hat mit Charakterwillen nichts zu tun, sondern nur mit Gehorsam und Treue Gott gegenüber. Jedes Mal konnte ich die nötige Kraft finden, obwohl ich mich immer klein und schwach fühlte. Es konnte nur die Kraft Gottes sein, die mir immer wieder beistand. Ich konnte Gott zu jeder Zeit mein Herz ausschütten und ich wollte ihm gegenüber loyal sein.

56. Haben Sie während Ihrer Gefangenschaft gebetet?

LIEBSTER: Ja, ich konnte ja nur mit Gott reden. Keine langen Gebete. Aber ich habe immer wieder darum gebetet, dass ich Gott gehorsam sein kann und dass meine Eltern geschützt sein mögen.

57. Hatten Sie je den Gedanken, die Religion (oder Ideologie) zu wechseln? Warum?

LIEBSTER: Bestimmt nicht. Das Umgekehrte schon, sie zu verbreiten. Aber wechseln, nie. Wie könnte ich so etwas tun, wenn man so viele Male Gottes Hand gespürt hat?

58. An welchem Datum wurden Sie aus dem Lager [„Erziehungsheim"] befreit?

LIEBSTER: Am 26. April 1945. Die französische Armee ist Ende April 1945 nach Konstanz gekommen und da wurde ich aus dem Haus hi-nausgeschmissen. Ich kam da über die Grenze in ein Flüchtlingslager in der Schweiz und dann ging es durch die Schweiz.

59. Wie sind Sie aus dem Lager [„Erziehungsheim"] befreit worden bzw. wie sind Sie aus dem Lager [„Erziehungsheim"] herausgekommen?

LIEBSTER: Meine Mutter wurde nach mir verhaftet und kam ins Lager. Ihr Lager wurde zuerst befreit. Dann ist sie bis nach Konstanz gekommen, hat aber einen ganz schweren Unfall und ein ganz zerschlagenes Gesicht gehabt. Ich war vollständig verwirrt. Diese „Frau" konnte nicht meine Mutter sein. Sie hatte keine Ähnlichkeit und saß da, bewegungslos, in einer Herrenjacke gekleidet, mit einem blau-roten, verletzten, mageren Gesicht, umgeben von zottigen Haaren. Ich habe sie überhaupt nicht erkannt und habe sie nicht einmal begrüßt. Es wurde mir gesagt, es sei meine Mutter, aber ich habe gedacht: „Das kann nicht sein, die sieht so schlecht aus und hat Männerkleidung an!" Und dann hieß es: „Ja, die Maria kann nicht aus dem Haus gehen. Sie müssen auf das Gericht gehen und ein Papier holen, damit sie frei ist, weil sie ja wegen einem Gerichtsbeschluss im Haus ist! Die ‚Maria' kann sie hinführen." Wir sind beide nebeneinander gelaufen, meine Mutter und ich. Wir haben nicht miteinander gesprochen. Sie hat mir nicht die Hand gegeben und ich habe ihre Hand nicht genommen. Wir sind einfach dahingegangen bis zum Gerichtsamt. Wir hatten keinen Erfolg, denn die Richter waren alle weg. Meine Mutter hat bei jemandem angefragt und der hat gesagt: „Ich kann nichts tun. Die sind alle weg. Die Armee steht vor der Tür." Dann hat diese „Frau" so darum gekämpft, mich frei zu kriegen, dass ich sie als meine Mutter erkannt habe. Ich habe sie bis dahin nicht als meine Mutter erkannt. Und dann habe ich angefangen zu weinen. Alle Tränen, die ich zwei Jahre zurückgehalten habe, sind da herausgekommen. Ich habe geweint und geweint und geweint. Aber sie hat die Papiere nicht erhalten und hat mich wieder zurück ins Heim bringen müssen.

Und dann hat sie zu mir gesagt: „Kind, mach dir keine Sorgen, wenn die Franzosen kommen, schmeißen sie dich raus. Die wollen keine Französin im Haus haben, wenn die französische Armee kommt!" Und so war es. Als die französische Armee in Konstanz ankam, wurde ich alleine rausgeschmissen, die anderen waren alles Deutsche. Meine Mutter wurde gebeten, mich sofort aus der Anstalt mitzunehmen, damit ich als einzige Französin nicht ein Problem für die Anstaltsvorsitzende werde.

60. Wie wurden Sie von den Befreiern behandelt?
LIEBSTER: Im Flüchtlingslager wurden wir von den Schweizern wie Könige behandelt. Das war ein ganz großer Unterschied zu denen, die an andere Plätze gekommen sind. Da gab es sogar Schokolade, natürlich Schweizer Schokolade. Wir sind in schöne warme Züge durch die ganze Schweiz bis nach Evian in Frankreich gefahren, anschließend von Evian mit einem Frachtzug bis Lyon. Auf dieser Fahrt bin ich aus dem Viehwaggon gefallen. Es war ein wenig Eis auf der Treppe und wir wollten austreten im Wald. Dabei habe ich mir beide Füße verstaucht. Aber ich habe mich ganz wild geweigert, bei der Roten-Kreuz-Dienststelle zu bleiben.
Ich hatte meine Mutter wieder gefunden. Niemand durfte mich von meiner Mutter trennen. Also ich war wie eine Löwin. Mutter hat gesagt: „Unfassbar!“ Ich habe mich an meine wiedergefundene Mutter ganz fest geklammert.

61. Was haben Sie nach Ihrer Befreiung als Erstes getan?
LIEBSTER: Das Allererste, als wir die Tür zu Hause aufgemacht haben, war ein Dankesgebet mit Mama. Wir haben die Wohnung so vorgefunden, wie wir sie verlassen hatten. Die Gestapo hatte sie verriegelt und das Jugendamt hatte sie auch verriegelt. Die Wohnung gehörte zur Fabrik, wo Papa gearbeitet hat, die hat sie auch verriegelt.
Der eine konnte nicht rein wegen dem anderen und da haben wir wieder alles gefunden. Darum gab es zuerst eine Danksagung. Aber dann kam ein harter Schlag: Mein Vater war auf der Todesliste und da wurde uns bewusst, dass eventuell Mutter arbeiten gehen muss. Aber sie war sehr schwach.

62. Gab es ein „Rückkehr-Problem“? Wie reagierte die Umgebung auf Sie?
LIEBSTER: Alle haben wir Rückkehr-Probleme gehabt. Die Leute wollten absolut nichts wissen. Die haben alle gesagt: „Ja, wir haben auch gelitten! Es war Krieg!“ Irgendwie stimmt es in einem gewissen Sinn, dass sie gelitten hatten. Immerhin handelte es sich um schwere Kämpfe. Aber es hat natürlich nichts zu tun im Vergleich zu dem, was unsere Familie durchgemacht hat. Da wurde geschwiegen. Da wurde einfach nicht mehr darüber gesprochen.

63. Konnten Sie sich mit Ihrer Familie wieder vereinigen?

LIEBSTER: Ja, also Mutter hat mich abgeholt. Und dann schließlich, eines Tages, ist eine Freundin gekommen. An der Tür hat [es] geläutet, ich habe aufgemacht und da hat sie gesagt: „Simone, Papa ist hier!" Also er war ja auf der Rote-Kreuz-Todesliste und das ist so gekommen: Er war in Ebensee und er war im Sterben gelegen und deshalb kam er nicht auf eine Liste. Das amerikanische Rote Kreuz hatte ihn nach Bad Ischl gebracht und dort wurde er irgendwie aufgepäppelt und kam dann alleine von Bad Ischl über Straßburg nach Hause. Natürlich ging das eine ganze Weile, weil da ganz schlechte Zugverbindungen waren oder überhaupt keine Verbindung.

Und dann kam er hoch. Und das war wieder ein ganz harter Augenblick: Er ist bei mir vorbei, er kannte mich nicht mehr. Es waren vier Jahre dazwischen. Er ist dann der Mama in die Arme gefallen. Dann wollten wir mit ihm reden und er hörte uns nicht mehr. Die SS hatte ihm die Ohren kaputt geschlagen und da war er taub. Er hatte keine Zähne mehr. Die SS hatte ihm die Zähne eingeschlagen. Er war Versuchskaninchen in Dachau und dem Tode näher als dem Leben. Das war eine ganz böse Zeit. Während einem ganzen Jahr hat er nachts geschrien, weil in Ebensee gab es Menschenfresser. Die haben Stücke abgeschnitten von Lebendigen und gegessen, also von Sterbenden. Und da er in dem Sterbezustand war, hat er immer Angst gehabt, er würde jetzt umgebracht und gegessen werden. Er war in einem fürchterlichen Zustand. Es vergingen fast zwei Jahre, bis er wieder einigermaßen zu sich kam.

Abb. 31: Mutter Emma, Simone und Vater Adolphe Arnold, 1948 (v. l. n. r.)

64. Hatten Sie Bekannte, Freunde oder Verwandte im KZ? Haben diese überlebt?

LIEBSTER: Mein Vater wurde am 4. September 1941 verhaftet und kam zuerst vier Monate ins Gefängnis Mülhausen. Anschließend für ein paar Wochen ins Sicherungslager Schirmeck-Vorbruck, um dann im Januar 1942 ins KZ Dachau zu kommen, wo er ein Versuchskaninchen wurde. Anschließend kam er ins KZ Mauthausen in den berüchtigten Steinbruch und schließlich im Herbst 1944 ins KZ Ebensee, wo er im Mai 1945 als „Muselmann" nicht mehr auf den Beinen stehen konnte. Er wurde von den Amerikanern befreit und nach Bad Ischl ins Lazarett gebracht. Er kam Ende Mai nach Hause.

Im August 1943 nach einem Tag Gefängnis kam Mama ins elsässische Sicherungslager Schirmeck-Vorbruck. Später zog das ganze Lager nach Gaggenau. Sie sollte nach Ravensbrück kommen, aber die Kriegsverhältnisse haben es verhindert. Darum wurde sie im Lager Villingen im April 1945 befreit. Mutter hat Schlimmes mitgemacht. Sie war zweimal im Bunker bei Wasser und Brot. Sie hatte sich geweigert, ein Militärkleid zu reparieren. Das andere Mal, weil sie mit jungen Mädchen über die Bibel gesprochen hatte. Dieser Bunker war neben der SS-Untersuchungsstelle. Da hat sie immer die Schreierei gehört und Blut gesehen. Eines Tages kam eine mit vielen Auszeichnungen dekorierte Persönlichkeit, um nachzusehen, warum jemand zum zweiten Mal im Bunker saß. Meistens wurden diese Häftlinge auf seinen Befehl erschossen. Mutter stand stramm und musste sagen, warum sie im Lager war. Sie hat gesagt: „Bibelforscherin!" „Ach, du hast das jüdische Buch gelesen!", hat er gesagt. Sie wusste nicht, was seine Auszeichnungen bedeuteten und darum antwortete sie: „Ja, Herr Admiral!" „Ha! Ha! Ich bin ein Admiral! Ah, ich bin ein Admiral!", und mit lautem Lachen ist er weggegangen. Später ist der Wärter gekommen und hat gesagt: „Sie hatten aber Glück. Denn alle, die zum zweiten Mal im Bunker waren, werden erschossen! Aber er hatte solchen Spaß an dem ‚Admiral', dass er bei Ihnen vorbeiging. Wissen Sie denn nicht, mit wem Sie es zu tun hatten?" „Nein, wie soll ich das wissen", hat Mutter gesagt. Dann hat er gesagt: „Das war doch Himmler!" – Mutter kam dem Hungertod sehr nahe.

Wir hatten in Mülhausen viele Bekannte, Zeugen Jehovas, die ins KZ oder nach Südfrankreich verschleppt worden sind. Mit meinem Vater waren vier andere und mit meiner Mutter waren fünf andere eingesperrt.

Von denen ist ein älterer Mann namens Huber nicht mehr zurückgekommen. Mein Jugendfreund Marcel Sutter wurde wegen Militärdienstverweigerung enthauptet.
1956 habe ich Max Liebster, einen Überlebenden der Shoah, geheiratet. Er wurde am 11. September 1939 in Pforzheim in Deutschland als Jude verhaftet und saß vier Monate in Einzelhaft im Gefängnis dieser Stadt. Er kam in einen Transport in einem Zug mit Zellen und wurde mit einem anderen Häftling zusammengefesselt. Dieser Gefangene war Zeuge Jehovas. Auf diesem Transport, der etliche Tage dauerte, hat Max vieles von der Bibel erfahren. Sie kamen ins Konzentrationslager Sachsenhausen, wo er in der abgesonderten jüdischen Baracke seinen Vater entdeckte, der im Sterben lag. Bernhard Liebster starb kurz danach. Max musste seinen eigenen Vater selbst in das Krematorium tragen. Sein ganzes Leben hat er das Gewicht seines Vaters auf seiner Schulter „getragen". Also das war keine kleine Sache. Anschließend kam er nach Neuengamme, wo Zeugen Jehovas ihm manchmal Kaninchenfutter geben konnten und die Bibellehre weiter mit ihm teilten. Schließlich mussten 1943 alle Juden nach Auschwitz-Birkenau. Dann kam er ins Lager Buna und musste dabei die Buna-Werke aufbauen. Nach dem Todesmarsch aus Buna im Januar 1945 endete seine fast sechsjährige Haft in Buchenwald. Dort traf er einen anderen Juden, Fritz Heikorn, der auch mit den Zeugen Jehovas die Bibel studierte. Beide wurden während der Befreiung durch die Amerikaner noch in Buchenwald als Zeugen Jehovas getauft.

65. Was geschah mit Ihrem Eigentum?
LIEBSTER: Das Eigentum wurde durch eine dreifache Abschließung der Wohnung geschützt: durch die Fabrik, die Gestapo und das Jugendamt.

66. Inwieweit wurden Sie für Ihre Inhaftierung [Zeit im „Erziehungsheim"] entschädigt?
LIEBSTER: Gar nicht. Weil Konstanz eben nicht auf der Rote-Kreuz-Liste war. Die Behörden haben eine Liste aufgestellt. Auf dieser Liste stand keine Jugendanstalt. Deshalb habe ich eben auch keine Entschädigung bekommen. Ich habe vom französischen Staat die kleinste Pension für meine körperlichen Schäden als von Deutschen deportierte Französin. Sie reicht kaum aus, die Medikamente zu bezahlen.

67. Wie haben Sie Ihre Existenz wieder aufgebaut?
LIEBSTER: Es war eine sehr schwierige Sache, weil ich eben keine Lehre gehabt habe, konnte ich auch nicht in die Schule zurück. Glücklicherweise konnte ich durch meine besondere Begabung für zwei Jahre in die Zeichenschule gehen und danach auch in derselben Fabrik arbeiten, wo mein Vater gearbeitet hat. Ich habe meinen Wunsch, Missionarin zu werden, 1952 erreicht, als ich in den USA die „Gileadschule" besuchen durfte, und bin bis zum heutigen Tag in dieser Tätigkeit.

68. Wie lange dauerte es, um nach dem Holocaust zu einem „normalen" Leben zurückzukehren?
LIEBSTER: Es brauchte für die Familie ungefähr zwei bis drei Jahre, bis wir wieder unser Gleichgewicht gefunden hatten. Als Papa verhaftet wurde, war ich eine lebendige, fröhliche 11-Jährige. Als er zurückkam, war er so schwach, dass er dem Tode nahe war. Er fand eine 15-jährige zurückgezogene Tochter vor, die gar keine Initiative gezeigt hat. Wir haben uns auch unser Leid und unsere Erlebnisse verschwiegen. Das war zu schwer. Wir konnten es gar nicht verkraften, auch noch zu wissen, was der andere genau erlitten hatte. Es hat jeder in seiner Ecke geschwiegen. Warum den anderen nachträglich moralisches Leid zufügen. Dazu kamen zeitraubende Gesundheitspflege, um wieder zu Kräften zu kommen. Was uns geholfen hat, wieder eine fröhliche Familie aufzubauen, waren unsere gemeinsamen religiösen Tätigkeiten: Bibel lesen und studieren, Versammlungen besuchen und Leute mit der Bibel aufzusuchen.

69. Wie sah Ihr Leben nach dem Krieg aus?
LIEBSTER: Kaum war ich wieder daheim, habe ich mit meiner Familie christliche Tätigkeiten aufgenommen und dadurch hat sich der Wunsch entwickelt, die Missionarsschule zu besuchen. Ich habe dann tapfer Englisch gelernt, weil diese Schule in den USA war. Inzwischen habe ich halbtags als Stoffzeichnerin gearbeitet. Mit zwanzig Jahren bin ich nach New York und wurde 1952 eingeladen, die Gileadschule zu besuchen. Ich hatte Max Liebster 1950 kennen gelernt, der im Hauptbüro der Zeugen Jehovas in New York als Schriftsetzer arbeitete. Nach sechs Jahren haben wir uns wieder getroffen. Er besuchte dann auch die Missionarsschule und wir heirateten 1956 in Paris. Wir haben unser ganzes

Leben dem Missionarsdienst in Frankreich gewidmet und haben Menschen geholfen, die Bibel kennen zu lernen. In Frankreich wurde die Gemeinschaft „CETJAD“ [Cercle Européen des Témoins de Jéhovah Anciens Deportés et Internés] gegründet. Ich war Vorsprecherin und in den 1990er-Jahren begann dann die Holocaust-Aufarbeitung. Max und ich haben als dreisprachige Zeitzeugen viele Ausstellungen und Schulen in Frankreich, Deutschland, Italien, Belgien, England, Spanien, Kanada, Russland, Amerika und der Schweiz besucht und über unsere Erlebnisse gesprochen. Als Max 91 Jahre alt war und nicht mehr reisen konnte, haben wir gelernt, mit Skype Videokonferenzen mit Schulen in den USA durchzuführen. Auch haben wir beide unsere Biografien herausgegeben. „Hoffnungsstrahl im Nazisturm“ lautet der Titel von Max' Biografie und meine heißt „Allein vor dem Löwen“.

70. Wie leben Sie heute? Denken Sie noch viel an jene Zeit zurück?
LIEBSTER: Max ist im 94. Lebensjahr eingeschlafen. Ich bin dabei, mich neu zu organisieren und möchte auch wieder Schulen besuchen.

Abb. 32: Simone und Max Liebster, 1979

Es hängt von der Entwicklung meines Gesundheitszustandes ab. Ich bin nicht mehr die Jüngste und halt nicht mehr so fit wie vor 20 Jahren. Es kommt auch vor, dass mich ganz realistische Träume immer wieder neu in die Anstalt versetzen. Es gab eine Zeit, da habe ich so intensiv von Konstanz geträumt: „Jetzt bist du das dritte Mal verhaftet." Und zuletzt habe ich geträumt: „Jetzt bist du das vierte Mal verhaftet und bist das vierte Mal wieder in diesem Heim." Aber am Morgen wache ich auf und sage: „Ach gut, das war nur ein Traum!" Also das macht mir nichts aus.

71. Welche physischen und psychischen Narben tragen Sie von dieser Zeit?

LIEBSTER: Ich bin ziemlich überzeugt, dass etliche von meinen Glieder- und Rückenschmerzen mit dem Holzsägen, Wurzelausgraben und schwere Sachen schleppen zu tun haben. Damals war ich erst 14 Jahre alt. Es kommt auch vor, dass ich die Stille suche und nicht gerne rede. Auch negative Gefühle über meine persönlichen Werte kommen hoch und hin und wieder ein Alptraum über Konstanz. Das zeigt, dass die Vergangenheit auch psychische Narben hinterlassen hat.

72. Hatten Sie moralischen Beistand, um sich psychisch und sozial zu erholen?

LIEBSTER: Persönlichen Beistand nicht, weil ja die meisten Menschen überhaupt nicht wussten, was hinter uns liegt. Das Bibellesen hat uns moralischen Beistand gegeben. Auch das Gefühl, richtig gehandelt zu haben, ist viel wert. Wir haben den Sieg über unsere Verfolger, der uns nur durch die Kraft Gottes möglich war, sehr wertgeschätzt. Dies haben wir immer wieder mit Dankbarkeit erwähnt. Max hat ja viel mehr gelitten und viel Schrecklicheres gesehen. Wir haben zwar, ausgenommen bei Veranstaltungen, nie darüber gesprochen, aber unsere Gefühle und Verstimmungen verstanden wir. Wir konnten uns gegenseitig helfen, gegenseitig gut verstehen und uns gegenseitig beistehen. Wenn er mich stumm angesehen hat, hat er nicht gefragt: „Ja, was ist jetzt los, warum sprichst du nicht mehr?" Er wusste ganz genau, woher das kam. Und wenn er nachts sehr unruhig war oder auf einmal gesagt hat: „Ich bin nichts wert!", was besonders bei Max öfters der Fall war, da ihm als Jude von den Nazis eingeredet worden war: „Du bist nichts wert!", wusste ich ganz genau, woher das kam und da konnte ich ihm beistehen. Also wir haben uns gegenseitig sehr, sehr aufgebaut. Es gab Nächte, wo Max durch epileptische Anfälle schwer zu tun hatte.

73. Haben Sie seitdem eine andere Weltanschauung?
LIEBSTER: Eine tiefere, nicht eine andere, eine tiefere. Was ich als Kind gelernt habe, hat sich für mich als Wahrheit bewiesen. Und die Tiefe ist natürlich über die Jahre größer geworden oder die Höhe oder die Breite, wie auch immer. Man sieht viel besser, wie Gottes Gesetze dazu führen, unvollkommenen Menschen zu helfen, in Frieden zu leben.

74. Können Sie Ihren Erfahrungen irgendetwas Positives abgewinnen?
LIEBSTER: Jede Erfahrung hat eine Lehre und in diesem Sinn kann diese etwas Wertvolles mit sich bringen. Die große Lehre, die ich gelernt habe, ist die unbedingte Notwendigkeit, nach Grundlagen zu forschen, ehe man einer Ideologie nachgeht. Immer wieder laufen Menschen einem Ideal nach, nur weil jemand eine starke Persönlichkeit und Charisma hat, suchen aber nicht nach dem Beweggrund und noch weniger prüfen sie, ob diese angebotene Ideologie mit Gottes Gesetz übereinstimmt. Wenn aber jemand einer menschlichen Ideologie nachgeht, dann ist das eben eine menschliche, eine begrenzte und daraus kann nie eine vollkommen positive Lehre werden. Jeder Mensch hat nur seine eigene Einsicht und unwillkürlich ist die entstandene Sicht eingeschränkt. Ich habe durch persönliche Erfahrung gesehen und verspürt, wie Menschen fehlgeleitet werden können. Diese Erfahrung half mir immer wieder, meine Entscheidungen im Licht biblischer Grundlagen zu treffen und dies bringt Friede und Freude.
Als ich nach Konstanz gekommen bin, hat meine Mutter zu mir gesagt: „Kind, du gehst jetzt in eine höhere Schule. Das ist eine Schulung für dein Leben. Was du jetzt da erfahren wirst, wird dir dein ganzes Leben lang zugute kommen.“ Und als ich dann in Konstanz war, habe ich immer gedacht: „Meine Güte, was soll jetzt das sein? Jetzt muss ich da kochen für 36 Kinder. Was kann mir das jetzt für das Leben bringen?“ Irgendwie habe ich das nicht mitbekommen. Aber nachher habe ich gedacht: „Ja, das war tatsächlich eine Lehre. Eine Lehre aufzupassen, wie man vorgeht, wie man unter Druck höflich bleibt, wie man flexibel blei-

ben kann, ohne nachzugeben, und wie man eine starke Überzeugung friedlich in Taten umsetzen kann." Das habe ich alles gelernt und das sind alles Werte, die mir das ganze Leben zugute kamen. Tatsächlich war das eine kostbare Schulung.

75. Haben Sie später in Ihrem Leben die Konzentrationslager [das „Erziehungsheim"] jemals wieder besucht und welche Gefühle hatten Sie?

LIEBSTER: Ja, ich habe das Heim zwei Mal besucht. Einmal habe ich es mit meinem Mann nach dem Krieg besucht und ich habe da die Lehrerin Fräulein Messinger wieder angetroffen. Fräulein Lederle war verstorben, die anderen waren weg. Das erste Mal hatte ich ein wenig Herzklopfen. Fräulein Messinger war so unruhig, dass sie mir leidgetan hat. Sie dachte, ich war gekommen, um mich zu rächen. Natürlich war das nicht der Fall.

76. Haben Sie immer noch Kontakt zu Ihren Mithäftlingen [den Zöglingen] aus den Konzentrationslagern [dem „Erziehungsheim"]?

LIEBSTER: Ich hatte nach dem Krieg Kontakt mit Sophie, meiner Bettnachbarin. Aber das war ein kurzer Kontakt. Sophie erzählte mir, dass ihr Vater ein Zöllner war und ihre Mutter eine Jüdin. Als dann das Gesetz gegen die Juden herauskam, hat der Zöllner das Kind nicht aufziehen wollen, weil es jüdisches Blut hatte. Sophie hatte blonde Haare, aber dunkelbraune Augen. Man dachte, es wäre möglich, aus ihr eine Germanin zu machen und sie kam mit nach Konstanz. Nach Kriegsende, als sie 16 Jahre alt war, kam der Vater, um sie zurückzuholen und er erzählte ihr diese Hintergründe. Der Schock war so groß, dass sie zuckerkrank wurde und in den 1950er-Jahren gestorben ist.

77. Was haben Sie Ihren Angehörigen über die Zeit damals erzählt? Wie haben Ihre Angehörigen auf Ihre Erzählungen reagiert?

LIEBSTER: Meine Angehörigen wollten nichts von uns drei wissen und mein Papa und meine Mama, die habe ich geschont und habe ihnen nichts gesagt. Also die wussten die genaue Geschichte nicht. Meine Biografie war noch nicht geschrieben. Zuerst wollte ich mein Buch „Die geschlossenen Läden" nennen, weil ich nie darüber gesprochen habe, aber es ist dann „Allein vor dem Löwen" daraus geworden.

78. Fällt es Ihnen schwer, über diese Zeit zu reden?
LIEBSTER: Ich könnte Ja sagen, ich könnte Nein sagen. Nein, wenn ich im Sinn habe, etwas zu übermitteln, das meinen Mitmenschen helfen kann. Ja, wenn ich an mich denke. Also muss ich auf mich selbst achten, mit welcher Einstellung ich rede.

79. Welcher Moment aus dieser Zeit hat sich am meisten in Ihrem Gedächtnis eingeprägt?
LIEBSTER: Nichts aus der Zeit in Konstanz. Was sich bei mir am meisten eingeprägt hat, ist die Verhaftung meines Vaters und der damit verbundene Druck, auch verhaftet zu werden. Wir waren alle drei in einer Untergrundtätigkeit beschäftigt. Alle Publikationen, die von der Wachtturm-Gesellschaft herausgegeben wurden, waren strengstens verboten. Wir hatten einen französischen Kurier und trafen uns an einem geheim gehaltenen Platz in einer Berghöhle bei einem Bergsee in den Vogesen. Der *Wachtturm* war aber in Französisch und musste übersetzt werden. Ich wusste, wo er übersetzt wird und unter welchen Bedingungen. Kopien wurden weiter verteilt und kamen bis nach Freiburg. Es war sehr gefährlich, solche Literatur daheim zu haben. Das bedeutete immer auf der Hut zu sein und darauf zu achten, dass uns keine Spitzel nachgehen und wir nicht von der Gestapo überwacht werden. Diese Erfahrungen haben sich am meisten eingeprägt.

80. Haben Sie Hitler jemals gesehen bzw. getroffen?
LIEBSTER: Gesehen, ganz knapp gesehen. Ich war damals auf einem Fahrrad mit einer Freundin bei Mülhausen im Elsass im Wald. Und da kam der hohe Besuch von Hitler vorbei. Und er ist ganz langsam gefahren, weil er durch Minen gefahren war. Elsass ist ja ein ganz reiches Land. Und wir haben uns unter einem Busch versteckt. Ich habe sofort gesagt: „Aufpassen, wir grüßen nicht. Das kann ja ganz schlimm werden.“ Dann haben wir uns unter einem Busch [versteckt], ein Dornbusch noch dazu, den haben wir „schön“ gespürt. Und haben ihn dann gesehen. Ja, der ist so ungefähr sieben bis zehn Meter an uns vorbeigekommen, gestanden wie es so üblich war und hat sich das betrachtet, dass er jetzt Herr ist über alle diese Minen. „Dämonenaugen“, das ist mir geblieben. Und jedes Mal, wenn ich einen höheren Militär gesehen habe, irgendwie habe ich immer die „Dämonenaugen“ unter dem „*Képi*“ [militärische

Kopfbedeckung] gesehen, obwohl vielleicht der Mann diese gar nicht gehabt hat. Aber diese „Dämonenaugen" haben mich durchstochen. Da war etwas dabei in seinem Augenausdruck, obwohl er mich nicht gesehen hat, zum guten Glück.

81. Was dachten Sie damals über Hitler und wie denken Sie heute über ihn?

LIEBSTER: Damals und heute habe ich das gleiche Gefühl. Ich sah und sehe immer noch einen arroganten Mann mit kriminellen Handlungen, der behauptet hat, ein Messias, ein Retter zu sein. Seine Ideale haben Millionen von Menschen das Leben geraubt, weil er eben kein Heiland war, wie er behauptete.

82. Angenommen, Adolf Hitler würde noch leben und Sie hätten fünf Minuten alleine mit ihm, was würden Sie sagen oder tun?

LIEBSTER: Nichts tun und nichts sagen und ihn so anschauen, wie er die Welt angeschaut hat. Aug in Aug. Es ist ja Gott, der richtet, nicht ich. Und etwas sagen zu diesem Mann? Für mich gilt er nichts. Ich würde stumm bleiben.

83. Sind Sie nach dem Krieg noch einmal einem Ihrer Peiniger begegnet?

LIEBSTER: Den Gestapoleuten nicht und meinen Lehrern auch nicht. Nur die Lehrerin, Fräulein Messinger, die mir in Konstanz das Leben „ein bisschen" sauer gemacht, habe ich drei Mal gesehen. Ich habe erfahren, dass Konstanz auch Dokumente im Archiv hat und habe diese auch erhalten. Ich habe nachfragen lassen und habe Fräulein Messingers Adresse erhalten. Meine Freunde besuchten sie und nachdem sie meinen Lebensbericht in der Zeitschrift *Erwachet* gelesen hatte, meinte sie: „Aber Sie müssen aufpassen, das Kind macht Faselei. Die Maria, die war ja damals ein Kind." Und als ich dies erfahren habe, schrieb ich ihr sofort einen ausführlichen Bericht, ohne jemanden anzuklagen. Ich habe ihr genau Bescheid gegeben, wie sie mich einmal ins Kreuzverhör genommen hat und Namen von Zeugen Jehovas in Mülhausen wissen wollte.

Ich habe in Konstanz nie über Mülhausen gesprochen, damit ich nicht unabsichtlich einen Namen freigeben würde. Auf einmal hat sie Namen angegeben, die ich bestätigen sollte. Ich konnte das umgehen, ohne zu lügen. Sie fragte nach einem Herrn Arzt und ich antwortete: „Ich kenne etliche Ärzte." Nach einer Weile meinte sie: „Aber du kennst doch bestimmt Graf!" Das war der Versammlungsvorsitzende und der Wachtturm-Übersetzer im Untergrund. Da habe ich zu ihr gesagt: „Ja, so weit geht jetzt meine Kenntnis nicht, dass ich Grafen kenne!" Da wurde sie natürlich böse und nervös. Ich wusste, dass die Gestapo nach ihm suchte. Bestimmt hat sie diese Frage auf Befehl der Gestapo gestellt. Das war damals der Beweis für mich, dass sie eine Schlange ist. Somit wurde mir bewusst, dass ich nie mit ihr offen sprechen könnte und ich habe mir gedacht: „Du, pass auf, was du da zu ihr sagst!" Im Jahre 1997, als ich diesen langen Brief schrieb, habe ich ihr mitgeteilt, dass ich damals diese zwei Namen nicht bestätigen konnte, denn sonst hätte ich Schuld an ihrer Verhaftung gehabt. Als ich Fräulein Messinger im folgenden Jahr 1998 besuchte, erkannte sie mich sofort, trotz ihrer 90 Jahre. „Maria, du bist es. Hast du den Brief geschrieben? Schreibst du noch so gut Deutsch?", hat sie gefragt. „So gutes Deutsch ist es jetzt doch nicht", habe ich gesagt. „Du hast aber den Schluss nicht geschrieben, den Schlussteil!", hat sie gesagt. „Ja, kann sein, dass er liegen geblieben ist. Das waren ja sieben Seiten. Aber ich kann Ihnen genau sagen, was auf der letzten Seite stand", war meine Antwort. Ich habe ihr dann den Schlussteil dieses siebenseitigen Briefs vorgetragen. Sie hat dann gemerkt, dass ich den Brief tatsächlich selber geschrieben habe und sie wurde daraufhin sehr unruhig und meinte: „Du, brauchst du Geld? Ich kann dir Geld geben, wenn du Geld brauchst." Natürlich habe ich dies abgelehnt und habe gesagt: „Ich bin nicht deshalb gekommen. Ich bin hierher gekommen, um Ihnen dies zu geben!" Dann habe ich ihr ein Bibelstudium-Buch angeboten. Wir hatten dann eine Ausstellung in Konstanz, da habe ich sie noch einmal getroffen und ihr ein Bibelstudium-Buch gebracht. Ich wusste, dass sie tief katholisch ist und ich habe gedacht, vielleicht kann sie auch einmal die Bibel öffnen.

84. Was halten Sie von den Strafen, die die Nazis nach dem Krieg bekamen, zum Beispiel bei den „Nürnberger Kriegsverbrecherprozessen"?

LIEBSTER: Menschlich gesehen, haben sie das gekriegt, was sie verdient haben. Obwohl es einem Christen nicht zusteht, Richter zu werden. Aber schließlich sind Grundsätze vorhanden, dass man das, was man sät, auch erntet.

85. Haben Sie Ihren Peinigern verziehen?
LIEBSTER: Ein Christ darf keinen Hass gegen einen Menschen pflegen. Er kennt ja die Grundlage eines Herzens nicht. Er weiß nicht, ob der Peiniger irregeführt oder mitgerissen wurde. Also ein Christ soll keine Rache ausführen. Die Bibel sagt ganz genau, dass die Rache nur Gott gehört, also nicht einem Menschen.

86. Wie denken Sie über Neo-Nazis?
LIEBSTER: Die Nazis haben sich für Ordnung, Treue zum Vaterland und Hingabe zum Führer gerühmt. Ich kann verstehen, dass solche Ideologien wieder hochkommen. Das war von jeher immer so. In der ganzen Geschichte hat es immer wieder solche gegeben, die eine vergangene Ideologie wieder hochgezogen haben und etwas Gutes daran fanden, weil sie eben die Sache nicht mit biblischen Grundprinzipien messen, sondern mit Emotionen und persönlichen Gefühlen. Was nutzt Ordnung, wenn keine Liebe und Gerechtigkeit vorhanden sind? Ist ein Mensch, der als Führer den totalen Gehorsam verlangt und sich über andere stellt, wirklich ein gutes Vorbild?

87. Was tun Sie, um Menschen über den Holocaust aufzuklären?
LIEBSTER: Wir haben schon viel getan. Wir haben viele Ausstellungen mitgemacht. Wir haben auch eine Website [www.alst.org] veröffentlicht und eine Stiftung gegründet, die Arnold-Liebster-Stiftung. Ihr Zweck ist, das Gedenken an die Opfer von Diktaturen und religiöser Verfolgung zu bewahren. Das sollte jungen Menschen helfen, klar zu sehen, was zum Guten führt und was zum Schlechten führen kann. Die Website wurde schon in Schulen in den USA eingesetzt und wird weiter eingesetzt werden. Langsam werde ich halt älter und kann nicht mehr lange selber sprechen, aber dadurch werden die Lebensgeschichten festgehalten und weitergegeben.

88. Wie können Sie sich aus der Sicht der Dinge heute erklären, dass „normale Menschen“ zu solchen Gräueltaten fähig waren?
LIEBSTER: Man muss sich fragen, woher kommen Gräueltaten? Gräu-

eltaten kommen, wenn man in sich Charakterzüge entwickelt, ohne Selbstkontrolle, zum Beispiel Hass, Stolz oder Diskriminierung. Wenn solche Gefühle in einem Herzen vorhanden sind, dann werden auch schlechte Taten und Schaden erzeugt. Der Mensch muss eben lernen, sich selbst zu durchsuchen und zu sehen, ob er irgendeine solche Tendenz hat. Wenn ja, muss er ganz stark dagegen kämpfen, damit er sich unter Druck beherrschen kann. Darin liegt für jeden eine wahre Herausforderung.

89. Was genau geht in Ihnen vor, wenn Sie hören, dass es immer noch Menschen gibt, die behaupten, den Holocaust hätte es nie gegeben?

LIEBSTER: Es ist nicht einfach, so etwas zu hören, aber ich kann es auch verstehen, weil es immer Menschen gibt, die eben die Wirklichkeit nicht annehmen. Das hat es in der Geschichte immer gegeben. Es wurden allerhand Sachen verleugnet, die in der Vergangenheit geschehen sind: „Das gab es nicht und das ist nicht wahr!" Weil sie der Sache eben nicht nachgehen. Die sind voreingenommen, wollen es nicht zugeben und dann schreien sie immer mehr. Sie sind selbst überzeugt und wollen auch andere überzeugen. Das gibt es aber nicht nur in Verbindung mit dem Holocaust, sondern in jedem Bereich. Menschen, die der Wahrheit nicht nachgehen und nur starr und stur ihren Ideen nachgehen, ohne zu prüfen. Sie schließen alles, was nicht mit ihrer Ideologie übereinstimmt, kategorisch aus. Es tut mir leid, dass es Menschen gibt, die so irregeführt sind.

90. Welche Konsequenzen hatte der Beschluss der „Nürnberger Rassengesetze" am 15. September 1935 für Sie?

LIEBSTER: Die „Nürnberger Rassengesetze" hatten für mich persönlich keine Konsequenzen, weil wir ja als „Reichsdeutsche" angenommen wurden. Elsässer waren so genannte „Reichsdeutsche", die wieder nach Hause kamen. Das war aber nicht der Fall für meinen Mann Max, der ein deutschgebürtiger Jude war.

91. Wie haben Sie die „Reichskristallnacht" am 9./10. November 1938 erlebt?

LIEBSTER: Ich war acht Jahre alt und habe nicht viel mitbekommen,

weil wir ja Franzosen waren. Als wir 1940 deutsch wurden, hat die Synagoge gebrannt. Für Max war die „Kristallnacht" der Anfang vom Schrecken. Das Stoffgeschäft, in dem Max gearbeitet hat, wurde während der „Kristallnacht" vollständig geplündert. Die Besitzer und Max haben geahnt, dass etwas kommt und konnten sich zuvor im Wald verstecken. Als sie zurückkamen, war alles kaputt, alles gestohlen, alles weg. Daraufhin hat sich Max bei jemandem versteckt. Dort wurde er zehn Monate später gefasst und verhaftet.
Seine zwei Schwestern Ida und Hannah und die Mutter Babette konnten 1938 ins Ausland fliehen, aber sein Vater nicht. Er kam auch ins KZ Sachsenhausen.

92. Wie haben Sie den Kriegsbeginn 1939 miterlebt?
LIEBSTER: Ich war zwar noch klein, ich war neun Jahre alt, aber der Schrecken war im Elsass sehr groß, weil wir im Grenzgebiet waren. Die Elsässer dachten, dass die Truppen über den Rhein kommen würden. Die Deutschen sind schließlich über Paris von hinten reingekommen. Aber der Kriegsschrecken war über das Elsass gefallen, weil das Elsass innerhalb von 70 Jahren schon zwei Kriege hinter sich hatte. 1914 bis 1918 und 1870. In derselben Gegend, in einer Generation, war das nun der dritte große Krieg. Also da war schon viel los. Ängste, Flucht, Schwarzhandel und Verstecken und das alles unter großer Angst.

93. Haben Sie davon erfahren, dass die Nationalsozialisten bei der Wannseekonferenz am 20. Januar 1942 die „Endlösung der Judenfrage" – die europäischen Juden systematisch zu vernichten – beschlossen hatten? Wenn ja, wann und wie?
LIEBSTER: Davon habe ich erst nach dem Krieg erfahren. Während dem Krieg hatten wir mit unserer eigenen schweren Situation, also der Verfolgung der Zeugen Jehovas, zu kämpfen.

94. Welche Gefühle hatten Sie, als Sie vom Ende des Zweiten Weltkrieges erfuhren?
LIEBSTER: Das Ende des Zweiten Weltkrieges war eine Erlösung. Aber im Elsass gab es eine ganz böse Rachezeit. Diejenigen, die mit den Nazis gearbeitet hatten, die mussten es schwer bezahlen. Es kam vor, dass Leute ausgezogen wurden, nackt auf einem Heuwagen herumge-

fahren, geschoren und verhöhnt wurden. Also da war noch viel Unruhe im Elsass knapp nach dem Krieg. Es brauchte noch seine Zeit, um diese Schmutzwelle wieder auszugleichen, bis Ruhe eintrat. Es waren noch schlimme Zeiten nachher. Außerdem war vieles bombardiert. Die Leute hatten nichts zu essen. Der Krieg war vorbei, aber die Nachwehen waren schlimm.

95. Glauben Sie, dass die Menschheit etwas gelernt hat?

LIEBSTER: Menschen haben etwas gelernt, die Menschheit nicht. Individuelle Personen und sogar Menschengruppen haben bestimmt etwas gelernt, aber die Menschheit nicht. Es benötigt eine Herzensumstellung und das kann die Menschheit als Ganzes nicht so einfach machen. Da gibt es so etwas wie ein Wunder nicht. Das braucht Lehre, Überzeugung und dadurch Zeit. Es wäre eine Utopie zu sagen, dass die ganze Menschheit jetzt eine Lehre hat und eine Umwandlung geschieht. So etwas kann es gar nicht geben. Die Bibel hat eine andere Antwort, die muss man suchen.

96. Sollen die Gräuel vergessen und soll nicht mehr darüber gesprochen werden, wie manche es sich wünschen?

LIEBSTER: Was hat man davon, wenn man von Gräueltaten spricht? Oder was erreicht man, wenn man nicht davon spricht? Das sind jetzt zwei unterschiedliche Fragen. Es kommt darauf an, was man lernen will. Will man lernen, wie diese Gräueltaten ausgeführt werden, lässt man die Finger davon. Will man aber wissen, warum Leute Gräueltaten machen, finden wir eine nützliche Mahnung. Leider haben die vergangene und neuere Geschichte bewiesen, dass solche Taten immer wieder aufflackern und manchmal ausgeführt wurden, von denen man es am wenigsten erwartet hat. Nehmen wir als Beispiel die Inquisition. Ja, wie ist die gekommen? Durch falsche Lehre. Also ist die Lehre die Grundlage einer Gräueltat und diese falsche Lehre muss zur Mahnung erhalten bleiben.

97. Was haben Sie für die Zukunft noch geplant?

LIEBSTER: Was ich noch geplant habe? Na ja, so weiterzumachen, wie ich es gemacht habe, seit ich frei bin. So vielen Menschen wie möglich zu helfen, einen inneren Frieden zu erreichen durch ein gutes Verständnis von Gottes Wort. Damit sie sehen, wo die Menschenwerte liegen, wie sie Frieden aufbauen können, Frieden mit sich selbst, Frieden mit dem Nächsten, Frieden mit Gott, also echten Frieden. Und solange ich eben noch reden kann, werde ich das auch tun. Menschen helfen, so glücklich zu werden, wie ich es eigentlich bin, denn ich bin sehr zufrieden. Ich habe irgendwie ein positives Leben hinter mir, das ich nicht bereue. Das ist ein guter Weg. Den kann ich allen empfehlen.

98. Wie möchten Sie in Erinnerung bleiben?
LIEBSTER: Ja, als eine gottergebene, einfache Frau, die danach getrachtet hat, etwas ihren Mitmenschen zu bringen. Das ist alles.

99. Was möchten Sie uns noch sagen? Welche Frage wurde nicht gestellt?
LIEBSTER: Da ist nicht viel übrig, was nicht gestellt wurde. Ich muss schon sagen, dass das eine gute Zusammenstellung ist. Vielleicht könnte sich die Frage stellen: Wer besitzt die besten Ideale und wie steht es mit den Menschenrechten? Wo kann man diese finden? Menschenrechte haben ihre Wurzel in den moralischen Werten, wie man sie in der Bibel findet: „Liebe deinen Nächsten wie dich selbst." Jeder ist eingeladen, die Sache tiefer zu betrachten.

100. Nach allem, was Sie erlebt haben, was für einen Rat können Sie uns jungen Menschen geben?
LIEBSTER: Das ist eine schöne Frage: Na ja, ich würde sagen: „Seid sicher, wo ihr eure Füße [hin]stellt." Deshalb müssen sie genau wissen, aus was dieser Boden besteht. Der Boden ist die Vergangenheit, ist die Lehre, die Werte, Menschenwerte. Für was stehen sie? Sind sie gerecht? Sind sie recht? Haben sie in sich Liebe? Haben sie in sich positive Auswirkungen auf Mitmenschen? Bringt es Frieden? Bringt es einen guten Zusammenhalt zwischen [den] Leuten? Vereinigt es Leute?
Wenn dem so ist, dann wird das Gewissen ausgebildet und dann muss man danach trachten, dem Gewissen nachzugehen. Denn es gibt ja nichts Schlechteres, also nichts Böseres, als ein schlechtes Gewissen. Das muss man dann nachher das ganze Leben tragen. Aber wenn man vorher sieht, wo der rechte Weg liegt und [wenn] man dabei bleibt, dann kommt man durch das Leben und kann immer wieder sagen: „Ich habe ein reines Gewissen und habe das getan, was ich tun sollte." Und das wünsche ich

euch, denn um das geht es, dass euer Leben ein gutes Leben sein wird. Gute Verhältnisse haben und ein glückliches Leben hängt davon ab, was ihr jetzt entscheidet. Entscheidet nach guten Grundsätzen.

Hermine Liska: Widerstand einer Achtjährigen

Hermine Liska, geborene Obweger, geb. 12. April 1930
Verfolgungsgrund: Zeugin Jehovas
Dauer des Freiheitsentzuges: 4 Jahre, 3 Monate
Land: Österreich

Abb. 33: Hermine Liska, 1940

Abb. 34: Hermine Liska, 2008

Hermine Liska, geborene Obweger, wurde am 12. April 1930 auf dem Bauernhof ihrer Eltern in St. Walburgen in Kärnten, Österreich, geboren. Als Kind von Bibelforschern, wie damals Zeugen Jehovas genannt wurden, wurde sie nach den Grundsätzen der Bibel erzogen. Sie weigerte sich, der Hitlerjugend beizutreten und mit „Heil Hitler!“ zu grüßen. Da der Vater die Forderung des NS-Jugendgerichts, Hermine nach der nationalsozialistischen Ideologie zu erziehen, nicht unterschrieb, wurde den Eltern die Erziehungsberechtigung entzogen. Hermine Liska wurde im Februar 1941 den Eltern weggenommen. Sie kam zur Umerziehung in das Jugendheim Waiern in Kärnten und in die Adelgundenanstalt in München. Hermine Liska blieb ihren Grundsätzen treu und konnte nach der Absolvierung eines für Jugendliche vorgeschriebenen „Pflichtjahrs“ in einem Kärntner Gasthaus mit kleiner Landwirtschaft am 8. Mai 1945 nach Hause zurückkehren. Nach dem Krieg heiratete sie, schenkte drei Kindern das Leben und war Hausfrau. Seit 1999 besucht sie als Zeitzeugin in ganz Österreich Schulen und erzählt jedes Jahr bis zu 13.000 Schülerinnen und Schülern ihre Geschichte. Hermine Liska lebt in Österreich.

Die Interviews wurden am 26.10.2008, 19.6.2011, 23.6.2011, 12.8.2011, 19.8.2011 und 10.10.2011 geführt.

1. Wann wurden Sie geboren? Wie war Ihr Vater? Wie war Ihre Mutter?

Abb. 35: Mutter Elisabeth Obweger, ca. 1950

Abb. 36: Vater Johann Obweger, ca. 1950

LISKA: Am 12. April 1930 bin ich auf dem Bauernhof meiner Eltern in St. Walburgen im Görtschitztal in Kärnten in Österreich zur Welt gekommen. Ich hatte vier Brüder, den Hansl [Johann], geboren 1914, den Peppi [Josef], geboren 1920, den Michael, geboren 1925, und den Franz, geboren 1926, und ich war die Jüngste. Ein Bub ist vor dem Ersten Weltkrieg noch als kleines Kind gestorben. Michael ist am 31. Dezember 1939 an Blinddarmdurchbruch gestorben. Meine Eltern waren eigentlich nicht mehr ganz jung, als ich geboren wurde. Meine Mutter, Elisabeth Obweger [geb. Peitler, 1888], war zum Beispiel 42, mein Vater Johann Obweger [geb. 1886], war zwei Jahre älter. Mein Vater war ein ganz gutmütiger Mensch, also er hat sehr wenig gesprochen, aber was er gesagt hat, das hat zugetroffen. Und ich erinnere mich noch, mein Vater hat sehr, sehr viel gelesen. Wenn er beim Tisch gesessen ist, hat er entweder die Bibel gelesen, biblische Schriften, die Bienenzeitung oder die landwirtschaftliche Zeitung. Er hatte sehr viele Bienenstöcke. Ja, ich hab eine schöne Erinnerung an meinen Vater. Vater hat uns eigentlich nie geschlagen. Mein Vater war ein ganz ruhiger Mensch. Ich habe ihn nie zornig erlebt.

Meine Mama war das Gegenteil, aber ich habe nie einen Streit der beiden erlebt. Sie haben nie gestritten. Wahrscheinlich hatten sie auch Meinungsverschiedenheiten, aber vor uns Kindern haben sie die nie ausgetragen. Zur Mama hab ich ganz ein enges Verhältnis gehabt. Aber ich wurde eigentlich nie verzärtelt von ihr. Es waren nur Brüder da und ich war immer mit den Brüdern auf jedem Baum oben und heute weiß ich, dass sie Angst gehabt hat um mich.

2. Was ist Ihre früheste Kindheitserinnerung?

LISKA: Da bin ich noch nicht in die Schule gegangen, aber ich muss schon fünf Jahre alt gewesen sein, als meine Großmutter starb, sie war die Mutter vom Vater. Wir haben ja in Unterkärnten gelebt. Und da bin ich das erste Mal mit dem Vater nach Oberkärnten zum Bauernhof seiner Eltern hoch oben am Berg, in Kleblach-Lind in der Siflitz im Drautal, zum Begräbnis gefahren. Im Bauernhof hat es in der Stube einen Kachelofen gegeben, der hat fast den halben Raum eingenommen. Auf diesem Kachelofen, der eingeheizt war, habe ich oben geschlafen. Also an das kann ich mich erinnern, das ist eigentlich das früheste Kindheitserlebnis. An das Begräbnis selbst kann ich mich gar nicht erinnern.

3. Wie verlief Ihre Kindheit?

LISKA: An die Vorschulzeit kann ich mich nicht sehr gut erinnern. Ich weiß nur, dass es daheim sehr lustig war. Weil es damals sehr viel Leute am Hof gegeben hat. Die Familie war groß. Meine Mutter hat drei Nichten aufgenommen, die Halbwaisen waren, die Großmutter war auch da, die uns immer Geschichten erzählt hat. Übrigens, wenn die Mama mit der Rute gekommen ist, dann sind wir zur Großmutter gerannt, die hatte so einen langen Kittel gehabt und da hat sie uns darunter hineingenommen und hat uns halt vor der Rute beschützt. Also diese Dinge sind mir in Erinnerung geblieben.

Damals hat's am Bauernhof keine Maschinen gegeben, deshalb gab es auch Knechte und Mägde. Wir haben von Anfang an den Eltern bei der Arbeit helfen müssen. Meine Mama hat hauptsächlich gekocht und sie hat auch die Schweine gefüttert. Ich wollte immer der Mama irgendetwas helfen.

4. Welche Schulbildung haben Sie?

LISKA: Ich habe die achtjährige Volksschule und nach dem Krieg zwei Jahre in Klagenfurt die Haushaltsschule besucht. Ein Erlebnis ist mir aus der ersten Klasse in der Volksschule in Erinnerung geblieben. Ich war nicht katholisch und der Pfarrer ist ein paar Mal in der Woche in die Klasse zum Unterricht gekommen. Und ich bin entweder nicht hinein- oder hinausgegangen. Einmal hab ich es übersehen. Als er schon drinnen war, hab ich mich nicht mehr getraut aufzustehen. Er hat angefangen zu sprechen und auf einmal hat er mich gesehen und hat gesagt:

„Hinaus mit dir, du Heidenkind!“ Aber mit den Schülern habe ich zu dieser Zeit ein sehr gutes Verhältnis gehabt.

5. Wie war Ihre Jugendzeit? Welchen Beruf haben Sie erlernt und was haben Sie gearbeitet?

LISKA: Ich wollte ursprünglich Lehrerin werden, aber dadurch, dass ich nicht „Heil Hitler!“ gegrüßt habe, durfte ich keine höhere Schule besuchen. Nach dem Krieg wollte ich Kindergärtnerin werden, aber das konnte ich auch nicht. Die Ausbildung hätte drei Jahre gedauert und da meine Mutter krank geworden ist, habe ich 1948 wieder nach Hause müssen. Ich war dann bis zum Jahr 1952 daheim. 1952 hat mein Bruder Franz geheiratet und ich hab auch 1952 geheiratet und war dann Hausfrau. So hatte ich eigentlich keinen Beruf erlernt.

6. Was können Sie von Ihrer Familie erzählen?

LISKA: Da muss ich vielleicht schon beim Ersten Weltkrieg anfangen. Mein Vater wurde 1914 einberufen, ist an die Front gekommen, nach zwei Jahren ist er verwundet worden und bei dieser Verwundung ist er in russische Gefangenschaft geraten. Er war dann sechs Jahre in russischer Gefangenschaft, einen Splitter hatte er noch immer im Rücken und er hat immer Schmerzen gehabt. 1922 ist er heimgekommen. In Russland hat er bei deutschen Bauern in Sibirien eine deutsche Bibel zu lesen bekommen und er hat erkannt, dass die Lehren der katholischen Kirche nicht stimmen. Als er heimgekommen ist, hat er den anderen schon erzählt, dass es keine Hölle und kein Fegefeuer gibt. Dann ist er mit Bibelforschern in Verbindung gekommen, denn in Oberkärnten war ein Bibelforscher Briefträger. Das war der Richard Heide. Und so ist er, durch noch mehr Erkenntnis aus der Bibel, sofort aus der Kirche ausgetreten und meine zwei Brüder, die 1925 und 1926 geboren sind, hat er nicht mehr taufen lassen. Man kann sich heute kaum vorstellen, wie schlimm das damals war, wenn man aus der Kirche ausgetreten ist und den Leuten erzählt hat, was die Bibel sagt. Er hat sehr große Schwierigkeiten gehabt. Ich muss heute sagen: Ich kann meinen Vater wirklich nur bewundern, denn das hat wirklich sehr viel Mut erfordert. Wegen dieser Schwierigkeiten und Probleme durch seine Geschwister und die Verwandten, die rundherum gewohnt haben, hat er beschlossen, den Bauernhof in Oberkärnten zu verkaufen und ist 1928 nach Unterkärnten

gezogen. Dort hat er in St. Walburgen den „Lassnig-Hof" gekauft. So war es für ihn wahrscheinlich etwas leichter.
Und meine Mutter? Es gibt da eine Geschichte, die habe ich noch nie erzählt. Ich weiß nicht, ob man das erzählen soll? Es ist eine sehr tragische Sache. Als mein Vater 1914 einrückte, war mein Bruder Hans vier Monate alt. 1916 wurde Vater verwundet und meine Mutter bekam keine Post mehr von ihm. Er hat als vermisst gegolten und sie hat einen Bergbauernhof zu bewirtschaften gehabt, mit Almwirtschaft. Sie hat dann einen Mann kennen gelernt und mit ihm hatte sie 1920 einen Sohn, den Peppi. Sie wollte diesen Mann heiraten, weil der Vater als vermisst gegolten hat. Meine Mutter musste meinen Vater für tot erklären lassen und das hat sie dann 1922 gemacht. Und dann ist mein Vater nach acht Jahren heimgekommen. Er hat seine Todeserklärung auf der Post selbst abgeholt. Man muss sich diese Tragik vorstellen. Wir haben nie darüber gesprochen. Meine Schwägerin hat mir das erzählt, als meine Mama nicht mehr gelebt hat, aber der Vater hat noch gelebt.
Ich habe 1952 Erich Liska geheiratet und habe drei Kinder bekommen; 1953 Margit, 1958 Angelina und 1963 Andreas. Mein Mann hat in der Steiermark, in der Nähe von Graz, Arbeit bekommen. Er hat bei der Firma Payer-Lux zuerst Rasierapparate repariert und ist dann Betriebsleiter geworden. Erich ist leider im Februar 2002 gestorben.

7. Haben Sie mit „Heil Hitler!" gegrüßt?

LISKA: Es wäre Pflicht gewesen, aber ich habe nie mit „Heil Hitler!" gegrüßt und dadurch haben dann die Schwierigkeiten begonnen.

8. Warum wurden Sie von den Nationalsozialisten verfolgt?

LISKA: Meine Eltern waren Bibelforscher, wie man Zeugen Jehovas damals genannt hat, und wir wurden alle nach den christlichen Lehren erzogen. Sie haben uns auch diesen Glauben wirklich vorgelebt und sie haben sich wirklich danach gehalten.
Als Hitler am 12. März 1938 einmarschiert ist, haben für mich am nächsten Tag die Schwierigkeiten schon begonnen. Alle Schüler waren im Hof, die Hakenkreuzfahne war schon gehisst. Dann hat sich der Direktor vor die Fahne hingestellt und eine Ansprache gehalten, in dem Sinn, dass diese schlimmen Zeiten der Arbeitslosigkeit vorbei sind. „Jeder wird eine Arbeit kriegen. Keiner wird mehr hungern müssen, den

Bauern wird's sehr gut gehen. Ja, kurz und gut", hat er gesagt, „wir gehen jetzt goldenen Zeiten entgegen und das verdanken wir dem Führer Adolf Hitler." Und zum Schluss betonte er: „Wenn wir jetzt in die Schule kommen, sagen wir nicht mehr ‚Guten Morgen', ‚Grüß Gott' oder ‚Guten Tag'. Von nun an gilt nur mehr der deutsche Gruß, ‚Heil Hitler!', mit der ausgestreckten Hand." Unsere Eltern haben uns aber belehrt, dass wir diesen Gruß nicht leisten. Warum nicht? Weil die Bibel sagt, dass nur durch Christus die Rettung kommt und durch keinen Menschen. Aber dieser Gruß „Heil Hitler!" hat ja viel mehr bedeutet, als wenn man jemandem „Guten Morgen" wünscht. Mit diesem Gruß hat man sich praktisch dieser nationalsozialistischen Organisation angeschlossen. Es war das äußere Zeichen der Nationalsozialisten. Als ich danach in die Schule gekommen bin – die Klassen waren im ersten Stock oben –, stand der Direktor beim Stiegenaufgang und ich habe gesagt: „Guten Morgen, Herr Direktor!" Dann hat er gesagt: „Hermine, geh noch einmal hinaus und komm herein und grüß, wie es sich gehört, mit dem deutschen Gruß!" Also ich bin wohl hinausgegangen und wieder hinein und hab halt wieder „Guten Morgen" gesagt.

Na ja, mit der Zeit bin ich doch etwas schlauer geworden. Ich hab halt gewartet, bis es geläutet hat und bin im letzten Moment hinein, weil ich gehofft habe, dass der Direktor nicht mehr dort steht. Es war etwas leichter, aber es ist gleich wieder schlimmer geworden, weil einige Mitschüler angefangen haben, mich zu verspotten. Ein Mädchen hat zum Beispiel sehr abfällig gesagt: „Du bist ja eine Bibelforscherin." Eine andere hat gesagt: „Du bist ja eine Jüdin." Und wenn damals einer gesagt hat: „Du bist ein Jude oder eine Jüdin", war das überhaupt das Schlimmste, was es gegeben hat. Ein Bub hat gesagt: „Dein Bruder, der Hansl, der gehört ja aufgehängt, weil er die Ausbildung zum Kriegsdienst verweigert hat."

Also das hat mir wirklich sehr, sehr wehgetan, denn man muss wissen, es war eine ganz kleine Schule. Jeder hat dort jeden gekannt.

Im Winter sind wir Kleinen mit den Großen Schlitten gefahren und die haben mich dann auch nicht mehr mitfahren lassen, nebenbei bemerkt. Beim Turnen haben wir immer als Abschluss Völkerball spielen dürfen. Da durfte ich dann nicht mehr mitspielen. Im ersten Zeugnis, das ich dann bekam – es war die zweite Klasse, ich war acht Jahre alt –, dem Abschlusszeugnis, habe ich in Betragen einen „Sechser" bekommen.

Abb. 37: Hermine Liska, 1940

Wir hatten vorher nur vier Noten, beim Hitler dann sechs und da habe ich die schlechteste Note im Zeugnis gehabt. Mit zehn Jahren mussten automatisch alle zur Hitlerjugend gehen und da bin ich auch nicht dazugegangen.
Als ich in die fünfte Klasse gekommen bin – das war die Klasse vom Direktor – sagte er: „Hermine, pack deine Sachen und geh zurück in die erste Klasse, weil so einen Stierschädel [Sturkopf] wie dich kann ich in meiner Klasse nicht brauchen." Also er hat mich zurückgeschickt, die Schulanfänger waren auch in der Klasse. Man muss sich vorstellen, die Schule in St. Walburgen hatte damals überhaupt nur zwei Klassen, da waren wir vier Jahre in der ersten Klasse und vier in der zweiten Klasse. Also er hat mich praktisch ins vierte Schuljahr zurückversetzt. Im Jänner 1941 musste mein Vater vor das Jugendgericht. Da wurde ihm ein Schriftstück der Nazis für die Bibelforscher vorgelegt. Damit hätten sie ihrem Glauben abschwören sollen. Das sollte er unterschreiben. Aber für meinen Vater enthielt das Schriftstück den Zusatz, dass er seine Kinder nach den nationalsozialistischen Ideen erzieht. Und das hat mein Vater nicht unterschrieben. Deswegen ist ihm gesagt worden, dass meinen Eltern von nun an die Erziehungsberechtigung entzogen ist und ich abgeholt werde und zur Umerziehung ins nationalsozialistische „Erziehungsheim" komme.

9. Wann wurden Sie verhaftet?
LISKA: Ich wurde nicht verhaftet, ich war ja damals ein Kind mit elf Jahren, aber ich wurde Anfang Februar 1941 abgeholt, und zwar von einer Frau, die von der Fürsorge in St. Veit gekommen ist.

10. Warum wurden Sie interniert?

LISKA: Ich wurde vom Elternhaus weggeholt, weil meine Eltern Bibelforscher waren und sie mich christlich erzogen haben. Und ich habe nicht „Heil Hitler!" gegrüßt und bin nicht der Hitlerjugend beigetreten. Und mein Vater hat eben nicht unterschrieben, dass er seinen Glauben aufgibt und seine Kinder nationalsozialistisch erziehen wird. Deswegen bin ich eben weggekommen, meinen Eltern weggenommen worden.

11. Wie wurden Sie gefangen genommen?

LISKA: Man kann das nicht gefangen nehmen nennen, aber ich wurde Anfang Februar 1941 in aller Früh von einer Frau abgeholt. Diese Frau war eine Fürsorgerin. Wir sind dann mit dem Zug nach St. Veit gefahren, umgestiegen und nach Feldkirchen gefahren. Dort war auf der Anhöhe oben dieses „Erziehungsheim" Waiern.

12. Wusste man von Anfang an, was in den Lagern passiert? Bevor Sie abgeholt wurden, wussten Sie, was passieren würde?

LISKA: Also meine Eltern haben schon von Konzentrationslagern gewusst und auch in Kärnten war Dachau sehr bekannt. Wenn zum Beispiel jemand einen Witz erzählt hat, über dieses nationalsozialistische System, dann hat der Nachbar schon gesagt: „Du, pass auf, du kommst nach Dachau!" Es war eigentlich sehr bekannt als Arbeitslager. Meine Eltern haben sicherlich mehr gewusst als andere, durch die Schriften der Zeugen Jehovas.

Ich wusste, dass es in dem „Erziehungsheim", in das ich kommen sollte, sehr streng zugeht. Denn ich habe zu Hause noch gelernt, wie man die Unterwäsche zusammenlegt, wie man die Pullover zusammenlegt. Wir haben dort einen Spind gehabt und es musste alles schön ordentlich zusammengelegt sein, aber das hat mir meine Mutter zu Hause schon beigebracht.

13. In wie vielen verschiedenen Lagern [„Erziehungsheimen"] waren Sie? Wie viele Jahre verbrachten Sie dort?

LISKA: Ich kam im Februar 1941 nach Waiern, in Feldkirchen in Kärnten. Das war für mich ein „Erziehungsheim", da ich umerzogen werden sollte, für die anderen war es ein Jugendheim. Dann hat man mich im September 1941 nach München in die Adelgundenanstalt

gebracht. Ich habe es als „Kloster“ betrachtet, da die Anstalt von katholischen Nonnen geführt wurde und der Heimleiter ein Pfarrer war. Offiziell war es ein Waisenhaus der Katholischen Jugendfürsorge der Erzdiözese München und Freising. Für mich war es wie Waiern auch ein „Umerziehungsheim“, da ich ja dort hingekommen bin, um nach der nationalsozialistischen Ideologie erzogen zu werden. Dort war ich dann bis zum Sommer 1943. Weil München damals häufig bombardiert wurde und wir in den Luftschutzkeller gehen mussten, hat man während der Ferien 1943 alle Kinder bis 14 Jahre aus München weggebracht. Ende März 1944 kam ich wieder nach München zurück.
Da haben wir im Luftschutzkeller unsere Betten gehabt und es waren jede Nacht fürchterliche Bombardierungen. Meine Eltern haben davon gehört, dass München schon so häufig bombardiert wird und haben laufend Gesuche geschrieben, damit ich doch zurückkommen dürfte nach Kärnten. Einen argen Bombenangriff habe ich dort noch selbst miterlebt, aber am 29. April 1944 habe ich heimfahren dürfen. Wenn die Mädchen damals aus der Schule gekommen sind, hat jedes Mädchen ein so genanntes „Pflichtjahr“ ableisten müssen. Die Bauerntöchter durften das daheim machen und meine Mutter hat angesucht, dass ich daheim bleiben dürfte. Es ist nicht bewilligt worden. Ich wurde im Mai 1944 wieder abgeholt und zu einem älteren Ehepaar [Langsteger] gebracht. Sie hatten in der Nähe von Klagenfurt, in Lambichl, Gemeinde Köttmannsdorf, ein Gasthaus und eine kleine Landwirtschaft. Da war ich dann das letzte Kriegsjahr, bis am 8. Mai 1945 der Krieg aus war und dann bin ich endlich wieder heimgekommen.

14. Waren Sie allein oder mit Familie und Freunden im Konzentrationslager [„Erziehungsheim“]? Hatten Sie Kontakt mit ihnen?

LISKA: Also ich bin allein in diese Anstalten gekommen und es war eigentlich Besuchsverbot. Aber mein Vater hat mich einige Male am Schulweg heimlich besucht und hat mich halt immer wieder ermuntert. Und nachdem ich mich nicht geändert oder sozusagen „gebessert habe“, bin ich dann eben weiter weggekommen nach München, weil man gesagt hat, dass der Einfluss vom Elternhaus noch zu groß ist. Diese Besuche hat man sicher bemerkt.
Und in München habe ich auch Besuche bekommen, und zwar mein Bruder Hans hat mich einmal mit der „Tante“ Julie gemeinsam in Mün-

chen besucht. Da durften wir sogar in den Tiergarten gehen. Das war etwas Besonderes, dass man mir das erlaubt hat.

15. Was passierte unmittelbar nach Ihrem Eintreffen im KZ [„Erziehungsheim"]?

LISKA: Man hat mich nach dem Eintreffen in Waiern in den großen Aufenthaltsraum, wo die 10- bis 14-jährigen Mädchen beisammen waren, hineingesetzt und ich bin halt dagesessen und hab geweint. Dann ist ein Mädchen gekommen, hat mich getröstet und hat gesagt: „Brauchst net rer'n, wirst seh'n, bei uns ist es eh lustig." Die hat Judith geheißen. Vor der Anstalt war der Appellplatz, da ist jeden Sonntag angetreten worden zum Fahnengruß. Ich habe ja die Fahne nicht gegrüßt und habe mich im Klo versteckt, weil ich nicht auffallen und nicht antreten wollte, damit sie nicht sehen, dass ich die Fahne nicht grüße. Aber dann sind zwei Mädchen gekommen, haben mich gesucht und gefunden und haben gesagt: „Hermine, du musst raus hier und antreten!" Jetzt bin ich halt hinaus und hab mich in die letzte Reihe zu den Mädchen gestellt. Also da waren so drei, vier Reihen Mädchen, vis-à-vis waren die Buben, weil in Waiern auch Buben waren. Zwischen diesen beiden Gruppen ist links oben die Heimleiterin gestanden und rechts unten war der Fahnenmast. Die Mädchen haben mich in die erste Reihe geschubst. Dann hat jemand „Achtung" gerufen. Alles war mucksmäuschenstill. Alle haben die rechte Hand gehoben, nur ich nicht. Dann hat die Heimleiterin geschrien: „Hermine, heb die Hand!" Und weil ich's nicht gemacht habe, hat das Mädchen rechts von mir und die hinter mir probiert, meine Hand hochzuhalten, was ihnen auch nicht so recht gelungen ist. Dafür wurde ich bestraft. Ich bekam zu Mittag keine Nachspeise, das wäre ein Pudding gewesen. Heute sagt man vielleicht: „Was ist denn schon ein Pudding?" Aber damals haben wir uns wirklich die ganze Woche auf diesen guten Pudding gefreut, es war schon eine Strafe. Und vor all diesen Kindern, die ich ja eigentlich noch nicht gekannt habe, so bloßgestellt zu werden, das war schon ein schlimmes Erlebnis.

16. Warum wurden die Köpfe der Gefangenen [Zöglinge] geschoren?

LISKA: Das kann ich nicht beantworten, das weiß ich nicht. Aber als ich ins „Kloster" gekommen bin, nach München, hat man mir sofort meine

Zöpfe abgeschnitten, und zwar ganz kurz. Ich denke, es war als Strafe für mich gedacht, weil die anderen haben's behalten dürfen. Normalerweise waren ja eigentlich die Deutschen stolz auf Zöpfe, überhaupt wenn man blond war.

17. Zu welcher Gruppe der KZ-Häftlinge [Zöglinge] gehörten Sie?
LISKA: Ja, ich gehörte zu den Verfolgten. Es hat natürlich verschiedene Gruppen gegeben, aber ich hab damals nicht genau gewusst, welche das sind.

18. Wie war der Tagesablauf im KZ [„Erziehungsheim"]?
LISKA: In der Früh wurden wir geweckt: „Heraus aus den Betten, waschen, anziehen, Betten machen!" Nach dem Frühstück sind wir in die Schule fast „marschiert". Das war auch streng. Wir mussten gemeinsam gehen, wir konnten nicht irgendwann oder irgendwo gehen. Nach der Schule mussten wir wieder alle gemeinsam nach Hause kommen. Dann haben wir das Essen bekommen und wir haben unsere Aufgaben machen müssen. Dann haben wir vielleicht ein bisserl gespielt oder in den Hof gehen dürfen. Nach dem Abendessen mussten wir sehr früh zu Bett gehen. Und im Bett durften wir nicht mehr sprechen. Da war Ruhe. Wir durften auch beim Essen nicht sprechen. Am Schulweg konnten wir sprechen, aber im „Kloster" eigentlich sehr wenig.

19. Was war das Schlimmste am täglichen Ablauf?
LISKA: In Waiern war für mich das Schlimmste das Zu-Bett-Gehen. Die Mama hat mir am meisten gefehlt in Waiern. Denn ich bin im Februar 1941 nach Waiern gekommen und das war der kälteste Winter seit Langem. Und wir, die 10- bis 14-Jährigen, haben gemeinsam in einem Schlafsaal geschlafen. Es war alles blitzsauber und ordentlich. Wir mussten auch den Raum selber sauber halten und jede Woche mussten wir unters Bett hinein. Der Einsatz hat unten so Eisenfedern gehabt und die mussten wir abstauben und herauswischen. Es ist zwar im rechten Winkel ein Ofen gestanden, ein hoher Kachelofen, aber ich weiß nicht, ob der geheizt worden ist, weil es war so fürchterlich kalt. Wir haben zwar Tuchent und Polster gehabt, aber das Bett war so kalt im Gegensatz von zu Hause. Und was noch dazukam, ist, dass ich bis elf bei der Mama im Bett geschlafen habe. Bis man mich aus dem Elternhaus weg-

gebracht hat, war ich bei der Mama im Bett. Sie war so ein bisserl mollig und es war halt so schön weich und warm bei ihr im Bett. Ich habe zwar mein Bett gekriegt, wie ich in die Schule gekommen bin. Am Fußende der Ehebetten ist so ein Diwan gestanden und da bin ich zu Bett gebracht worden. Aber ich bin immer wieder zu der Mama ins Bett gekrochen, weil sie war so schön weich und warm. Ich hab nicht einmal einen Polster gebraucht. Ihre rechte Hand war mein Polster. Praktisch habe ich in ihren Armen geschlafen.

Wenn ich heute so daran denke; sie war eigentlich wirklich arm, weil sie als Erste aufgestanden ist um halb fünf Uhr. Sie hat sich zu Mittag nie hingelegt, sie ist als Letzte ins Bett gegangen und in der Nacht war ich bei ihr. Mit elf ist man doch schon ziemlich groß, aber sie hat mich nie hinausgewiesen. Sicher weil sie befürchtet hat, dass ich ihr weggenommen werde. Deswegen war es eben in Waiern so hart für mich.

20. Schweißte der Alltag eher zusammen oder versuchte man alleine zurechtzukommen?

LISKA: Ich hab eigentlich nur eine Freundin in München und eine in Waiern gehabt. Irgendwie habe ich es allein geschafft. Weil mit meiner Einstellung war ich ja sowieso allein. Die anderen haben das nicht begreifen können, warum ich nicht mit „Heil Hitler!" grüße.

21. Welche Möglichkeiten gab es für Sie, sich von dem grausamen Alltag abzulenken (Musik etc.)? Was hat Ihnen Kraft gegeben?

LISKA: In Waiern war für mich Besuchsverbot, aber mein Vater hat mich einige Male am Schulweg heimlich besucht und hat mir halt immer was mitgebracht, was ich dann hineingeschmuggelt habe in die Anstalt. Und einmal hat er mir so eine kleine Luther-Bibel mitgebracht und die hab ich im Bett versteckt und wenn irgendwie die Gelegenheit war, wo ich lesen hab können, hab ich halt immer in der Bibel gelesen.

Als ich nach München gekommen bin, habe ich die Bibel nicht mehr bekommen, als ich meine Sachen auspackte. In München mussten die Mädchen im „Kloster" jeden Sonntag in die Kirche gehen. Also, im „Kloster" war eine Kapelle, der Heimleiter war ein Pfarrer, der hat die Messe gelesen und weil ich ja nicht in die Kirche gegangen bin, musste ich während der Zeit zur Schwester in die Portier-Loge gehen. Und sie hat gefragt: „Warum gehst denn du nicht in die Kirche?"

„Ich bin nicht katholisch." „So, was bist du?" „Eine Zeugin Jehovas." „Eine Zeugin Jehovas, habt ihr keine Kirchen?" „Nein." „Ja was ist denn das für eine Religion", hat sie gesagt, „die nicht einmal eine Kirche hat?" „Ja, wir haben daheim als Familie gemeinsam die Bibel gelesen jeden Sonntag." „Ach so, und warum liest du sie jetzt nicht? Heute ist ja Sonntag!" „Ich hab sie nicht bekommen." Und dann sagte sie, sie wird schauen, dass sie die Bibel besorgt. Und tatsächlich, nächsten Tag hat sie mir schon herausgewunken aus dem Kammerl und sie hat mir die Bibel durch das Guckloch herausgegeben. Ich hab ja so eine Freude gehabt, dass ich meine Bibel wieder hatte. Die war für mich schon damals etwas Besonderes. Aber das war eigentlich nicht alles. Ich habe ihr jeden Sonntag vorlesen können aus der Bibel.
Das muss man sich einmal vorstellen. Ich habe ihr Apostelgeschichte 4 und 5 vorgelesen, wo die Apostel verfolgt worden sind und sich verteidigt haben. Dann Psalm 23 und Psalm 91. Das hat mich natürlich wieder gestärkt. So hab ich aber eben immer das Gefühl gehabt, dass mir Jehova geholfen hat. Aber natürlich wurde ich von meinen Eltern sehr gut vorbereitet. Ich habe gewusst, wo das alles in der Bibel steht und so hat mich das immer sehr, sehr gestärkt. Außerdem habe ich eigentlich überall jemanden gehabt, auch unter dem Aufsichtspersonal, der lieb zu mir war.

22. Wie waren die Lebensbedingungen in den Baracken [„im Erziehungsheim"] (Aufteilung, Verpflegung, Hygiene, Kleidung etc.)?

LISKA: Kleidung haben wir immer genug gehabt, aber Uniformen, also eine Anstaltskleidung, hat's nicht gegeben. Und das Essen – Kartoffeln und Gemüse hat's immer genug gegeben. Im Winter hat's meistens Sauerkraut und Kohl gegeben und jeden Tag Kartoffeln in irgendeiner Form. Es war einfach, aber hungern haben wir nicht müssen.

23. Welche Arbeiten mussten Sie verrichten? Wie lange mussten Sie arbeiten?

LISKA: Arbeiten mussten wir schon in Waiern. Zum „Erziehungsheim" in Waiern gehörte ein großer Bauernhof. „Staberhof" hat er geheißen. Dort mussten wir zum Beispiel den Maisacker jäten und das Unkraut herausnehmen. Wenn wir in die Schule gegangen sind, sind wir nach der Aufgabe bis zum Abend arbeiten gegangen. In den Ferien haben wir

den ganzen Tag am Feld arbeiten müssen. Das ist mir in Erinnerung geblieben und natürlich im Haus mussten wir die Betten machen und das Geschirr abwaschen.
Wir mussten auch unseren Schlafsaal sauber halten. Jede Woche mussten wir unters Bett kriechen. Der Einsatz hat Eisenfedern gehabt. Diese mussten wir abstauben und unterm Bett wischen. Die Betten mussten wir selber machen. Aber das kann man sich heute nicht vorstellen, wie ordentlich ein Bett sein musste. Tuchent und Polster mussten wie eine Schachtel aussehen, nirgends durfte eine Falte sein und das Leintuch musste schön gespannt sein. Wenn man dies nicht können hat – natürlich habe ich das mit elf Jahren nicht können –, musste man so lange üben, bis man's eben können hat. Man ist dann zur Schwester gegangen und hat gesagt: „Ich bin schon fertig!" Sie ist in den Schlafsaal mitgegangen, hat das Bett kontrolliert und hat gesagt: „Das soll schon fertig sein? Da ist ja noch ein Buckel und da ist eine Falte!" Es wurde alles weggerissen und ich musste wieder von vorne anfangen, bis ich's zur Zufriedenheit der Erzieherin zusammengebracht hab. Im Spind, ein schmaler Kasten, hat man die Sachen Kante auf Kante legen müssen.

24. Wie wirkte auf Sie der Spruch „Arbeit macht frei"?
LISKA: Im „Erziehungsheim" hat's diesen Spruch nicht gegeben, wie in den Konzentrationslagern. Ich habe erst nachher erfahren, wie schwer diese Menschen im Konzentrationslager arbeiten mussten.

25. Wie waren die Aufseher im Lager [„Erziehungsheim"]?
LISKA: Im Allgemeinen ist es schon sehr streng zugegangen. Reinlichkeit und Ordnungsliebe wurde uns anerzogen. Aber ich habe eigentlich überall jemanden gehabt, der wirklich lieb zu mir war. In München zum Beispiel, war eine Novizin im Sekretariat, die hat außerhalb geschlafen und am Schulweg sind wir uns begegnet. Dann haben wir uns begrüßt und sie hat gesagt: „Hermine, komm Nachmittag zu mir ins Büro, du musst mir was helfen. Du musst für mich einkaufen gehen!" Wir durften eigentlich das Haus alleine nicht verlassen, aber ich durfte allein für sie einkaufen gehen. In der Nähe war der Rosenheimer Platz, dort war das Geschäft, wo ich für sie einkaufen gegangen bin und das war halt immer so nett. Ich habe von ihr immer entweder ein Zuckerl, ein Stück Schokolade oder ein Stollwerck bekommen. Das war ganz etwas Besonderes.

Sie hat zu mir gesagt: „Jetzt hab ich einen schönen Bericht über dich geschrieben." Sie hat mir auch gesagt, dass meine Eltern immer wieder Gesuche geschrieben haben. Und als sie dann gewusst hat, dass ich bald heimkommen werde, hat sie gesagt, sie denkt, dass ich jetzt bald heimfahren darf. Also sie war wirklich sehr lieb zu mir.

26. Gab es Kontakte zwischen den Häftlingen [Zöglingen] und der Bevölkerung?

LISKA: Kaum. Allerdings sind wir im Jahr 1943 aufs Land auf einen Bauernhof in der Nähe von Nandlstadt in der Hallertau gebracht worden. Da hat's natürlich dann Kontakte gegeben, beim Erdäpfelklauben. In einer Schule ist eine Klasse ausgeräumt worden und dort haben wir geschlafen.

Vis-à-vis war ein Bauer, bei dem haben wir unser Essen gehabt. Dort haben wir uns untertags aufgehalten und wir sind sogar bei dem Bauern in der Stube von einer Lehrerin, die von München mit uns mitgegangen ist, unterrichtet worden. Das Interessante ist, dort haben wir auch nicht alleine in der Nacht hinausgehen dürfen. Wir sind gemeinsam in die Schule gegangen und wieder gemeinsam zurück, aber ich wollte unbedingt alleine hinausgehen. „Was könnte ich denn machen, dass ich allein in der Nacht, wenn's finster ist, hinausgehen darf?", habe ich nachgedacht. Dann ist mir eingefallen: Wenn ich mich für die Stallarbeit zur Verfügung stelle, die ich ja von daheim gekannt habe, könnte es möglich sein.

Und tatsächlich habe ich hinausgehen dürfen. Dort hat auch ein französischer Kriegsgefangener gearbeitet. Es ist mir zwar streng aufgetragen worden, nicht mit ihm zu sprechen. Aber das hätten sie sich sparen können, denn er hat nicht Deutsch können und ich nicht Französisch. Das war ganz ein netter Mann. Der hat einen aufgezwirbelten Schnurrbart gehabt und er war sehr lieb zu mir. Vielleicht war er mit meiner Arbeit auch zufrieden. Jedenfalls habe ich von ihm immer ein Stück Schokolade gekriegt und das war damals eine Köstlichkeit, das kann man sich heute nicht vorstellen.

27. Wussten Sie über den Kriegsverlauf in der Außenwelt Bescheid?

LISKA: In München noch nicht, aber als ich im letzten Kriegsjahr mein „Pflichtjahr" bei der Familie Langsteger in Lambichl, in der Nähe von

Klagenfurt, gemacht habe. Mein Zimmer war neben der Küche und an der Wand zur Küche ist mein Bett gewesen. In der Nacht, wenn ich im Bett war, haben sie in der Küche den „Feindsender“ BBC gehört. Zwei Söhne dieser Familie waren an der Front. Sie waren natürlich am Kriegsverlauf interessiert und haben BBC gehört. Es hat immer so begonnen: „Bumm, bumm, bumm, bumm. Bumm, bumm, bumm, bumm.“ Dann habe ich gewusst, das ist BBC. Ich habe zwar nichts verstanden, aber aus den Gesprächen der Familie habe ich erfahren, wo die Alliierten sind und dass sie immer näher kommen.

28. Durften Sie im KZ [„Erziehungsheim“] Briefe, Lebensmittel, ... empfangen?

LISKA: Ja, meine Eltern – meine Mama hat die Briefe geschrieben – haben mich in den Briefen immer ermuntert. Auch befreundete Familien haben mich immer ermuntert, die als „Onkel“ und „Tante“ unterschrieben haben. Dann hat mich der Direktor im „Kloster“ zu sich kommen lassen und hat gefragt: „Wer ist denn die Tante und der Onkel?“ „Ja, dies ist der Bruder von der Mama und dies ist die Schwester vom Vater.“ Dann hat er gesagt: „Das ist jetzt egal, wer das ist! Weil von nun an dürfen dir nur mehr deine Eltern schreiben. Aber es darf nichts drinnen stehen, was deine Einstellung bestärkt, sonst bekommst du den Brief nicht! Du darfst einen Brief in der Woche bekommen und einen schreiben und zwei Packerl im Monat.“

Das musste ich nach Hause schreiben und dann hat er gedroht, dass ich in eine geschlossene Anstalt komme, wenn man das nicht einhalten würde. Ich habe regelmäßig die Briefe bekommen, solange ich in München war.

29. Welche Folterungen mussten Sie über sich ergehen lassen?

LISKA: Folterungen musste ich keine über mich ergehen lassen. Ich bin nie geschlagen worden und ich habe nie hungern müssen. Ich kann mich mit jenen, die im Konzentrationslager waren, nicht vergleichen. Diese schlimmen Sachen habe ich nicht erleben müssen.

30. Was war der schrecklichste Moment für Sie?

LISKA: Das Schlimmste war das Herausgerissenwerden vom Familienverband. Also das Heimweh in Waiern, das war wirklich sehr schlimm.

Schlimm waren auch die Bombenangriffe in München. Wir haben im Luftschutzkeller unsere Drei-Stock-Betten gehabt und jede Nacht waren Bombenangriffe.
Wenn irgendwo in der Nähe eine Bombe eingeschlagen ist und der ganze Keller gezittert hat, haben wir uns natürlich furchtbar erschreckt. Die Schwester hat uns dann beruhigt und gesagt: „Braucht's euch nicht fürchten, unser Keller ist bombensicher." Einen schlimmen Angriff habe ich dort in der Nacht vom 19. zum 20. April 1944 mitgemacht. Da hat man dieses Gebiet, wo die Anstalt mittendrin war, besonders angegriffen. Es sind Flugzeuge vorausgeflogen, die dieses Areal, wo dann später die Bomber die Bomben ablassen mussten, besonders gekennzeichnet haben. Im Volksmund hat man gesagt: „Sie haben ‚Christbaum' geschmissen."
Also an vier Ecken hat man was heruntergeschmissen, was wie ein riesiger, brennender Baum ausgeschaut hat. Es war draußen taghell. Die Flugzeuge sind weg und dann sind die Bomber mit den Bomben gekommen. Und wie viele sie in dieses Gebiet, das sie vorher gekennzeichnet haben, geschmissen haben, kann man sich kaum vorstellen. Auf dem Areal der Adelgundenanstalt sind 93 Brandbomben und neun Phosphorbomben gefallen und das war kein riesiger Komplex.
Es hat überall gebrannt. An der Straße war vorne das Hauptgebäude mit Wohnungen und die Küche. Hinten im Hof war die Schneiderei, die Wäscherei und der Schuster hat dort gewohnt. Der Schuster war zugleich der Hausmeister. Er ist über den Hof gerannt. Im Hof war der Kohlenbunker und den Deckel hat eine Explosion wegrissen, sodass der Schuster in den Kohlenbunker gestürzt und ein paar Tage später gestorben ist.
Inmitten dieses Feuersturms mussten wir hinunter zu einem Bach rennen. Aus dem Bach ist mit Kübeln das Wasser geholt, von einem zum anderen weitergegeben worden und so wurde das Feuer gelöscht.

31. Gab es humorvolle Momente, die Sie das Leid für einen Augenblick vergessen ließen? Wie hat man sich diese vorzustellen?

LISKA: Ja, im „Kloster" hat uns – den 10- bis 14-Jährigen – die Schwester Elradina betreut. Und die hat uns sogar einen Witz über die Nazis erzählt. Und wenn ich heute daran denke, was die sich eigentlich getraut hat, denn wenn wir das weitererzählt hätten, wäre sie womög-

lich verhaftet worden. Sie hätte entweder ins Zuchthaus oder sogar ins Konzentrationslager kommen können, wegen so einem Witz. Und zwar über den „Weiß Ferdl", das war ein ganz bekannter Kabarettist in München.
Der Witz hat so gelautet: „Der ‚Weiß Ferdl' steht am Viktualienmarkt und verkauft Fische und schreit ganz laut: ‚Leitl'n, kauft's Hering, so dick und fett wie der Gering.'" Also zum Göring, das war der zweithöchste Mann nach Hitler, der war sehr beleibt, und zu dem hat man im Dialekt „Gering" gesagt. Dann haben sie den „Weiß Ferdl" verhaftet und haben ihm gesagt, wenn er das nochmals macht, kommt er nach Dachau, das nicht weit weg von München ist. Nach der Belehrung haben sie ihn wieder gehen lassen. Nächsten Tag steht er wieder am Viktualienmarkt, verkauft Fische und schreit ganz laut: ‚Leitl'n, kauft's Hering, so dick und fett wie vorgestern!'" So einen Witz hat sie uns erzählt.

32. Was waren Ihre tagtäglichen Gedanken, als Sie im KZ [„Erziehungsheim"] waren?

LISKA: Wann komm ich wieder heim? Manchmal ist halt das Heimweh immer wieder [ge]kommen. Aber hauptsächlich in der Nacht, bei Tag eigentlich eher weniger.

33. Konnten in einem KZ [„Erziehungsheim"] Kinder auf die Welt gebracht werden? Wenn ja, was ist mit diesen Babys passiert?

LISKA: Davon weiß ich nichts. Es waren zwar Mädchen bis 18 Jahren drinnen, aber die haben sicher im „Erziehungsheim" kein Kind gekriegt.

34. Gab es eine Möglichkeit, Freundschaften mit Gefangenen [Zöglingen] zu schließen?

LISKA: Ja, ich habe überall ein Mädchen gehabt. In Kärnten war es eine gewisse Judith und im „Kloster" war es die Trude Künstner.

35. Wer war Ihr bester Freund während dieser schlimmen Zeit und wie hat er Ihnen geholfen?

LISKA: Das war eigentlich Jehova Gott, der hat mir immer geholfen, wenn ich vor einer schwierigen Situation stand und zu ihm gebetet habe.

36. Was haben Sie zur Erleichterung des Leidens anderer Insassen [Zöglinge] getan?

LISKA: Ich kann mich an nichts Besonderes erinnern.

37. Gab es unter den Insassen [Zöglingen] bestimmte Hierarchien?

LISKA: Also ich weiß nichts davon. Ich habe diesbezüglich nichts mitgekriegt.

38. Gab es Unterschiede in der Behandlung zwischen den verschiedenen Gefangenengruppen [Zöglingen] (religiöse, politische Gefangene)?

LISKA: Im „Kloster" selbst nicht, aber draußen in der Schule hat man die Blonden und Blauäugigen bevorzugt. Weil der Hitler eben diesen Wahn gehabt hat. Ein jüdischer Überlebender von Auschwitz hat mir in den 90er-Jahren erzählt, dass er überlebt hat, weil er blonde Haare und blaue Augen gehabt hat. Aus dem Zug heraus haben sie sich aufstellen müssen. Ein SS-Mann hat sich vorne hingestellt und hat sie ausgesondert. Er hat rechts angefangen: „Du gehst rechts, du gehst rechts, du gehst rechts, du gehst rechts." Dann ist er zu ihm kommen. Er war 16 Jahre alt, hatte blonde Haare und blaue Augen, und zu ihm hat er gesagt: „Du bist ein Deutscher, du gehst links!" Und so hat er als Einziger seiner ganzen Verwandtschaft Auschwitz überlebt. Alle seine Verwandten, die dunkelhaarig waren, sind umgebracht worden.

39. Welche Krankheiten gab es im KZ [„Erziehungsheim"]?

LISKA: Einmal habe ich Gelbsucht bekommen. In der Früh sagte ein Mädchen zu mir: „Wie schaust denn du aus? Du hast ja ganz gelbe Augen." Dann habe ich wieder ins Bett müssen und ich kann mich nur erinnern, dass ich deswegen sehr viel Rhabarber-Kompott bekommen habe. Zu einem Arzt bin ich nicht gebracht worden bin, obwohl nebenan ein Krankenhaus gewesen wäre.

40. Wurden Sie körperlich verwundet?

LISKA: Ja, ich bin zwar nie so geschlagen worden, dass ich irgendeine Verwundung davongetragen hätte, aber einmal hat es etwas gegeben, wo ich schon eine arge Verwundung gehabt habe. Und zwar in Waiern, da haben wir im Sommer zum Flatschacher-Teich schwimmen gehen dürfen. Dort hat es eine Badehütte gegeben und da sind Stufen in den See hinuntergegangen. Weil ich noch nicht gut schwimmen konnte, bin ich immer über die Stufen hineingegangen. Aber eines Tages hat mich ein Bub aus der Anstalt gepackt und wollte mich hineinwerfen. Ich habe mich bei der Hütte angehalten und da war rundherum ein rostiger Stacheldraht und der hat mir eine lange, tiefe Wunde an der rechten Hand zugefügt. Ich habe fürchterlich geblutet. Es wurde irgendetwas draufgeschüttet, was fürchterlich gebrannt hat. Dann ist die Hand verbunden worden und am nächsten Tag habe ich eine Blutvergiftung gehabt. Bis zum Ellbogen war ein roter Streifen. Damals hat man gesagt, wenn man eine Blutvergiftung hat, muss man sterben. Dann habe ich die Erzieherin gefragt: „Ich habe eine Blutvergiftung, muss ich jetzt sterben?" Sie hat gesagt: „Aber woher denn? Das ist ja die rechte Hand, wenn du das auf der linken Hand hättest, wäre das gefährlich, weil die geht direkt zum Herzen." Also ich bin nicht gestorben und es ist wieder gut geworden.

41. Wie viele Kilos wogen Sie, als Sie im KZ [„Erziehungsheim"] waren?

LISKA: Keine Ahnung, wir sind zwar alle gewogen worden, aber wie schwer ich war, weiß ich nicht mehr. Ich war doch einige Jahre weg. Als ich heimgekommen bin, war ich schon größer und schwerer, aber dick war ich sicher nicht.

42. Was bedeutete der Tod für Sie?

LISKA: Ja, ich hab eigentlich niemanden erlebt, der in der Erziehungsanstalt oder im „Kloster" gestorben ist.

43. Wie nahe kamen Sie dem Tod?

LISKA: Durch die Bombenangriffe war er sehr nahe. Als ich aus der Adelgundenanstalt weggekommen bin, habe ich mich beim Direktor verabschiedet und er hat gesagt: „Hermine, schreib mir, ob du gut heimgekommen bist, und bleib so, wie du bist." Ich habe geschrieben und nach einigen Wochen die Antwort kommen, wo mir mitgeteilt wurde, dass die Anstalt von Bomben schwer getroffen wurde. In dem Abteil im Keller, wo ich vorher bei den 14- bis 18-jährigen Mädchen gesessen bin, waren neun Mädchen und eine Schwester tot. Der Keller hat zwar als sehr sicher gegolten, weil dort auch viele Privatleute Schutz gesucht haben, aber er war eben nicht bombensicher. Wenn ich da noch dort gewesen wär, dann wäre ich sicher umgekommen.

44. Haben Sie irgendwann eine Art „Mauer“ gegen die schrecklichen Taten aufgebaut, sodass Sie der Tod eines anderen Häftlings [Zöglings] nicht mehr berührt hat?

LISKA: Das wäre sicher schlimm gewesen, wenn ich so etwas miterleben hätte müssen. Das war aber glücklicherweise nicht der Fall.

45. Was wurde im KZ [„Erziehungsheim“] mit den Leichen gemacht?

LISKA: Während meiner Zeit habe ich von Leichen nichts mitbekommen. Ich habe später erfahren, dass für die neun Mädchen, die in München von den Bomben getötet worden sind, Holzsärge selbst gezimmert wurden, damit sie nicht in Massengräbern begraben werden mussten.

46. Gab es für Sie eine Möglichkeit, aus dem Lager [„Erziehungsheim“] entlassen zu werden?

LISKA: Es hätte die Möglichkeit gegeben, wenn ich mit „Heil Hitler!“ gegrüßt hätte, aber ich wäre trotzdem nicht heimgekommen. Der Direktor hat mich einmal holen lassen und hat gefragt: „Sag einmal, Hermine, hast du Angst, dass dich deine Eltern verstoßen, wenn du mit ‚Heil Hitler!‘ grüßt?“ Ich habe gesagt: „Nein.“ „Ja, haben sie es gesagt?“ „Nein, gesagt haben sie es nicht.“ „Ja, warum bist du dann so sicher? Vielleicht hast doch Angst deswegen!“ Da hab ich gesagt: „Nein, wirklich nicht. Weil ein Bruder von mir, der Peppi, das war kein Zeuge Jehovas und der ist eingerückt. Dem hat die Mama genauso Packerl geschickt und Briefe geschrieben, wie ich sie jetzt bekomme.“ Ich wusste das, weil ich sie selbst nach Brückl zur Post bringen musste. Dann habe ich argumentiert: „Es ist für meine Eltern bestimmt viel schlimmer, dass der Peppi eingerückt ist, als wenn ich mit ‚Heil Hitler!‘ grüßen würde. Denn mein Vater hat immer gegen den Krieg gesprochen. Im Ersten Weltkrieg ist er eingerückt und hat viel mitgemacht, ist verwundet worden, in russische Gefangenschaft gekommen und mein Vater hat immer gesagt: ‚Ein Krieg ist das Schlimmste, was einem Volk passieren kann und als Christ darf man keinen Krieg unterstützen.‘ Und deswegen bin ich mir sicher, dass sie mich nicht ausstoßen.“ Der

Direktor hat mich daraufhin zur Abschreckung mit einer Klosterschwester in eine geschlossene Anstalt in München geschickt. Das hat mir schon einen enormen Schrecken eingejagt, weil ich habe ihn dann gefragt: „Ja, darf ich heimgehen, wenn ich mit ‚Heil Hitler!' grüße?" Und er hat gesagt: „Nein, das glaub ich nicht." „ Ja, warum soll ich dann mit ‚Heil Hitler!' grüßen, wenn ich eh nicht heimgehen darf?" Aber ich glaube eher nicht, dass ich es gemacht hätte, weil ich fest entschlossen war, das eben nicht zu tun.

47. Gab es Fluchtversuche und Fluchtmöglichkeiten? Versuchten Sie zu flüchten?

LISKA: Für mich hätte es genug Fluchtmöglichkeiten gegeben. Ich durfte alleine hinausgehen. Aber das wäre mir nie eingefallen, das hätte ich mir gar nicht getraut. Weil wohin hätte ich sollen? Und außerdem, irgendwie habe ich gewusst, wenn ich flüchte, dann werden meine Eltern auch eingesperrt.

48. Gab es KZ-Häftlinge [Zöglinge], die sich getraut haben, einen Aufstand gegen die KZ-Führer [Aufseherinnen] zu machen?

LISKA: Nein. Wir, die 10- bis 14-Jährigen, sind zum Beispiel mit den 14- bis 18-Jährigen nicht zusammengekommen, obwohl wir im gleichen Haus waren. Wir sind auch mit den Kleinen nicht zusammengekommen. Ich hätte die Kleinen sehr gern gehabt.

49. Dachten Sie, dass Sie jemals wieder lebendig herauskommen?

LISKA: Ja, ich war überzeugt, dass ich wieder heimkomme.

50. Gab es Zeiten, in denen Sie alle Hoffnung aufgegeben haben? Und wieso war dies so?

LISKA: Nein, die Hoffnung hab ich nie aufgeben. Ich war immer der Überzeugung, dass mir Jehova Gott hilft und dass ich wieder heil herauskomme. Wir haben ja vorher die Geschichten von Daniel mit dem Feuerofen und den Löwen besprochen und dass der Daniel immer gebetet hat, obwohl er gewusst hat, es wird Schlimmes für ihn bedeuten. So hat mich meine Mutter eigentlich darauf vorbereitet und sie hat gesagt, ich soll fleißig beten. Das habe ich immer getan, wenn irgendein besonderer Anlass war, zum Beispiel wie ich die Fahne hätte grüßen sollen oder wie mich der Direktor zu sich gerufen hat und mir mit der geschlossenen Anstalt gedroht hat.

51. Beging irgendjemand Selbstmord?
LISKA: Davon weiß ich auch nichts.

52. Haben Sie während des Holocaust je daran gedacht, aus Verzweiflung Selbstmord zu begehen?
LISKA: Nein, nie.

53. An welche Gedanken, Ideen, Hoffnungen, Wünsche oder religiöse Überzeugung haben Sie sich geklammert?
LISKA: Also das Gebet war für mich einmal ganz wichtig, aber meine Mama hat mich auch sehr gut auf diese Zeit vorbereitet. Sie hat mir von klein auf die Schöpfung erklärt, die Blumen oder die Sterne. Sie hat so gerne die Sterne gehabt und sie hat mir den Kleinen und den Großen Wagen [gezeigt]. Wenn eine sternenklare Nacht war im Sommer, sind wir immer vorm Haus gesessen auf der Bank und dann hat sie mir halt diese Sternzeichen erklärt und unter anderem auch das Siebengestirn. Und dann hat sie gesagt, wenn ich wegkommen sollte von daheim und ich einmal keinen Brief mehr kriegen sollte, dann soll ich zum Siebengestirn schauen. Es könnte sein, dass sie keine Post von mir kriegt und ich keine von ihr. Dann soll ich zum Siebengestirn schauen und sie wird auch hinschauen, dann sind wir geistig wieder verbunden und dann hat sie noch gesagt: „Minnerle, du brauchst dich nie verlassen zu fühlen, Jehova Gott und Christus werden immer mit dir sein!" In München habe ich die Briefe regelmäßig gehabt, das war kein Problem und trotzdem hab ich einmal, wie wir in der Nacht in den Luftschutzkeller haben gehen müssen, im Stiegenhaus bei einem hohen Fenster die Rollos ein bisschen weggezogen, weil ich schauen wollte, ob die Sterne leuchten. Aber die Schwester hat mich gleich weggezogen. Aber draußen am Land, das war schon 1944, da haben wir wahrscheinlich wirklich keinen Brief mehr gekriegt, und da habe ich halt gebeten, ob ich hinausdürfte. Ich bin dann in den Stall arbeiten gegangen. Und ich bin im Hof zwischen Haus und Stall gestanden und habe da hinaufgeschaut zu den Sternen und habe halt an meine Mama gedacht, wie sie daheim sitzt und hinaufschaut. Und dann war ich halt wieder *(weint)* [mit meiner Mama

verbunden]. Das war einfach wunderbar. Wenn ich im Hof gestanden bin und hinaufgeschaut habe, war das wieder eine Stärkung für mich und vor allem halt das Gebet. Ich hab wirklich immer das Gefühl gehabt, dass mir Jehova Gott hilft.

54. Haben Sie Ihren Glauben an Gott verloren, während Sie im Lager [„Erziehungsheim"] waren?

LISKA: Nein, wirklich nicht, ich bin eigentlich aus jeder schlimmen Situation, die ich bestanden habe, gestärkt hervorgegangen, wenn ich vor den Aufsichtspersonen oder vor dem Direktor oder vor so vielen Jugendlichen zum Fahnengruß antreten musste.

55. Welche Rolle hat Ihre Religion dabei gespielt, wie Sie die Geschehnisse empfunden haben? Warum?

LISKA: Die Religion hat die größte Rolle gespielt, weil ich wegen meiner Religion dort war. Ich habe verstanden, warum das so ist und vor allem habe ich mich nicht fragen müssen: „Warum lässt das Gott zu?" Ich weiß, warum, und habe es damals gewusst. Ich hatte natürlich durch die Religion auch die Hoffnung, dass das enden wird, dass ich wieder heimkommen werde und dass ich meine Lieben wiedersehen werde. Diese Überzeugung hatte ich immer.

56. Haben Sie während Ihrer Gefangenschaft gebetet?

LISKA: Ja, ich habe natürlich sehr viel gebetet, also ich bin nie eingeschlafen, ohne mein Gebet zu sprechen. Und ich habe in der Früh immer gedankt, dass ich wieder gesund aufstehen habe dürfen und besonders, wenn eben besondere Situationen waren, zum Beispiel wie ich da zum Fahnengruß antreten habe müssen, oder wie mir die Erzieherin die Uniformjacke anziehen wollte, also da habe ich zu Jehova gebetet, er möge mir helfen und er hat mir wirklich immer geholfen. Also, ich habe wirklich das Gefühl gehabt, dass er mir hilft und ich habe wirklich alles eben dann leichter ertragen.

57. Hatten Sie je den Gedanken, die Religion (oder Ideologie) zu wechseln? Warum?

LISKA: Diese Idee ist mir nie gekommen, weil ich gewusst habe, dass das, was ich habe, das Richtige ist.

58. An welchem Datum wurden Sie aus dem Lager [„Erziehungsheim“] befreit?

LISKA: Ich bin aus dem „Kloster“ in München am 29. April 1944 entlassen worden. Ich bin dann aber zu einem Ehepaar in der Nähe von Klagenfurt gebracht worden und habe dort mein „Pflichtjahr“ absolvieren müssen. Am 8. Mai 1945 war der Krieg aus und dann bin ich endlich wirklich heimgekommen.

59. Wie sind Sie aus dem Lager [„Erziehungsheim“] befreit worden bzw. wie sind Sie aus dem Lager [„Erziehungsheim“] herausgekommen?

LISKA: In München sind schon sehr viele Bomben gefallen. Jede Nacht ist bombardiert worden. Meine Eltern haben Angst gehabt, dass mir etwas passiert und haben laufend Gesuche geschrieben, dass ich doch nach Kärnten zurückgebracht werden möge. Da die Lage dort sehr gefährlich war, hat man dies dann wahrscheinlich bewilligt. So bin ich am 29. April 1944 entlassen worden und mit dem Zug alleine heimgefahren.

60. Wie wurden Sie von den Befreiern behandelt?

LISKA: Bei uns in Kärnten sind die Engländer gekommen und haben Kärnten befreit. Die ersten Soldaten sind mit Pferden zu uns nach Hause in St. Walburgen geritten. Am Gartenzaun haben sie die Pferde angehängt und wir Kinder durften sogar mit diesen Pferden reiten. Wir hatten so eine Mauer vor der Haustür. Auf dieser Mauer sind die Engländer, die Soldaten, gesessen und die Mama hat ihnen Most gegeben. Als sie wieder gekommen sind, haben sie der Mama fünf Kilo Zucker gebracht. Das war damals eine Kostbarkeit. Die ersten Engländer, die als Besatzungsmacht gekommen sind, waren sehr volksnah und nett.

61. Was haben Sie nach Ihrer Befreiung als Erstes getan?

LISKA: Jehova gedankt, dass ich heimgehen darf und wir das gut überlebt haben. Dann bin ich nach Klagenfurt zu Glaubensbrüdern gegangen. Von einer Glaubensschwester habe ich ein Rad geliehen bekommen. Mit dem Rad bin ich nach Hause, nach St. Walburgen, so ca. 30 Kilometer, gefahren. Das war so witzig. Ich habe mich einmal hinten bei einem Lastwagen angehalten, damit ich nicht so viel treten musste.

Der ist dann irgendwie in ein Loch gefahren, da die Schotterstraße sehr schlecht war. Da habe ich den Halt verloren und bin in den Straßengraben hineingeflogen. Aber es ist nichts weiter passiert, nur die Knie waren ein bisserl aufgehauen.

62. Gab es ein „Rückkehr-Problem"? Wie reagierte die Umgebung auf Sie?

LISKA: Ich bin zwar als Kind mit elf Jahren aus dem Elternhaus abgeholt worden und erst mehr als vier Jahre später wieder heimgekommen, aber es gab eigentlich keine Entfremdung. Meine Mama hat mir ja regelmäßig geschrieben und sie war sehr schlau. Sie hat mich immer am Geschehen daheim teilhaben lassen. Sie hat zum Beispiel geschrieben, was sie gerade arbeiten. Jetzt ist Heuernte, jetzt ist Getreideernte oder jetzt brocken wir Äpfel. Jedes Kind von uns hat pro forma eine Kuh gehabt und meine hat Alma geheißen. Das war natürlich die schönste Kuh, die war auch leicht zu melken. Sie war braun und hell gefleckt. Und die Mama hat mir geschrieben: „Deine Alma hat ein Kalb bekommen! Das ist ein Kuhkalb und es schaut genauso aus wie die Alma. Und wenn du heimkommst, dann gehört dir das Kalb." So hat sie mich immer vorbereitet und mir Hoffnung gemacht. Sie war überzeugt, dass ich wieder heimkomme. Das hat mich natürlich immer sehr gestärkt. Als ich dann wirklich heimkommen bin, habe ich das Kalb gesehen. Es war natürlich nicht mehr so klein, aber es hat wirklich ausgeschaut wie die Alma.

63. Konnten Sie sich mit Ihrer Familie wieder vereinigen?

LISKA: Ja, wir sind alle wieder heimgekommen und zusammengekommen. Es waren alle natürlich sehr, sehr, sehr froh.

64. Hatten Sie Bekannte, Freunde oder Verwandte im KZ? Haben diese überlebt?

LISKA: Mein ältester Bruder Hansl hat 1937 die Einberufung zur militärischen Ausbildung in Österreich bekommen. Er hat verweigert und ist zu einem Jahr Gefängnis verurteilt worden. Er durfte diese Strafe aber während zwei Winter in Klagenfurt absitzen, im Sommer durfte er daheim arbeiten. Dadurch hat sich seine Entlassung so hinausgezögert und als er entlassen worden ist, war schon der Hitler in Österreich. Er hat dann einen Ausschließungsschein aus der Deutschen Wehrmacht bekommen, da er nicht würdig war, für das deutsche Vaterland zu kämpfen, weil er vorbestraft war. Das war seine Lebensrettung, weil wenn er da die Einberufung bekommen hätte, und er hätte sie garantiert verweigert, dann hätte man ihn nach Berlin gebracht, dort zum Tode verurteilt und dort wäre er entweder erhängt, geköpft oder erschossen worden. Ungefähr 50 junge Männer zwischen 19 und 30 Jahren – Österreicher, Zeugen Jehovas – sind so ums Leben kommen. Aber der Hansl ist nach Eisenerz am Erzberg zur Zwangsarbeit verurteilt worden. Im Herbst 1944 ist der so genannte „Volkssturm" eingeführt worden und da haben mein Vater, der fast 60 Jahre alt war, und der Hansl, der in Eisenerz war, zur gleichen Zeit, um Weihnachten 1944, die Einberufung zum Volkssturm bekommen. Sie sind nicht gegangen. Am 2. Jänner [1945] wurden sie abgeholt und nach Klagenfurt ins Gefängnis gebracht. Sie sind daheim von zwei Männern abgeholt worden und sind hinuntergegangen. Damals hat's keine Straße zum Haus gegeben, wahrscheinlich war unten irgendwo das Auto. Als sie hinuntergingen, ist der Nachbar entgegengekommen und hat gefragt: „Lassnig, wo geht's denn ihr heute schon hin?" Mein Vater hat gesagt: „Nach Dachau!" Und der Nachbar hat gesagt: „Ja, da macht man aber keinen Witz darüber." Mein Vater sagte: „Nein, das wird kein Witz sein, wir haben die Einberufung zum Volkssturm und du weißt ja, wir rücken nicht ein." Mein Vater hat fest damit gerechnet, dass er nach Dachau kommt. Jedenfalls ist er da vor den Gestapochef gebracht worden und der fragte ihn, warum er nicht einrückt. Mein Vater hat gesagt: „Ich bin ein Christ und es heißt, ‚du sollst nicht töten'." „Aber", sagte der Gestapochef, „Sie werden ja keinen umbringen brauchen, vielleicht brauchen S' nicht einmal ein Gewehr angreifen. Gehn S' runter in den Hof und leisten S' den Eid, sonst muss ich sie nach Dachau schicken. Sie wissen nicht, was Dachau bedeutet. Sie sind schon zu alt. Sie überleben das nicht." Darauf sagte mein Vater: „Ich weiß ganz genau, was Dachau bedeutet, aber den Eid kann ich auch nicht leisten, denn das Leben habe ich ja nicht von einem Menschen." Und er hat immer argumentiert, dass er dem Staat immer gegeben hat, was er dem Staat schuldet, und das sind normalerweise die Steuern. Aber damals ist es nicht ums Geld gegangen, sondern den Bauern ist genau vorgeschrieben worden, was sie abzuliefern haben. Mein Vater sagte zu dem Gestapochef: „Ich habe immer alles, was mir vorgeschrieben worden ist, genau abgeliefert. Also ich hab meine Pflicht dem Staat gegenüber erfüllt." Darauf sagte der

Gestapochef: „Das war eh Ihr Glück, dass Sie das gemacht haben, weil es sind die ganzen Jahre hindurch Anzeigen von der Ortsbauernschaft gekommen, man möge die ganze Familie vom Hof wegbringen.“ Weil wir eben angeblich staatsfeindlich eingestellt wären. „Da hab ich eine Handhabe gehabt zu sagen, lassen wir doch den Bauern für uns arbeiten. Was haben wir davon, wenn wir alle einsperren?“ Und er hat ihm wieder zugeredet, dass er doch den Eid leisten soll und dann sagte mein Vater: „Wissen S' was? Ich habe noch vom Ersten Weltkrieg genug!“
Im Ersten Weltkrieg ist er an die russische Front gekommen. Nach zwei Jahren ist er verwundet worden, er hatte noch immer einen Splitter im Rücken und wirklich immer Schmerzen gehabt. Dann war er sechs Jahre in russischer Gefangenschaft und da ist er durch ganz Sibirien hindurch, bis an die chinesische Grenze gekommen. Die letzte Stadt war Wladiwostok. Dann sagte er zu dem Gestapochef: „Damals in Russland habe ich mir geschworen, einrücken werde ich nie mehr und inzwischen habe ich die Bibel kennen gelernt und habe auch eine Grundlage, dies zu verweigern.“ Darauf sagte der Gestapochef: „Schmerzen haben S'? Ich schick Sie zum Gefängnisarzt, vielleicht kann er Sie haftuntauglich erklären.“ Und tatsächlich, nach drei Wochen hat er heimgehen dürfen.
Mein Bruder, der Hansl, ist nach Dachau gekommen. Das war schon Ende Jänner 1945, also der Krieg hat nur mehr ein paar Monate gedauert. Man hat ihn Ende Jänner in ein Außenlager gebracht, in einen Steinbruch schwer arbeiten. Er hat nachher erzählt, es war dort nicht die Arbeit das Schlimmste, es war nicht die Kälte das Schlimmste, es war nicht einmal der Hunger das Schlimmste. Das Schlimmste waren dort die hygienischen Verhältnisse. Sie haben dieses gestreifte Arbeitsgewand nicht einmal mehr wechseln können, sie haben sich nicht einmal gescheit waschen können. Durch diese Verschmutzung haben sie Läuse bekommen, und die haben Typhus übertragen. Da ist er an Typhus erkrankt und man hat ihn zurückgebracht nach Dachau auf die Isolierstation. Drei Wochen war er mehr ohne als bei Bewusstsein. Am 25. April 1945 haben die Lagerinsassen antreten müssen. Der Lagerleiter hat eine Ansprache gehalten, in dem Sinn, dass das Lager jetzt geräumt wird und sie einen weiten und anstrengenden Fußmarsch vor sich haben. Wer sich nicht im Stande sieht mitzugehen, der kann im Lager bleiben. Da ist ein Freund von ihm gekommen, auch ein Zeuge Jehovas, der

Valentin Thaler, und der hat ihm das gesagt. Der Hansl hat gesagt: „Ich kann eh nicht aufstehen." Der andere hat gesagt: „Ich bleib auch da." So sind noch viele drinnen gewesen, die auch noch gelebt haben, als vier Tage später, am 29. April [1945], die Amerikaner das Konzentrationslager Dachau befreit haben. Dann ist er bei den Amerikanern ins Lazarett gebracht worden, wo er genau zwei Monate war. Am 29. Juni [1945] ist er heimgekommen. Trotzdem hat er nur 45 Kilo gehabt bei einer Größe von 1,82. Aber er hat es wenigstens überlebt.

An einem Sonntag ist ein Freund von ihm gekommen und der fragte ihn unter anderem: „Hansl, war's wirklich so schlimm in Dachau?" Also, Dachau war in Kärnten von Anfang an bekannt als Konzentrationslager, als Arbeitslager. Aber was eigentlich wirklich dort war: Gaskammern, Verbrennungsöfen, Verhungern, geschlagene Menschen, fürchterliche Dinge. Das haben wahrscheinlich die meisten wirklich nicht gewusst. Als die Alliierten so ein Konzentrationslager befreit haben, ist das alles gefilmt worden. Dann hat man im Kino so einen Film gespielt. Vielleicht hat der Freund das gesehen und darauf fragte er den Hansl: „War es wirklich so schlimm?" Und der Hansl hat gesagt: „Das war viel schlimmer! Ich kann dir das gar nicht erzählen, weil wer das nicht gesehen oder gar erlebt hat, der kann das nicht glauben." Und so hat er eigentlich nie darüber gesprochen.

Die Mutter ist nie weggebracht worden. Die Mutter hat daheim bleiben dürfen. Mein jüngster Bruder Franz ist 1944 zum so genannten Reichsarbeitsdienst einberufen worden. Aber weil das eine vormilitärische Ausbildung war, wo er den Eid leisten hätte müssen, hat er das verweigert und ist dann zu drei Wochen Bunker verurteilt worden. Der Bunker war ein kleiner Raum im Keller, den man extra dafür gerichtet hat. Es war nur oben ein Schlitz, wo etwas Licht hereingekommen ist, und das Besondere war: Er hat nur zweimal in der Woche ein warmes Essen bekommen, sonst nur Wasser und Brot. Nach drei Wochen hat man ihn heraufgeholt und gefragt, ob er jetzt bereit ist, dies zu machen. Nein, er hat's weiterhin verweigert. Dann hat man ihn nach Klagenfurt ins Gefängnis gebracht.

Der Chef der Arbeitsdienstleistenden hat an den Gestapochef einen Brief geschrieben. Ich habe vor ungefähr zehn Jahren aus dem Archiv in Klagenfurt seinen Akt geholt und den Brief gelesen. Darin schrieb er, dass er die sofortige Einweisung des Franz Obweger in ein Konzentra-

tionslager empfiehlt. Sie haben alles versucht, dass er seine Einstellung ändern soll, aber er bleibt stur. Deswegen soll er gleich in ein Konzentrationslager kommen. Der Gestapochef hat ihm aber ein Gerichtsverfahren bewilligt und bei diesem Gerichtsverfahren ist Franz zu einem Jahr Jugendgefängnis verurteilt worden. Er ist dann in das Jugendgefängnis Kaiser-Ebersdorf in Wien gekommen und dort ist er am 4. April 1945 entlassen worden. Als er heimgekommen ist, war schon die Einberufung zum Militär da. Er ist natürlich nicht gegangen und hat sich dann daheim versteckt. Sie wollten ihn einmal abholen, aber sie haben ihn zum Glück nicht gefunden. So hat er das dann überlebt. Mein Halbbruder, der Peppi, der ist ja eingerückt. Er ist auch heimgekommen, und zwar im Oktober 1945. Es haben also alle Verwandten überlebt.
Es hat aber viele Freunde gegeben, die nicht überlebt haben. Kärntner, die mit meinen Eltern sehr gut befreundet waren. Eine war die Familie Dorner. Anton ist 1944 ins Konzentrationslager Dachau gekommen und dort im Dezember 1944 gestorben. Antons Sohn Anton hat 1939 die Einberufung zum Wehrdienst bekommen und ist nicht gegangen. Man hat ihn nach Berlin gebracht, zum Tode verurteilt und er ist im Jänner 1940 hingerichtet worden. Anton Dorners [sen.] Bruder Franz hat sich daheim im Wald versteckt. Die Frau vom Anton war eine Gegnerin der Zeugen Jehovas, die hat ihn verraten und er ist auch 1944 ins Konzentrationslager Dachau gekommen. Er hat die Befreiung zwar erlebt, aber er war so schlecht beisammen, dass er einen Tag, bevor die überlebenden Kärntner Zeugen Jehovas am 29. Juni 1945 mit einem Sonderzug heimgekommen sind, gestorben ist.

65. Was geschah mit Ihrem Eigentum?
LISKA: Es ist meinen Eltern geblieben. Nach dem Krieg hat man gehört, dass man am Wirtshaustisch schon den Besitz aufgeteilt hat. Und zwar hat man gesagt: „Der Acker passt zu dem Nachbarn, die Wiese passt zu dem.“ Also man hat eigentlich fest geglaubt, dass wirklich alle wegkommen. Und man hat nachträglich noch etwas gehört. Man hat uns gesagt: „Ihr habt ja ein Glück, dass der Krieg verloren ist, weil wenn der Hitler gewonnen hätte, dann hätte er euch alle, die Bibelforscher, nach Russland gebracht!“ Ich habe später ein Buch von Dr. Detlef Garbe gelesen, der schreibt, dass nicht der Hitler dieses Vorhaben gehabt hat, sondern der Himmler.

66. Inwieweit wurden Sie für Ihre Inhaftierung [Zeit im „Erziehungsheim"] entschädigt?

LISKA: Ich habe 1997 eine Entschädigung vom österreichischen Nationalfonds zugesprochen bekommen. Als Opfer bin ich erst im Jahr 2010 durch eine Amtsbescheinigung vom Amt der Steiermärkischen Landesregierung anerkannt worden.

67. Wie haben Sie Ihre Existenz wieder aufgebaut?

LISKA: Ich habe in der Schule ja sehr viel versäumt. Ich durfte die Hauptschule nicht besuchen, weil ich nicht mit „Heil Hitler!" gegrüßt habe. Nach dem Krieg bin ich in Klagenfurt in die Schule gegangen. Mein Traum war es jetzt, Kindergärtnerin zu werden. Aber das ist auch nicht möglich gewesen, weil meine Mutter krank geworden ist und ich musste nach zwei Jahren die Schule abbrechen und am Hof der Eltern arbeiten. Nach meiner Heirat bin ich mit meinem Mann in die Steiermark gekommen, wo wir in Reiteregg, Gemeinde St. Bartholomä, in ein Haus gezogen sind.

68. Wie lange dauerte es, um nach dem Holocaust zu einem „normalen" Leben zurückzukehren?

LISKA: Das hat natürlich schon eine gewisse Zeit gedauert, sicher fünf bis zehn Jahre. Das kann man nicht so schnell wegstecken. So lange die Besatzungsmächte da waren, war in ganz Österreich noch nicht die richtige Freiheit da. Zum Beispiel hat es am Semmering eine Grenze gegeben, dort waren die Russen. Dann wollte ich Anfang 1950 nach Deutschland zu einem Kongress der Zeugen Jehovas nach Frankfurt fahren. Das war unmöglich, weil ich meine Reisedokumente nicht bekommen habe.

69. Wie sah Ihr Leben nach dem Krieg aus?

LISKA: Die Mama ist leider bald gestorben, am 19. April 1956, und der Vater am 27. März 1970. Der Hansl ist am 22. April 1993, der Franz im April 2006 und der Peppi am 20. Oktober 2006 gestorben.

Ich habe in Klagenfurt eine Hauhaltungsschule besucht, die hätte drei Jahre gedauert, aber ich musste nach zwei Jahren nach Hause, weil die Mama krank geworden ist. 1952 habe ich geheiratet. Dann hat mein Mann in der Nähe von Graz Arbeit bekommen und hat dort bis zu seiner

Pensionierung 1987 eine Fabrik geleitet. Leider ist er am 22. Februar 2002 gestorben. Ich habe drei Kinder bekommen und im Haushalt gearbeitet. Einen Beruf habe ich nie erlernt und ausgeübt.

70. Wie leben Sie heute? Denken Sie noch viel an jene Zeit zurück?
LISKA: Heute lebe ich in Reiteregg, Gemeinde St. Bartholomä, und habe ein schönes Leben am Land. Eigentlich habe ich die ganzen Jahrzehnte überhaupt nicht an diese Zeit gedacht. Aber 1980 wurde begonnen, diese Zeit aufzuarbeiten, indem man in Schulen gegangen ist, um das Schülern zu erzählen. 1995 sind Historiker an Zeugen Jehovas herangetreten und haben gesagt, ihr müsst eure Geschichte auch aufarbeiten und erzählen. Mittlerweile habe ich das Vorrecht, in Schulen zu gehen. Ich gehe schon seit 1999 in Schulen und seit 2002 bin ich anerkannte Zeitzeugin vom Bundesministerium für Unterricht, Kunst und Kultur. Ich darf so viele Schulen besuchen, dass ich fast jeden Schultag in irgendeiner Schule bin, und zwar in ganz Österreich. Alleine könnte ich das nicht bewältigen. Es begleiten mich immer gute Freunde, die mir eine große Unterstützung sind. Und das macht mir unheimlich viel Freude. Das erhält mich fit und ich bin dankbar, dass ich diese Tätigkeit

Abb. 38: Hermine Liska als Zeitzeugin in einer Schule, 2009

machen darf. Im Herbst 2010 bin ich in das [United States] Holocaust Memorial Museum in Washington eingeladen worden und ich durfte meine Geschichte erzählen.

71. Welche physischen und psychischen Narben tragen Sie von dieser Zeit?

LISKA: Ich hab mein ganzes Leben mit der Galle zu tun gehabt, vielleicht kommt dies noch von dieser Gelbsucht. Und psychisch? Das Schlimmste für mich war das Wegbringen von daheim. Nachdem ich geheiratet und in der Steiermark gelebt habe, bin ich manchmal mit dem Zug zu meinen Eltern nach Hause gefahren. Wenn ich mich von der Mama verabschiedet habe, haben wir beide geweint und den ganzen Weg von daheim bis zum Zug habe ich geweint. Ich habe mich geschimpft: „Wieso weinst du denn? Ich fahre ja gern wieder zu meinem Mann." Es war mir damals nicht bewusst, aber heute weiß ich, dass mich dabei das Wegbringen von daheim durch die Fürsorgerin im Unterbewusstsein immer wieder belastet hat. Sobald wir ein Auto gehabt haben und ich nicht mehr diesen Weg zum Zug gehen musste, war das weg.

72. Hatten Sie moralischen Beistand, um sich psychisch und sozial zu erholen?

LISKA: Eigentlich weniger, aber mein Glaube hat mir immer geholfen, auch über diese Dinge hinwegzukommen.

73. Haben Sie seitdem eine andere Weltanschauung?

LISKA: Meine Weltanschauung hat sich nicht geändert. Die Bibel sagt uns ja schon lange voraus, was jetzt passiert. Deswegen haben wir auch diese Zeit leichter ertragen und darüber hinwegkommen können, weil wir durch die Bibel den Sinn des Lebens erfahren haben.

74. Können Sie Ihren Erfahrungen irgendetwas Positives abgewinnen?

LISKA: Für mich hat sich das wirklich positiv ausgewirkt, weil ich durch diese Standhaftigkeit das Leben leichter gemeistert habe. Es hat mir stets Gott geholfen. Ich habe Freude am Leben und schätze alles, auch kleine Dinge. Es ist wichtig, dass man am Leben Freude hat, selbst wenn schlimme Dinge passieren. Zum Beispiel als mein Mann gestorben ist. Da er zuvor schon Herzinfarkte und kleinere Schlaganfälle gehabt hat, habe ich mich sehr gefürchtet, was sein wird, wenn er einmal nicht mehr ist. Genau einen Monat, bevor er gestorben ist, bin ich vom Ministerium anerkannte Zeitzeugin geworden und habe anschließend sehr viel zu tun gehabt. Ich habe gar keine Zeit gehabt, einsam zu sein. Ich habe mir auch immer gesagt: „Du warst 50 Jahre verheiratet und das war ein schönes Leben. Darüber musst du dich freuen und kannst nicht etwas nachjammern, was jetzt nicht mehr ist." Und die Hoffnung, die ich durch die Bibel für die Zukunft habe, ist wirklich schön.

75. Haben Sie später in Ihrem Leben die Konzentrationslager [„Erziehungsheime"] jemals wieder besucht und welche Gefühle hatten Sie?

LISKA: 2001 war ich mit meinem Mann das erste Mal in der Adelgundenanstalt, später 2004 nochmals mit einer Freundin. Es hat sich alles verändert und es hat keine besonderen Gefühle gegeben.
2001 habe ich ein Tagebuch einer Schwester zum Lesen bekommen, die es im Krieg geschrieben hat. Sie schrieb, dass im Herbst 1941 sechs Mädchen aus Kärntner Anstalten zu ihnen überstellt worden sind. Aber sie haben überhaupt keine Freude mit diesen Mädchen gehabt, weil eine hat 46 Diebstähle begangen, eine ist 17 Mal davongelaufen und eine war religiös total anders erzogen. Das war natürlich ich und dann schrieb sie: „Im Allgemeinen waren diese Mädchen faul, schlampig und unehrlich." Dann hat uns die Sekretärin das ganze Haus gezeigt. Wir, die 10- bis 14-Jährigen, haben damals in einem Schlafsaal zusammen geschlafen, aber jetzt gibt es nur mehr Zweibettzimmer. Drei Putzfrauen haben wir gesehen. Wir haben damals alles selber putzen müssen. Als wir so durch das Haus gegangen sind, sagte die Sekretärin: „Obwohl wir kein Kloster mehr sind, feiern wir die Feiertage genauso wie damals, also Weihnachten und Ostern." Ich habe sie gefragt: „Kommt denn der Krampus und der Nikolaus auch noch?" „Freilich, warum?" Ich habe erzählt, dass damals, als der Krampus und der Nikolaus gekommen sind, jedes Mädchen ein Gedicht bekommen hat und ich weiß meines noch ganz genau. Das hat gelautet: „Die Hermine ist 'ne Kärntnerin und macht mir gar manche Freud herinn'. Sie ist gar fleißig, froh und frisch, drum sieht man sie auch gern bei Tisch. Nur soll sie in so manchen Sachen nicht alles nach ihrem Kopfe machen!" Warum hab ich das aufgesagt? Ich

wollte nämlich nicht, dass die Sekretärin glaubt, ich wäre damals faul gewesen oder unehrlich oder schlampig. Weil meine Mutter hat mich sehr gut vorbereitet auf diese Zeit. Sie hat mich daheim schon üben lassen, zum Beispiel die Pullover oder die Unterwäsche zusammenlegen. Sie hat gesagt, ich soll, wenn mir Arbeit angeschafft wird, nicht irgendwie zurückreden, sondern ich soll sie zur Zufriedenheit machen. Ich soll alles machen, was mir mein Gewissen erlaubt. „Aber das musst jetzt selber entscheiden", hat sie gesagt.

76. Haben Sie immer noch Kontakt zu Ihren Mithäftlingen [den Zöglingen] aus den Konzentrationslagern [der „Erziehungsheime"]?

LISKA: Ja, mit der Judith bin ich noch in telefonischem Kontakt, besucht haben wir uns gegenseitig noch nie. Vor einigen Jahren habe ich einen Brief von einer Frau aus Zeltweg gekriegt, die in der „Kronen Zeitung" gelesen hat, dass ich als Zeitzeugin in Schulen gehe. Sie hat mir geschrieben, dass sie auch in der Adelgundenanstalt gewesen ist und ich bin zu ihr gefahren. Wir haben uns zwei Stunden unterhalten und das war für mich sehr informativ.

77. Was haben Sie Ihren Angehörigen über die Zeit damals erzählt? Wie haben Ihre Angehörigen auf Ihre Erzählungen reagiert?

LISKA: Es ist nicht viel darüber gesprochen worden. Ich habe ihnen erzählt, dass es mir eigentlich nicht so schlecht ergangen ist. Ich bin ja nie geschlagen worden und ich hab auch nie hungern müssen, weil Erdäpfel und Kraut hat es immer zum Essen gegeben. Die Mama hat gesagt, sie ist schon stolz auf mich.

78. Fällt es Ihnen schwer, über diese Zeit zu reden?

LISKA: Ich habe eigentlich Jahrzehnte nicht darüber gesprochen und als ich begonnen habe, in Schulen über diese Zeit zu sprechen, war es am Anfang sehr schlimm. Da habe ich mir schon manchmal gedacht, sollst du das überhaupt machen. Bei den Erzählungen habe ich nicht so viel gelitten, aber in der Nacht, wenn ich nicht schlafen konnte. Da denk ich nach, die Erinnerungen kommen hoch und was die Mama alles gesagt hat, fällt mir ein. Das ist schlimm. Aber es macht mir so viel Freude, wenn die Schüler so zuhören, dass ich das vergesse. Ihre Kommentare und Gästebucheinträge sind so schön, dass ich es manchmal gar nicht fassen kann. Was ich heute erleben darf, das hebt das alles auf, was ich damals mitgemacht habe.

79. Welcher Moment aus dieser Zeit hat sich am meisten in Ihrem Gedächtnis eingeprägt?

LISKA: Ja, das war sicher der Moment, wo man mich aus dem Elternhaus praktisch herausgerissen hat und weggebracht hat. Da ist eine Fürsorgerin in der Früh gekommen von St. Veit mit dem ersten Zug. Dann halt die Verabschiedung. Ich sehe noch die Mama bei der Haustür stehen. Ja, das war sicher schlimm *(weint)*.

80. Haben Sie Hitler jemals gesehen bzw. getroffen?

LISKA: Nein. Hitler ist zwar auch nach Klagenfurt gekommen und es gab eine große Aufregung in ganz Kärnten, aber ich war nicht dort.

81. Was dachten Sie damals über Hitler und wie denken Sie heute über ihn?

LISKA: Für mich war Hitler damals schon ein Unmensch. Durch meine Eltern habe ich von den Konzentrationslagern gewusst und dass die Zeugen Jehovas so verfolgt wurden. So war Hitler schon immer ein schrecklicher Diktator für mich und heute hat sich daran nichts geändert.

82. Angenommen, Adolf Hitler würde noch leben und Sie hätten fünf Minuten alleine mit ihm, was würden Sie sagen oder tun?

LISKA: Das ist eine schwierige Frage. Tun würde ich einmal gar nichts, weil es mir nicht zusteht, ihm irgendetwas anzutun. Ich glaube, ich würde mich schrecken, dass ich gar nichts sagen könnte. Wenn, dann würde ich ihm die Hoffnung, die uns die Bibel gibt, sagen. Aber das hat er wahrscheinlich eh schon von irgendwem gehört.

83. Sind Sie nach dem Krieg noch einmal einem Ihrer Peiniger begegnet?

LISKA: Ich bin dem Direktor von der Volksschule in meinem Heimatdorf nie begegnet. Aber einmal habe ich ihn gesehen. Mein Bruder Peppi war im Krankenhaus in St. Veit und im Krankenzimmer hat der Peppi zu mir gesagt: „Schau mal, wer dort sitzt!" Es ist die Frau von meinem Volksschuldirektor dort gesessen und er ist im Bett gelegen. Ich bin hingegangen, habe sie begrüßt und die Frau hat zu ihrem Mann gesagt: „Schau Papa, wer da ist, die Lassnig Hermine!" „Ach so", hat er gesagt und ich habe seine Hand ergriffen und gedrückt. Er war schon ziemlich weggetreten, da er praktisch im Sterben gelegen ist. Den nächsten Tag ist er gestorben. Ich habe ihn also zum Schluss noch einmal gesehen.

84. Was halten Sie von den Strafen, die die Nazis nach dem Krieg bekamen, zum Beispiel bei den „Nürnberger Kriegsverbrecherprozessen"?

LISKA: Ich habe davon zu wenig erfahren, um mehr darüber sagen zu können. Aber es ist schon interessant, dass sich diese Menschen damit verteidigt haben, dass sie eigentlich nur einen Befehl ausgeführt haben. Sie hätten aber nach ihrem Gewissen handeln müssen, aber ihr Gewissen hat sich nicht gerührt, weil sie Fürchterliches angerichtet haben.

85. Haben Sie Ihren Peinigern verziehen?

LISKA: Ja, und zwar hat meine Mutter da auch wieder sehr viel dazu beigetragen, denn sie hat mir von Anfang an gesagt: „Minnerle, wenn dir jemand etwas Schlimmes antut, dann darfst du diesen Menschen als Person nicht hassen. Du darfst nicht auf Rache sinnen, weil das schadet dir mehr. Rachegedanken sind das Schlimmste, was man haben kann, das schadet dir mehr." Und dann hat sie gesagt: „Weißt, du musst halt denken, die Menschen sind verblendet, durch diese Politik, durch diese Propaganda, diese nationalsozialistische. Die Menschen wissen nicht, was das alles bringen wird." Nach dem Krieg ist Anfang Juni [1945] sogar ein Mann aus unserm Dorf zu uns gekommen, der aus politischen Gründen in Dachau gewesen ist. Er war Sozialist und hat gesagt: „Frau Obweger, ich möchte von Ihnen die Namen, die uns dies angetan haben." Die Mama hat gesagt: „Herr Lesniak, von mir bekommen Sie keinen Namen!" „Ja warum nicht, die müssen jetzt zur Rechenschaft gezogen werden!" Die Mama hat gesagt: „Wir rächen uns nicht selbst; das überlassen wir einem Höheren, der macht das richtig. Und außerdem sind die weltlichen Gerichte dafür da, aber wir rächen uns nicht." Kein Zeuge Jehovas hat sich an irgendjemandem persönlich gerächt.

86. Wie denken Sie über Neo-Nazis?

LISKA: Das ist ganz schlimm, denn die Jugend soll überlegen. Wenn jemand sehr viel schreit, dann kann das schon nicht das Richtige sein, weil wenn man im Recht ist, braucht man nicht zu schreien.

87. Was tun Sie, um Menschen über den Holocaust aufzuklären?

LISKA: Ich habe das Vorrecht, in Schulen den Schülern meine Erlebnisse zu erzählen und auch vom Holocaust zu erzählen. Es macht mir sehr große Freude, weil sie aufmerksam zuhören und ihr Interesse sehr groß ist.

88. Wie können Sie sich aus der Sicht der Dinge heute erklären, dass „normale Menschen" zu solchen Gräueltaten fähig waren?

LISKA: Es wurde ihnen von Hitler eingeredet: Sie sollten überhaupt nicht denken. Sie brauchten nur das tun, was er ihnen sagte. Die Verantwortung übernahm er, sie brauchten nichts zu verantworten. Deswegen kann so etwas passieren, wenn die Menschen nicht denken und nur das glauben, was ein Mensch ihnen verspricht.

89. Was genau geht in Ihnen vor, wenn Sie hören, dass es immer noch Menschen gibt, die behaupten, den Holocaust hätte es nie gegeben?

LISKA: Dafür habe ich überhaupt kein Verständnis. Ich verstehe, dass sich die Menschen damals durch diese Propaganda verblenden ließen, zur Partei gegangen sind und begeistert waren. Sie waren damals durch diese Propaganda wirklich verblendet. Aber es heute noch zu leugnen, wo das so bekannt ist, das finde ich unglaublich.

Ich habe nämlich so etwas einmal selbst erlebt. Ende der 1990er-Jahre haben Zeugen Jehovas in allen Landes- und Bezirkshauptstädten Österreichs die Ausstellung „Die vergessenen Opfer der NS-Zeit" gemacht. Es wurde eine nachgebildete KZ-Baracke aufgestellt, Zeitzeugen sprachen, Videos wurden vorgeführt und Schautafeln waren ausgestellt.

In Feldbach in der Steiermark kam ein Mann und sagte: „In Fürstenfeld gibt es einen ehemaligen SS-Mann, der in Mauthausen Aufseher war und der behauptet, dass es in Mauthausen keine Gaskammer und keine Verbrennungsöfen gegeben hat." Ich habe gesagt: „Sie können ja hinfahren und sich das anschauen. Ich war einmal dort. Da geht man hinunter in die Gaskammer. Ich gehe dort nicht mehr hinunter, weil das ist wirklich schauderlich!" Und er hat gesagt: „Ja, jetzt gibt es sie." Ich habe gefragt: „Was heißt denn, jetzt gibt es sie?'" Er sagte zu mir, dass dieser SS-Mann behauptete, dass die Gaskammern erst die Amerikaner gebaut haben, als sie nach Mauthausen gekommen sind. Also so etwas ist unvorstellbar.

90. Welche Konsequenzen hatte der Beschluss der „Nürnberger Rassengesetze" am 15. September 1935 für Sie?

LISKA: Keine. Ich war damals noch ein Kind mit fünf Jahren und habe nicht richtig verstanden, warum die Juden so verfolgt worden sind.

91. Wie haben Sie die „Reichskristallnacht" am 9./10. November 1938 erlebt?

LISKA: Davon weiß ich nichts. Ich kann mich an nichts erinnern.

92. Wie haben Sie den Kriegsbeginn 1939 miterlebt?

LISKA: An den tatsächlichen Kriegsbeginn kann ich mich nicht genau erinnern. Ich weiß nur, dass in dieser Woche bei uns zu Hause etwas Furchtbares geschehen ist. Von zwölf Kühen sind sechs verendet, weil sie aufgebläht waren. Meine Mama hat dann am Abend geweint und gesagt: „Jetzt hat der Krieg angefangen und es ist eh nichts zu kriegen. Wo sollen wir jetzt Kühe herbekommen?" Der Vater hat sie getröstet und gesagt: „Die bekommen wir schon wieder!" Und er hat sie wirklich bald wieder gehabt.

Jedenfalls war das damals eine Katastrophe und so habe ich den Kriegsbeginn erlebt.

93. Haben Sie davon erfahren, dass die Nationalsozialisten bei der Wannseekonferenz am 20. Januar 1942 die „Endlösung der Judenfrage" – die europäischen Juden systematisch zu vernichten – beschlossen hatten? Wenn ja, wann und wie?

LISKA: Während dem Krieg nicht, da war ich noch ein Kind und habe nichts mitbekommen. Nach dem Krieg habe ich es natürlich erfahren, das meiste aber erst in den letzten 15 Jahren.

94. Welche Gefühle hatten Sie, als Sie vom Ende des Zweiten Weltkrieges erfuhren?

LISKA: Das war natürlich eine unheimliche Erleichterung. Es hat sich ja schon angekündigt durch die Nachrichten von BBC, die die Familie gehört hat, als ich mein „Pflichtjahr" absolvieren musste. Aus Jugoslawien sind auch ganze Kolonnen deutscher Soldaten zurückgezogen worden und bei uns vorbeigezogen. Die haben sehr betrübt gewirkt. Als dann die Engländer gekommen sind, war wieder ein Jubel. Sie sind mit Jubel empfangen worden.

95. Glauben Sie, dass die Menschheit etwas gelernt hat?

LISKA: Wenn man die Welt betrachtet, eigentlich nicht. Seit 1945 hat es kaum einen Tag gegeben, an dem es keine Kriege auf der Welt gegeben hat. Es ist unglaublich, dass sich die Menschen durch Propaganda immer wieder verführen lassen.

96. Sollen die Gräuel vergessen und soll nicht mehr darüber gesprochen werden, wie manche es sich wünschen?

LISKA: Hubert Mattischek, der viele Jahre im KZ Mauthausen überlebt hat, wiederholte oft das Zitat: „Wer die Vergangenheit vergisst, verdient es, sie noch einmal zu erleben." Vergeben ja, aber niemals vergessen! Denn diese Zeit darf nicht wiederkommen.

97. Was haben Sie für die Zukunft noch geplant?

LISKA: Ich hoffe, dass ich noch lange so rüstig und gesund bleibe, damit ich noch recht lange in Schulen gehen kann und den Schülern aus dieser Zeit erzählen kann. Das macht mir halt wirklich auch große Freude.

98. Wie möchten Sie in Erinnerung bleiben?

LISKA: Als eine Person, die ihrem Glauben treu geblieben ist, dem Gruppenzwang nicht erlegen ist und die eben wirklich Freude am Leben gehabt hat.

99. Was möchten Sie uns noch sagen? Welche Frage wurde nicht gestellt?

LISKA: Eines Tages, in Waiern, ist die Erzieherin gekommen, mit einer braunen Samtjacke und hat gesagt: „Hermine, zieh die Jacke an!" Und

ich habe gesagt: „Also die zieh ich nicht an, weil das ist ja die Uniformjacke der Hitlerjugend und ich bin ja nicht bei der Hitlerjugend." „Na", hat sie gesagt, „das werden wir sehen, ob du die anziehst!" Sie nimmt meine linke Hand und zieht mir den Ärmel herauf. Aber sie ist nur bis zum Ellbogen gekommen und ich war schon wieder heraußen und sie wieder hinein und wieder heraus und hinein und heraus. Sie hat dann meine Hand gar nicht mehr auslassen und wir haben überhaupt nur so hin und her gekämpft, muss man sagen, bis wir beide geschwitzt haben.
Dann hat sie's aufgegeben und war ein bisserl böse und hat gesagt: „Heute darfst nicht mitgehen zum Schwimmen! Heute hast du Hausarrest und schreibst eine Strafarbeit." Also das hab ich schon eingesehen, dass sie mir da eine Strafe geben musste, das war nicht schlimm. Wirklich schlimm für mich war, dass sie mich dann nicht mehr beachtet hat. Sie war nämlich wirklich sehr lieb zu mir. Ich habe immer das Gefühl gehabt, dass sie mich vor den anderen bevorzugt hat und dann hat sie mich total links liegen gelassen und das hat mir wirklich sehr wehgetan.

100. Nach allem, was Sie erlebt haben, was für einen Rat können Sie uns jungen Menschen geben?

LISKA: Ich möchte euch empfehlen, die menschlichen Werte hochzuhalten, wie Toleranz; dem Gruppenzwang zu widerstehen und Respekt zollen jedem Menschen. Mit allen Menschen in Frieden auszukommen und stets das Leben wirklich zu schätzen und hochzuhalten. Danke schön!

Richard Rudolph: Der „Doppelverfolgte“

Richard Rudolph, geb. 11. Juni 1911
Verfolgungsgrund: Zeuge Jehovas und Wehrdienstverweigerer
Dauer des Freiheitsentzuges: 18 Jahre, 11 Monate
Land: Deutschland

Abb. 39: Richard Rudolph, 1930

Abb. 40: Richard Rudolph, 2008

Richard Rudolph wurde am 11. Juni 1911 in Rothenbach, Kreis Waldenburg in Schlesien, Deutschland, geboren. Der Erste Weltkrieg löste in ihm eine große Abscheu gegen den Krieg aus und erschütterte sein Vertrauen in die Kirchen. Nach langer Suche nach Lösungen für die

Probleme der Menschheit beschäftigte er sich intensiv mit der Bibel und wurde 1935 ein Zeuge Jehovas. Am 2. Juli 1936 wurde Rudolph wegen Literaturschmuggels von der Gestapo verhaftet und im Stadtgefängnis Hirschberg eingesperrt.
Nach zweieinhalb Jahren im Straf- und Jugendgefängnis Breslau sowie kurzer Haft in den Polizeigefängnissen Breslau und Potsdamer Platz in Berlin kam er am 25. Januar 1939 in das KZ Sachsenhausen. Dort wurde er am 15. September 1939 Augenzeuge, wie August Dickmann als erster Wehrdienstverweigerer im Zweiten Weltkrieg hingerichtet wurde. Nach vier Jahren im KZ Neuengamme kam er in dessen Außenlager Salzgitter-Watenstedt/Leinde bei Braunschweig. Anschließend war er kurz im KZ Ravensbrück. Auf dem Todesmarsch nach Lübeck zur „Cap Arcona" kam es Anfang Mai 1945 zur Befreiung. Richard Rudolph war insgesamt neun Jahre in nationalsozialistischen Gefängnissen und Konzentrationslagern eingesperrt.
Nach dem Krieg geriet er in der DDR wegen seines Glaubens auch unter kommunistische Verfolgung. 1950 wurde er zu 15 Jahren Zuchthaus verurteilt. Nachdem das Strafmaß herabgesetzt worden war, musste er bis zum 21. September 1960 zehn Jahre in kommunistischen Gefängnissen verbringen. Im Januar 1961 gelang ihm die Flucht nach West-Berlin in die Bundesrepublik Deutschland. In den knapp 19 Jahren Haft war Rudolph insgesamt in vier Konzentrationslagern und neun Gefängnissen inhaftiert. Als letzter lebender so genannter „Doppelverfolgter" unter zwei deutschen Diktaturen war und ist er immer noch als Zeitzeuge tätig. Seine Vorträge führten ihn 2004 sogar an Universitäten in Japan. Richard Rudolph lebt in Deutschland.

Die Interviews wurden am 30.8.2008, 15.9.2011 und 11.10.2011 geführt.

1. Wann wurden Sie geboren? Wie war Ihr Vater? Wie war Ihre Mutter?

RUDOLPH: Ich bin am 11. Juni 1911 in Rothenbach, Kreis Waldenburg in Schlesien [Deutschland] geboren. Ich bin unehelich geboren worden und darum bin ich bei meinen Großeltern aufgewachsen. Meine Mutter [Martha Mathilde Rudolph, verh. Nagel] und ich waren evangelisch. Mein Vater [Johann Strauch] war katholisch und ich lernte ihn erst durch Zufall viel später kennen. Nach meiner Geburt musste meine Mutter in Pastorenhaushalten arbeiten, weil es in den evangelischen Kreisen üblich war, dass vor allem Mädchen in Pastorenhaushalten arbeiteten. Sie arbeitete in Thüringen, das war weit weg von Rothenbach und Schlesien und im Ersten Weltkrieg war es sehr schwierig zu reisen. So hab ich meine Mutter erst kennen gelernt, als ich sieben Jahre alt war, aber ich hab sie nur als „Tante“ kennen gelernt. Als kleiner Junge sagte ich zu meinem Großvater [Heinrich Rudolph] „Vater“ und zu meiner Großmutter [Mathilde Rudolph, geb. Künzel] „Mutter“ und ich glaubte, sie sind meine richtigen Eltern. Meine Großeltern waren sehr fleißige, liebe Leute, aber eben alte Leute.

2. Was ist Ihre früheste Kindheitserinnerung?

RUDOLPH: Ich hatte einen Onkel [Gustav Rudolph], das war der Bruder meiner Mutter und der hatte sich sehr um mich bemüht. Natürlich war er auch, wie es damals war, sehr kaisertreu gewesen. Er war sehr an mir interessiert, auch an meiner Bildung. Als ich ein kleiner Junge war, hat er mir manches beigebracht. Er war mein Ein und Alles, aber 1916 wurde er eingezogen und ist kurz danach in Russland umgekommen. Das war für mich ein großer Verlust. Da hatte ich eben nur noch die alten Großeltern gehabt. Das war in der frühen Kindheit schon eine sehr, sehr große Störung gewesen bei mir.

3. Wie verlief Ihre Kindheit?

RUDOLPH: Ich wunderte mich immer, dass die anderen Jungs so junge Väter und Mütter hatten. Und mein „Vater“ war eben ein sehr alter Mann und meine Großmutter, die meine „Mutter“ war, war auch eine alte Frau. Durch den Ersten Weltkrieg war sie nervlich total geschädigt worden. Weil ihr Sohn, mein Onkel, im Krieg umgekommen ist. Das hatte mich natürlich nervlich ebenfalls belastet, so dass ich die ersten

Jahre, als ich zur Schule ging, keine Konzentration beim Lernen hatte. Ich hatte nur noch an dieses Elend gedacht, in dem wir steckten, und vor allen Dingen wunderte ich mich immer, dass solche komischen Verhältnisse sind. Anstatt Freude, Freundlichkeit und Friede waren Hass und ein großes Durcheinander. Auch die Familienbande waren sehr gestört, was eben auf den Ersten Weltkrieg zurückzuführen war. Dann fragte ich meine Großmutter einmal, warum das alles so komisch ist. Sie sagte: „Ja, mein Junge, später geht es weit besser, wenn wir im Himmel sind!" Und ich sagte zu meiner Großmutter: „Ich will aber nicht in den Himmel!" Also mir hat die Erde besser gefallen als der Himmel. Außerdem war mir als Junge sehr leicht schwindelig. Da hatte ich immer Angst vor dem Himmel und ich dachte immer, da werd ich ja den Schwindel gar nicht mehr los. Na ja, jedenfalls bin ich so aufgewachsen.

4. Welche Schulbildung haben Sie?
RUDOLPH: Volksschule. Die Volksschulbildung war ja damals im Ersten Weltkrieg sehr schlecht gewesen. Warum? Die Lehrer waren eingezogen und wir hatten Lehrerinnen. Die meisten von ihnen waren, auf Deutsch gesagt, „dusselig" gewesen. Die Lehrerinnen haben uns auch auf religiösem Gebiet falsch unterrichtet. Sie haben viel Zeug erzählt, was nicht der Wahrheit entsprach, und als Kinder haben wir's geglaubt. Aber in Wirklichkeit war alles „Kohl", was wir gelernt haben. Die letzten Schuljahre mussten wir als Kinder in meiner Heimat schon sehr viel arbeiten. Wir mussten im Frühjahr Kohlen sammeln gehen. Warum? Weil Bergarbeiter-Streiks waren. Und da hatten die Bäcker keine Kohlen. Wir haben auf den Kohlenhalden, sozusagen unter Lebensgefahr, Kohlen gesammelt. Das war eine sehr gefährliche Sache. Wenn die Kipploren oben ausgekippt wurden, rollten große Steinbrocken runter in die Halde. Da mussten wir natürlich sehr vorsichtig sein, damit wir nicht verletzt werden, wenn wir die Kohlen gesammelt haben. Es war natürlich auch eine schwere Sache. Aber es blieb uns nichts anderes übrig, wir mussten Kohlen sammeln, damit wir dann beim Bäcker Brot kriegten. Im Herbst bin ich dann Ziegenhüten gegangen. Das war die schönste Arbeit. Natürlich habe ich beim Ziegenhüten meine Schularbeiten gemacht, die sahen dann auch dementsprechend aus.
Dann hat der Großvater im Winter Rutenbesen gebunden. Da kriegte ich immer zehn Besen auf den Schlitten geladen. Ich bin damit in die

Dörfer gefahren und habe Besen verkauft. Aber die meisten Leute hatten ja selber Besen gemacht, weil es arme Leute waren. Es war ja ein Notstandsgebiet, wo ich war. Das war die Schulzeit gewesen.

5. Wie war Ihre Jugendzeit? Welchen Beruf haben Sie erlernt und was haben Sie gearbeitet?

RUDOLPH: Bei dem Besenverkaufen hatte ich folgendes Erlebnis gehabt: Ich hab die Dörfer abgeklappert mit den Besen und dann bin ich in ein Dorf gekommen. Dort roch es bei einer Bäckerei so wunderbar nach frisch gebackenem Brot und ich ging mit einem Besen in die Bäckerei rein. Da kam die Bäckermeistersfrau und ich fragte sie: „Wollen Sie nicht einen Besen kaufen?“ Sie sagte: „Ja, hast du Besen zu verkaufen? Wer bist du denn?“ Sie hat mich ausgefragt, wer ich bin und dann machte sie die Tür auf und sagte: „Johann, komm mal raus in den Laden!“ Da kam der Bäckermeister rausgetapst und sagte: „Besen willst verkaufen?“ Ich sagte: „Ja“, und dann fragte er weiter: „Wo wohnst du denn? Wie heißt du denn?“ Da hab ich Auskunft gegeben. Dann sagte er zu seiner Frau: „Mach mal für den Jungen ein bisschen Kaffee!“ Ich bin rein in die Küche und hab Kaffee getrunken. Bei uns zu Hause gab es keinen Kuchen, aber in der Bäckerei hatten sie den gehabt. Da haben sie mir einen Berg Kuchen hingestellt und den hab ich aufgegessen. Dann kam ein kleiner Junge und mit dem hab ich dann einfach angefangen zu spielen. Der Junge hat sich gefreut und ich hab mit ihm gespielt. Da sagte der alte Bäckermeister, ich solle öfter mal hinkommen, um mit dem Jungen zu spielen.

Ich hab dann auch Kohlen hineingebracht und der Meister hat mir sämtliche Besen abgenommen. Er gab mir ein Säckel Mehl und Brot und Brötchen usw. mit. Brötchen kannten wir ja damals gar nicht, aber wie gesagt, die Bäcker hatten so etwas.

Jedenfalls bin ich dann mit dem Zeug nach Hause gekommen, wie „Hans im Glück“. Ich hatte alle Besen verkauft und das Geld für die Besen. Ich hatte Brot mit, ich hatte ein Säckel Mehl mit und dann war zu Hause bei meinem Großvater plötzlich alles versammelt. Die Schwester meiner Mutter war da, der Mann von ihr und der Junge von ihm und dann war noch ein jüngerer Bruder da, die Tante, die Großmutter und der Großvater. Ich war freudestrahlend nach Haus gekommen, da ich alle Besen verkauft habe. Das war selten der Fall. Sie fragten natürlich neugierig,

wo ich da war, von wo ich das Brot herbringe und das Mehl und da erzählte ich es ihnen. Da schrie die eine Tante: „Da geht der Junge nicht mehr hin!“ Und meine Mutter fing an zu weinen, mein Stiefvater [Alwin Nagel] lachte, meine Großmutter machte ein nachdenkliches Gesicht und auch der Großvater. Jedenfalls es war ein furchtbares Durcheinander in der Familie. Die andere Tante sagte: „Da soll er wieder hingehen. Er soll die Bäckerfamilie ausnutzen.“ Ich wusste gar nicht, was los ist. In Wirklichkeit stellte sich heraus, dass der Bäckermeister mein richtiger Vater war. Und der kleine Junge war in Wirklichkeit mein Neffe, was ich gar nicht wusste, und der Vater von dem Jungen war sozusagen mein Halbbruder. Das war ein furchtbares Erlebnis, was ich da als Kind verkraften musste, dass ich so meinen Vater gefunden habe. Er war mir gutgesinnt und ich hab dann immer regelmäßig Kohlen hingebracht.
Als ich von der Schule ging, fragte der Großvater: „Was willst du werden?“ Ich sagte: „Ich will Bäcker werden.“ Mein Großvater sagte: „Du wirst kein Bäcker, du wirst Zimmermann!“ Weil mein Großvater Zimmermann war, wollte er natürlich gerne, dass ich auch Zimmermann werde. Aber ich hatte mich durchgesetzt. Warum? Weil es mich sehr interessierte, wie das Brot hergestellt wird, wie Semmeln hergestellt werden, später wie Kuchen hergestellt wird, wie das alles gemacht wird. Das hat mich alles interessiert und darum hab ich eben in der Bäckerei meines Vaters Bäcker gelernt. Ich hab zu dem alten Meister, meinem Vater, „Herr“ gesagt und zu meinem Halbbruder Gustav, bei dem ich gelernt hab, hab ich auch „Herr“ gesagt. Sie waren für mich ja sozusagen fremde Leute. Dann habe ich Bäcker und Konditor gelernt und nachdem ich ausgelernt habe, bin ich in die erste Bäckergesellenstelle gegangen. Ich habe dann mehrere Bäckergesellenstellen gehabt und zuletzt war ich in Petersdorf im Riesengebirge in Stellung gewesen. In Petersdorf lernte ich eine Familie kennen, die hatten sehr intelligente Frauen. Es waren schon ältere Damen, die in einem großen Glasschleifereiwerk tätig waren und sie waren sehr belesen. Sie haben mich dann gefördert, sie waren interessiert an mir und führten mich in die Weltliteratur ein. Dadurch kam ich an die Weltliteratur heran und ich kam dann so richtig zum Nachdenken über den Sinn des Lebens. Jedenfalls kam auch die große Frage in mir auf: Wer wird die Probleme der Menschheit lösen? Es gab bei uns natürlich nur die so genannten Sozialdemokraten, die waren ja auch politisch interessant für mich, aber am interessantesten waren für mich

Karl Liebknecht und Rosa Luxemburg. So wurde ich mehr und mehr auf der internationalen Basis, sozusagen, gebildet. Die nationale Basis interessierte mich überhaupt nicht. Warum? Ich hasste von Grund auf den Krieg und Revolutionen. Das war für mich in Deutschland also sehr, sehr unerträglich. Jedenfalls Rosa Luxemburg und Karl Liebknecht, die Urkommunisten, waren mir sympathisch gewesen, allein schon deshalb, weil mir ihre Idee gefiel, was die Glaubensangelegenheiten betrifft. Ich war zwar evangelisch, aber der evangelische Glaube und auch der katholische hatten bei mir einen großen Sprung erhalten, durch den Ersten Weltkrieg. Aus dem Grund suchte ich dann die Lösung der Probleme in manchen Religionen. Und ich war ja furchtbar enttäuscht, als ich da gehört habe von der unsterblichen Seele und dem Höllenfeuer und dem ganzen Kram. Da kam ich vom Christentum weg, obwohl Jesus für mich eine sehr große Persönlichkeit war. Er interessierte mich, weil er eben ein humaner Mensch war.

Eine besondere Erfahrung hab ich dann mit Walter Ulbricht gehabt. In meiner Nähe wohnte eine Familie Ulbricht und die sagte zu mir: „Onkel Walter hält einen großen Vortrag.“ Ich hab den Onkel Walter kennen gelernt, hab mich mit ihm unterhalten und bin natürlich mit ihm in die Haare geraten. Warum? Weil er alles ablehnte, Schiller, Goethe und Jesus, das waren für ihn alles kapitalistische Knechte und aus diesem Grunde hab ich mich für ihn nicht mehr interessiert. Später erfuhr ich von Lenin, der war auch sehr interessant. Aber als der Stalin dann die Sache in die Hand genommen hat, war für mich der Kommunismus begraben.

Nun hatte ich wieder keine rechte Linie gehabt und von der Religion wollte ich auch nichts wissen. Die Sache war so, dass ich mich überall mit vielen Leuten über die Lösung der Probleme der Menschheit unterhalten habe. Da hab ich verschiedene Ratschläge bekommen. Von einigen Leuten waren es verschiedene politische Meinungen usw., die ich auch nicht voll akzeptieren konnte, aber man musste es eben hinnehmen, weil es nichts anderes gab. Dann sprach ich im Herbst 1930 mit einer Frau über die Lösung der Probleme und sie sagte mir: „Ach, da hab ich etwas ganz Feines!“ Sie hatte die Broschüre „Wohlfahrt sicher“, die 1928 von Bibelforschern herausgegeben worden war. Ich las die Broschüre und da sagte ich mir: „Wenn das wahr ist? Wenn das wahr ist? Wenn das wahr ist? Wenn das stimmt, was da drinsteht, dann glaub ich auch wieder, dass es einen Gott gibt.“ Darum hab ich mich für die

Bibelforscher interessiert, hab sie dann aufgesucht, mit ihnen studiert und bin mit zur Versammlung gegangen. Ich bin mit ihnen auch in den Predigtdienst gegangen. Das ging dann alles ganz gut, wunderbar; obwohl eben auch manches nicht mit meiner Meinung übereinstimmte. Jedenfalls, als ich aus der Kirche ausgetreten war, besuchte ich ab und zu meinen Vater, zu dem ich „Herr Strauch" sagte, also den Meister. Da sagte er: „Ich habe gehört, dass du aus der evangelischen Kirche ausgetreten bist." Er war ja katholisch, superkatholisch, so etwas fanatisch Katholisches hab ich noch nie gesehen, wie der war; und trotzdem hat er das uneheliche Kind gezeugt, das ich bin *(lacht)*.
Na jedenfalls, als ich aus der Kirche ausgetreten war, ging er gleich zu seinem Beichtvater, das war ein Prior, ein katholischer Geistlicher, und zu dem sagte er, dass er ein ungeratenes Kind hat usw. Das hat er dem gebeichtet. Da sagte der katholische Prior zu ihm: „Lassen Sie den Jungen, denn die Bibelforscher sind die Einzigen, die wirklich an Gott glauben." In dem Moment war er mit mir wieder versöhnt gewesen. Ich habe mich dann erst am 10. Mai 1935 als Zeuge Jehovas, wie sich die Bibelforscher dann genannt hatten, taufen lassen. Getauft wurde ja damals nur bei großen Kongressen und in der Nazizeit konnte ich nicht auf die großen Kongresse fahren. Aber dann hat ein [Glaubens]Bruder, der eine kleine Landwirtschaft gehabt hat, die Blechbadewanne auf seinen Heuboden gebracht und da sind wir so fünf oder sechs Mann in der Blechbadewanne auf dem Heuboden getauft worden.

6. Was können Sie von Ihrer Familie erzählen?
RUDOLPH: Meine Mutter kam 1918 von ihrer Stellung weg und war sehr lungenkrank gewesen. Dann hat sie den Bruder einer Freundin kennen gelernt und den hat sie dann geheiratet. Das war Alwin Nagel und der wurde mein Stiefvater. Mit ihm hat meine Mutter nachher zwei Mädchen und einen Jungen gehabt. Ich hatte also einen Halbbruder, den Gustav, und zwei Halbschwestern, Hildegard und Eli, und dann hatte ich noch zwei Halbbrüder, Max und Georg, vom Vater aus. Mein Vater ist 1945 in einem Altersheim gestorben und meine Mutter in den 1960er-Jahren.
Die Großeltern, die ja meine „Eltern" waren, sind vor dem Zweiten Weltkrieg gestorben. Der Großvater starb bereits 1929 und die Großmutter Anfang 1939, kurz nach meiner Einlieferung ins KZ Sachsenhausen.

Am 14. Juni 1961 habe ich meine Frau Frieda Junge, geb. Manig, geheiratet. Mit ihr war ich 32 Jahre verheiratet. Sie ist 1993 gestorben. 2006 hab ich nochmals geheiratet, und zwar Irmgard Kriebel. Da war ich 95 Jahre alt.

7. Haben Sie mit „Heil Hitler!“ gegrüßt?
RUDOLPH: Nein. Ich war von vornherein gegen Hitler gewesen. Warum? Weil ich gegen allen Nationalismus war. Nicht allein gegen den Nationalsozialismus. Ich hasste das Nationale, mir lag eben das Internationale mehr, darum hatte ich mich auch ursprünglich für den Kommunismus interessiert. Und weil der Kommunismus total versagt hatte, hab ich mich natürlich dann woanders orientiert.

8. Warum wurden Sie von den Nationalsozialisten verfolgt?
RUDOLPH: Weil ich Bibelforscher war und weil Jehovas Zeugen ja verboten wurden. 1933 wurden Jehovas Zeugen verboten und da hatten wir keine Literatur [mehr] und wir bekamen auch keinen *Wachtturm* mehr und natürlich mussten wir uns darum kümmern, aus dem Ausland irgendwie an Literatur ranzukommen. So bot sich die Gelegenheit, dass wir aus der Tschechei Literatur bekommen konnten. Die Literatur wurde von Bern über Prag nach Hohenelbe geschickt und von Hohenelbe von einem Häusler [sudentendeutscher Bauer] nach Spindlermühle gebracht. Wir haben dann die Literatur von Spindlermühle am Abend und nachts in Rucksäcken übers Gebirge getragen. Das Schmuggeln war natürlich eine sehr gefährliche Angelegenheit, weil in der Tschechei die sudetendeutsche Polizei war und die arbeitete mit den Nazis zusammen. Aber die Hauptmaßgebenden waren die tschechische Polizei und mit der verstanden wir uns sehr gut. Die haben uns sozusagen stillschweigend insofern unterstützt, dass sie uns auch manchmal gezeigt haben, wie wir am besten über die Grenze kommen.

9. Wann wurden Sie verhaftet?
RUDOLPH: Am 2. Juli 1936 bin ich verhaftet worden, und zwar wegen Literaturschmuggelei.

10. Warum wurden Sie interniert?
RUDOLPH: Wir hatten ja eine Menge Literatur ins Riesengebirge

nach Hirschberg gebracht. Von Hirschberg aus wurde die Literatur in die verschiedenen Städte versandt. Nach Halle, Leipzig, Berlin usw. In Berlin war ein [Glaubens]Bruder, der hatte sich eine Garage gemietet und ist beobachtet worden. Als die Gestapo in die Garage gegangen ist, haben sie die Literatur gefunden und festgestellt, dass sie aus Hirschberg stammte. Die Literatur konnte ja nur von Bibelforschern stammen. Weil der [Glaubens]Bruder Bischof, der die Sache mit der Schmuggelei hauptsächlich leitete, bei der Gestapo bereits bekannt war, wurde er verhaftet und dann haben sie mich und den [Glaubens]Bruder Sterz auch verhaftet.
Wir haben die ganze Schuld auf uns genommen, obwohl wir mehrere waren, die die Literatur geschmuggelt haben. Beim Schmuggeln waren auch die [Glaubens]Schwestern beteiligt. Die sind immer vorne weggelaufen und wenn die „Grenzer" kamen, sind sie dann hochgesprungen und haben herumgealbert. Wir haben von Weitem gesehen, dass da was im Busch ist und sind im Wald verschwunden. Auf diese Weise konnte die Schmuggelei mehrere Jahre durchgeführt werden.

11. Wie wurden Sie gefangen genommen?
RUDOLPH: Die Gestapo kam in die Bäckerei, wo wir im Betrieb gearbeitet haben, und hat mich in der Bäckerei verhaftet. Und [sie] haben mich im Stadtgefängnis in Hirschberg eingesperrt, und da war ich eben in Untersuchungshaft.
Ich war ein halbes Jahr in Untersuchungshaft und bin dann von einem Sondergericht zu zweieinhalb Jahren Gefängnis verurteilt worden. Die hab ich dann im Straf- und Jugendgefängnis in Breslau größtenteils in Einzelhaft zugebracht.

12. Wusste man von Anfang an, was in den Lagern passiert? Bevor Sie abgeholt wurden, wussten Sie, was passieren würde?
RUDOLPH: Ja, man wusste genau Bescheid, was im Konzentrationslager da vor sich geht. Ja, und wir wussten auch zum Beispiel, dass es für manche lebensgefährlich sein wird. Das war bekannt gewesen.

13. In wie vielen verschiedenen Lagern waren Sie? Wie viele Jahre verbrachten Sie dort?
RUDOLPH: Da muss ich jetzt mal überlegen. Erst kam ich am 2. Juli

1936 in Untersuchungshaft in Hirschberg, dann ins Gefängnis Breslau bis zum 31. Dezember 1938. Nachdem meine Gefängnishaft zu Ende war, stand die Gestapo am Tor und hat mich gleich in Empfang genommen und dann bin ich gleich ins Polizeigefängnis Breslau gekommen. Nach der Schutzhaft und kurzer Zeit im Polizeigefängnis Potsdamer Platz in Berlin kam ich am 25. Januar 1939 ins KZ Sachsenhausen. Am 1. April 1940 kam ich ins KZ Neuengamme und im April 1944 ins Außenlager Watenstedt [Salzgitter-Watenstedt/Leinde] bei Braunschweig. Im Mai 1945 kam ich auf den Evakuierungsmarsch zur „Cap Arcona“, wo wir aber nicht mehr hinkamen. Dabei war ich kurz im KZ Ravensbrück.
Anfang Mai war ich befreit. Wenn ich die Gefängnisjahre dazurechne, waren es neun Jahre. Und in der DDR wurde ich zu 15 Jahren verurteilt. Aber verbüßt habe ich zehn Jahre.

14. Waren Sie allein oder mit Familie und Freunden im Konzentrationslager? Hatten Sie Kontakt mit ihnen?

RUDOLPH: Familienangehörige waren nicht mit im KZ, aber [Glaubens]Brüder waren viele im KZ gewesen, nämlich Jehovas Zeugen.

15. Was passierte unmittelbar nach Ihrem Eintreffen im KZ?

RUDOLPH: Das Erste war, dass uns die SS-Leute verspotteten und drohten, dass wir hier nicht lebendig rauskommen. Und dass sie den Namen Jehovas in übelster Weise verspotteten. Solche Gotteslästerung und Menschenverachtung hatte ich zuvor nicht gehört. Es wurden gleich Vorkehrungen getroffen, dass wir so schnell wie möglich durch den „Schornstein gehen“, indem wir in der Isolierung dem Hunger ausgesetzt waren und die ersten fünf Tage nichts zu essen bekamen, mit mangelhafter Kleidung bei großer Kälte schwer arbeiten mussten und andere Schikanen. Wir wurden als Zeugen Jehovas mit dem lila Winkel „ausgezeichnet“. Lagerkommandant Hermann Baranowksi hat uns einmal gedroht: „Ich bin der Lagerkommandant. ‚Vierkant‘ werde ich genannt und du ‚Hund‘ kriegst eine gebrannt.“ Dann hat er einem geschwächten Häftling eine runtergehauen, dass er durch die Gegend flog. Die „Knochenmänner“, also SS-Leute, haben schwarze Kisten, also Särge, durchs Lager getragen. Der „Vierkant“ drohte: „Schaut euch die Kisten an, da landet ihr alle drin, wenn ihr nicht unterschreibt.“

16. Warum wurden die Köpfe der Gefangenen geschoren?
RUDOLPH: Wegen Fluchtgefahr. Man hat uns die Haare abgeschnitten und einen Kahlkopf gemacht. Wir bekamen wegen Fluchtgefahr noch die Kleider gekennzeichnet. Und zwar ein großes Kreuz auf den Rücken und vorne mit Ölfarbe gelbe und rote Streifen an der Jacke und an der Hose ebenfalls Fluchtstreifen. Da wurde gar nicht viel Theater gemacht und wenn Häftlinge „fluchtgefährdet" waren, kriegten sie noch einen schwarzen Punkt. Das wurde in den Lagern verschieden gehandhabt.

17. Zu welcher Gruppe der KZ-Häftlinge gehörten Sie?
RUDOLPH: Zu den Bibelforschern. Wir wurden nicht Zeugen Jehovas genannt. Den Namen Jehova „fürchtete" sich die SS zu gebrauchen, so nannten sie uns Bibelforscher.

18. Wie war der Tagesablauf im KZ?
RUDOLPH: Vernichtung durch Arbeit war der Tagesablauf. Da zählte alles dazu, was gearbeitet wurde. Ob da Erdarbeit oder andere Arbeiten gemacht wurden, im Zentralen Vernichtung durch Arbeit.

19. Was war das Schlimmste am täglichen Ablauf?
RUDOLPH: Schikane, Schikane. Natürlich kam es darauf an, wo man arbeitete, aber es wurde immer ein großes Arbeitsprogramm verlangt.

20. Schweißte der Alltag eher zusammen oder versuchte man alleine zurechtzukommen?
RUDOLPH: Man musste ja zusammenhalten. Es blieb ja gar nichts anderes übrig. Es war gar nicht möglich, einzeln zu arbeiten, weil wir ja in Gruppen organisiert waren.

21. Welche Möglichkeiten gab es für Sie, sich von dem grausamen Alltag abzulenken (Musik etc.)? Was hat Ihnen Kraft gegeben?
RUDOLPH: Im Lager gab es eine Musikkapelle und die spielte vor allem immer dann, wenn die Häftlinge besonders gequält oder hingerichtet wurden. Das war die „Abwechslung" durch die Musikkapelle. Die verschiedenen Häftlingsgruppen, die politischen Häftlinge und die Berufsverbrecher usw., haben natürlich isoliert ihre „Freizeitgestaltung",

wenn man so sagen konnte, gemacht. Wir haben versucht, natürlich illegalerweise, Bibelstudium zu machen. Ohne Bibel natürlich, aber die meisten hatten die Bibel im Kopf.

22. Wie waren die Lebensbedingungen in den Baracken (Aufteilung, Verpflegung, Hygiene, Kleidung etc.)?

RUDOLPH: In Sachsenhausen legte man vorm Krieg sehr viel Wert auf Körperhygiene. Und zwar legte man Wert darauf, dass die Häftlinge Zähne putzen mussten. Da hat man die Zahnbürsten untersucht und wenn da Zahnstein drin war, da kriegte man gleich Kostenzug. Wenn jemand das Bett nicht ordentlich gebaut hatte, wurde das Bett eingerissen und der SS-Mann, der die Verpflegungsportionen verteilte, hat sie an die anderen verschenkt. Damit hatten wir ganz besonders Probleme in Sachsenhausen. In Neuengamme war es anders. Wir lagen zwei Mann auf einem Strohsack und da hatten wir überwiegend Läuse gehabt. Die Läuse wurden gezüchtet von irgendwelchen kriminellen Elementen. Die Läuse waren so schlimm – so viele kleine Läuse –, dass sich eine Jacke, wenn man sie niedergelegt hatte, bewegt hat, weil da auf einmal so viele Läuse waren. Danach bekamen wir Flöhe. Die hygienischen Zustände in Neuengamme waren katastrophal. Die Kleider waren jeden Tag vollständig durchnässt und konnten nicht getrocknet werden, aber am Morgen mussten die nassen Kleider wieder angezogen werden. Dort hatten wir ein einziges Klosett für über hundert Menschen gehabt. Das war so vollgestopft, dass es überlief und dann war der ganze Gang voller Kot. Dann haben die Häftlinge noch Durchfall gehabt. Das war die Katastrophe sondergleichen und da sind natürlich viele Häftlinge gestorben.

23. Welche Arbeiten mussten Sie verrichten? Wie lange mussten Sie arbeiten?

RUDOLPH: In Sachsenhausen war es so, dass wir mit mangelhafter Kleidung und mangelhafter Ernährung und harter Arbeit Eisenloren schieben mussten und da sind die Hände an den Eisenloren angefroren gewesen. Da hatten wir „Frost“ bekommen und der „Frost“, als der aufgegangen war, hat natürlich gestunken und wir hatten keine Behandlung gehabt, auch im Krankenrevier [nicht]. Da hieß es, Jehova wird euch helfen. Als wir ausrückten zur Arbeit, ist der Kommandant mit seiner Stute neben uns hergeritten und hat zu dem Pferd gesagt: „Liese, merkst du, wie die stinken?“ Und da machte das Pferd immer: „Brrrhhh, brrrhhh!“ Da freute er sich dann immer. Und er ist dann persönlich, ein Jahr später, im eigenen Gestank eingegangen.

Er hatte einen Schlaganfall und nachdem er gestorben war, musste ein [Glaubens]Bruder, der Stefan Urbanzig hieß, ein Oberschlesier, das ganze Haus mit seiner Malerkolonne renovieren. Da kam die Tochter und sagte zu ihm: „Wissen Sie, woran mein Vater gestorben ist? Den haben die Bibelforscher totgebetet.“ Darauf sagte er: „Die Bibelforscher beten niemanden gesund und beten auch niemanden tot.“

In Neuengamme war ich zuerst im Bahnhofskommando. Das war ein Kommando, wo alle Materialien reingeholt werden mussten, die zum Bau notwendig waren. Zement, Kalk und alle Baumaterialien wurden aufgeladen. Dann hab ich beim Barackenbau gearbeitet und war auch im Strafkommando. Als Hausmeister war ich auch tätig und dann war ich in der SS-Küche. Ich war in Neuengamme und in Sachsenhausen auch als Zimmerer in der Zimmererkolonne.

Na ja, und die Arbeitszeit? Erstmals war am Morgen der Appell. Egal ob es regnete oder Sonnenschein war, das spielte gar keine Rolle. Bei strömendem Regen, meistens hat es ja in Neuengamme geregnet und

Abb. 41: Richard Rudolph (r.) und Karl Junge (2. v. r.) im KZ Neuengamme in der Zimmererkolonne beim Aufbau der Küchenbaracke, 1940

auch in Sachsenhausen, mussten wir raus. Wir mussten stundenlang auf dem Appellplatz stehen und dann ging's zur Arbeit. Die Arbeit war blockweise und gruppenweise eingeteilt. Es kam darauf an, was für eine Arbeit gemacht werden musste. Erdarbeiten wurden von den Häftlingen am wenigsten gern gemacht, weil sie da die meisten Schikanen bekommen haben. Bei anderen Arbeiten waren die Kapos entscheidend für den Ablauf einer Arbeit. Wenn man zum Beispiel eine Arbeit hatte, wo ein Zeuge Jehovas ein Kapo war, dann war das eben leichter. Aber Arbeiten musste man trotzdem viel. Die Arbeit ging wohl bis abends ums sechs. Das war die Regel, aber es gab auch Situationen, wo wir Häftlinge länger arbeiten mussten. Das war von Fall zu Fall verschieden.

24. Wie wirkte auf Sie der Spruch „Arbeit macht frei“?
RUDOLPH: Na ja, dieser Spruch war ja ein Hohn, auf Deutsch gesagt. Kein Mensch ist durch Arbeit frei geworden, freigekommen. Ich wüsste keinen einzigen Fall, wo jemand durch Arbeit freigekommen ist. Ja, das war nur ein Spott auf die Menschen im Allgemeinen. Als wären die Leute alle arbeitsscheu gewesen, die eingeliefert wurden. In Wirklichkeit sind sie ja meistens von der Arbeit weggeholt worden, indem sie eingesperrt wurden.

25. Wie waren die Aufseher im Lager?
RUDOLPH: Die ersten Jahre waren die SS-Leute sehr, sehr schlecht. Das heißt, sie haben willkürlich gehandelt, willkürlich Strafen verteilt und willkürlich Essen entzogen usw. Später gab es natürlich SS-Männer, die uns sehr gutgesonnen waren, das heißt uns Zeugen Jehovas gegenüber gutgesonnen waren. Aber das waren eben nur Einzelne und diese Einzelnen konnten natürlich gegen die Lagerleitung nichts unternehmen. Außerdem wurden Häftlinge als Kapos eingesetzt. Unter diesen gab es verschiedene Charaktere. Es gab eben Charaktere, die sich Liebkind machen wollten bei der SS, die sozusagen Helfer der SS waren. Es gab auch andere, die superneutral waren. Also man kann nicht über einen Kamm scheren, dass alle Kapos schlecht waren. Aber es gab welche, die eben sehr schlecht waren.
Schutzhaftlagerführer Hauptsturmführer Anton Thumann, der Henker, war ja nun ganz besonders komisch. Der war zuerst skeptisch und wollte mich immer wegen Verweigerung des Wehrdienstes aufhängen

lassen. Obwohl ich schon im KZ war, wollten die mich immer wieder zum Krieg holen. Nachdem er mich bei der Arbeit beobachtet und charakterlich beurteilt hatte, war er mir gutgesonnen. Dann hat er gesagt, dass ich entlassen werden könnte, wenn ich unterschreiben würde. Ich erklärte ihm, warum ich nicht unterschreibe. Nämlich, weil ich an Jehova Gott glaube und an die Verwirklichung seines Königreiches und dass nur Gottes Königreich wahren Frieden herbeiführen kann und Sicherheit und Gesundheit. Da war er so beeindruckt davon, dass er dann sagte, dass er selber daran glaubt. Aber er könnte nicht so leben, weil er eben nicht so perfekt ist.
Dieser Hauptsturmführer Thumann hat mich nicht hinrichten lassen, sondern dann nach Watenstedt bei Braunschweig geschickt, damit ich dort als Kapo in der Bombengießerei eingesetzt werde. Weil ich das aus christlichen Gewissensgründen aber abgelehnt habe, sollte ich dort aufgehängt werden. Als mich ein weiterer Henker zum Aufhängen abholte, musste er erst einmal beim Kommandanten vorsprechen. Dort traf ich dann den SS-Rottenführer Gustav Arndt, der mir sehr gutgesonnen war und mir in Neuengamme das Kochen gelehrt hatte. Er war bei der Marine als Koch gefahren und hat dann im KZ auch als Koch gearbeitet. Er war ein guter Koch und hat mir auch manchen Tipp gegeben, wie ich manches besser machen kann, besonders bei Soßen. Er war auch nach Watenstedt versetzt worden und dort Küchenchef. Der Kommandant sagte zu ihm: „Hände weg von dem Kerl, der ist ganz gefährlich!“ Gustav Arndt sagte: „Der ist nicht gefährlich, ich kenn ihn sehr gut.“ Dann hat er große Anstrengungen unternommen und den Kommandanten auf gut Deutsch überredet, dass ich bei ihm in der Küche arbeiten konnte.
Im Frühjahr 1945 kam wieder einmal ein Henker in die Küche und ich stand neben dem Rottenführer. Der Henker sagte zum Rottenführer Arndt: „Gustav, ist bei dir ein Schutzhäftling 333?“ „Was ist mit dem?“, fragte Arndt. „Der wird aufgehängt“, sagte der Henker. Ich hatte glücklicherweise nicht meine Häftlingsjacke an, sondern ein normales Hemd. Und da sagte Rottenführer Arndt zu ihm, dass ich auf Transport bin, obwohl ich neben ihm gestanden habe. Dann haben sie mich auf dem Transport gesucht, der vorher weggegangen war, aber nicht gefunden. Und dann hat mich dieser SS-Mann [Gustav Arndt] versteckt, bis wir weggebracht worden sind. Er hat mir das Leben gerettet.

26. Gab es Kontakte zwischen den Häftlingen und der Bevölkerung?

RUDOLPH: Keine. Im Gegenteil, die Bevölkerung war im Allgemeinen gegen uns Häftlinge aufgehetzt. Wenn die einen Häftling getroffen hätten, hätten sie uns sofort verraten. Eine Flucht aus dem KZ war lebensgefährlich.

27. Wussten Sie über den Kriegsverlauf in der Außenwelt Bescheid?

RUDOLPH: Im Allgemeinen wussten wir es nicht. Wir hatten weder Zeitungen noch Nachrichten. Wir wussten es nur noch durch Propaganda, aber ob diese Propaganda stimmte oder nicht stimmte, konnten wir nicht überprüfen. Von Neuengamme aus haben wir dann gesehen, wie die „Weihnachtsbäume“, die Phosphorbomben, von oben heruntergekommen sind über Hamburg. Und von Watenstedt bei Braunschweig aus hat man gesehen, wie Hannover eingeäschert wurde und Braunschweig.

28. Durften Sie im KZ Briefe, Lebensmittel, … empfangen?

RUDOLPH: Einmal im Monat durften wir einen Brief schreiben. Ja, und wenn der Brief nicht durch die Zensur gegangen ist, kam er wieder zurück. Also das war klar. Man hat auch Briefe empfangen, aber die wurden auch zensiert. Es war sehr gefährlich für die Briefschreiber von draußen, dass sie auch im KZ landeten. In vielen Ehen war es so, dass die Frau auch im KZ war. Es sind sogar Briefe nach Sachsenhausen an Zeugen Jehovas eingegangen, wo die Frauen sich beklagt haben. Die Männer haben dann auch Schläge bekommen.
Nun, was die Lebensmittel betrifft: Als die Hungerkatastrophe so groß wurde, durften Häftlinge Pakete geschickt bekommen. Besonders die polnischen Häftlinge bekamen gute Pakete geschickt. Wir Deutschen bekamen nur, was die Angehörigen sich an ihren Marken abgespart haben. Aber in Neuengamme hatten wir eine „Paketgemeinschaft“ und eine „Gütergemeinschaft“ unter den Zeugen Jehovas. Alle Pakete, die reingekommen sind, gehörten allen. Es war nämlich so, dass viele Frauen auch im KZ waren und da konnten viele [Glaubens]Brüder keine Pakete bekommen. Das haben aber nur Jehovas Zeugen gemacht. Da wurde sogar eine Waage hergestellt. Eine Waage mit einem Strick und Balken und da wurde abgewogen, damit die Portionen gleichmäßig wa-

ren und keiner zu kurz kam. Da gab es eine Gemeinschaft von [Glaubens]Brüdern, die eben für die Verteilung zuständig war. Das war eine große Hilfe. Es konnte uns kein Paket geklaut werden und es hatte jeder jeden Abend eine Zusatzportion.
Das war also ein doppelter Segen gewesen. Denn im Allgemeinen kam es bei den anderen Häftlingen vor, dass, wenn jemand ein Paket bekam, das ganze Paket geklaut wurde. Man hatte ja nirgends einen Platz, es aufzubewahren, außer das Bett. Es war sehr häufig vorgekommen, dass das Paket geklaut war, wenn der Häftling abends von der Arbeit kam.

29. Welche Folterungen mussten Sie über sich ergehen lassen?
RUDOLPH: Aufhängen am Pfahl. Man hatte den Häftling mit einer Kette gefesselt am Rücken und dann aufgehängt. Am Pfahl gehangen haben wir ja eine Stunde lang, [so lange] haben wir am Pfahl gehangen. Und dann konnte man natürlich danach die Hände nicht gebrauchen. Die waren total geschwollen und trotzdem mussten wir danach gleich wieder arbeiten. Und man musste die Erdarbeiten machen. Da konnte man nur die Schaufel so bewegen, indem man die Schaufel [unter] die Arme nahm. Uns Zeugen Jehovas hat man besonders schikaniert, indem die SS an den Füßen gezogen hat, damit wir richtig langgezogen wurden. Das war dann eine sehr, sehr schmerzhafte Angelegenheit.

30. Was war der schrecklichste Moment für Sie?
RUDOLPH: Das war in Sachsenhausen. Na ja, wir mussten – das war Anfang September [19]39, als der Krieg begonnen hatte – alle ins Lager einrücken und da sahen wir schon von Weitem einen Kiesberg, also als Kugelfang. Vor dem Kiesberg war eine Bretterwand, ungefähr drei Meter lang und zweieinhalb Meter hoch. Ja, und wir standen dann im Spalier zu dieser Bretterwand. Auf der rechten Seite ungefähr 200, auf der linken Seite 200 Zeugen Jehovas. Und rechts an der Bretterwand stand eine schwarze Kiste. Da wurde dann der [Glaubens]Bruder August Dickmann vorgeführt. Und der Kommandant sprach dann, dass er eben deshalb hingerichtet werden würde, weil er sich weigert, sozusagen, das deutsche Vaterland zu verteidigen. Na, jedenfalls wurde er gefragt, ob er die Aussage aufrechterhält, und er sagte, jawohl, er hält die Aussage aufrecht. Und dann musste er sich umdrehen. Da kriegte

das Erschießungskommando den Befehl zu schießen, und da fiel der [Glaubens]Bruder August Dickmann um. Er wurde dann in die Kiste reingeschmissen. Sein eigener Bruder [Heinrich Dickmann] musste die Kiste zunageln. Dann wurde die Kiste weggetragen. Dann fragte uns der Kommandant: „Wer von euch will unterschreiben?“ Da sind dann halt zwei vorgetreten, die bereits eine Unterschrift geleistet hatten. Und die erklärten dem Kommandanten, dass sie die Unterschrift zurücknehmen, die sie bereits geleistet haben. Kein einziger Zeuge Jehovas hatte unterschrieben. Alle waren identisch mit der Meinung von [Glaubens] Bruder August Dickmann.

Abb. 42: August Dickmann, ca. 1935

Dann waren die behördlichen Jahrgänge 1911 und 1910 gefährdet. Und die wurden dann – nachdem August Dickmann erschossen worden war – einzeln abends nach der Arbeit herausgeholt und wurden dann eben im Industriehof erschossen. Dann sind nur noch ungefähr zehn übrig geblieben. Und im März [19]40 wurde uns gesagt, die Schutzhäftlinge soundso, die werden heute Abend nach dem Schlussappell erschossen. Wir hatten schon Abschied genommen von den [Glaubens]Brüdern, von den Zeugen Jehovas. Ich auch, ja, und wir hatten dann gar keine Angst gehabt, erschossen zu werden. Und als dann der Abendappell kam, lief der Appell so kurz und so schnell vorüber. Und wir wunderten uns schon, dass was passiert sein musste. Und es war auch was passiert. Nämlich, der Kommandant, der das angeordnet hatte, dass wir erschossen werden sollten, der bekam einen Schlaganfall und im eigenen Gestank ist der dann eingegangen.

31. Gab es humorvolle Momente, die Sie das Leid für einen Augenblick vergessen ließen? Wie hat man sich diese vorzustellen?

RUDOLPH: Humorvolle Momente gab es anfänglich keine, zumindest nicht für Jehovas Zeugen. Für andere mag es humorvolle Momente gegeben haben, aber nicht für Jehovas Zeugen.

32. Was waren Ihre tagtäglichen Gedanken, als Sie im KZ waren?

RUDOLPH: Unter den politischen Häftlingen und den anderen, da gab es viele Parolen, die gebracht wurden. Die nährten sich an diesen Parolen. Wir Zeugen Jehovas haben uns mit der Bibel, mit Gottes Wort beschäftigt. Das war sozusagen unsere Entspannung, unsere Erholung. Natürlich wurden wir auch, wenn wir dabei erwischt wurden, verraten. Einmal ging es mir auch so. Wir waren bei der Arbeit und haben von Schiller gesprochen, über seine wunderbaren Gedanken, wo er zum Beispiel sagt: „Brüder – über dem Sternenzelt muss ein lieber Vater wohnen. Brüder – überm Sternenzelt, da richtet Gott, wie wir gerichtet." Und weil ich das erzählt habe, bin ich verraten worden. Ein Häftling hat gesagt, ich habe die Bibel zitiert und dann wollten mich die politischen Häftlinge, die Kommunisten, verprügeln.

33. Konnten in einem KZ Kinder auf die Welt gebracht werden? Wenn ja, was ist mit diesen Babys passiert?

RUDOLPH: Das weiß ich nicht. Wir hatten reine Männer-KZ gehabt.

34. Gab es eine Möglichkeit, Freundschaften mit Gefangenen zu schließen?

RUDOLPH: Ja, wir hatten unter uns Freundschaft gehabt. Wir waren ja eine Gemeinschaft von Brüdern und hatten als Zeugen Jehovas eben eine enge Verbindung gehabt zueinander.

35. Wer war Ihr bester Freund während dieser schlimmen Zeit und wie hat er Ihnen geholfen?

RUDOLPH: Der konnte mir nicht viel helfen, wir mussten uns gegenseitig helfen. Das war Karl Junge, ein Zeuge Jehovas. Der ist dann beim Untergang der „Cap Arcona" untergegangen und seine Frau hab ich später geheiratet.

36. Was haben Sie zur Erleichterung des Leidens anderer Insassen getan?

RUDOLPH: Man hat sich gegenseitig geholfen, so wie es unsere Möglichkeiten gestatteten. Ich habe auch meine Pakete in die „Paketgemeinschaft“ gegeben. Wir waren auf gegenseitige Hilfe sowieso angewiesen. Wir Zeugen Jehovas waren ja besonders bemüht, allen anderen das Leben zu erleichtern. Es gab aber nicht viele Möglichkeiten.

37. Gab es unter den Insassen bestimmte Hierarchien?

RUDOLPH: Natürlich gab es Hierarchien. Es gab auch Kämpfe zwischen den politischen Häftlingen – den Kommunisten – und den „Berufsverbrechern“ um die Vormachtstellung innerhalb des Lagers. Aber wir Zeugen Jehovas waren daran nicht beteiligt. Wir waren nicht daran interessiert, im Lager irgendwelche Posten zu erlangen.

38. Gab es Unterschiede in der Behandlung zwischen den verschiedenen Gefangenengruppen (religiöse, politische Gefangene)?

RUDOLPH: Ganz schlimm sind Jehovas Zeugen vor allem im KZ Sachsenhausen behandelt worden. In anderen Lagern war es dann nicht mehr so schlimm. Aber in Sachsenhausen war es ganz schlimm.

Nicht alle, aber viele politische Häftlinge waren zu uns sehr gehässig und haben mit der SS zusammengearbeitet. Natürlich gab es auch unter ihnen sehr Vernünftige, die uns geholfen haben.

In Sachsenhausen war innerhalb des Lagers noch einmal eine Abzäunung mit Stacheldraht und da waren wir Zeugen Jehovas isoliert. Die politischen Häftlinge waren unsere Blockältesten, die haben uns natürlich schikaniert und uns an die SS verraten. Wir haben ja auch eine Bibel gehabt. Die hat der [Glaubens]Bruder Schurstein in seinem Holzbein ins Lager geschmuggelt. Die politischen Häftlinge haben mitgekriegt, dass wir eine Bibel haben und die haben uns natürlich an die SS verraten. Dann hat die SS alles im Block durchsucht, aber nichts gefunden. Ein politischer Häftling hatte nämlich die Bibel an sich genommen und darum haben sie diese nicht finden können. Er hat uns die Bibel dann wieder gegeben. Das war der Albin Lüdke. Er war uns gutgesonnen.

In Neuengamme sollte ich aufgehängt werden; da bin ich in die Strafkompanie gekommen bis zu der Zeit, wo ich gehängt werden sollte. Die ganze Kloake vom SS-Lager und Häftlingslager floss in ein großes

Becken bei uns im Lager. Wer in der Strafkompanie auf einer schwarzen Liste stand, wurde in die Kloake reingestoßen und ist natürlich nicht mehr raus- und darin umgekommen. Das drohte mir auch. Und da haben die Kapos, die mir gutgesonnen waren, zum Kapo der Strafkompanie gesagt: „Wenn der kleine Bibelforscher bei dir in der Kolonne in die Strafkompanie reingeht, an dem Tag hängst du am Binder!“ Da hat er es mit der Angst zu tun gekriegt, hat mich aus der Arbeit genommen und hat mich im Zementbunker versteckt.
Der Schutzhaftlagerführer, SS-Obersturmführer Albert Lütkemeyer, hat dann die Strafkompanie amnestiert und so kam ich wieder raus. Es ist interessant, dass in Schleswig-Holstein auf dem Gut der Mutter von Lütkemeyer Bibelforscherfrauen arbeiten mussten. Die hatte Himmler hingeschickt, damit sie der Frau Lütkemeyer helfen und da sagte sie zu ihrem Sohn: „Lass bloß die Bibelforscher in Frieden, das sind die besten Menschen, die ich jemals kennen gelernt habe.“ Daraufhin hat er eine Sinnesänderung genommen. Später kam ich durch ihn in die SS-Küche, also vom tiefsten Dreck heraus in die beste Stellung im Lager.

39. Welche Krankheiten gab es im KZ?

RUDOLPH: Da gab es so viele Krankheiten, dass man gar nicht weiß, wie die heißen. So viele sind gestorben und sehr viele sind umgebracht worden. Da hieß es einmal, sämtliche „Muselmänner“ – also wer zu schwach zum Arbeiten war, wurde „Muselmann“ genannt – sollen ins „Sanatorium“ kommen. Da stand ein D-Zug-Waggon auf einem toten Gleis und wir Zeugen Jehovas waren im Bahnhofskommando damals. Wir mussten die „Muselmänner“ in den Waggon hineintragen. Da war auch ein blinder [Glaubens]Bruder dabei und wir haben tatsächlich geglaubt, die bringen sie weg, wo es ihnen besser geht und sie nicht arbeiten brauchen, weil sie arbeitsunfähig waren. Und ein paar Tage später lag dann am Weg, wo wir gearbeitet haben, ein Berg nackter Leichen. Das war das „Sanatorium“, wo sie gelandet waren. Sie sind da umgebracht worden. Das war in Neuengamme.
Dann kamen von sämtlichen Lagern – weil Neuengamme ein Auffanglager war – die „Muselmänner“ nach Neuengamme und Neuengamme wusste nichts mit den „Muselmännern“ anzufangen. Da haben sie die ins „Revier“ bestellt. Dort war ein großer Raum und da saß ein Mann als Arzt verkleidet und hat ihnen dann eine Spritze ins Herz gegeben. Sie

sind totgespritzt worden. Obwohl sie noch halb lebten, sind sie gleich draußen auf den Plattenwagen draufgeschmissen und auf dem Acker verbrannt worden.
Das war die zweite Vernichtung. Bei der dritten Vernichtung, da haben sie sie vergast. Sie haben die ganzen „Muselmänner“ in den Arrest gesteckt und Gas reingeleitet. Das hat gestunken, das kannst dir gar nicht vorstellen, das ganze Lager hat gestunken, also das war nicht auszuhalten, so furchtbar.

40. Wurden Sie körperlich verwundet?
RUDOLPH: An und für sich bin ich nicht schwer verwundet worden. Die einzige Verwundung war die beim Pfahlhängen an den Händen durch das Fesseln und Aufhängen.

41. Wie viele Kilos wogen Sie, als Sie im KZ waren?
RUDOLPH: Vielleicht ungefähr 45. Wir hatten keine Waage gehabt und wir sind ja nicht gewogen worden. Wir waren nur noch Haut und Knochen. Wenn wir duschen gegangen sind, konnte man von hinten fast bis in den Magen reingucken, nur Haut und Knochen.

42. Was bedeutete der Tod für Sie?
RUDOLPH: Erlösung. Es gab Zeiten, da wünschte ich mir nichts anderes, als tot zu sein. Es wäre eine Befreiung gewesen.

43. Wie nahe kamen Sie dem Tod?
RUDOLPH: Oft sehr nahe. Vor allem jedes Mal, wenn ich die Anfrage vom Wehrmachtsbezirkskommando hatte. Jederzeit konnten sie mich holen und aufhängen. Ich wusste ja nicht, wann ich aufgehängt werde. Der Lagerführer sagte: „Im geeigneten Moment.“ Ja, wann ist der geeignete Moment? Der geeignetste Moment wäre gewesen, wenn eine Revolte im Lager ausgebrochen wäre. Da hätten sie mich als Ersten aufgehängt, obwohl ich nicht an der Revolte beteiligt gewesen wäre.

44. Haben Sie irgendwann eine Art „Mauer“ gegen die schrecklichen Taten aufgebaut, sodass Sie der Tod eines anderen Häftlings nicht mehr berührt hat?
RUDOLPH: Wir waren alle abgebrüht. Der Tod spielte für uns gar keine

Rolle mehr. Die Leichen lagen täglich da und man musste sagen: „Eines Tages liegst du auch da; eines Tages liegst du auch auf dem Berg."

45. Was wurde im KZ mit den Leichen gemacht?

RUDOLPH: Die wurden mit Öl übergossen und verbrannt. Das hat gestunken, das hat sicherlich meilenweit gestunken.

Das Schreckliche war, dass russische Kriegsgefangene immer draußen im Krematorium an der Leichenverbrennung arbeiten wollten. Wir wunderten uns darüber. Einmal hat ein [Glaubens]Bruder dort arbeiten müssen. Dabei sah er, wie zwei Russen eine Leiche über den Acker zogen und der eine hatte eine geröstete Hand in seiner Hand und aß davon und der andere hatte einen Fuß in der Hand und biss daran. Er sagte zu mir: „Richard, was ich heut' gesehen habe, das kann ich kaum erzählen." Da hat er mir erzählt, was die russischen Häftlinge gemacht haben.

Wie die behandelt wurden, das war grausam. Die haben Steckrüben mit dem Dreck gekocht bekommen. Da kriegte einer die Steckrübe, der andere kriegte das Wasser und die haben sich um die Steckrüben geprügelt. Es war furchtbar, was an den russischen Kriegsgefangenen verbrochen wurde. Das ist nicht zu beschreiben. So einen Hunger hatten sie gehabt, dass sie sogar die Teile von Leichen gefressen haben. Sie haben die Leichen von den Kollegen nachts aufgerissen und haben die Leber gefressen. Das kannst du dir nicht vorstellen. Das war in Neuengamme.

46. Gab es für Sie eine Möglichkeit, aus dem Lager entlassen zu werden?

RUDOLPH: Nur wenn du den Revers unterschrieben hast, und das war auch Schwindel. Man hat gesagt, dann kommt man frei, aber es war eine Lüge. Es sei denn, man ist zum Militär gegangen.

47. Gab es Fluchtversuche und Fluchtmöglichkeiten? Versuchten Sie zu flüchten?

RUDOLPH: Wir hatten Gelegenheit gehabt, aber wir sind nicht geflohen. Wohin sollten wir denn fliehen? Wir wären gleich verraten worden, wenn wir da draußen rumgelaufen wären. Aber einen Fluchtversuch hat es gegeben. Das war 1939 kurz vor Weihnachten in Sachsenhausen.

Es war kalt und es hat sogar geschneit. Wir arbeiteten am Gruppenkommando. Das Gruppenkommando war ein großes Gebäude, das sollte einmal das Gesellschaftshaus für die SS sein und überdacht werden. Ein wunderschönes Gebäude und da war ich als Dachdecker tätig. Das Gebäude war fertig und da wurde ein Häftling, ein „BVer [Berufsverbrecher]“, als Hausmeister eingesetzt für dieses Gebäude.
Wir rückten zur Arbeit aus und auf einmal ging die Sirene los. Wir mussten einrücken. Ein Häftling war verschwunden. Jetzt wussten sie nicht, wer verschwunden war. Sie waren zu dämlich zu ermitteln, dass das dieser Haumeister war. Er wurde uns zugezählt und darum dachten sie, er fehlt bei uns. Aber bei uns fehlte keiner. Da mussten wir dann tischweise und bettweise antreten und sie haben nicht festgestellt, dass er in Wirklichkeit im großen Lager fehlte. Da waren sie zu doof, das festzustellen. Jedenfalls hat sich der Häftling eine SS-Uniform angezogen und ist in der SS-Uniform über die Postenkette gegangen. Nachher haben sie es gemerkt, dass er weg war.
Und da mussten wir am Tor stehen von vormittags um zehn an und die SS hat gesagt: „Ihr steht so lange, bis keiner mehr am Leben ist; es sei denn, der wird gefunden!“ Die ganze Nacht mussten wir stehen und am zweiten Tag und am dritten Tag. In dieser Nacht fanden die „Kettenhunde“ den Häftling in Berlin in einem Café. Wenn der irgendwo bei Bekannten untergetaucht wäre, dann wären wir alle eingegangen. Nach zweieinhalb Tagen ist er gefunden worden. Dann haben sie ihn ins Lager gebracht, verprügelt und unter die kalte Dusche gestellt. Das war kurz vor Weihnachten. Dann haben sie ihn wieder verprügelt und wieder unter die kalte Dusche gestellt. Nachdem sie ihn aufgehängt hatten, durften wir erst lange danach in unseren Block wegtreten. Wir waren ja alle total fertig. Ohne Essen, ohne Trinken, ohne die Notdurft zu erledigen. Wir haben einfach Wasser gelassen auf dem Appellplatz, also vorm Tor. Es sind schon einige hingefallen. Also ich war auch schon nah dran am Hinfallen.
Folgendes hat sich dabei zugetragen: Da war ein politischer Häftling, der war uns gutgesonnen, der war Elektrikermeister und der sagte: „Wenn ihr Zeugen Jehovas jetzt nicht betet, gehen wir alle ein.“ Ein älterer [Glaubens]Bruder hat dann auf dem Appellplatz laut gebetet. Nachher haben wir festgestellt, dass der Häftling zu dem Moment gefunden wurde.

48. Gab es KZ-Häftlinge, die sich getraut haben, einen Aufstand gegen die KZ-Führer zu machen?

RUDOLPH: Ja, es haben welche versucht, aber es war ja illusorisch, war alles Quatsch. Die Kommunisten wollten uns auch einbeziehen und wir haben uns natürlich strikt dagegen gestemmt. Das war in Neuengamme kurz vor Schluss gewesen. Die wollten mit ein paar Pistolen das Lager befreien. Aber was hätten sie denn machen können? Die SS hätte ja das ganze Lager überrollt.

49. Dachten Sie, dass Sie jemals wieder lebendig herauskommen?

RUDOLPH: Nein, damit hat man gar nicht gerechnet. Damit haben wir gar nicht gerechnet. Es wäre illusorisch gewesen, damit zu rechnen. Aber man hat wohl im Stillen gehofft, aber nicht gerechnet.

50. Gab es Zeiten, in denen Sie alle Hoffnung aufgegeben haben? Und wieso war dies so?

RUDOLPH: Das ist relativ. Man kann sagen, vielleicht kommen wir raus. Man hat gehofft, es könnte sein. Ich hatte nämlich einmal mit Karl Junge abends gesprochen, als ich von Neuengamme nach Watenstedt kam. Ich sagte: „Karl, wir wissen nicht, wer von uns lebendig rauskommt." Aber, dass der „Laden" zu Ende ging, das haben wir ja gespürt. Aber ob wir lebendig rauskommen, nicht. Er ist bei der Katastrophe mit der „Cap Arcona" leider umgekommen, als die Häftlinge versenkt wurden.

51. Beging irgendjemand Selbstmord?

RUDOLPH: Wir haben schon erlebt, dass sich jemand umgebracht hat. Es hat einige Häftlinge gegeben, die in den Stacheldraht gerannt sind und sich umgebracht haben. In Neuengamme hat sich ein „Berufsverbrecher" die Finger abgehackt, damit er nicht zur Wehrmacht eingezogen wird. Einmal suchte ich Barackenteile zusammen. Die haben ja alles durcheinandergeschmissen. Da waren verschiedene Baumodelle und ich musste zum passenden Modell auch die passenden Barackenteile haben. Es war Frost draußen und ich war am Suchen der verschiedenen Bauteile. Auf einmal sah ich Finger liegen und ich dachte: „Mir sind die Finger abgefallen, weil's so kalt war." Ich hab immer auf meine Hände geguckt. Meine Finger waren aber noch alle dran. Die Finger, die ich liegen gesehen habe, waren von dem Häftling. Der ist hingerichtet worden.

52. Haben Sie während des Holocaust je daran gedacht, aus Verzweiflung Selbstmord zu begehen?

RUDOLPH: Nein, schon aus Glaubensgründen nicht. Ist ja klar.

53. An welche Gedanken, Ideen, Hoffnungen, Wünsche oder religiöse Überzeugung haben Sie sich geklammert?

RUDOLPH: Die Erkenntnis der Wahrheit des Wortes Gottes. Dass Jehova Gott sein Königreich verwirklichen wird. Das war meine Hoffnung. Daran habe ich festgehalten und die hat mich auch aufrechterhalten.

54. Haben Sie Ihren Glauben an Gott verloren, während Sie im Lager waren?

RUDOLPH: Nein, der ist nur fester geworden. Der ist insofern fester geworden, weil wir uns eben gegenseitig ermuntert haben. Auch wenn wir keinen Zugang zur Bibel hatten, haben wir die Bibel im Kopf gehabt. Ich hatte genug Erkenntnis gehabt und habe eben meine Hoffnung darauf gesetzt.

55. Welche Rolle hat Ihre Religion dabei gespielt, wie Sie die Geschehnisse empfunden haben? Warum?

RUDOLPH: Die Religion hat mir sehr geholfen, hauptsächlich weil wir eben daran die Erfüllung biblischer Prophezeiungen erkannt haben. Das war für uns eine große Begeisterung. Für uns war die ganze KZ-Zeit ein Zeichen der „Zeit des Endes". Darum haben wir die ganze KZ-Zeit nicht so empfunden, wie es manche andere empfunden haben mögen. In Neuengamme hatten wir vom KZ aus sogar eine Verbindung mit Brooklyn, der Weltzentrale der Zeugen Jehovas. [Glaubens]Brüder arbeiteten bei einer Firma in Bergedorf. Sie konnten dort unsere Berichte geheim nach Brooklyn übermitteln und wir bekamen Nachrichten aus Brooklyn. Eine [Glaubens]Schwester war auch daran beteiligt. Das war für uns eine wunderbare Erquickung und Ermunterung.

56. Haben Sie während Ihrer Gefangenschaft gebetet?

RUDOLPH: Ja, viel. Im KZ haben wir auch zusammen gebetet. Ganz besonders viel hab ich während meiner Haft in der DDR gebetet, und zwar im Gefängnis „Roter Ochse". Ich hab immer gebetet: „Herr Jehova, gib mir die Kraft, dass ich nicht verrückt werde hier drin, dass ich nicht wahnsinnig werde und dass ich die Kraft habe, ein gutes Zeugnis zu geben, wenn ich die Vernehmung habe." Und das Gebet hat Jehova 100-prozentig erhört. Ich konnte ein so wunderbares Zeugnis geben, dass die Vernehmer platt waren.

57. Hatten Sie je den Gedanken, die Religion (oder Ideologie) zu wechseln? Warum?

RUDOLPH: Nein. Weil es für mich die Wahrheit war.

58. An welchem Datum wurden Sie aus dem Lager befreit?

RUDOLPH: Anfang Mai 1945.

59. Wie sind Sie aus dem Lager befreit worden bzw. wie sind Sie aus dem Lager herausgekommen?

RUDOLPH: Die SS hatte den Befehl, uns Häftlinge vom KZ Ravensbrück aus nach Lübeck auf die „Cap Arcona" zu bringen. Es hat mich aber noch die Militärpolizei gesucht. Wir sind schon ein paar Tage marschiert und haben auf dem freien Feld am Müritzsee in Mecklenburg gelagert. Ich hab irgendeine Arbeit irgendwo außerhalb der Gruppe zu verrichten gehabt. Da kamen die „Kettenhunde" mich abzuholen. Das war die Militärpolizei. Die hatten eine Kette um den Hals hängen, an der das Blechschild „Militärpolizei" dran war. Darum nannte man sie „Kettenhunde". Mit der „Victoria", mit dem Beiwagen, kamen die angefahren. Die Häftlinge sagten zu ihnen: „Der ist nicht da." Und als ich zur Gruppe zurückkam, sah ich die beiden „Kettenhunde" wegfahren. Da haben mich also die Häftlinge geschützt. Das war kurz vor Kriegsende. Danach ist die SS abgehauen, weil das russische Militär schon in Mecklenburg war und wir waren dann frei.

Wir sind sozusagen durch das Ende des Krieges befreit worden, aber nicht direkt durch die russische Armee, denn die Russen kamen ja nicht zu uns.

Und das Interessante war, dass dann politische Häftlinge und Häftlinge anderer Nationen in die Kuhställe gegangen sind und die Kühe geschlachtet haben. Ich war da mit einigen französischen Häftlingen, zwei

Polen und mit einem Deutschen, der Fremdenlegionär war, zusammen gewesen. Wir haben uns aber daran nicht beteiligt. Diese sind nachher in Wittenberge über die Elbe über die Grenze und dann nach Frankreich gegangen. Sie wollten mich mitnehmen und haben zu mir gesagt: „Komm mit, Richard, denn hier werden die Russen die Regierung übernehmen! Da wird es dir schlecht gehen.“ Ich sagte: „Nein, ich will lieber nach Schlesien, denn wenn ich nach Frankreich komme, werde ich nicht als KZ-Häftling angenommen, sondern als lästiger Deutscher. Hier falle ich den Russen in die Arme und da drüben den Franzosen. In Frankreich geht's mir dann genauso schlecht als wie hier in Deutschland.“ Darum bin ich nicht mitgegangen.

60. Wie wurden Sie von den Befreiern behandelt?
RUDOLPH: Tja, eigentlich hat mich niemand befreit. Wir hatten uns erst mal im Wald versteckt, und zwar war das bei Jännersdorf in Mecklenburg. Wir wussten ja nicht, was los ist. Auf einmal kommen drei Frauen angerannt und da wussten wir, dass sie vor den Häftlingsfrauen aus dem KZ Ravensbrück geflohen waren. Da sind wir raus und dann kam ein Bauer, dem das Pferd fortgelaufen war. Ich hab das Pferd eingefangen und es dem Bauern gegeben. Als er meinen Zebraanzug sah, schrie er vor Entsetzen. Wir haben zu ihm gesagt, er soll uns doch wenigstens ein paar Kartoffeln kochen.
Dann hat er uns mitgenommen zu seiner Frau, aber die hat uns keine Kartoffeln gekocht, weil wir KZ-Häftlinge waren. Die Frau hat Angst gehabt, uns Essen zu kochen, weil sie dachte, die SS kommt zurück. Dann hat der Bauer selbst Kartoffeln gekocht und wir haben sie gegessen.

61. Was haben Sie nach Ihrer Befreiung als Erstes getan?
RUDOLPH: Nachdem wir bei dem Bauern die Pellkartoffeln gegessen hatten, sind wir in ein Gesindehaus. Das war einen Tag nach der Befreiung. Wir haben erfahren, dass dort schlesische Frauen waren. Da war eine schlesische Frau aus meiner Heimat drin, aber nicht aus meinem Heimatdorf. Und da kam ein Russe rein, wollte eine Frau haben und nahm sich ein junges, kleines Mädchen. Ich sagte: „Stopp, das Kind bleibt hier!“ Da nahm der Russe die Pistole, hielt sie mir auf die Brust und guckte mich an. Ich guckte ihm in die Augen und betete: „Herr Je-

hova, bis hierher bin ich von dir beschützt worden. Bitte verlass mich jetzt nicht!“ Wie ich fertig war, nahm er die Pistole weg und schnappte sich eine von den älteren Frauen. Er nahm sie mit raus und hat draußen sein Ding gemacht. Dagegen hab ich nichts machen können, aber das kleine Mädchen hab ich ihm aus der Hand gerissen. Diese Russen konntest du ja nicht als „Befreier“ bezeichnen.
Dann hat der Bürgermeister, das war noch ein alter Nazi, erfahren, dass wir dort in dem Gesindehaus sind und er hat uns eingeladen. Er hat eine große Tafel gemacht. Es wurden Sachen zubereitet und wir haben das erste Mal wieder mit Messer und Gabel gegessen. Während wir dort gegessen haben, kam ein russischer Adjutant rein. Er brauchte Frauen für den Kommandanten und da nahm er sich ein kleines Mädchen. Ich sagte: „Das Mädchen bleibt hier und wenn der Kommandant ‘ne Frau haben will, soll er selber herkommen!“ Dann ist er abgehauen, der Adjutant. Die anderen, die ganze Tafel, haben Angst gehabt; die haben gezittert wie Espenlaub. Dann sollte ich den Bürgermeister in Jännersdorf machen. Sie hätten mich eingeteilt als Bürgermeister und ich sagte: „Ich werde bei euch kein Bürgermeister, ich fahre wieder in meine Heimat nach Schlesien.“
Nach diesem Ereignis bin ich dann Richtung Schlesien durch die Ortschaften gewandert. Die französischen Häftlinge sagten mir einige französische Ausdrücke, die ich zu den Russen sagen sollte, wenn sie mich aufhalten. In einer Ortschaft klappte das ganz gut. Ich hatte eine Mütze schräg aufgesetzt und der Russe dachte, ich bin ein Franzose. Das nächste Mal hielten mich die Russen in Rathenow an und fragten mich: „Du *nemetsky* (Deutsch)?“ Ich sagte: „Ja.“ Ich musste mitkommen und sie haben mich in ein Kriegsgefangenenlager gesteckt. Jetzt war ich im Kriegsgefangenenlager mit deutschen Soldaten, die gruppenweise eingeteilt waren. Ich hab mich zu einer Gruppe hingesetzt und sagte: „Ja, wenn Hitler nicht so einen Mist gemacht hätte, dann wären wir heute nicht hier.“ Da wollten die mich verprügeln und das sah von Weitem ein russischer Kommandant, der Deutsch sprach. Die Russen hatten nämlich vor jeder Revolution Angst. Er sah, dass da was im Gange war und rief mich zu ihm: „Was ist denn da los?“ Ich sagte, dass ich als Zeuge Jehovas im KZ war usw. Dann sagte er: „Mensch, hau ab!“ Es ging schon gegen Abend zu und da ging ich dann in einen Bauernhof, der Bauer war Kommunist. Das hat er halt angegeben. Die früher Nazis

waren, waren ja auf einmal alle Kommunisten. Ich wollte auf dem Heuboden übernachten, aber er ließ mich nicht, weil er Angst hatte vor den Kommunisten, den Russen. Da hat mir die alte Bauersfrau dann Quarkschnitten gebracht und mich in den Gänsestall eingesperrt. Ich hab dann im Gänsestall geschlafen. Das war auch ein Erlebnis auf meiner Reise nach Hause. Ich war auch beim Bürgermeister in Rathenow, der hat mir noch ein paar Mark gegeben. Die nutzten mir aber gar nichts, ich konnte mir gar nichts damit kaufen, weil es nichts gab.

Dann kam ich nach Kleinmachnow, südwestlich von Berlin. Das war ein wunderschöner sonniger Samstag. Ich kam bei einer Bäckerei vorbei und da standen die Frauen alle beim Einkaufen und eine blonde Frau sagte zu mir: „Ach, ein armer Landser.“ Ich sagte: „Ein glücklicher ‚Konzentrateur‘.“ Sie war eine Geschäftsfrau aus Berlin. Sie war in Berlin ausgebombt worden und wohnte auf einem kleinen Grundstück bei Kleinmachnow.

Dann sagte sie: „Ach, wissen Sie, ich habe ein kleines Häuschen. Wenn Sie bei mir ein paar Tage ausruhen möchten, würde ich Sie einladen.“ Ich sagte: „Die Einladung nehme ich an.“ Ich dachte vorher schon daran, hier möchte ich mal so richtig ausruhen. Sie nahm mich auf ihr Grundstück mit. Sie hatte einen kleinen Hund und ein kleines Häuschen und dann hab ich dort geschlafen. Aber die Frau konnte nicht kochen. Sie brachte Pferdefleisch und da hab ich dann Pferdegulasch gekocht. Wir haben auch Bibelstudium gemacht; Daniel Kapitel 10, 11 und 12 haben wir studiert.

Jedenfalls war ich dann zwei Tage dort und auf einmal rückte sie mir zu nah auf die Pelle. Da sagte ich mir: „Oh, jetzt musst du aber abhauen!“ Dann hab ich ihr gesagt, dass ich morgen gehe. Am anderen Tag bin ich gegangen und sie hat mich begleitet. An der Schleuse haben wir Abschied genommen und sie hat sich so gefreut, mir gedankt und gesagt: „Ich danke Ihnen so sehr, dass zwischen uns nichts passiert ist. Ich kann meinem Mann noch treu in die Augen gucken.“ Ich hab sie nachher nie wieder gesehen.

62. Gab es ein „Rückkehr-Problem“? Wie reagierte die Umgebung auf Sie?

RUDOLPH: Ich hab meine Heimat nicht erreicht und hab sie nie wieder gesehen. Die war dann schon polnisch.

63. Konnten Sie sich mit Ihrer Familie wieder vereinigen?
RUDOLPH: Erst viel später, da meine Mutter und meine Schwester auch Flüchtlinge waren.

64. Hatten Sie Bekannte, Freunde oder Verwandte im KZ? Haben diese überlebt?
RUDOLPH: Ja, einer hat überlebt, der ist aber schon lange tot. Das war der Gustav Sterz, der mit mir damals wegen dem Literaturschmuggel verhaftet worden war. Ich war mit ihm in Sachsenhausen und er ist in Sachsenhausen geblieben. Er hat überlebt und wir haben uns in Berlin, wo er dann lebte, wieder getroffen.

65. Was geschah mit Ihrem Eigentum?
RUDOLPH: Das weiß ich nicht. Ist ja aufgelöst worden, alles verschwunden. Ich hab nie wieder was gesehen. Durch die Besetzung der Polen ist das alles verloren gegangen.

66. Inwieweit wurden Sie für Ihre Inhaftierung entschädigt?
RUDOLPH: Ja, ich hab mehrere Entschädigungen empfangen. Wie hoch die waren, das weiß ich nicht mehr, aber ich bin etwas entschädigt worden.

67. Wie haben Sie Ihre Existenz wieder aufgebaut?
RUDOLPH: Es war so, dass es ja in der DDR keine besonderen Existenzmöglichkeiten gab. Ich bin 1946 in den „Vollzeitdienst" gegangen, hab also den Großteil meiner Zeit dem Verkündigen der „guten Botschaft" gewidmet und hab in mehreren Orten Versammlungen der Zeugen Jehovas aufbauen können, z. B. Kostebrau. Ich habe natürlich sehr viel Freude gehabt bei dieser Arbeit.

68. Wie lange dauerte es, um nach dem Holocaust zu einem „normalen" Leben zurückzukehren?
RUDOLPH: Ich hab mich schnell wieder eingefunden und schnell wieder zurückgefunden.

69. Wie sah Ihr Leben nach dem Krieg aus?
RUDOLPH: Da ich nicht mehr in meine Heimat konnte, wollte ich mei-

nen Freund Karl Junge besuchen, den ich im KZ Neuengamme kennen gelernt habe. Ich hab gedacht, er ist noch am Leben. Aber ich traf ihn nicht, weil er schon tot war. Da habe ich seine Frau Frieda kennen gelernt, die ich 16 Jahre später geheiratet habe. Wie gesagt, ab 1946 habe ich Versammlungen aufgebaut und sie besucht, um sie geistig zu stärken. Das ging ganz gut, bis in der DDR 1950 das Verbot durch die Kommunisten kam. Das Verbot kam, als ich gerade von Burkersdorf nach Ruhland mit dem Fahrrad durch einen großen Wald gefahren bin und da hat mich dann die Volkspolizei umringt. Die wussten, dass ich diese Strecke entlangkomme. Das war so um Mitternacht und ich bin mitten im Wald verhaftet worden. Erst war ich in der „Polizeikiste“ in Hoyerswerda in einer ganz kleinen Zelle gewesen, aber danach kam ich nach Dresden. In Dresden war ein furchtbarer Zustand. Das war eine schöne Zelle gewesen und ich dachte zuerst: „Hier kann man es aushalten.“ Aber dann fing das Hundegebell an. Die Hunde bellten ununterbrochen von abends bis morgens, und zwar zweieinhalb Nächte lang. Erst dachte ich, es sei natürlich, aber in Wirklichkeit haben sie ein Tonband laufen lassen, damit ich nicht zur Ruhe kam und nicht schlafen konnte. Das war derart stark, das kann sich kein Mensch vorstellen.

Dann haben sie Stimmenimitationen von [Glaubens]Brüdern vorgespielt, als würden sich diese in der Haft gegenseitig beschimpfen. Ich vermutete aber, dass [Glaubens]Bruder Frost, [Glaubens]Schwester Unterdörfer und [Glaubens]Bruder Wauer in Wirklichkeit schon in Sicherheit gewesen sind, was auch der Fall war. Und weil ich ihnen nicht abgenommen habe, dass diese in Haft sind, haben sie mich aus lauter Zorn dann in das Gefängnis „Roter Ochse“ nach Halle an der Saale gebracht. Dort war ich in sehr, sehr großen Schwierigkeiten. Das war erst mal eine dreckige Zelle, die Fenster waren mit Brettern vernagelt und auch die hygienischen Zustände waren furchtbar. Zu essen bekam ich jeden Tag Kartoffelschalen mit heißem Wasser. Die Kartoffelschalen haben bewirkt, dass die Darmzotten verstopft wurden und ich keinen richtigen Stuhlgang mehr hatte. Das Frühstück war ein Stück Brot, manchmal mit Fett bestrichen, und dann gab's ab und zu einen Löffel Zucker. Jedenfalls war das da so, dass ich eben in meiner äußersten Verzweiflung viel gebetet habe, dass ich nicht wahnsinnig werde. Ungefähr nach zehn, elf Wochen kam ein Wachtmeister und sagte: „Wissen Sie, warum Sie so behandelt werden?“ Ich sagte: „Ja, das kann ich mir schon denken.“

Er sagte: „Wir wollen den Beweis antreten, dass die Evolutionstheorie stimmt. Dass man unter bestimmten Umständen Menschen wieder …“ Ich unterbrach ihn und sagte: „Sie wollen damit bei mir erreichen, dass Menschen unter schrecklichsten Verhältnissen wieder zum Affen werden.“ Er sagte: „Ja!“, und ich sagte: „Das trau ich euch zu!“ Dann ist er abgehauen und danach kam die zu erwartende Untersuchung.
Die Untersuchung war nachts im Keller. Im Keller angekommen, waren drei Wachtmeister. Da sagte der eine: „Wenn du hier nicht sagst, was wir wissen wollen, gehst du hier nicht lebendig raus.“ Ich sagte: „Ich fürchte mich vorm Tode nicht. Ich war neun Jahre im Konzentrationslager, da haben wir das Fürchten verlernt.“ Da fragte er dann: „Wann ist das gewesen? Was hast du denn alles ausgefressen?“ Ich sage: „Ich habe überall erzählt, dass wir seit 1914 in der ‚Zeit des Endes‘ leben und dass Christus Jesus seine Herrschaft angetreten hat.“ Da sagte der eine: „Das musst du beweisen!“ Ich hab dann anhand Daniel Kapitel 4 bewiesen, dass die 2520 Jahre, also die sieben Zeiten 607 v. u. Z. begonnen haben und 1914 zu Ende waren. Ich war gerade fertig mit meiner Erklärung, da kam der Anstaltsleiter rein und rief: „Kommt ihr mit dem Heini klar?“ Sie sagten: „Der war schon im KZ gewesen.“ Da sagte er: „Was, im KZ war der Heini auch schon?“ Dann ging er raus und brachte einen Mann rein, der als Kommunist in Neuengamme war, mit dem wir die Bibel studiert haben. Er war dort als Kraftfahrer eingestellt. Als er mich zu seinem Entsetzen sitzen sah, sagte er zu den ersten Wachtmeistern: „Wenn ihr nicht aufhört mit dem Quatsch, dann lauft ihr zu Fuß. Ich fahr jetzt heim.“ Da mussten sie abbrechen und das war natürlich für mich eine große Freude, dass ich eben auch noch ein großes Zeugnis geben konnte zur Verherrlichung des Namens Jehovas. Danach kam ich in Gemeinschaftsarrest mit [Glaubens]Bruder Seliger und [Glaubens]Bruder Pfennig. [Glaubens]Bruder Pfennig hat mir dann aus dem Hintern das Zeug, das wie Harz war, rausgeholt. Ich hatte ja keinen Stuhlgang mehr. Die Kartoffelschalen, die ich zu essen bekam, haben die Därme versaut.
Danach kam die so genannte Gerichtsverhandlung. Die Gerichtsverhandlung war ja ein Witz. Es waren eine Menge Zuhörer eingeladen. Es sollte eine öffentliche Verhandlung werden. Da wollten sie uns richtig lächerlich machen. Dann fragte der vorsitzende Richter: „Angeklagter, wie denken Sie über Stalin?“ Ich sagte: „Ich kenne den Mann persönlich nicht, ich kann mir kein Urteil erlauben.“ Da sind die natürlich hochge-

Abb. 43: Richard Rudolph nach der DDR-Haft, 1960/61

sprungen wie die Kasper und dann stellte er noch eine Frage, weil ich gesagt habe, dass Jehova die verderben wird, die die Erde verderben. Er fragte: „Wer wird die Erde verderben, Angeklagter?“ Ich sagte: „Alle die, die vom Frieden reden und das Gegenteil tun, verderben die Erde.“ Na und da sind sie wieder hochgesprungen und haben mich dann an einer Kette rausgeführt und den Prozess ohne mich weitergeführt.
15 Jahre Zuchthaus war das Urteil und 1953 ist das Urteil auf zehn Jahre revidiert worden. Die zehn Jahre hab ich dann abgesessen, und zwar zum Teil in Torgau und Waldheim. In Torgau bin ich dann entlassen worden. Da sagte der Wachtmeister, der mich entlassen hat: „Wenn du noch einmal über die Sache der Jehovas Zeugen redest, dann kommst du wieder in den Knast. Wir haben einen sehr langen Arm.“ Und ich dachte: „Der lange Arm, der wird ja bald abgebrochen sein.“ Und so ging es auch tatsächlich, der lange Arm ist dann abgebrochen und die mussten dann verschwinden bei der Wende. Ich war also vom 8. September 1950 bis zum 21. September 1960 in der DDR in Haft. Die Nazis haben von uns behauptet, dass wir Kommunisten seien und die Kommunisten haben dann gesagt, wir sind verkappte Nazis.
Ich bin erst mal nach Gera entlassen worden, weil meine Mutter in Gera wohnte und da hab ich mir natürlich eine Arbeit suchen müssen. Ich hab dann bei der Bauunion Gera gearbeitet. Eines Tages habe ich dann den Entschluss gefasst, Frieda Junge zu heiraten und nach Westberlin abzuhauen. Sie hat mich zehn Jahre lang fleißig im Gefängnis besucht, aber sie war schon im Westen bei ihrem Sohn, und zwar in Eberbach am Neckar. Also versuchte ich abzuhauen, aber die Volkspolizisten hatten mich beim Abhauen erwischt und so bin ich wieder zurück. Dann musste ich zur Polizei kommen. Der Obere von der Polizei sagte: „Sie wollten abhauen!“ Ich sagte: „Wie kann man von hier abhauen wollen? Woher wissen Sie das? Bei dem Wohlstand, den wir hier haben, kann doch niemand abhauen wollen?“ Und es war auch so. Ich hatte ja nichts auszusetzen, hatte genug Nahrungsmittel und was anderes brauchte ich nicht. Ich brauchte keine Musik, ich brauchte keine Schokolade. Deshalb wäre ich auch nicht abgehauen, das hat ja sogar gestimmt. Ich hab denen aber

nicht gesagt, dass ich zur Braut will. Danach hab ich Vorbereitungen getroffen, es mit dem Abhauen gründlicher zu machen. Das hab ich auch gemacht. Ich hatte erfahren, dass ein Zug in Berlin auf einer Station hält, wo eine Hälfte der Station in der DDR und die andere Hälfte der Station im Westen ist. Mein Neffe, der ja nach Westberlin fahren durfte, hat mich auf der Flucht begleitet. Im Januar 1961 sind wir erst einmal nach Leipzig gefahren und mit dem Bus nach Potsdam, dort sahen wir schon den Zug stehen. Wir sind schnell in den Zug rein und da war ein vollständig leeres, großes Abteil. Mein Neffe setzte sich in die äußerste Ecke und ich in die andere Ecke. Da kamen eine Menge Volkspolizisten in das Abteil und sahen meinen Neffen da sitzen und gingen auf ihn zu. Mein Neffe hat sie ganz gut abgehalten und so hatten sie mich erst mal gar nicht zur Kenntnis genommen. Sie fragten ihn: „Wo willst du denn hinfahren?“ Er antwortete: „Nach Westberlin. Ich will mich amüsieren.“ Da sagten sie: „Du kannst dich ja hier auch amüsieren.“ „Ach“, sagte er „hier ist ja gar nichts los.“ Und damit hat er sie so lange aufgehalten, bis der Zug gehalten hat. Dann sahen sie mich sitzen und kamen zu mir. Ich hab meinen Finger auf den Namen gehalten, so dass sie meinen Ausweis nur kurz sahen. Dann war der Zug schon wieder am Wegfahren, da mussten sie aussteigen. Sie hätten mich ja rausziehen können, aber das haben sie nicht gemacht. So konnten wir dann nach Hohenschönhausen fahren. Das war die einzige Station in der DDR, wo wir aussteigen konnten und da sind wir ausgestiegen.

Dann haben wir uns erst mal ein Quartier in einem Flüchtlingslager gesucht und nachher hatten wir die Vernehmung. Die Amerikaner kamen zur Vernehmung und sie waren Jehovas Zeugen gegenüber nicht gutgesinnt. Sie haben spitze Bemerkungen gemacht, aber es blieb ihnen ja nichts übrig, sie mussten mich als Flüchtling anerkennen. Von da aus sind wir nach Hannover geflogen, weil in Frankfurt großer Nebel war und das Flugzeug nicht landen konnte. Von Hannover sind wir dann nach Eberbach am Neckar gefahren und dann wohnte ich da, bis zu meiner Verheiratung, beim Sohn von Karl Junge.

Am 16. Juni 1961 haben Frieda und ich geheiratet. Wir wohnten in der Nähe von Heidelberg. Dann ist meine Frau sehr krank geworden. Sie hatte eine innere Unruhe und ist immer aufgestanden und da ist sie immer hingefallen, dass sie grün und blau war. Dann bin ich mit meiner Frau ins Altersheim nach Heidelberg gezogen. So waren wir im Altersheim, bis sie 1993 gestorben ist. Ich habe dann noch in Burghausen und in Meersburg am Bodensee gewohnt, bis ich nach Husum gekommen bin, wo ich meine jetzige Frau Irmgard kennen gelernt habe.

70. Wie leben Sie heute? Denken Sie noch viel an jene Zeit zurück?
RUDOLPH: Ich bin heute verheiratet und ich hab hier ein normales Leben. Die Vergangenheit kommt einem manchmal hoch, wenn man so nachts davon träumt und wenn ich Zeitzeugengespräche habe.

71. Welche physischen und psychischen Narben tragen Sie von dieser Zeit?
RUDOLPH: Vor allen Dingen die schmerzenden Hände, von dem Hängen am Pfahl. Das kommt aber nur, wenn die Hände heiß werden. Dann krieg ich manchmal eine große Hitze in den Händen und wahnsinnige Schmerzen. Ich kann natürlich dann auch nicht zufassen und die Hände sind schwach. Wenn ich einen Löffel in der Hand habe, muss ich mir große Mühe geben, den festzuhalten. Wenn die Hände kalt sind, hab ich weniger Schmerzen. Alles, was mich psychisch belastet hat, ist durch die Erkenntnisse der Bibel verblasst.

72. Hatten Sie moralischen Beistand, um sich psychisch und sozial zu erholen?
RUDOLPH: Das war dadurch, dass ich geheiratet hab. Es ging ein normales Leben los und da hab ich an diese ganze Holocaust-Sache nicht mehr so viel gedacht. Darüber wurde auch wenig gesprochen.

73. Haben Sie seitdem eine andere Weltanschauung?
RUDOLPH: Nein, die Weltanschauung ist geblieben und noch bestärkt worden.

74. Können Sie Ihren Erfahrungen irgendetwas Positives abgewinnen?
RUDOLPH: Ja, es war eben insofern positiv, dass wir durch die Erfahrungen erkannt haben, dass wir in der „Zeit des Endes“ leben, so wie der Apostel Paulus sagte: „Das sollt ihr wissen, dass in den letzten Tagen schwere Zeiten sein werden.“ Und diese schweren Zeiten haben wir gründlich ausgekostet.

75. Haben Sie später in Ihrem Leben die Konzentrationslager jemals wieder besucht und welche Gefühle hatten Sie?

RUDOLPH: Ich bin öfter mal bei Dr. Garbe in Neuengamme gewesen. Das Lager existiert gar nicht mehr, wie es damals war. Es sind heute nur noch Reste übrig, also symbolische Hinweise usw. Das gibt dann weniger Stoff, über die ganze Sache nachzudenken.

76. Haben Sie immer noch Kontakt zu Ihren Mithäftlingen aus den Konzentrationslagern?

RUDOLPH: Mit niemandem mehr. Ich kenn heute niemanden mehr, der am Leben ist.

77. Was haben Sie Ihren Angehörigen über die Zeit damals erzählt? Wie haben Ihre Angehörigen auf Ihre Erzählungen reagiert?

RUDOLPH: Die erste Zeit haben wir darüber überhaupt nicht gesprochen. Und wenn man jetzt darüber spricht, dann sind sie erschüttert und erstaunt.

78. Fällt es Ihnen schwer, über diese Zeit zu reden?

RUDOLPH: Es fällt mir nicht schwer, ich hab ja schon über 30 Zeitzeugengespräche gehabt. Natürlich kommen einem jedes Mal diese Erinnerungen hoch. Es gab auch positive Dinge, die man erlebt hat, wo zum Beispiel SS-Männer freundlich gesonnen waren. Das gleicht eben vieles aus.

79. Welcher Moment aus dieser Zeit hat sich am meisten in Ihrem Gedächtnis eingeprägt?

RUDOLPH: Ich denke besonders an die Gelegenheit, als sie mich in Watenstedt zur Hinrichtung abholen wollten und dieser SS-Mann Gustav Arndt gesagt hatte: „Der ist auf Transport." Mit diesem SS-Mann hatte ich auch noch danach ein gutes Verhältnis gehabt. Ich habe seiner Mutter in Hamburg geschrieben und der Brief landete bei der Polizei. Die Hamburger Polizei fragte mich, warum ich mich für den SS-Mann Gustav Arndt interessierte. Da hab ich ihnen geschrieben, dass er mir sehr viel geholfen hat und praktisch mein Lebensretter war. Er ist zuerst nach England geflüchtet und als sich die Sache beruhigt hatte, ist er zurück nach Hamburg und hat eine Lebensmittelkette aufgebaut. Er hat für die Arbeiter in verschiedenen Stadtteilen Mittagessen hergestellt. Eines Tages sind die auf ihn aufmerksam geworden und da musste er zur Polizei kommen. Sie sagten zu ihm: „Kennen Sie den Schutzhäftling Richard Rudolph?“ Er sagte: „Nein!“ Ist ja klar, dass er sich an den Namen nicht erinnert hat. Dann sagten die Polizisten: „Der hat über Sie gut ausgesagt, der ist ein Zeuge Jehovas.“ „Ach ja, den kenn ich!“ Dann ist er zu mir auf Besuch gekommen. Danach hat er in der Nähe von Heidelberg gewohnt und wir haben uns noch öfter besucht.

80. Haben Sie Hitler jemals gesehen bzw. getroffen?
RUDOLPH: Nein.

81. Was dachten Sie damals über Hitler und wie denken Sie heute über ihn?
RUDOLPH: Damals wie heute dachte ich, dass er ein großer Verbrecher ist. Weiter gar nichts.

82. Angenommen, Adolf Hitler würde noch leben und Sie hätten fünf Minuten alleine mit ihm, was würden Sie sagen oder tun?
RUDOLPH: Na, was soll ich schon sagen? Wenn er noch am Leben wäre, würde ich gar nichts mit ihm anfangen und würde ihn ignorieren. Ich würde nicht mal mit ihm sprechen.

83. Sind Sie nach dem Krieg noch einmal einem Ihrer Peiniger begegnet?
RUDOLPH: Nein. Nur die „Kettenhunde“, die mich zu Kriegsende abholen wollten, habe ich getroffen. Nachdem wir befreit worden sind, war ich dann bei Finsterwalde und hab kurz bei einem Zeugen Jehovas gearbeitet. Ich habe mit seinen Schwiegersöhnen die Wiese gemäht und die beiden Schwiegersöhne waren zufälligerweise die „Kettenhunde“ gewesen. Einer ist ein Zeuge Jehovas geworden.

84. Was halten Sie von den Strafen, die die Nazis nach dem Krieg bekamen, zum Beispiel bei den „Nürnberger Kriegsverbrecherprozessen“?
RUDOLPH: Dass sie die gerechte Strafe bekommen haben, aber ich hab da kein Urteil abzugeben.

85. Haben Sie Ihren Peinigern verziehen?
RUDOLPH: Ja, ich bin in der Lage zu verzeihen und wenn diese ihre Gesinnung geändert haben, können sie sogar meine [Glaubens]Brüder werden.

86. Wie denken Sie über Neo-Nazis?
RUDOLPH: Das sind große Spinner und von ehemaligen Nazis belogene Menschen. Man hat sie belogen über die Nazizeit und hat ihnen das als glorreich hingestellt.

87. Was tun Sie, um Menschen über den Holocaust aufzuklären?
RUDOLPH: Bei den Zeitzeugengesprächen, die ich von Zeit zu Zeit durchführe, werden die Sachen ausgiebig behandelt.

88. Wie können Sie sich aus der Sicht der Dinge heute erklären, dass „normale Menschen" zu solchen Gräueltaten fähig waren?
RUDOLPH: Sie haben sich verführen lassen.

89. Was genau geht in Ihnen vor, wenn Sie hören, dass es immer noch Menschen gibt, die behaupten, den Holocaust hätte es nie gegeben?
RUDOLPH: Ja, das sind dumme Menschen, die so was glauben; kann man gar nicht anders beurteilen. Wer so was glaubt, muss bescheuert sein.

90. Welche Konsequenzen hatte der Beschluss der „Nürnberger Rassengesetze" am 15. September 1935 für Sie?
RUDOLPH: Ich sah in diesen Gesetzen, dass eine furchtbare Zeit auf uns zukommt. Die Gesetze waren ja so abgestimmt, dass alles Internationale niedergemacht wurde.

91. Wie haben Sie die „Reichskristallnacht" am 9./10. November 1938 erlebt?
RUDOLPH: Das hab ich im Gefängnis Breslau erfahren. Ich war schockiert über die schrecklichen Gräueltaten, die begangen wurden. Die wurden von den Nazis nicht mal als Gräueltaten angesehen, sondern als eine großartige Sache. Aber das war etwas Abscheuliches.

92. Wie haben Sie den Kriegsbeginn 1939 miterlebt?
RUDOLPH: Den hab ich furchtbar erlebt, weil wir damals im KZ Sachsenhausen gleich gemustert wurden und sozusagen gezwungen werden sollten, uns an dem Krieg zu beteiligen. Weil wir von Grund auf schon die Sache abgelehnt haben, wussten wir, was auf uns zukommt.

93. Haben Sie davon erfahren, dass die Nationalsozialisten bei der Wannseekonferenz am 20. Januar 1942 die „Endlösung der Judenfrage“ – die europäischen Juden systematisch zu vernichten – beschlossen hatten? Wenn ja, wann und wie?
RUDOLPH: Wir hatten ja keine Zeitungen. Wir konnten ja nichts lesen. Wir haben nur gemerkt, was los ist. Wir haben die Auswirkungen gespürt. Was da beschlossen wurde, wussten wir nicht. Es war eine furchtbare Sache gewesen. Wir wussten ja, was die Nazis beschlossen haben, führen sie auch aus. Sie haben dann Massen von Juden auf schreckliche Weise umgebracht. Nicht nur die Männer, sondern Frauen und Kinder, kleine Kinder sogar. Das war das Scheußlichste, was es jemals in der Weltgeschichte gegeben hat.

94. Welche Gefühle hatten Sie, als Sie vom Ende des Zweiten Weltkrieges erfuhren?
RUDOLPH: Das war natürlich eine freudige Angelegenheit, weil dadurch die Freiheit kam. Allerdings war natürlich auch eine gewisse Unsicherheit damit verbunden, weil noch viele Menschen umgebracht werden konnten.

95. Glauben Sie, dass die Menschheit etwas gelernt hat?
RUDOLPH: Nein, die Menschheit hat nichts gelernt.

96. Sollen die Gräuel vergessen und soll nicht mehr darüber gesprochen werden, wie manche es sich wünschen?
RUDOLPH: Das ist verkehrt. Es muss darüber gesprochen werden, dass die meisten Menschen aufwachen, und trotzdem wachen sie nicht auf.

97. Was haben Sie für die Zukunft noch geplant?
RUDOLPH: Was soll man da planen? Meine Hoffnung stützt sich auf

die Verwirklichung des Vorhabens Jehovas und was die Zukunft bringt, das werden wir dann sehen.

98. Wie möchten Sie in Erinnerung bleiben?
RUDOLPH: *(lacht)* Als vernünftiger, guter Mensch, ist doch ganz klar.

99. Was möchten Sie uns noch sagen? Welche Frage wurde nicht gestellt?
RUDOLPH: Vielleicht ist es noch interessant, dass ich schon eine Braut hatte, die ich heiraten wollte, bevor ich 1936 ins Gefängnis kam. Die Braut hat sich dann von mir gelöst, während ich im KZ war. Ich habe sie dann später wieder getroffen und dann hat sie furchtbar geweint. Aber ich habe ihr das verziehen, denn sie wusste ja nicht, ob ich lebendig rauskomme.

100. Nach allem, was Sie erlebt haben, was für einen Rat können Sie uns jungen Menschen geben?
RUDOLPH: Ich kann den jungen Menschen nur den Rat geben, sich nach den biblischen Grundsätzen auszurichten, und zwar nach den Begriffen der Liebe, des Friedens, der Freude, der Langmut, der Freundlichkeit, der Güte und des Glaubens und der Selbstbeherrschung. Das sind die Früchte des Geistes. Wer diese Früchte des Geistes hervorbringt, hält Frieden mit jedem Menschen.

Anhang

Abbildungsnachweis

Auswahlbibliografie

Simone Arnold Liebster: Allein vor dem Löwen: Ein kleines Mädchen widersteht dem NS-Regime, Esch-sur-Alzette 2002

Daniel Patrick Brown: The Beautiful Beast: The Life & Crimes of SS-Aufseherin Irma Grese, Ventura 2004

Adolf Burger: Des Teufels Werkstatt: Die größte Fälscheraktion der Geschichte, München 2007

Josef Jakubowicz: Auschwitz ist auch eine Stadt: Durch acht Lager in die Freiheit – ein Überlebender des Holocaust erzählt, Nürnberg 2005

Max Liebster: Hoffnungsstrahl im Nazisturm: Geschichte eines Holocaustüberlebenden, Esch-sur-Alzette 2003

Birgit Mair: Überlebensberichte von Josef Jakubowicz: Eine biografische Analyse, Nürnberg 2006

Walter Manoschek (Hg.): Opfer der NS Militärjustiz: Urteilspraxis – Strafvollzug – Entschädigungspolitik in Österreich, Wien 2003

Walter Manoschek (Hg.): Der Fall Rechnitz: Das Massaker an Juden im März 1945, Wien 2009

Bernhard Rammerstorfer: Ungebrochener Wille: Der außergewöhnliche Mut eines einfachen Mannes – Leopold Engleitner, geb. 1905, Herzogsdorf 2011

Franz Zürcher: Kreuzzug gegen das Christentum: Moderne Christenverfolgung, Eine Dokumentationensammlung, Zürich/New York 1938

Index

F

G

H

L

R

S

Dank

Für die wissenschaftliche Beratung bei diesem Projekt danke ich:
Walter Manoschek, Politikwissenschaftler,
Institut für Staatswissenschaft, Universität Wien, Österreich

Für die Unterstützung des Projekts danke ich folgenden Institutionen:
Arnold-Liebster-Stiftung, Deutschland
Center for Jewish Studies Shanghai, China
Illinois Holocaust Museum and Education Center, USA
Internationaler Suchdienst (ITS) Bad Arolsen, Deutschland
Jehovas Zeugen in Deutschland, Deutschland
KZ-Gedenkstätte Moringen, Deutschland
KZ-Gedenkstätte Neuengamme, Deutschland
Kreismuseum Wewelsburg, Deutschland
Los Angeles Museum of the Holocaust, Los Angeles, USA
Österreichischer Auslandsdienst, Österreich
Simon Wiesenthal Center, USA
Sydney Jewish Museum, Australien
The South African Holocaust & Genocide Foundation, Südafrika
United States Holocaust Memorial Museum, Washington DC, USA
Verein Ketani, Österreich
Verein Lila Winkel, Österreich
Yad Vashem, Israel

Für die Unterstützung bei den Fragenrecherchen, Transkriptionen, Übersetzungen und Interviewbesprechungen etc. bei diesem Projekt danke ich folgenden Personen:
Avril Alba, Australien
Marieta Alonso-Collada, Spanien
Olimpia Aventaggiato, Schweiz
Sergio Aventaggiato, Schweiz
Mirta Bacigalupe, Argentinien
Marie-Luise Balkenhol, Großbritannien
Natalia Basualdo, Argentinien
Daniela Baumann, Namibia
Helmut Baumann, Namibia
Francesca Beligni, Italien
Anja Bell, Österreich
Verena Bohr, Paraguay
Steve Boyle, Australien

Daniel Patrick Brown, USA
Robert Buckley, USA
Sonja Büttner, Deutschland
Hieronymus Cadonau, Schweiz
Sonia Cantu, USA
Ursula Child, England
Judith Cohen, USA
Cezar Constantinescu, Japan (Österreich)
Amanda Cooper, Südafrika
Daniel Corondan, Rumänien
Daniele Cortesi, Italien
Renato Dapporto, Italien
Emmanuelle Declerck, Frankreich
Sara DiGrazia, USA
Elisabeth Dorfmayr, Österreich
Esther Dürnberger, Österreich
Judith Ehrismann, Schweiz
Karin Fäs, Schweiz
Monika Fechner, Slowakische Republik
Klara Firestone, USA
Eike Fischer, USA
Peter J. Fredlake, USA
Richard Freedman, Südafrika
Stefan Fugger, Tschechische Republik (Österreich)
Marjorie Fulton, USA
Frederic G. Fuss, USA
Solange Fuss, USA
Olga Gallego de Trigo, Paraguay
Clemens Gammer, China (Österreich)
Alicia Garay, Argentinien
Detlef Garbe, Deutschland
Horst Giesler, Australien
Rosemary Gon, Südafrika
Luis Ángel González Ibán, Spanien
Steve Green Australien
Tove Grolitsch, Österreich
A. Ferenc Gutai, USA
Beatriz A. Gutai, USA
Beate Hammond, Österreich
Waltraud Herrmann, Kanada
Chrsitian Höllinger, Österreich
Katrin Hofer, Österreich
Renaldo Horvath, Österreich
Irene Hubmann, Österreich
Karl Hubmann, Österreich
Juha Huida, Finnland
Rosana Infante Villegas, Mexiko
Ivana Jirickova, Tschechische Republik
Kirsten John-Stucke, Deutschland
Evelyn Kapahnke, Slowakische Republik
Gerson Kern, Österreich
Uwe Klages, Deutschland
Vera Klages, Deutschland
Francesco Königsberger, Tschechische Republik (Österreich)
Tobias Krank, Indien
Ivelina Krastev, Österreich
Hermann Kurahs, Österreich
Conrad Lacom, Peru (Österreich)
Marnie Landrigan, Australien
Sven Langhammer, Deutschland
Sabine Langrehr, Thailand
Jürgen Löfflad, Frankreich
Andreas Maislinger, Österreich

Thomas Malessa, Deutschland
Rosa Gitta Martl, Österreich
Liviana Masetti, Italien
Megan Mathews, USA
Ursula Mertins, Deutschland
Erwin Meyer, Brasilien
Sandra Milakovich, USA
Jaime J. Monllor, USA
Birgitt Morris, Österreich
Sabahudin Mujevic, Österreich
Tina Nikolar-Lazzaro, Italien
Neil Perkins, Österreich
Thomas Pölzl, Österreich
Eric Porkert, USA
Monika Porkert, USA
Diethilde Porkert, USA
Dimitry Protsenko,
Russische Förderation
Jörn Puttkammer, Deutschland
Beate Rammerstorfer, Österreich
Lea Chiara Rammerstorfer,
Österreich
Manfred Rammerstorfer,
Österreich
Ottilie Rammerstorfer, Österreich
Uschi Regli, Schweiz
Jörg Reitmaier, Österreich
Daniel Rozenga, Israel
Irmgard Rudolph, Deutschland
Stefan Sametinger, Österreich
Michaela Schasching, Österreich
Klaus Schedlberger, Österreich
Harald Schober, Österreich
Oliver Scholz, Deutschland
Fabian Schopper,
USA (Österreich)
Dietmar Sedlaczek, Deutschland
Boris Seidl, Österreich
Manuel Seidl, Österreich
Charlotte Shuck, USA
Markus Spindler,
Russische Förderation
Lillien Stevens, USA
Fabia Suter, Schweiz
Kelley H. Szany, USA
Bernd Thier, Deutschland
Gabriele Thier, Deutschland
Bernhard Trautwein,
Frankreich (Österreich)
Sirpa Turunen-Viljanmaa,
Finnland
Alexander Volkmann, China
Beatrix Wagner, Italien
Eva Maria Wallner, Österreich
Martin Wallner, USA (Österreich)
Rose Wanninger, Deutschland
Tamara Wassner, Israel
Matthew Webster, Kanada
Martin Windischhofer, Österreich
Max Wörnhard, Schweiz
Johannes Wrobel, Deutschland
Xu Xin, China
Hazima Zilic, Österreich
Ulrike Zuschrott, Iran

Buch „Ungebrochener Wille“

Als Leopold Engleitner neun Jahre alt war, trug sich in seinem Heimatort ein Ereignis von welthistorischer Bedeutung zu, das zum Ersten Weltkrieg führte. Der einfache Bauernknecht brachte den außergewöhnlichen Mut auf, seinem Gewissen zu folgen und den Dienst in Hitlers Armee zu verweigern. Er grüßte nicht mit „Heil Hitler!“.

In drei Konzentrationslagern ertrug er unbeschreibliches Leid und magerte auf 28 Kilo ab. Nichts und niemand konnte seinen Willen brechen. Eine Unterschrift hätte genügt und er wäre frei gewesen, aber er gab seine religiöse Überzeugung als Zeuge Jehovas nicht auf. Nie verlor er seinen Optimismus. Engleitner kaufte sich im KZ sogar einen Koffer für die unmöglich scheinende Heimreise. Mit unerschütterlichem Gottvertrauen bewältigte er ein Leben voller Ablehnung und ließ sich die Lebensfreude nicht rauben. Eine außergewöhnliche Freundschaft verhalf ihm zu einer unerwarteten Rehabilitierung. Als Zeitzeuge gegen das Vergessen reiste der Hochbetagte bisher mehr als 130.000 Kilometer durch Europa und die USA.

Fast 60 Jahre lang verschollene Briefe Engleitners aus der Gefangenschaft, Originalprotokolle und KZ-Tatsachenberichte sowie 100 Jahre zurückliegende traumatische Kindheitserlebnisse vereinen sich zu einem beeindruckenden Zeitzeugnis. Eine Kurzbiografie des deutschen Kriegsdienstverweigerers Joachim Escher zeichnet ein noch genaueres Bild jener Zeit.

„Das Werk ist ein Markstein in der Berichterstattung über die Schrecken des Nationalsozialismus. Das Buch ... ist eine Pflichtlektüre.“
Dr. Heinz Fischer, Bundespräsident der Republik Österreich

„Das Buch zählt aus wissenschaftlicher Sicht zu den seriösesten Biografien über Opfer des Nationalsozialismus.“
Univ.-Prof. Dr. Walter Manoschek, Politologe, Universität Wien

Buchdaten: 448 Seiten, 189 Bilder, Hardcover, ISBN 978-3-9502462-2-3

Nähere Informationen und Bestellmöglichkeit:
Website: www.rammerstorfer.cc E-Mail: office@rammerstorfer.cc

DVD „Nein statt Ja und Amen – 100 Jahre ungebrochener Wille“

Inhaltsangabe Hauptfilm:
Der Österreicher Leopold Engleitner (geb. 1905), einer der weltweit ältesten KZ-Überlebenden, kehrt an die Originalschauplätze zurück und erzählt aus seinem aufregenden Leben. In einem berührenden und eindrucksvollen Dokumentarfilm wird die Geschichte dieses einfachen Mannes geschildert, der als Bibelforscher (Zeuge Jehovas) und Kriegsdienstverweigerer die brutale Härte des Hitler-Regimes in drei Konzentrationslagern ertragen musste. Der Dokumentarfilm beinhaltet zahlreiches Originalfilmmaterial aus den Jahren 1896 – 1945.

Die **Doppel-DVD** enthält neben dem Dokumentarfilm (61 Min.) und einer Kurzfassung (27 Min.) auch sechs Eventsfilme (je 9 – 30 Min.) von Veranstaltungen und Engleitners Zeitzeugen-Aktivitäten in den Jahren 1999 – 2004 sowie ein 20 Fragen umfassendes Quiz. Zusätzlich bietet die DVD Arbeitsmaterialien für den Unterricht.

Drehbuch, Regie und Produktion: Bernhard Rammerstorfer
Dauer des gesamten Filmmaterials: 180 Min.
Sprachen und Untertitel: Deutsch, Englisch und Italienisch
Die DVD ist auch in englischer, italienischer und spanischer Version erhältlich. Details dazu unter: www.rammerstorfer.cc

Eventsfilme:
Buch- und Filmpräsentation
Meisterebenalm
Mailand
Universität Wien
Engleitners Rehabilitierung
USA-Tour 2004

Auszeichnungen und Höhepunkte:
- „Ebenseer Bär in Gold“ anlässlich des Filmwettbewerbs „31. Festival der Nationen“ in Ebensee, Österreich
- USA-Premiere der englischen Übersetzung „Unbroken Will“ im Laemmle Theatre in Santa Monica, Los Angeles, Kalifornien, USA

Nähere Informationen und Bestellmöglichkeit:
Website: www.rammerstorfer.cc E-Mail: office@rammerstorfer.cc

DVD „Ungebrochener Wille auf USA-Vortragstour“

Leopold Engleitner (geb. 1905), Überlebender der KZ Buchenwald, Niederhagen und Ravensbrück, befand sich 1945 auf der Flucht vor den Nationalsozialisten. Als Zeuge Jehovas konnte er den Dienst in Hitlers Armee mit seinem Gewissen nicht vereinbaren. Im hohen Alter begann Engleitner, einer der ältesten KZ-Überlebenden weltweit, eine erstaunliche Tätigkeit als Zeitzeuge gegen das Vergessen.
Im Jahr 2006 unternahm er im 101. Lebensjahr eine außergewöhnliche Vortragstour quer durch die USA. An Universitäten und Holocaustgedenkstätten in Washington DC, New York, Chicago, San Francisco und Los Angeles hob er die hohe Bedeutung von Toleranz und Menschlichkeit für den Frieden hervor. Er spornte seine Zuhörer an, ihr Leben nach gerechten Grundsätzen auszurichten. Im Sequoia National Park und am Grand Canyon wurden für Engleitner Jugendträume wahr ...

Drehbuch, Regie und Produktion: Bernhard Rammerstorfer
Dauer: 50 Min.
Sprachen: Deutsch und Englisch
Bildformat: 16:9
Auch als Blu-ray Disc verfügbar.
Der Film ist auch in englischer Version erhältlich.

Nähere Informationen und Bestellmöglichkeit:
Website: www.rammerstorfer.cc   E-Mail: office@rammerstorfer.cc

Gleichnamige DVD zum Buch „Im Zeugenstand: Was wir noch sagen sollten"

Neun Holocaust-Überlebende und NS-Opfer sind in den „Zeugenstand" getreten, um nachfolgenden Generationen ein Vermächtnis zu hinterlassen. Sie stammen aus fünf Ländern und wurden entweder aus rassistischen, politisch-ideologischen oder religiösen Gründen verfolgt. Insgesamt waren sie in 51 verschiedenen Lagern oder Anstalten.
Der weltweit einzigartige Fragenkatalog besteht aus 100 Fragen von 61 Schulen und Universitäten in 30 Ländern auf fünf Kontinenten. Bei den Filminterviews kommen die einfache Hausfrau und der einfache Arbeiter genauso zu Wort wie aktive „Holocaust-Lehrer" und medial bereits groß in Erscheinung getretene Überlebende, deren Lebensgeschichten verfilmt und sogar mit Oscars ausgezeichnet worden sind. Zwei von ihnen haben bereits das 100. Lebensjahr überschritten.

Die DVD beinhaltet neben jeweils einer filmischen Kurzbiografie eine Auswahl der interessantesten Antworten jedes Überlebenden in einer Länge von ca. 10 – 20 Minuten. Die Arbeitsmaterialien zum Holocaust und zu den Filmen eignen sich sehr gut für den Einsatz im Unterricht.

„Bernhard Rammerstorfer hat die Aussagen der Interviewten akribisch auf ihre historische Genauigkeit geprüft, sie mit ihnen mehrmals besprochen und ergänzt."
Univ.-Prof. Dr. Walter Manoschek, Politologe, Universität Wien

Drehbuch, Regie und Produktion: Bernhard Rammerstorfer
Dauer des gesamten Filmmaterials: 128 Min.
Sprache: Deutsch
Bildformat: 16:9
Auch auf Blu-ray Disc erhältlich.

Nähere Informationen und Bestellmöglichkeit:
Webseite: www.rammerstorfer.cc E-Mail: office@rammerstorfer.cc